UML

Softwareentwicklung mit Objekten und Komponenten

Perdita Stevens
Rob Pooley

UML

Softwareentwicklung mit Objekten und Komponenten

Version 1.3

Pearson Studium

ein Imprint der Pearson Education Deutschland GmbH

Die Deutsche Bibliothek - CIP-Einheitsaufnahme

Ein Titeldatensatz für diese Publikation ist bei
Der Deutschen Bibliothek erhältlich.

Umwelthinweis:
Dieses Buch wurde auf chlorfrei gebleichtem Papier gedruckt.
Die Einschrumpffolie - zum Schutz vor Verschmutzung - ist aus umweltverträglichem
und recyclingfähigem PE-Material.

10 9 8 7 6 5 4 3 2 1
03 02 01

ISBN 3-8273-7003-5

ein Imprint der Pearson Education Deutschland GmbH,
Martin-Kollar-Str. 10-12, D-81829 München/Germany

www.pearson-studium.de
Übersetzung: G&U Technische Dokumention GmbH, Flensburg
Lektorat: Helge Sturmfels, hsturmfels@pearson.de
Dr. Isabel Schneider, ischneider@pearson.de
Fachlektorat: Prof. Gabriele Bannert, FHTW Berlin
Korrektorat: Margret Neuhoff, München
Einbandgestaltung: Thomas Jarzina, DYADEsign, Düsseldorf
Titelabbildung: The Stock Market Photo Agency, Düsseldorf
Herstellung: Claudia Bäurle, cbaeurle@pearson.de
Satz: G&U e.Publishing Services GmbH, Flensburg
Druck und Verarbeitung: Kösel, Kempten (www.koesel.de)
Printed in Germany

Inhaltsverzeichnis

Abbildungsverzeichnis

Einleitung/Vorwort

UML, die Unified Modelling Language, wurde von der OMG als Standard angenommen und wird sicherlich zu einem Hauptbestandteil des Grundwissens eines jeden Softwareentwicklers werden. Da Studenten zunehmend damit zurechtkommen müssen, führten wir UML in unsere neuen Undergraduate-Kurse für Studenten im dritten und vierten Jahr ein. Leider gab es kein geeignetes Lehrbuch dafür; das Material, das zu UML existierte, war eher für den erfahrenen Entwickler und weniger für Studenten gedacht. So mussten wir das Lehrbuch eben selbst schreiben; und somit kam dieses Buch zustande.

Dieses Buch will nicht werten oder nur bestimmte Ansichten als die einzig wahren gelten lassen. Einige Leser werden sich darüber ärgern, dass wir uns nicht zu einer der verbreiteten Lehrmeinungen bekennen, die besagen, wie man objektorientierte Entwicklung zu machen habe. Das ist Absicht. Wir glauben nicht, dass eine der Denkrichtungen die Wahrheit gepachtet hat, sondern denken, dass sich die meisten erfolgreichen OO-Entwicklungen in der Praxis mehrerer Techniken bedienen. Studenten gegenüber die Ansicht zu vertreten, es gebe einen Königsweg, fänden wir unfair.

Die Benutzung dieses Buches

Das Buch besteht aus vier Teilen. Dabei lässt es sich nicht vermeiden, dass diese sich inhaltlich teilweise überlappen und miteinander verbunden sind. Wir möchten die Teile hier kurz beschreiben und dann einige Wege durch dieses Buch aufzeigen.

Teil I bringt eine Einführung in die Konzepte des Software Engineering und der objektorientierten Entwicklung.

Teil II widmet sich der Sprache UML. Zu den meisten der wichtigeren Diagrammtypen existieren zwei Kapitel. Das erste beschreibt das grundlegende Material, wie es für jeden UML-Anwender wichtig ist. Das zweite Kapitel geht auf die schwierigeren oder spezielleren Ausprägungen ein, die für Leser wichtig sind, die sich ernsthaft mit UML-Entwicklung befassen. Diese Kapitel sollten aber erst dann in Angriff genommen werden, wenn die Kernthemen gründlich verstanden wurden. Nach unserer Erfahrung ist es ein viel größeres Problem, zu viele Features halb verstanden zu haben als einige weniger zentrale Features gar nicht zu kennen.

Teil III besteht aus drei Fallstudien. Diese sind als Ausgangspunkte angelegt. Auf der Webpage zum Buch ist Code für die in den Kapiteln beschriebene Funktionalität zu finden, die einzelnen Kapitel enthalten darüber hinaus aber auch Hinweise auf mögliche Erweiterungen.

Teil IV befasst sich mit Qualität und Qualitätssicherung, Verifikation, Validierung und Test, Softwareprojekt-Management, Teamarbeit etc. Dabei konzentrieren wir uns auch auf die Unterschiede zwischen dem iterativen, komponentenbasierten Entwicklungsmodell und dem traditionellen Wasserfall-Modell. Wir geben dabei auch viele Hinweise auf andere Teile dieses äußerst breiten Fachgebiets.

Abbildung 1 Abhängigkeiten der einzelnen Kapitel, nicht gerade in UML formuliert.

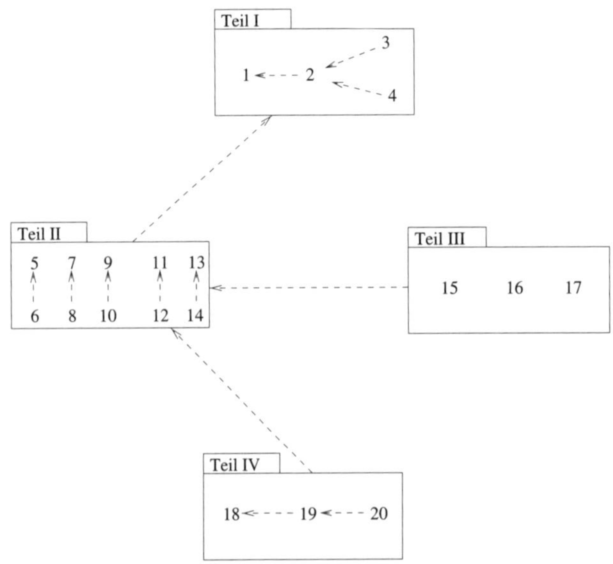

Zu diesem Buch gibt es auch eine englischsprachige Website (***www.dcs.ed.ac.uk/home/pxs/Book***) mit Links auf relevante Information im Web.

Wege durch das Buch

Die Abbildung zu den Abhängigkeiten der einzelnen Kapitel ist ein wenig irreführend: Es sieht so aus, als gäbe es keinerlei Abhängigkeiten von den Kapiteln, die weiter hinten im Buch stehen. Natürlich haben wir versucht, diese Situationen so weit wie möglich zu verhindern. Ganz ausgeschlossen werden können zirkuläre Abhängigkeiten zwischen beispielsweise dem Verständnis für die Notwendigkeit von Design und dessen Anwendung oder dem Verständnis einer Modellierungssprache und praktischen Beispielen aber nicht. Obwohl wir Sie ermuntern wollen, das Buch in der für Sie hilfreichsten Weise zu nutzen, schlagen wir dennoch einige Zusammenstellungen vor:

- für OO-Neulinge: 1, 2, 3, 4, 5, 7, 9, 11, 15;
- für Leser, die OO bereits kennen: 4, 3, danach beliebige Abschnitte zwischen 5 und 20;
- für Leser mit OO-Erfahrung und besonderem Interesse an der Anwendung von OO und dem praktischen Einsatz von UML: Überfliegen Sie 1 bis 4, dann 5, 7, 9, 11, 13, 14, 17, 18, 19, 20.

Besondere Abschnitte

Einige besondere Abschnitte im Buch sollen noch kurz erklärt werden:

- Exkurse: Mit Hilfe von Exkursen beschreiben wir Themen, die zwar wichtig sind, aber dennoch nicht so ganz in den Ablauf des Kapitels passen, in dem sie vorkommen. Auf diese Weise werden einige Designtechniken in Teil II erklärt.
- Technische Hinweise zu UML: Diese sind für Leser interessant, die wissen wollen, wie das, was ausgeführt wird, in das primäre UML-Quellmaterial, den Notation Guide und die Semantik passt.
- Verständnisfragen werden mit einem „?" gekennzeichnet und sollen einfach nur kontrollieren, wie weit der Stoff verstanden wurde.
- Diskussionsfragen sind besonders interessant: Sie verlangen ein weiteres Nachdenken und ggf. auch Material, das über dieses Buch hinausgeht – etwa über Hinweise auf den englischsprachigen Webseiten zu diesem Buch. Wir nehmen diese Fragen als Ausgangspunkte für Gruppenarbeit und Feedback in den Vorlesungen und wir hoffen, dass sie auch für Tutorials und Kursarbeit eine Anregung bieten können oder einfach nur zum Nachdenken anregen.

Unterrichtshinweise

Dieses Buch ist in erster Linie als Lehrbuch für Informatikstudenten höherer Semester gedacht. Die ersten Kapitel können aber auch als einführende Hintergrundlektüre für Studenten in früheren Semestern eingesetzt werden.

Ganz absichtlich verzichten wir in diesem Buch darauf, eine Programmiersprache zu unterrichten. Dafür gibt es drei Gründe:

1. Es gibt ein Vielzahl an Programmiersprachen, mit denen in den relevanten Kursen gearbeitet wird (noch nicht einmal hier in Edinburgh haben wir uns in der Frage Java/C++ entschieden). Für jede dieser Sprachen gibt es bereits viel Material, mit dem man die jeweiligen sprachspezifischen Eigenheiten unterrichten kann. Wir haben auf der genannten Webseite zum Buch Links zu frei verfügbarem Unterrichtsmaterial für unterschiedliche OO-Programmiersprachen zusammengestellt und freuen uns über weitere Hinweise.
2. Wir wollten ein kurzes, praktisches und kostengünstiges Buch schreiben.
3. Vor allem aber halten wir es für sehr wichtig, dass Studenten erkennen, wie sprachunabhängig OOA/D und die komponentenbasierte Entwicklung (CBD, *component based development*) sind.

An der Universität Edinburgh nutzen wir das Material dieses Buches in zwei Kursen. Im dritten Studienjahr gibt es den Kurs „Software Engineering with Objects and Components 1 (SEOC1)", der sich auf die Kapitel 1 bis 4, 5, 7 und 9 bezieht. Dabei wird auch eine OO-Programmiersprache unterrichtet (in unserem Fall C++ oder Java). Am Ende dieses Kurses erwarten wir von den Studenten, dass sie die Konzepte von Objektorientierung, komponentenbasiertem Design und Softwareentwicklung verstehen und auch ein detailliertes Design erstellen können.

Im vierten Studienjahr vertieft der Kurs „Software Engineering with Objects and Components 2" das Wissen über Design und UML (die restlichen Kapitel von Teil II) und wendet sich den schwierigeren Bereichen von Analyse und Architektur zu. Schließlich befasst sich der Kurs mit dem Stoff aus Teil IV und ermuntert zu einem pragmatischen, offenen Zugang zu tatsächlicher Softwareentwicklung. Dies fördern wir auch dadurch, dass wir in SEOC2 viel mit offenen Fragen arbeiten und die Studenten ermuntern, auch auf andere Ressourcen, insbesondere das Web, zuzugreifen. (Wir halten die frühzeitige Gewöhnung daran für sehr wichtig, weil sich der ganze Bereich des Software Engineering mit hoher Geschwindigkeit weiter durch die spätere Laufbahn dieser Studenten ziehen wird.)

Viele Diskussionsfragen aus Teil IV dieses Buches erfordern von den Studenten auch die Benutzung anderer Materialien. Hierzu hält die öffentliche Homepage dieses Buches eine Zusammenstellung von Links auf relevante Veröffentlichungen und nützliche Ausgangspunkte bereit. Auf einige dieser Links wird im Text speziell hingewiesen. Wir können natürlich nicht garantieren, dass die Inhaber dieses Materials dies auch weiterhin öffentlich zugänglich halten, wir werden aber unser Bestes tun, um die Links aktuell zu halten. Informieren Sie uns bitte über alle Probleme und schicken Sie uns weitere Links, die für unsere Leser interessant sein könnten.

Tools

Ursprünglich hatten wir einen Anhang geplant, in dem die unterschiedlichen verfügbaren CASE-Tools (Computer Aided Software Engineering), die UML unterstützen, miteinander verglichen werden; das schien uns ein durchaus erreichbares Ziel. Die Anzahl der CASE-Tools mit UML-Unterstützung ist seitdem aber enorm angestiegen, und jetzt erscheint es eher unausgewogen, nur auf einige Tools näher einzugehen, ohne alle aufzuzählen. Die Homepage zum Buch verweist auch auf die Website von Cetus, auf der eine regelmäßig aktualisierte Liste mit Links auf Tools zu finden ist, die UML unterstützen.

In unseren UML-Kursen haben wir Rational Rose verwendet und damit positive Erfahrungen gemacht. Im Vergleich zu früheren Kursen, wo die ganze Modellierung mit Stift und Papier gezeichnet wurde, stellten wir fest, dass die Studenten schneller lernten, wenn sie ein Tool zur Verfügung hatten. Dies kommt vermutlich daher, dass das Tool grundlegende Fehler wie syntaktisch falsche Diagramme sofort meldet. Der Nachteil dabei ist, dass es sehr einfach ist, unnötig große und komplizierte Modelle zu errichten.

Zur überarbeiteten Auflage

Diese Ausgabe wurde für UML 1.3 überarbeitet. UML 1.3 wurde von der OMG am 25. Juni 1999 angenommen. Über Details zu den Unterschieden gibt die Webseite zum Buch Auskunft.

Danksagungen

Wir danken unseren Familien für ihre Unterstützung während unserer Arbeit an diesem Buch.

Wir danken allen bei Addison Wesley Longman, insbesondere Sally Mortimore und Keith Mansfield, die uns immer wieder geholfen und ermutigt haben.

Das Buch hat durch die Hinweise von unbekannten Gutachtern viel gewonnen. Viele Freunde und Kollegen haben uns mit ihren Kommentaren zu den Manuskripten, durch die Diskussion von Ideen und die Beantwortung von Fragen geholfen. Besonderer Dank gilt: Stuart Anderson, Adam Atkinson, Alan Gauld, Martin Hofmann, Bernd Kahlbrandt, Scott Keir, Ben Kleinman, Lindsay Marshall, Benjamin Pierce, Ian Redfern, Peter Thanisch, Pauline Wilcox und Alan Wills.

Vor allem aber danken wir all unseren Studenten hier in Edinburgh und an der Open University.

(Juli 1999)

Der Verlag dankt für die Erlaubnis zum Abdruck von geschütztem Material:

Pearson Education Limited, UK

Text von S. 427 in Jacobson: Software Reuse, 1997, ISBN: 0201 924765; Abdruck mit Genehmigung.

John Wiley & Sons Limited, UK

Text aus Buschmann: Pattern-Oriented Software Architecture, 1998, ISBN: 0471 958697; Abdruck mit Genehmigung.

Perdita Stevens
Division of Informatics
University of Edinburgh
JCMB, King's Buildings
Mayfield Road
EDINBURGH EH9 3JZ
Scotland, UK
Perdita.Stevens@dcs.ed.ac.uk

Rob Pooley
Department of Computing and EE
Heriot-Watt University
EDINBURGH EH14 4AS
Scotland, UK
rjp@cee.hw.ac.uk

TEIL I

Konzeptioneller Hintergrund

KAPITEL 1

Software Engineering mit Komponenten

Dieses Kapitel beginnt mit der Beantwortung der folgenden Fragen:

- Was ist ein gutes System?
- Haben wir gute Systeme?
- Wie sehen gute Systeme aus?
- Wie konstruiert man gute Systeme?

Wir sprechen von „beginnt", weil es eigentlich das ganze Buch und eigentlich sogar der ganze Bereich des *Software Engineering* ist, die als Versuch gesehen werden können, diese Fragen in aller Ausführlichkeit zu beantworten. Unser Ziel ist es in diesem Kapitel, die Basis für den Rest des Buches zu legen und Hinweise auf kommende Inhalte zu geben.

Bevor wir weitermachen, sollten wir uns darüber klar werden, worüber wir überhaupt sprechen. Dieses Buch beschäftigt sich in erster Linie mit *Software Engineering*. Wir berücksichtigen dabei, wie Software auf Hardware eingesetzt wird, aber nicht, wie beispielsweise mit den speziellen Anforderungen von Embedded Systems umgegangen wird.
Dies ist ein Buch über *objektorientierte Softwareentwicklung* und daher befassen wir uns in erster Linie mit den Arten von Systemen, die häufig mit objektorientierten Techniken konstruiert werden.

1.1 Was ist ein gutes System?

Letzten Endes ist ein gutes (*qualitativ hochwertiges*) System eines, das den Bedürfnissen des Anwenders gerecht wird. Daher muss es

- **nützlich und nutzbar** sein. Gute Software erleichtert oder verbessert das Leben der Anwender.
- **zuverlässig** sein. Gute Software hat wenig *Fehler*.
- **flexibel** sein. Anforderungen der Benutzer könnten sich im Laufe der Zeit ändern, vielleicht sogar noch während die Software entwickelt wird. Es ist also wichtig, die Software später noch verändern zu können. Darüber hinaus muss es möglich sein, die Fehler zu beheben. Alle Änderungen, die nach der Freigabe an Software vorgenommen werden, nennt man normalerweise *Wartung* (*maintenance*).

- **kostengünstig** sein, sowohl in der Anschaffung als auch im Unterhalt. Arbeitskosten haben den größten Anteil an den Softwarekosten – es läuft also darauf hinaus, dass Software einfach und schnell zu entwickeln und zu warten sein muss.
- **verfügbar** sein – sonst müssen wir gar nicht darüber reden, wie gut sie ist. Wir unterscheiden zwei Arten der Verfügbarkeit:
  - Software muss auf verfügbarer Hardware laufen, mit einem verfügbaren Betriebssystem usw. Das setzt voraus, dass ein System hinreichend portabel gehalten ist, und damit hängt wiederum die einfache Wartbarkeit zusammen. Dazu müssen Änderungen, die aufgrund unterschiedlicher Betriebssystemumgebungen erforderlich werden, einfach ausgeführt werden können.
  - In erster Linie muss Software aber überhaupt erst mal existieren! Dafür muss ein Softwareprojekt erfolgreich abgeschlossen werden und die versprochene Software liefern.

1.2 Haben wir gute Systeme?

Bevor wir uns nun zu all den Problemen moderner Softwaresysteme aufmachen, sollten wir noch kurz festhalten, was Software nun *tatsächlich* für uns leistet. Die Fortschritte der Software haben die Buchproduktion revolutioniert, den Bankverkehr und den Informationszugang (stellen Sie sich nur mal die Bibliothekskataloge vor), um nur ein paar Beispiele zu nennen. Irgendwas müssen wir also schon ganz richtig machen.

1.2.1 Probleme ...

Weniger schön ist, dass Sie vermutlich auch Fehler kennen. Sie kennen wahrscheinlich viele Systeme, die den Vorstellungen und Anforderungen der Anwender nicht gerecht werden oder technische Mängel haben. Üblicherweise sind Systeme bereits veraltet, wenn sie noch in der Designphase sind. Bei der Zusammenstellung der Anforderungen an das System werden die Bedürfnisse der Anwender oft ausgelassen. Und auch wenn zu Projektbeginn diese Bedürfnisse korrekt erfasst werden, können sich diese noch während der Entwicklung ändern. Das gelieferte System entspricht dann nicht den Anwenderforderungen zum Zeitpunkt der Lieferung. Es kommt immer noch vor, dass Unternehmen sich mit „Computerfehler" dem Kunden gegenüber für schlechte Leistung entschuldigen. Die meisten professionellen PC-Anwender erwarten nahezu regelmäßige Abstürze, Hänger oder sonstige Fehler ihrer Anwendungen oder sogar ihrer Betriebssysteme. Software ist also nicht immer nützlich und nutzbar, zuverlässig oder verfügbar.

? Denken Sie an ein Programm, das Sie wirklich gerne anwenden. In welcher Hinsicht halten Sie es für ein qualitativ hochwertiges System? Gibt es Gründe, warum es nach den hier aufgestellten Aussagen kein qualitativ hochwertiges System ist? Welche Punkte beeinflussen Ihre Einstellung dazu am meisten? Haben wir wichtige Punkte weggelassen?

? Denken Sie an ein Programm, das zwar sehr erfolgreich ist, das Sie selbst aber ungern anwenden. Stellen Sie hierzu die gleichen Fragen.

Diskussionsfrage 1

Was sind die besten und die schlechtesten Erfahrungen mit Software, die sie Sie selbst in letzter Zeit hatten oder von denen Sie gehört haben?

Diskussionsfrage 2

Wie könnte schon allein die Lieferung eines neuen Systems die Benutzeranforderungen beeinflussen?

Es fehlt aber auch an Flexibilität. Betrachten Sie nur einmal das Millenniums-Problem! Wie Sie sicher wissen, wollten die Entwickler früher Software nicht mehr Platz als unbedingt erforderlich verwenden und ihr Datumsformat gab daher das Jahrhunder nicht mit an. Stattdessen arbeiteten sie nur mit dem zweistelligen Jahresdatum, das dem herrschenden Verständnis nach im 20. Jahrhundert liegen musste. In vielerlei Hinsicht war das auch ganz sinnvoll und verständlich, weil Speicherplatz damals sehr viel teurer war als heute und sparsam damit umgegangen werden musste. Während dies hier geschrieben wird (1998), herrscht hingegen allgemein große Besorgnis darüber, diese Systeme auf den neuesten Stand zu bringen, um mit Daten im 21. Jahrhundert umgehen zu können. Viele Systeme werden dabei komplett eingestellt, weil es zu teuer wäre, die nötigen Änderungen vorzunehmen. Von mindestens einer Firma wird berichtet, die den eigenen Geschäftsbetrieb vollständig stilllegte, das Geld fünf Jahre lang anderweitig investierte und erst wieder neu anfängt, wenn das neue Jahrhundert sicher am Laufen ist. Der Grund, warum dies auch aus unserer Sicht interessant ist, liegt darin, dass man sich nur schwer eine einfachere Änderung eines Systems vorstellen kann als die Änderung des Datumsformats. Wenn Sie jetzt daran denken, dass Softwareanwender meist viel weitreichendere Änderungen wollen, um ihre stetig sich ändernden Geschäftsprozesse sauber abgebildet zu bekommen, dann sehen Sie, warum wir ein Problem mit *überkommenen Systemen* haben. Wir brauchen Techniken, um flexiblere Software zu bauen, denn unflexible Systeme sind nicht immer auch alte Systeme. Sie werden immer noch gebaut.

Und dann sollten wir auch noch über Kosten reden. Diese hängen aufs Engste mit Zuverlässigkeit und Flexibilität zusammen, da die Kosten für Fehlerbereinigung und Wartung den größten Faktor beim Betrieb von hochwertigen Systemen darstellen. Komplexität, die Abhängigkeiten der Komponenten untereinander und das Einschleifen neuer Fehler hängen ebenfalls damit zusammen. Bei Software, die über einen sehr langen Zeitraum in Benutzung ist, ist alles nur noch schlimmer. Dort werden Mitarbeiter benötigt, die das komplette Altsystem verstehen und sich darum kümmern können. Ofmals sind auch derartige Jobs für hochqualifizierte Leute nicht besonders attraktiv und müssen daher von zweitklassigen Mitarbeitern erledigt werden. Auch wenn Wartung genauso viel Geschick und Geist erfordert wie andere Entwicklungsaufgaben, finden es viele lohnender, etwas Neues zu produzieren, als etwas Altes zu verbessern.

1.2.2 ... und sogar böse Fehler

Fehler bei diesen erstrebenswerten Attributen können zum Teil wesentlich schwerwiegendere Auswirkungen haben als bisher angedacht wurde. Vielleicht haben Sie von einigen dieser unschönen Beispiele schon gehört:

Ariane 5 Ihr erster Flug am 4. Juni 1996 endete mit einer Sprengung des Treibsatzes nach einer Verkettung von Softwarefehlern.

Taurus Ein geplantes System zur automatisierten Transaktionsabwicklung an der Londoner Börse. Das Projekt wurde 1993 eingestellt, nachdem es schon mehr als fünf Jahre gelaufen war. Das Projekt hatte Kosten in Höhe von 75 Millionen Pfund verursacht und Kunden einen geschätzten Verlust von 450 Millionen Pfund eingebracht. Der Schaden, den der Ruf der Londoner Börse damit erlitt, entzieht sich der Berechnung.

Gepäckleitsystem am Flughafen Denver Das geplante System mit über 300 Computern verzögerte sich so sehr, dass der Flughafen nur verspätet eröffnet werden konnte. Es stellte sich dann als so fehlerhaft heraus, dass noch einmal 50% des ursprünglichen Etats von fast 200 Millionen Dollar investiert werden mussten, um es zum Laufen zu bringen.

Rettungsleitstelle in London Nach einer Aufeinanderfolge mehrerer Software-Entwicklungsfehler und schwerer Probleme im Projektmanagement fiel im Herbst 1992 ein neu eingeführtes System zweimal komplett aus. Obwohl der finanzielle Schaden mit „nur" etwa neun Millionen Pfund im Vergleich zu den anderen Beispielen relativ gering war, geht man davon aus, dass es zu Todesfällen kam, weil Rettungswagen nicht so schnell bei Opfern waren, wie sie ohne den Software-Ausfall gewesen wären.

Therac-25 Zwischen 1985 und 1987 wurden mindestens sechs Personen einer überhöhten Strahlenbelastung ausgesetzt, weil das Strahlentherapiesystem Therac-25 aufgrund von Softwarefehlern nicht ordnungsgemäß arbeitete. Bei drei Opfern geht man davon aus, dass ihr Tod durch die Überdosis herbeigeführt wurde. Ausgegangen ist alles letzten Endes aus dem Fehlen einer Qualitätssicherung, die zu einer viel zu komplexen, schlecht getesteten und zu wenig dokumentierten Systementwicklung und schließlich auch noch zum Versagen bei der Einleitung adäquater Korrekturmaßnahmen führte.

Diskussionsfrage 3

Welche unserer erstrebenswerten Attribute versagte in jedem einzelnen Fall? Sind irgendwelche Fehlerursachen noch nicht berücksichtigt?

Diskussionsfrage 4

Sowohl bei Ariane 5 als auch bei Therac-25 war ein entscheidender Faktor, dass Software wiederverwendet wurde, die vorher ohne sichtbare Probleme gearbeitet hatte. Sie wurde, möglicherweise modifiziert, in einem neuen Kontext eingesetzt und verursachte dort schwerwiegende Probleme. Erarbeiten Sie weitere Details zu diesen Vorkommnissen (Hinweise dazu auf der Website des Buches) und beurteilen Sie die Auswirkungen dieser Fälle auf die Wiederverwendbarkeit.

Es handelt sich hierbei nicht um isolierte Einzelfälle. Beurteilen Sie die folgenden, vielzitierten Statistiken aus einem Artikel von W. Wayt Gibbs [25] von einem wirtschaftlichen Standpunkt aus:

- Im Durchschnitt dauern große Projekte 50% länger als ursprünglich angesetzt.
- Drei Viertel aller großen Projekte funktionieren nicht richtig.
- Ein Viertel aller großen Projekte werden wieder gestrichen.

(Der Artikel ist nicht immer völlig glaubwürdig, aber auch wenn es große Fehleinschätzungen sind, bleibt noch ein enorm großer Problembereich.)

Die RISKS-Mailingliste und ihre Zusammenfassungen (siehe Homepage des Buches) sind eine gut Quelle für Informationen über aktuelle Softwareprobleme, insbesondere wenn diese Fehler Gefahren für Leben, Geschäfte oder die Sicherheit und Glaubwürdigkeit von Informationen mit sich bringen.

1.2.3 Leere Versprechungen

Jede neue Technologie verspricht aufs Neue, Entwicklungszeiten zu reduzieren und die Erfolgsraten von Projekten zu steigern, aber erfahrene Softwareentwickler behalten bei solchen Ansprüchen immer eine Portion Skepsis. Eines der fundamentalen Probleme, mit denen eine Technik zur Beherrschung großer Projekte klarkommen muss, ist Fred Brooks „mystical man-month" [10]. Je größer ein Projekt ist, umso größer wird der Anteil an den Projektkosten und an Zeit, der für die Kommunikation zwischen den einzelnen Projektbeteiligten aufgewendet werden muss, weil auf jede Person wieder andere Personen treffen, mit denen kommuniziert werden muss. Ein Effekt davon ist, dass die natürliche Reaktion, neue Leute einzusetzen, meistens fehlschlägt, wenn ein Projekt beginnt, zeitlich hinterherzuhinken. Wenn man in einem Projekt die Zahl der Mitarbeiter verdoppelt, heisst das noch lange nicht, dass sich die Projektdauer halbiert. Es kann die Dauer sogar verlängern! Es kostet eine große Gruppe, die gemeinsam an einem Projekt arbeitet, viel Zeit und Aufwand, ständig untereinander zu kommunizieren. Wenn sie das aber nicht schaffen, können Einzelteile eines Systems herauskommen, die nicht zueinander passen. Besonders vernichtend können sich diese Effekte natürlich auswirken, wenn sie erst sehr spät in einem Projekt entdeckt werden. Aus diesem Grund sind große Projekte sowohl teurer als auch riskanter als kleinere.

In einem Bemühen, dieser Software-Krise zu begegnen, ließ das US Department of Defense die Sprache Ada entwickeln, die 1983 standardisiert wurde. Ada sollte die praxiserprobten Konzepte der strukturierten Analyse, des Designs und der Programmierung unterstützen. *Modularität* (*modularity*) und *Kapselung* (*encapsulation*) waren die Kernkonzepte des Sprachdesigns. Aber auch diese Großinvestition schaffte es nicht, der Softwarekrise beizukommen. Jüngere Bestrebungen konzentrieren sich nun stärker auf die Verbesserung von Methoden des Software Engineering.

1.3 Wie sehen gute Systeme aus?

Während der letzten Jahre ist es uns gelungen, mehr und mehr Einsicht darüber zu gewinnen, welche Systeme aller Wahrscheinlichkeit nach gute Systeme werden. Vieles bleibt aber auch noch offen. Das fundamentale Problem ist:

> Es gibt eine Grenze, wie viel ein Mensch zu einer gegebenen Zeit verstehen kann.

Kleine Systeme, wozu wir nahezu alles zählen, was Universitätsstudenten normalerweise bauen, können noch durch „Heldenprogrammierung" bewältigt werden, bei der eine einzige Person versucht, alles im Kopf zu haben, was für das System von Bedeutung ist. Normalerweise kann kein Entwickler oder jemand, der für die Wartung zuständig ist, das gesamte System auf einmal überblicken und verstehen. Das heisst aber, dass es von großer Bedeutung ist, eine Entwicklungs- oder Wartungsaufgabe ausführen zu können, ohne das System in seiner Gänze zu verstehen.

Wie entwickelte sich Einsicht in das Problem? Stellen Sie sich jemand vor, der mit der Wartung eines großen Systems betraut ist und daran eine kleine Änderung vornehmen will, etwa die Änderung von drei Codezeilen. Was muss dieser Systembetreuer sonst noch über das System wissen, wenn er beurteilen will, wie weit es durch die kleine Änderung betroffen ist? Die erste Vermutung geht meist dahin, dass man den Code verstehen muss, der unmittelbar in der Nähe der geänderten drei Zeilen liegt, nicht aber Code, der weiter weg davon ist. Schon früh in der Geschichte der Programmierung erkannte man allerdings, dass diese Fehlannahme einer der Hauptgründe für Programmfehler war. So konnte etwa eine `go to`-Anweisung in einem weit entfernten Codeabschnitt, die den Kontrollfluss des Programms in die Nähe der Änderung umleitete, dazu führen, dass entfernt liegende Codestücke dann doch durch die Änderung betroffen waren. Es war nicht immer leicht, festzustellen, welche entfernt liegenden Codeabschnitte betroffen waren. Der Ausdruck „Spaghetti Code" wurde geprägt[1] und bezog sich auf Systeme, in denen Kontrollfluss und Abhängigkeiten bis zur Unverständlichkeit kompliziert waren. Edsger Dijkstras kurze Notiz „Go To statement considered harmful" [15] aus dem Jahr 1968 war der berühmte erste Schritt in die Richtung, die Komplexität von Systemen so weit zu kontrollieren, dass sie von Menschen noch verstanden werden konnte.

Der nächste Schritt ist, sich ein System als eine Ansammlung von *Modulen* vorzustellen und Abhängigkeiten zwischen den Modulen zu bestimmen. Sehr allgemein könnte ein Modul einfach als jedes eigenständige Teilstück gesehen werden, das sinnvollerweise noch separat betrachtet werden kann. Module könnten also etwa sein:

- Dateien
- Unterprogramme
- Bibliotheksfunktionen
- Klassen in einer objektorientierten Sprache
- andere Konstrukte, die als Module o.Ä. bekannt sind
- unabhängige oder teilunabhängige Programme oder Subsysteme

Natürlich sind nicht alle Module gleich: Ein monolithisches Programm zu nehmen und es willkürlich in Dateien aufzuspalten ist nicht gerade optimal. Der Rest dieses Abschnitts beschäftigt sich damit, welche Charakteristika Module haben sollten, um Entwicklung und Wartung von Systemen so einfach, billig und zuverlässig wie möglich zu machen. Dabei müssen wir auch verwandte Konzepte wie *Abhängigkeit* (*dependency*), *Kopplung* (*coupling*), *Bindung* (*cohesion*), *Schnittstelle* (*interface*), *Kapselung* (*encapsulation*) und *Abstraktion* (*abstraction*) in Betrachtung ziehen. (Andere Autoren verwenden zum Teil leicht unterschiedliche Definitionen dieser Ausdrücke. Diese hier werden von uns bevorzugt, sind aber nicht die einzig möglichen.) Nachdem wir festgestellt haben, was ein gutes Modul ausmacht, können wir darüber nachdenken, ein gutes Modul als *Komponente* (*component*) wiederzuverwenden.

Modul A *hängt* von Modul B ab, wenn eine Änderung an Modul B gleichzeitig auch eine Änderung an Modul A bedingt.

Manchmal nennen wir Modul A auch *Client* von Modul B, oder wir bezeichnen Modul B als *Server* für Modul A. (Die Ausdrücke Client und Server werden allerdings auch in einem spezielleren Umfeld verwendet: In einer Client-Server-Architektur etwa sind Client und Server generell unterschiedliche Prozesse auf unterschiedlichen Maschinen.) Es ist ganz normal, dass ein Modul sowohl als Client als auch als Server auftreten kann. Damit kann es also von einigen anderen Modulen abhängen, während andere Module wiederum von ihnen abhängen. Es kann sogar vorkommen, dass bei zwei Modulen jedes das andere als Client hat; dies ist jedoch ein Beispiel *zirkulärer Abhängigkeit*, die wo immer möglich vermieden werden sollte, weil sie die Wiederverwendung behindert.

Abhängigkeit (*dependency*) wird oft auch *Kopplung* (*coupling*) genannt. Ein System mit vielen Abhängigkeiten hat eine *hohe Kopplung* (*high coupling*). Gute Systeme haben eine *niedrige Kopplung* (*low coupling*), weil sich dann Änderungen an einem Teil des Systems weniger wahrscheinlich durch das System hindurch hinziehen.

---

[1] Sehr wahrscheinlich in den frühen 60er Jahren von W.G.R. Stevens, dem Vater von Perdita.

Diskussionsfrage 5

Wie kann Kopplung erkannt werden? Gemessen? Reduziert?
Bedenken Sie dabei: Wenn Sie ein System aus zwei gekoppelten Modulen nehmen und die zwei in ein einziges Modul zusammenführen, verringert das dann auch die Kopplung in dem System?

1.3.1 Kapselung: geringe Kopplung

Wir wollen also erreichen, bei gleichbleibendem Rest, dass die Zahl der Fälle, in denen eine Änderung bei einem Modul eine Änderung in einem anderen Modul erforderlich macht, so klein wie möglich bleibt. Das bedeutet, dass wir wissen müssen, welche Änderungen innerhalb eines Moduls Auswirkungen auf den Rest des Systems haben können. Um aber Vorteile aus der geringen Kopplung eines Systems ziehen zu können, ist es ebenso wichtig, die Module, die gekoppelt sind, zu *identifizieren*. Gelingt uns das nicht, müssen wir aufwändig prüfen, ob Änderungen an einem Modul erforderlich sind, und das kommt teuer, auch wenn sich herausstellt, dass nichts geändert werden muss. Wir wollen mit Sicherheit feststellen können, welche Module eines Systems von der Änderung eines bestimmten Moduls betroffen sind.

Sind die Grenzen zwischen den Modulen unseres Systems einmal festgelegt, sind, alles in allem, zwei Arten von Information für uns wichtig:

1. Von welchen *Annahmen* (*assumptions*) gehen Clients eines bestimmten Moduls möglicherweise zu diesem Modul aus? Etwa: Welche *Dienste* (*services*) stellt es vermutlich zur Verfügung? Aus Antworten daraus sollten wir ableiten können, welche Änderungen an einem Modul gefährlich sein könnten.
2. Welche Module sind Clients eines bestimmten Moduls? Die Antwort darauf sagt uns, welche Module wir möglicherweise ändern müssen, wenn wir eine gefährliche Änderung an einem Modul vornehmen.

Wir werden diese Fragen der Reihe nach angehen.

Schnittstellen

Eine *Schnittstelle* (*interface*) zu einem Modul beschreibt einige Eigenschaften des Moduls, auf die sich dessen Clients möglicherweise verlassen. Der Rest des Systems kann das Modul nur so benutzen, wie die Schnittstellen es zulassen; das bedeutet, eine Schnittstelle *kapselt* Wissen über das Modul. Parnas schreibt dazu: „Die Verbindungen zwischen Modulen sind das, was Module voneinander annehmen." Jede Annahme zu einem Server, von der ein Client ausgeht, birgt auch das Risiko, falsch zu sein. Wir sollten solche Annahmen über Schnittstellen also dokumentieren und ihre Richtigkeit *prüfen*. Wenn wir alle Annahmen über die Schnittstelle dokumentieren, können wir sagen:

> Wenn sich ein Modul intern ändert, ohne seine Schnittstellen zu ändern, wird diese Änderung keine weiteren Änderungen[2] irgendwo anders im System erforderlich machen.

Bisher konnte eine Schnittstelle beispielsweise der Kommentarabschnitt am Anfang einer Datei sein, das per Konvention von jedem aktualisiert wird, der die Datei ändert oder sie verwendet. Das Problem dabei ist, dass es keine Garantie dafür gibt, dass sich jeder an diese Konvention hält. Im Idealfall müsste es automatische Kontrollen geben, dass andere Module von keinen Annahmen zu einem Modul ausgehen, die nicht in dessen Interface definiert sind

---

2 Änderungen am Code! Allerdings können Änderungen an Quellcode-Komponenten, die das Interface unverändert stehen lassen, je nach Umgebung, eine Neukompilierung erforderlich machen.

und dass das Modul alle Annnahmen, die dort dokumentiert sind, auch rechtfertigt. Je mehr eine Programmiersprache die Automatisierung dieser Checks erlaubt, umso mehr spricht man von Modularität und Kapselung, die durch diese Programmiersprache unterstützt werden.

Es hängt natürlich von der Programmiersprache[3] ab, welche Informationen über ein Interface festgehalten und automatisch geprüft werden können. Typischerweise werden hier Funktionen stehen, die aufgerufen werden können, vielleicht auch die Bezeichnungen von Daten oder von Objekten, die verwendet werden können. Einige Programmiersprachen erlauben die Nennung von *Typen* (*types*) oder *Ausnahmen* (*exceptions*) im Interface nicht. Client-Module dürfen keine Angaben über irgendetwas im Server-Modul machen, das nicht in der Schnittstelle festgehalten ist. In vielen Sprachen gibt es auch Prüfungen, wie Client-Module die Namen von Dingen im Interface verwenden; so werden etwa die Annahmen geprüft, welchen Typen die Dinge zuzuordnen sind. Verwendet man einen Namen, der nicht im Interface aufgeführt ist, oder verwendet man ihn mit der Annahme, er habe einen anderen Typ als angegeben, so führt das zu einem Fehler beim Kompilieren, beim Linken oder in der Ausführung. So weit funktioniert das sehr gut für die *syntaktischen* Aspekte von Abhängigkeiten.

Diskussionsfrage 6

Überdenken Sie die Beispiele für Module, die oben angeführt sind, und andere, die sie kennen – in jeder Sprache. Was kann in den Schnittstellen zu den Modulen dokumentiert werden und wie weit geschieht das automatisch? Welche Überprüfungen werden wann durchgeführt?

Idealerweise hätten wir gerne mehr: Wir möchten auch noch *semantische* Abhängigkeiten prüfen können. Das heisst, wenn ein Interface wirklich die Annahmen dokumentieren soll, die über Module gebildet werden können, sollte es eine echte *Spezifikation* des Moduls sein und beschreiben, was Clients über das Verhalten der Module annehmen können, nicht nur die Syntax, wie sie damit in Interaktion treten können. Leider bieten heutige Programmiersprachen (mit einigen Ausnahmen) diese Information nicht an. Der Hauptgrund dafür ist, dass theoretische Computerwissenschaften noch nicht weit genug sind, um diese Eigenschaften technisch zu ermöglichen. Es ist ein Bereich sehr intensiver Forschung und Sie können davon ausgehen, dass zukünftige Programmiersprachen einen viel mächtigeren Begriff von Interface haben.

Kontextabhängigkeiten

Es gibt eine Reihe von Gründen, warum man nicht nur wissen möchte, welche Abhängigkeiten existieren könnten – also welche Eigenschaften in den Schnittstellen der Module eines Systems dokumentiert sind –, sondern auch, welche Abhängigkeiten tatsächlich existieren. Bereits erwähnt haben wir dazu die Situation, in der sich eine Änderung an einem Modul auch auf dessen Clients auswirkt. Per definitionem sind die Clients die Module, an denen Änderungen möglich sein könnten, daher ist es wichtig, sie alle identifizieren zu können. Als Nächstes stellen Sie sich vor, dass Sie ein Modul wiederverwenden möchten. Dazu müssen Sie nicht nur wissen, welche Dienste es anbietet, also wie seine Schnittstelle beschaffen ist, sondern auch, welche Dienste es selbst für seine Funktion benötigt. Die Dienste, die ein Modul benötigt, werden manchmal auch als dessen Kontextabhängigkeiten bezeichnet. Auch diese

[3] In Kapitel 6 werden wir sehen, dass auch UML einen Begriff von einem Interface hat, bei dem ein Interface nur Operationen einschließen kann. Hier sprechen wir über allgemeinere Vorstellungen.

können wiederum in Form von Interfaces ausgedrückt werden; auf diese Weise könnte ein Modul garantieren, dass es seine eigene Schnittstelle verfügbar macht, wenn ihm bestimmte Schnittstellen zur Verfügung gestellt werden.

Die Kontextabhängigkeiten eines Moduls und dessen eigene Schnittstellen bilden eine Art Vertrag, der die Zuständigkeiten des Moduls beschreibt. Wenn der Kontext alles zur Verfügung stellt, was das Modul benötigt, kann es seinerseits garantiert die Dienste zur Verfügung stellen, die in seinem Interface beschrieben sind.

Die Vorteile von Modularität bei definierten Schnittstellen

Schon ein ganz schlichtes Interface eines schlecht gewählten Moduls kann ein System leichter verständlich und modifizierbar machen. Warum das? Der Hauptgrund ist einfach der, dass alles, was zur Verringerung dessen beiträgt, was einem Anwender über ein Modul bekannt sein muss, in mehrfacher Hinsicht nützlich ist.

- In einer Entwicklergruppe sollten die Entwickler, wenn sie ein Modul verwenden, nur dessen Interface verstehen und nicht, wie das ganze Modul funktioniert. Dadurch werden sie *produktiver.*
- Weil Entwickler eine Reihe von Aspekten eines Systems problemlos ignorieren können, ist es wahrscheinlicher, dass sie die Aspekte, die sie *tatsächlich* benötigen, gründlich verstehen. Dadurch sollten *weniger Fehler* entstehen.
- Fehler sollten *einfacher* gefunden werden können (während der Entwicklung und in der Wartung), weil es möglich werden sollte, irrelevante Module nicht zu durchsuchen.
- Existiert ein Modul samt Dokumentation darüber, was es anbietet und was es benötigt, ist es zumindest schon einmal möglich, es wiederzuverwenden.

Die wahre Herausforderung ist, gute Module mit den richtigen Inhalten in ihren Schnittstellen zu definieren. Nur dann kann man alle Vorteile auch nutzen.

Diskussionsfrage 7

Wohin kommt man mit schlecht gewählten Modulen oder schlichten Interfaces? Wodurch wird ein Interface zu groß oder zu klein? Sind Ihnen schon Beispiele begegnet?

Ein Modul kann mehrere Interfaces haben

Wenn wir wissen, dass Modul A gelegentlich von Änderungen in Modul B betroffen sein kann, dann möchten wir auch so einfach wie möglich feststellen können, welche Änderungen in unserem speziellen Fall erforderlich sind. Manchmal ist es einfacher, die Dienste, die von einem Modul angeboten werden, in mehreren unterschiedlichen Interfaces zu dokumentieren. Dadurch kann man präziser angeben, welche Dienste ein bestimmter Client benötigt. Auch das ist wieder bei Wartung und Wiederverwendung hilfreich.

Jetzt haben wir schon eine Teilantwort auf unsere Frage „Wie sehen gute Systeme aus?"

Ein gutes System besteht aus gekapselten Modulen.

1.3.2 Abstraktion: hohe Bindung

Gute Module haben oft die Eigenschaft, dass Ihre Schnittstellen eine *Abstraktion* von etwas intuitiv Verständlichem darstellen, das aber dennoch komplex zu implementieren sein kann. Bei solchen Modulen spricht man von *hoher Bindung* (*high cohesion*).

Das Interface *abstrahiert* von den Dingen, die der Client-Entwickler für die Verwendung des Moduls nicht wissen muss, und es bleibt ein sauberes, zusammenhängendes Bild von dem, was der Anwender des Moduls wissen will. Das Modul führt eine ganze Reihe von Aktionen aus, aber der Client-Entwickler wird von aller irrelevanten Information, wie das Modul das erledigt, abgeschirmt. Dieses Bestreben, dem Enwickler die Konzentration auf das Wesentliche zu *gestatten*, ist grundverschieden von dem Bestreben nach *geringer Kopplung* (*low coupling*), mit der der Benutzer davon *abgehalten* werden soll, versteckte Information anzuwenden.

Ein einfaches konkretes Beispiel: Nehmen wir an, ein Modul bietet ein Interface zu einem Punkt im zweidimensionalen Raum. Das Interface ermöglicht es Clients, die Position des Punktes entweder in Kartesischen Koordinaten (x,y) oder in Polarkoordinaten (r,q), je nachdem, was gerade besser passt, auszulesen oder zu setzen. Ob das Modul nun beide Koordinatensysteme speichert und konsistent hält oder ob es nur ein System speichert und das jeweils andere daraus errechnet, ist für den Client-Entwickler nicht von Interesse. Das Interface des Moduls sollte davon abstrahieren und die Datenstruktur innerhalb des Moduls kapseln. Diese Art der Kombination von Abstraktion und Kapselung wird oft auch als *Verbergen von Informationen* (*information hiding*) bezeichnet; wir wiederholen aber unsere Warnung, dass es keine exakte Festlegung gibt, was jeder der Begriffe genau bezeichnet und umfasst. Wir fassen so zusammen:

> Von Abstraktion spricht man, wenn der Client eines Moduls nicht mehr zu wissen braucht, als im Interface angegeben ist.
> Von Kapselung spricht man, wenn der Client eines Moduls nicht mehr wissen kann, als im Interface angegeben ist.

Die Situation, in der das Interface zwar Mittel zur Interaktion mit einigen Daten bereitstellt, aber nichts über das interne Format dieser Daten verrät, ist typisch für die objektorientierte Entwicklungsrichtung und die Programmierung mit abstrakten Datentypen. Einige Autoren beschränken ihre Verwendung des Wortes Kapselung nur auf diese Art gekapselter Module.

Ein Modul, wie groß und komplex auch immer, das eine gute Abstraktion darstellt, hat hohe Bindung und geringe Kopplung[4]. Es kann in später folgenden Systemen wiederverwendet oder im existierenden System ersetzt werden. Damit kann es auch als *einsetzbare Komponente* (*pluggable component*) bezeichnet werden. Ob das jedoch tatsächlich möglich ist, hängt auch von der *Architektur* ab, in der die Komponente entwickelt und in der sie eingesetzt wird. Das bringt uns dazu, uns auch mit *architekturzentrierter komponentenbasierter Entwicklung* (*architecture-centric component based development*, CBD)[5] zu beschäftigen. Dies sind noch viel aktuellere Schlagwörter als die bisher angesprochenen, und ihre Bedeutungsinhalte sind noch mehr umstritten. Im nächsten Unterabschnitt stellen wir dar, was wir in diesem Buch darunter verstehen. In Exkurs 18.1 kommen wir mit Blick auf den Rest des Buches noch einmal darauf zurück.

1.3.3 Architektur und Komponenten

In den achtziger und frühen neunziger Jahren war *Objektorientierung* (mit der wir uns in Kapitel 2 näher beschäftigen werden) die Mode-Technik schlechthin, mit der man die Softwarekrise zu lösen glaubte. Wenn Sie nur Objektorientierung in Ihrem Projekt verwendeten,

4 Erläuterung: hohe Bindung nach innen und geringe Kopplung nach aussen (zu anderen Modulen)

5 Sie werden auch den Ausdruck *komponentenorientierte Programmierung* (*component oriented programming*, COP) finden – er ist gleichbedeutend mit CBD.

wäre es automatisch von hoher Qualität, termin- und kostengetreu fertiggestellt und Ihr Unternehmen würde phänomenale und stets steigende Wiederverwendungsraten erzielen, weil Klassen, die einmal für ein Projekt entwickelt wurden, immer wieder verwendet werden könnten; im nächsten Projekt und im übernächsten und im überübernächsten ...

Das war eine große Übertreibung. Wie Sie wahrscheinlich schon aus der vorherigen Aufzählung der gescheiterten Projekte aus diesem Bereich schließen konnten, war die Wirklichkeit ein wenig anders. Die beste Definition für das Wort *Komponente*, die wir vorbringen können, ist „Etwas, das wir wiederverwenden oder ersetzen können" – zynischer betrachtet könnte man auch sagen, dass *komponentenbasierte Entwicklung* (*component base development*, CBD) schon allein per definitionem hohe Wiederverwendungsraten erzielt, weil, wenn nicht, sie gar nicht CBD genannt werden könnte.

Eine Komponente ist für uns zunächst etwas, was man *wiederverwenden* und *ersetzen* kann. Eine Komponente kann ein Modul sein, mit Eigenschaften, die es wiederverwendbar und ersetzbar machen. Es gibt noch eine Reihe anderer Formen der Wiederverwendbarkeit, die in Kapitel 18 ausführlicher gezeigt werden. Wir werden uns dabei auch der durchaus kontroversen Frage annehmen, wie die Definition von Komponente eigentlich aussehen könnte. Vielfach wird *späte Komposition* (*late composition*) als wichtiges Merkmal komponentenbasierter Entwicklung genannt – das kommt daher, dass es einfacher ist, ein Modul zu ersetzen, wenn es ohne erneutes Kompilieren des ganzen Systems möglich ist. Die Meinungen gehen jedoch bei der Frage auseinander, wie spät denn spät sei; wir ziehen es daher vor, diese Beschränkung gar nicht erst zu verwenden. (Leider gibt es auch in UML den Begriff Komponente für ein verwandtes, aber doch unterschiedliches Konzept. Wir besprechen dies in Kapitel 13.)

Was legt nun fest, ob ein Modul wiederverwendbar ist? Es überrascht nicht, dass ein wiederverwendbares Modul auch die oben genannten Kriterien gut erfüllt: Es hat hohe Bindung, geringe Kopplung mit dem Rest des Systems, ein präzise definiertes Interface und ist eine gekapselte Abstraktion von etwas Bekanntem. Mehr überraschen könnte da schon die Frage, ob es von dem Kontext, in dem es entwickelt wurde und in dem es wiederverwendet werden soll, abhängt, ob ein Modul wiederverwendbar ist. Zu diesem Kontext gehört eine breite Vielfalt an technischen und nichttechnischen Faktoren, denen wir uns in Kapitel 18 noch einmal zuwenden. Ein Beispiel für einen solchen nichttechnischen Faktor wäre etwa ein Unternehmen, in dem Entwickler für die Zahl der Programmzeilen, die sie schreiben, ausgezeichnet werden: Dabei wäre kein Modul wiederverwendbar, weil kein Entwickler ein Interesse daran hätte. Das ist natürlich ein extremes Beispiel, aber derartige soziale und organisationsbedingte Faktoren sind unter Umständen sogar einflussreicher als technische Faktoren.

Für die Bedeutung des technischen Kontexts brauchen Sie sich nur ein Unternehmen vorzustellen, das eine Reihe von Systemen herstellt, die untereinander sehr viel gemeinsam haben. Dies wird auch als Entwicklung nach dem Gesichtspunkt der *Produktlinie* bezeichnet. Wenn die Hauptstruktur zweier aufeinander folgender Systeme gleich ist, dann ist es viel wahrscheinlicher, dass es möglich ist, ein Modul, das für ein System entwickelt wurde, unverändert in das andere zu übernehmen, als es bei Systemen unterschiedlicher *Architektur* der Fall wäre. Zur Architektur eines Systems zählen die Entscheidungen auf hohem Abstraktionsniveau, wie die Gesamtstruktur eines Systems aussehen sollte. Diese Entscheidungen wirken sich auf mehrere Systeme aus und werden im Hinblick darauf getroffen, Vorzüge wiederholbar zu machen und etwa Komponenten wiederholt einzusetzen. Natürlich gehören auch noch weitere Entscheidungen zum Bau des Systems.

Ein einfaches Beispiel ist etwa, dass die Entscheidung, auf unerwartete Fehler immer in einer bestimmten Weise zu reagieren, eine Architektur-Entscheidung ist; ein Beispiel hoher Abstraktion ist die Entscheidung, die Datenbank eines bestimmten Herstellers oder eine bestimmte Programmiersprache zu verwenden. Einer der Gründe für diese Entscheidungen ist der gleiche wie der für die Auswahl passender Module: nämlich die Belastung auf den Entwickler oder Systembetreuer zu reduzieren. Wenn bestimmte Dinge innerhalb eines gesamten Systems, oder besser noch von System zu System, zuverlässig auf immer die gleiche Weise gelöst werden, dann kann sich der Entwickler oder Wartungsmitarbeiter darauf einstellen, wie die Sache aussieht, und sich die mühsame Aufgabe ersparen, dies bei jedem speziellen Vorkommen wieder aufs Neue herausfinden zu müssen.

Eine Komponente, die im Kontext einer Reihe von architekturbezogenen Entscheidungen entwickelt wurde, kann sehr wahrscheinlich auch in einem neuen Kontext wiederverwendet werden, wenn auch diesem die gleichen architekturbezogenen Entscheidungen zugrunde liegen. (In diesem Fall wird sogar die Architektur selbst wiederverwendet, aber es wird natürlich auch die Wahrscheinlichkeit erhöht, Komponenten wiederzuverwenden. Auf die Wiederverwendung von Architektur werden wir in Kapitel 18 kurz eingehen.) Genauso wie eine Schnittstelle besser ist als keine, ist eine weniger gute Entscheidung zur Architektur besser als überhaupt keine. Und genau wie bei Schnittstellen liegt die wirkliche Herausforderung in der Identifikation einer guten Architekturentscheidung.

1.3.4 Komponentenbasiertes Design: Steckbarkeit (pluggability)

Die ideale Vorgehensweise beim Bau neuer Systeme ist, bestehende Komponenten zu nehmen und sie neu zusammenzustecken. Unter Steckbarkeit (pluggability) versteht man demzufolge die Eigenschaft, die dies überhaupt erst ermöglicht. Diese Metapher bringt auch sehr gut zum Ausdruck, dass Steckbarkeit nur zum Teil eine Eigenschaft der Teile ist, die gesteckt werden sollen. Die Komponenten müssen Einzelteile sein, die Aufgaben im Gesamtsystem abdecken. Mehr noch, sie müssen auch noch untereinander kompatibel sein, was wiederum vom Einsatz einer passenden Architektur abhängt.

Stellen Sie sich ein Elektrogerät vor, das mit einem Stecker an das Stomnetz angeschlossen wird. Sie wissen nicht, was das Gerät überhaupt machen soll. Dass es über das normale Stromnetz angetrieben wird und einen Standardstecker benutzt, sind Architekturentscheidungen mit erkennbaren Vorteilen. Eine alternative Architekturentscheidung hätte sein können, dass das Gerät batteriebetrieben sein sollte und normale Standardbatterien nutzt. Welche dieser beiden Architekturen nun die passendste ist, ist eine wichtige Entscheidung, die von Details des Projekts abhängt, auf die wir noch nicht näher eingegangen sind. Eine derartige Entscheidung sollte in einem Projekt wahrscheinlich sehr früh getroffen werden, weil sie wesentlichen Einfluss auf das Design des Geräts hat. Dies ist charakteristisch für Architekturentscheidungen. Eine sicherlich sehr dumme Architekturentscheidung wäre es gewesen, das Gerät nicht mit einem Standardstecker auszustatten. Noch interessanter ist, dass es eine sehr schlechte Entscheidung gewesen wäre, das Gerät mit einem US-Standardstecker auszustatten, wenn es ausschließlich in Großbritannien verkauft werden sollte; und dennoch wäre es eine vollkommen richtige Entscheidung, wenn das Gerät nur in USA verkauft werden sollte. Architekturentscheidungen

- müssen früh in einem Projekt getroffen werden,
- sind abhängig von der Art der Komponenten innerhalb der Architektur,
- können auch durch die Umgebung des Projektes beeinflusst werden.

Zusammenfassend kann man sagen, dass eine Entwicklung architekturzentriert und komponentenbasiert ist, wenn mit hoher Priorität architekturorientierte Entscheidungen befolgt (und getroffen) und gute Komponenten verwendet (und entwickelt) werden.

Wie wir sehen werden, ist Objektorientierung ein passendes (aber nicht das einzige) Paradigma, in dem architekturzentriertes CBD möglich ist.

1.4 Wie konstruiert man gute Systeme?

Zum Entwicklungsprozess kommen wir in Kapitel 4 noch einmal zurück. Hier werfen wir noch einen Blick auf den Hintergrund und beschäftigen uns mit dem Begriff Software Engineering. Der Begriff alleine weist schon darauf hin, dass Systeme ähnlich gebaut werden könnten wie andere von Ingenieuren gebaute Dinge, etwa Maschinen oder Brücken. Der Engineering-Ansatz

- läuft in einem definierten Prozess mit klaren Phasen, von denen jede ein Endprodukt hat (etwa ein Dokument oder ein Bauwerk),
- ist bemüht, einen klaren Satz an Anforderungen zu erfüllen, der so früh wie möglich sorgfältig definiert wurde,
- hält Formen der Verifikation und Validierung, wie etwa Testen und gelegentlich auch Nachweise, für genauso wichtig wie den Bau des Produkts selbst,
- nutzt einen reichen Schatz an Wissen, Architekturen und Komponenten,
- setzt Werkzeuge sinnvoll ein.

Wir haben auch schon klargestellt, dass Softwaresysteme sich einer wohlüberlegten modularen Architektur unter Wiederverwendung von Komponenten bedienen sollten, genau wie von Ingenieuren gebaute Dinge.

Diskussionsfrage 8

Was sind die Unterschiede und was die weiteren Gemeinsamkeiten zwischen Software Engineering und anderen Formen der Ingenieurstätigkeit?

ZUSAMMENFASSUNG

Dieses Kapitel sollte die Neugier des Lesers auf die Art des Software Engineering, um die es in diesem Buch geht, wecken. Wir haben betrachtet, was ein hochwertiges Softwaresystem auszeichnet und bis zu welchem Grad wir es heute mit hochwertigen Systemen zu tun haben. Wir haben die Notwendigkeit der Modularität besprochen und kamen dabei auch auf die Charakteristika guter Module. Wir haben ferner darüber gesprochen, über das einfache und isolierte Bauen guter Module zur Errichtung von Systemen auf der Basis guter, wiederverwendbarer Architekturen mit häufiger Wiederverwendunng von Komponenten hinauszugehen. Zuletzt haben wir auch noch den Begriff Prozess kurz erwähnt.

KAPITEL 2

Der Begriff des Objekts

In diesem Kapitel beschäftigen wir uns weiter mit der Frage: „Wie sehen gute Systeme aus?" Wir beschreiben dafür die objektorientierte Vorgehensweise, deren Beliebtheit zum Teil darauf beruht, dass sie die Entwicklung von guten Systemen ermöglicht. Der Einsatz von Objektorientierung ist aber für die Erstellung guter Systeme weder notwendig noch ausreichend. Wir werden die folgenden Fragen beantworten:

- Was ist ein Objekt?
- Wie kommunizieren Objekte?
- Wie ist das Interface eines Objekts definiert?
- Was haben Objekte mit Komponenten zu tun?

Zuletzt sprechen wir über Vererbung, Polymorphie und dynamische Bindung.

Der Inhalt dieses Kapitels trifft für zum Standard gewordene, moderne, klassenbasierte, objektorientierte Sprachen wie Java oder C++ zu. Das meiste trifft auch zu für Smalltalk, Eiffel, CLOS, Perl5 und andere objektorientierte Sprachen, denen Sie begegnen werden; ein detaillierter Vergleich objektorientierter Sprachen kann allerdings in diesem Buch nicht geleistet werden.

Zu diesem Kapitel gehören auch Fragen, wie weit die Programmiersprache, die *Sie* verwenden, die objektorientierten Eigenschaften anbietet, wie sie hier besprochen werden. Wenn Sie die Sprache bereits gut kennen, sollten Sie die Fragen einfach beim Lesen beantworten können. Wenn nicht, wäre es vielleicht besser, wenn Sie dieses Kapitel bis zum Ende lesen, sich dann in die Grundlagen Ihrer Programmiersprache einarbeiten und dann zu den Fragen zurückkehren würden. Dabei können Sie dann überprüfen, ob Sie verstanden haben, auf welche Weise Ihre Sprache die Objektorientierung unterstützt. (Wir nennen hier jede Sprache „Ihre Sprache", über deren Nutzung Sie nachdenken.)

2.1 Was ist ein Objekt?

Vom Konzept her ist ein *Objekt* ein Ding (thing), mit dem Sie in Interaktion treten können: Sie können ihm unterschiedliche *Nachrichten* (*messages*) schicken und es wird darauf reagieren. Wie es sich *verhält*, hängt vom aktuellen internen *Zustand* (*state*) des Objekts ab. Dieser kann sich ändern, etwa als Teil der Reaktion des Objekts auf eine Nachricht. Es spielt eine Rolle, mit welchem Objekt Sie in Kontakt treten, und normalerweise treten Sie mit einem Objekt über dessen Name in Kontakt. Ein Objekt hat also eine *Identität* (*identity*), die es von allen anderen unterscheidet. Ein Objekt hat damit ein Verhalten, einen Zustand und eine Identität, eine Charakterisierung von Grady Booch [7]. Diese Aspekte wollen wir uns etwas genauer ansehen.

Ding Das ist interessanter, als es zunächst aussehen mag. Ein Objekt ist nicht nur ein Ding im System, es ist auch die Repräsentation innerhalb des Systems für etwas Konzeptionelles. So kann ein Objekt etwa ein physisches Ding wie etwa einen Kunden, ein Brett oder eine Uhr darstellen. Als Objekte in Simula zum ersten Mal auftauchten, waren es tatsächlich Repräsentationen von tatsächlichen Objekten, die simuliert wurden. Wenn jedoch allgemein einsetzbare Softwaresysteme mit Hilfe von Objekten gebaut werden sollen, müssen Objekte nicht unbedingt ein physisches Ding darstellen. Auf die Frage, wie Objekte zu identifizieren sind, kommen wir in Kapitel 5 zurück.

? Was könnte als Objekt aufgefasst werden: Hammer, Kugel, chemischer Prozess, Liebe, Nebel, Fluss, Zorn, Katze, Grauheit, graue Katze?

Zustand Der *Zustand* eines Objekts sind alle Daten, die von ihm aktuell gekapselt werden. Ein Objekt hat normalerweise eine Anzahl von benannten *Attributen* (oder auch *Instanzvariablen (instance variables), Datenmitglieder (data member)*), von denen jedes einen Wert hat. Einige Attribute können veränderlich sein, d.h. ihre Werte können geändert werden. So könnte etwa ein Objekt, das einen Kunden repräsentiert, das Attribut `address` haben, dessen Wert sich ändern muss, wenn der Kunde umzieht. Andere Attribute können unveränderbar oder konstant sein; so könnte unser Kunden-Objekt ein Attribut für die eindeutige Identitätsnummer des Kunden haben, die sich vermutlich während des ganzen Lebens des Objekts nicht ändert. In den meisten aktuellen, objektorientierten Sprachen kann die Menge an Attributen eines Objekts während der Lebenszeit des Objekts nicht geändert werden, wohl aber können die Werte dieser Attribute geändert werden.

Verhalten Die Art und Weise, wie sich ein Objekt, bezogen auf Zustandsänderungen und Nachrichtenübermittlung, verhält und wie es reagiert. Ein Objekt *versteht* bestimmte *Nachrichten* (*messages*), was soviel bedeutet wie: es kann die Nachrichten entgegennehmen und darauf reagieren. Die Menge an Nachrichten, die ein Objekt verstehen kann, ist normalerweise festgelegt, wie auch die Menge an Attributen. Wie ein Objekt auf eine Nachricht reagiert, kann von den aktuellen Werten seiner Attribute abhängen – auf diese Weise kann die Außenwelt, auch wenn sie (wie üblich) keinen direkten Zugriff auf die Attribute hat, indirekt durch deren Werte beeinflußt werden. In diesem Sinne sind die Werte der Attribute der *Zustand* (*state*) des Objekts.

Identität ist da schon weniger einfach. Der Gedanke dabei ist, dass Objekte nicht nur durch die aktuellen Werte ihrer Attribute definiert sind. Objekte haben eine kontinuierliche Existenz. So könnten sich beispielsweise die Attribute eines Objekts ändern, etwa als Reaktion auf eine Nachricht, es wäre aber immer noch dasselbe Objekt. Ein Objekt wird normalerweise über einen *Namen* (*name*) angesprochen (Wert einer Variablen in einem Clientprogramm, etwa `aCustomer`); der Name eines Objekts ist aber nicht das Gleiche wie das Objekt, weil das gleiche Objekt mehrere unterschiedliche Namen haben kann. (Das überrascht Sie vermutlich nur, wenn Sie ein rein funktionaler Programmierer sind; es gibt da einige, die der Meinung sind, man könne OO auf rein funktionaler Ebene betreiben. Dieser Frage werden wir in diesem Buch nicht weiter nachgehen.)

2.1.1 Beispiel

Gehen wir von einem Objekt aus, das wir `myClock` nennen wollen und das die folgenden Nachrichten versteht: `reportTime` und `resetTimeTo(07:43)`, `resetTimeTo(12:30)`, allgemeiner formuliert `resetTimeTo(newTime)` mit allen sinnvollen Werten für `newTime`. Dies zeigt es nach außen über ein *Interface* an, dem zu entnehmen ist, dass es Nachrichten der Form `reportTime()` und `resetTimeTo(newTime: Time)` mit `Time` als Typ[1], dessen Elemente die sinnvollen Werte von `newTime` sind, die wir erwähnt haben.

Wie implementiert es diese Funktionalität? Die Außenwelt muss das gar nicht wissen – die Information sollte versteckt sein – aber vermutlich hat es ein Attribut `time`, dessen Wert von dem Objekt als Antwort auf die Nachricht `reportTime` zurückgegeben und das auf newTime eingestellt wird, wenn das Objekt die Nachricht `resetTimeTo(newTime)` erhält. Vielleicht leitet es die Nachrichten auch an ein anderes Objekt weiter, das es kennt, und überlässt die Bearbeitung der Nachrichten dem anderen Objekt.

2.1.2 Nachrichten

Aus diesem Beispiel können wir einiges über Nachrichten erkennen. Zu einer Nachricht gehört ein Schlüsselwort, genannt *Selektor;* hier die Selektoren `reportTime` und `resetTimeTo`. Ein Nachricht kann ein oder mehrere Argumente einschließen, muss aber nicht. Argumente sind Werte, die an das Objekt gereicht werden – genau wie in einem normalen Funktionsaufruf Werte an eine Funktion übergeben werden. In dem Beispiel ist `07:43` ein Argument als Teil der Nachricht `resetTimeTo(07:43)`. Normalerweise gibt es für einen Selektor nur eine korrekte Anzahl von Argumenten, die in einer Nachricht, die mit diesem Selektor beginnt, vorhanden sein sollten. Von `myClock` kann nicht erwartet werden, dass es `resetTimeTo` ohne Argumente oder `resetTimeTo(4, 12:30)` versteht. Die passenden Werte von Argumenten werden auch im Interface des Objekts hinterlegt.[2]

? Wie lautet die Syntax für das Senden von Nachrichten in den Sprachen, die Sie verwenden?

Beachten Sie, dass Werte – etwa Werte von Attributen eines Objekts oder Werte von Argumenten, die als Teile von Nachrichten versandt wurden – nicht unbedingt aus der Menge der Basistypen (character, integer usw. – was genau ein Basistyp ist, hängt von der Sprache ab) stammen müssen. Sie können auch eigenständige Objekte sein.

? Welche Basistypen hat die von Ihnen verwendete Programmiersprache?

Was ein Objekt als Reaktion auf eine Nachricht unter anderem tun kann, ist, eine Nachricht an ein weiteres Objekt zu schicken. Wenn es das tun will, muss es irgendwie den Namen des Objekts wissen. Es könnte etwa sein, dass es das Objekt als Wert eines seiner Attribute hinterlegt hat und dann die Nachricht senden kann, indem es das Attribut als Namen verwendet.

? Stellen Sie sich vor, o sei ein Objekt. An welche Objekte könnte o Nachrichten senden, abgesehen von Objekten, die o als Werte seiner Attribute kennt?

Beachten Sie, dass Sie normalerweise nicht wissen, welcher Code letztlich ausgeführt wird, wenn Sie eine Nachricht an ein Objekt schicken, weil diese Information gekapselt ist. Das wird gegen Ende dieses Kapitels noch wichtig, wenn wir über dynamische Bindung sprechen.

2.1.3 Interfaces

Das *public* Interface des Objekts legt fest, welche Nachrichten es akzeptiert, unabhängig davon, woher diese kommen. Typischerweise verzeichnet das Interface die Selektoren der Nachrichten zusammen mit Informationen über die benötigten Argumente und über mög-

[1] oder auch Klasse (siehe 2.1.4, weiter unten)

[2] durch Angabe der Klasse (siehe 2.1.4, weiter unten) oder manchmal auch nur des Interface, das das als Argument übergebene Objekt haben sollte, oder seines Typs, falls dieser einer der Basistypen `int` oder `bool` ist – Details sind hier sprachabhängig.

liche Rückgaben. Wie schon in Kapitel 1 angesprochen, wäre es uns vermutlich lieber, wenn im Interface auch Informationen darüber hinterlegt wären, welchen Effekt der Versand einer Nachricht an das Objekt hätte, aber diese Spezifikation wird normalerweise nur in Kommentaren oder begleitender Dokumentation hinterlegt. In den meisten Sprachen können im public Interface eines Objekts auch Attribute stehen; das Attribut x in das Interface zu stellen ist gleichbedeutend mit der Deklaration, dass das Objekt über das Datenelement x verfügt, das von der Außenwelt gelesen und geändert werden kann.

Diskussionsfrage 9

Wenn Sie eine Sprache verwenden, die Attribute im public Interface nicht zulässt, wie können Sie dann den gleichen Effekt mit Nachrichten zum Zugriff auf die Daten erzielen? Gibt es Vorteile dafür, diesen Stil auch in einer Sprache anzuwenden, die Attribute im Interface zulässt? Nachteile?

Häufig ist es gar nicht wünschenswert, dass alles im System jede Nachricht an ein Objekt schicken darf, die dieses Objekt möglicherweise verstehen könnte. Ein Objekt kann daher typischerweise auch eine Reihe von Nachrichten verstehen, die nicht im public Interface stehen. So haben wir zum Beispiel in Kapitel 1 ausgeführt, dass Datenstrukturen, die von einem Modul verwendet werden, gekapselt sein sollten; hier bezieht sich das auf die Vorstellung, dass das public Interface eines Objekts normalerweise keine Attribute enthalten sollte.

Ein Objekt kann jederzeit auch jede Nachricht, die es versteht, *an sich selbst* schicken. Es erscheint vielleicht ungewöhnlich oder unnötig kompliziert, wenn man sich vorstellt, dass ein Objekt Nachrichten an sich selbst verschickt, der Grund dafür wird aber schnell klarer werden, wenn wir uns später in diesem Kapitel mit dynamischer Bindung befassen.

Ein Objekt hat damit typischerweise zwei Interfaces: das public Interface, das von jedem Teil des Systems genutzt werden kann, und das größer angelegte private Interface, das vom Objekt selbst und von anderen privilegierten Teilen des Systems genutzt werden kann. Manchmal ist noch ein weiteres, dazwischenliegendes Interface hilfreich, das mehr Möglichkeiten bietet als das public Interface und weniger als das private Interface. Manchmal ist in einem gegebenen Kontext nur ein Teil des public Interface eines Objekts nötig. Damit erhöht sich die Zahl der Objekte, die potentiell als Stellvertreter verwendet werden können – es kann also hilfreich sein, festzuhalten, welche Eigenschaften wirklich erforderlich sind, und diese statt in dem vollständigen public Interface in einem kleineren Interface zu hinterlegen. Aus diesem Grund kann ein Objekt mehr als ein Interface haben (realisieren). Auf der anderen Seite können aber auch viele unterschiedliche Objekte das gleiche Interface realisieren.

Wenn wir es nicht anders angeben, ist mit Interface hier immer public Interface gemeint.

2.1.4 Klassen

Bis jetzt haben wir über Objekte gesprochen, wie wenn jedes Objekt getrennt definiert wäre, mit seinem eigenen Interface und seiner eigenen, individuellen Art, festzulegen, welche anderen Objekte ihm welche Nachrichten schicken dürften. Das ist natürlich bei einem typischen System kein gangbarer Weg, weil Objekte miteinander viel gemeinsam haben. Wenn mein Unternehmen 10 000 Kunden hat und ich ein System errichten will, in dem jeder Kunde von einem Objekt repräsentiert wird, dann haben diese Objekte eine Menge gemeinsam. Ich will beispielsweise, dass sie sich konsistent verhalten, damit es von Entwicklern und Systembetreuern überhaupt verstanden werden kann. Wir verwenden dafür eine *Klasse* (*class*) von Objekten, die Kunden darstellen. Eine Klasse beschreibt eine Menge von Objekten, die eine entsprechende Rolle (oder Rollen) im System innehaben.

In klassenbasierten, objektorientierten Sprachen gehört jedes Objekt zu einer Klasse und die Klasse eines Objekts legt sein Interface fest.[3] Ein Beispiel: Wir nehmen an, `myClock` gehöre zu einer Klasse `Clock`, deren public Interface festlegt, dass jedes Objekt der Klasse `Clock` die Operation `resetTimeTo(newTime: Time)` anbietet, was bedeutet, dass es Nachrichten mit dem Selektor `resetTimeTo` und einem einzigen Argument versteht, das wiederum ein Objekt der Klasse (oder des Typs) `Time` ist.

Sogar die Art, wie ein Objekt auf eine Nachricht reagiert, wird durch die Klasse des Objekts bestimmt, zusammen mit den Werten der Attribute des Objekts. Eine *Methode* ist ein spezielles Codestück, in dem die Operation implementiert ist. Im Interface selbst ist nur sichtbar, dass das Objekt die Operation zur Verfügung stellt; die Methode selbst, durch die diese Fähigkeit implementiert ist, ist versteckt.

Auf ähnliche Weise wird die Menge an Attributen, die zu einem Objekt gehört, durch die Klasse bestimmt, obwohl natürlich die Werte, die diese Attribute annehmen können, nicht durch die Klasse bestimmt werden, sondern sich ändern können. Ein Beispiel: Nehmen wir an, Objekte aus der Klasse `Clock` haben ein privates Attribut `time`. Wenn Sie nun identische Nachrichten an zwei Objekte aus der gleichen Klasse schicken, wird in beiden Fällen die gleiche Methode ausgeführt, obwohl der aus der Ausführung der Methode resultierende Effekt vollkommen unterschiedlich sein kann, wenn die Objekte unterschiedliche Werte ihrer Attribute haben.

Es haben also Objekte aus der gleichen Klasse stets die gleichen Interfaces. Die public und private Interfaces der Klasse `Clock` können damit wie folgt beschrieben werden:

```
- time : Time
+ reportTime() : Time
+ resetTimeTo(newTime: Time)
```

Zum public Interface gehören die Zeilen, die mit einem „+“ beginnen; zum private Interface gehören auch noch die Zeilen mit einem „–“ am Anfang.

? Wie definiert man in Ihrer Sprache als Programmierer eine Klasse wie `Clock`? Sind das Interface und seine Implementierung getrennt definiert? Wie werden public und private Interface genannt? (Vielleicht sogar public und private!) Gibt es noch andere Möglichkeiten? Was bedeuten diese Möglichkeiten?

Wir nennen den Prozess, bei dem ein neues Objekt aus der Klasse `Clock` geschaffen wird, eine *Instanziierung* der Klasse `Clock`. Das daraus resultierende Objekt nennen wir eine *Instanz* (*instance*) von `Clock`. Aus diesem Grund werden manchmal auch Variablen, deren Werte zum Objekt gehören und sich während dessen Existenz auch ändern können, Instanzvariablen genannt. Ein Objekt zu kreieren bedeutet, ein neues Etwas mit eigenem Status und eigener Identität zu schaffen, das sich konsistent mit allen anderen Objekten dieser Klasse verhält. Zu diesem Prozess gehört es meist auch, die Werte der Attribute zu setzen. Diese Werte können bei der Anforderung zur Schaffung des Objekts angegeben werden oder als Standard-Anfangswerte durch die Objektklasse festgelegt sein. In Sprachen wie C++ und Java spielt die Klasse eine unmittelbare Rolle bei der Schaffung eines neuen Objekts – genau genommen erledigt die Klasse die ganze Arbeit und stellt nicht nur eine Vorlage dar. Aus diesem Grund kann eine Klasse häufig auch als *Objektfabrik* (*object factory*) gesehen werden.

? Wie wird in Ihrer Sprache ein neues Objekt aus einer gegebenen Klasse erzeugt?

[3] Genau genommen kann ein Objekt mehr als einer Klasse angehören, und alle zusammen bestimmen sein Interface.

In den meisten Sprachen ist es möglich, dass sich eine Klasse wie ein eigenständiges Objekt verhält, also Attribute hat und Nachrichten versteht. Zum Beispiel könnte die *Klasse* `Customer` ein Attribut `numberOfInstances` haben, das als ganze Zahl jedes Mal hochgezählt wird, wenn ein neues *Objekt* `Customer` angelegt wird. In Smalltalk ist diese Sichtweise durchgängig realisiert, aber auch in C++ und Java sind Spuren davon erkennbar. In Smalltalk etwa würden Sie ein neues Objekt `Customer` anlegen, indem Sie eine Nachricht (hier `new`) an die *Klasse* `Customer` schicken. Die Reaktion der Klasse wäre dann, ein neues Objekt anzulegen und es an den Aufrufenden zurückzugeben.

Diskussionsfrage 10

Überlegen Sie sich, was wäre, wenn Sie versuchen würden, diese Idee durchgängig anzuwenden. Wir haben gesagt, dass jedes Objekt zu einer Klasse gehört. Wenn Sie also die Klasse C als Objekt auffassen, was wäre dann die Klasse von C? Und die Klasse davon?

? Hat Ihre Sprache auch derartige Eigenschaften? Wie genau?

Exkurs: Warum überhaupt Klassen?

Warum haben wir nicht nur Objekte, die wie gefordert, einen Zustand, ein Verhalten und eine Identität haben?

Klassen in objektorientierten Sprachen dienen zwei Zwecken: Zum einen ist es eine bequeme Möglichkeit, eine Reihe von Objekten (Klasse) zu beschreiben, die die gleichen Eigenschaften haben. Objektorientierte Programmiersprachen benutzen Klassen genau genommen nur als Vereinfachung. So gibt es zum Beispiel keinen Grund, in jedem Objekt eine Kopie des Programmcodes mit dem Verhalten des Objekts zu hinterlegen, auch wenn wir es uns vom Konzept her so vorstellen, dass jedes Objekt seinen eigenen Code einschließt. Stattdessen schreiben Entwickler die Definition der Klasse nur einmal und die Compiler machen daraus eine einzige Repräsentation einer Klasse und ermöglichen es den Objekten dieser Klasse, auf die Klassen-Repräsentation zuzugreifen und den Code herauszulesen, den sie benötigen.

Bedenken Sie, dass diese Vereinfachung nicht unbedingt trivial ist. Unser Fernziel war, Systeme einfacher verstehbar zu machen, so dass Entwicklung und Wartung so einfach, billig und zuverlässig wie möglich werden. Ein bedeutender Schritt in dieser Richtung ist es, ähnliche Objekte so anzulegen, dass sie auf gleichem Design und gleicher Implementierung beruhen.

Hier haben wir auch ein bedeutsames Auftreten eines Grundprinzips[4], das nicht nur in der Programmierung, sondern im Software Engineering allgemein so wichtig ist, dass wir es laut hinausschreien:

Code nur einmal schreiben!

Damit meinen wir: Wenn zwei Kopien desselben Elements eines Software-Engineering- Prozesses – Programmausschnitte, Diagramme, Textstücke aus einem Dokument – immer konsistent bleiben müssen, dann sollten es nicht zwei Kopien *sein*. Immer, wenn Sie die gleiche Information an mehr als einer Stelle festhalten, erbringen Sie nicht nur unnötigen Aufwand, den Sie besser für die Erstellung von etwas Neuem eingesetzt hätten, sondern Sie schaffen auch noch ein Wartungsproblem, weil die zwei Versionen ohne zusätzlichen Aufwand nicht identisch bleiben werden. Die Kunst in der Anwendung dieses Grundprinzips

[4] besonders hervorgehoben durch Kent Beck

liegt darin, zu erkennen, ob tatsächlich zwei Kopien der gleichen Information vorliegen oder zwei unterschiedliche Informationen, die zufälligerweise im Moment gleich aussehen. In diesem Fall spricht nichts gegen Copy&Paste. Im ersten Fall jedoch ist eine Zurückhaltung bei der Verwendung einer Information an mehr als einer Stelle von großem Wert: Außer in sehr gut begründeten Ausnahmefällen sollten Sie es unterlassen.

Diskussionsfrage 11

Drückt dieses Grundprinzip auch aus, dass wir die Duplikation von Daten in einer verteilten Datenbank für schlecht halten? Warum?

Wie Sie sehen, gibt es noch andere Möglichkeiten, um zu beliebig vielen ähnlichen Objekten zu kommen und dabei den Code nur einmal zu schreiben. So könnten wir etwa einen Objekt-Prototyp bauen und dann andere Objekte definieren als „wie dieses, aber mit den Unterschieden ...“. Auch hier müssten wir wieder nur eine Kopie des Codes vorhalten. Das ist in etwa, wie es in der eleganten, Prototyp-basierten Sprache Self gemacht wird. Heute wird die Objektorientierung jedoch noch von klassenbasierten Sprachen dominiert, und das wird vermutlich auch noch so weitergehen.

Zum Zweiten werden in den meisten OO-Sprachen Klassen auf die gleiche Weise benutzt wie Typen in anderen Sprachen, nämlich um anzugeben, welche Werte in einem gegebenen Kontext erlaubt sind. Auf diese Weise kann der Compiler – und, mindestens genauso wichtig, der Leser des Programms – die Absichten des Programmierers verstehen und sicherstellen, dass bestimmte Arten von Fehlern im Programm gar nicht erst auftauchen.

Oft denken Leute, dass Klassen und Typen das Gleiche sind – das ist einfacher und liegt meist auch gar nicht so daneben. Dennoch ist es falsch. Denken Sie daran, dass eine Klasse nicht nur definiert, welche Nachrichten ein Objekt versteht – das ist auch schon alles, was Sie wissen müssen, wenn Sie prüfen wollen, ob die Klasse in einem bestimmten Kontext akzeptabel ist. Eine Klasse definiert auch, wie ein Objekt auf eine Nachricht reagiert.

2.2 Und wie passt das alles zu den Zielen aus dem vorherigen Kapitel?

Wir suchen nach Modulen, im Idealfall nach wiederverwendbaren, ersetzbaren Modulen, die als gute Komponenten einsetzbar sind. Wo finden wir diese in einem objektorientierten System?

Individuelle Objekte könnte man sich als Module vorstellen, es wären aber keine guten Module, weil sich in einem System normalerweise viele unterschiedliche Objekte befinden, die eng miteinander zu tun haben. Würde man sich jedes Objekt als eigenes Modul vorstellen, dann gäbe es verwirrende Inkonsistenzen zwischen vom Konzept her eng verwandten Modulen. Andererseits würde die Aufrechterhaltung von Konsistenz zu hoher Kopplung führen.

Klassen sollten locker gekoppelte, hochgradig gebundene Module sein. Darum hoffen wir immer noch (vielleicht auch vergebens, wie wir im nächsten Abschnitt besprechen werden), die in Kapitel 1 angesprochenen Vorteile zu erreichen: verringerte Zeit und Kosten für die Entwicklung, Vereinfachung der Wartung und hohe Zuverlässigkeit. Diese Vorteile sind nicht nur auf OO beschränkt, allerdings ist OO bis heute der beste Weg, um sie zu erreichen.

Ein weiterer, häufig genannter Vorteil von OO fällt nicht in diese Kategorie. Es geht darum, dass es von Grund auf natürlich ist, die Welt in Form von Objekten wahrzunehmen. Denken Sie daran, dass es eine der Grundvoraussetzungen für ein gutes System darstellt, das zu tun, was der Anwender erwartet. Wir haben dabei auch auf die Schwierigkeit hingewiesen, dies präzise zu erfassen und alle Änderungen festzuhalten. Dies dürfte zu den schwierigsten Angelegenheiten im Bereich der Systeme gehören. Es ist in diesem Zusammenhang sehr wichtig, dass das Systemmodell (des Problembereichs und der ausgeführten Prozesse) mit dem Anwendermodell kompatibel ist. Es scheint, als ob die Objekte des Kernbereichs weniger häufiger und weniger dramatischer Änderungen bedürfen als die detaillierte Funktionalität, die der Anwender fordert. Wenn also ein System auf der Basis dieser Objekte strukturiert ist, benötigen Änderungen am System vermutlich weniger große Umwälzungen, als wenn das System auf den eher flüchtigen funktionalen Aspekten aufgebaut ist. Alles in allem hoffen wir, dass unser System mit der Anwendersicht der Welt übereinstimmt, so dass wir

- Anforderungen einfacher und genauer festhalten können,
- Änderungen in den Benutzeranforderungen leichter verfolgen können,
- Systeme mit natürlicherer Interaktion ermöglichen können. So ist es zum Beispiel einfacher, ein Benutzerinterface zu implementieren, das es dem Anwender ermöglicht, direkt mit einer Datei, einer Uhr oder einem Drucker als Ganzes zu interagieren, wenn diese auch aus Sicht des Systems als kohärente Objekte angelegt sind. Aus Benutzersicht ist dies nur natürlich, weil es sich dabei auch um Objekte aus der realen Welt handelt. Aus diesem Grund zählten Benutzerschnittstellen zu den ersten wichtigen Bereichen, in denen Objektorientierung populär wurde.

Bei allem Nutzen, den wir hier behaupten, müssen wir jedoch auch ein wenig vorsichtig sein. Es gibt Fälle (etwa Auftragsbearbeitungssysteme), bei denen ein objektorientierter Zugang nur natürlich erscheint, und andere (etwa Compiler), bei denen das viel weniger deutlich heraussticht.

Auf alle Fälle erreicht Objektorientierung ihre Ziele normalerweise nicht wegen irgendeinem Argument, das spezifisch für Objektorientierung ist, sondern weil

- der objektorientierte Ansatz Modularität, Kapselung und Abstraktion als fundamental ansieht
- und objektorientierte Sprachen (vergleichsweise!) einfach sind, so dass es Grund zu der Annahme gibt, dass die nahe liegendste Vorgehensweise, etwas zu realisieren, auch die beste ist.

Objektorientierung ist eine Religion: es sind die Leute, die sich an den Objekten orientiert haben.

Diskussionsfrage 12

Welche Auswirkungen, gute wie schlechte, sind mit der Aussage „OO ist eine Religion" verbunden?

2.2.1 Was haben Objekte mit Komponenten zu tun?

Die Aufregung um die Objektorientierung lässt manchmal schon vermuten, jede Klasse wäre auch gleich schon eine wiederverwendbare Komponente. Das trifft natürlich nicht zu. In Kapitel 1 haben wir über die Gründe gesprochen, warum die Wiederverwendbarkeit einer Komponente nicht einfach nur als Tatsache genommen werden kann, sondern vom Kontext der Entwicklung und einer geplanten Wiederverwendung abhängt. Ein weiterer wichtiger Faktor ist, dass sich die Klassenstruktur oft als für eine effektive Wiederverwendung zu fein unterteilt erweist. Um beispielsweise eine einzelne Klasse effektiv und einfach wiederverwenden zu können, müssen Sie in der gleichen Programmiersprache arbeiten und auf einer kompatiblen Architektur aufsetzen. Dies ist nicht unmöglich: Es gibt erfolgreiche und vielfach eingesetzte Klassenbibliotheken, und deren Klassen können durchaus als wiederverwendbare Komponenten bezeichnet werden. Oft ist es jedoch eher eine Gruppe von miteinander in Beziehung stehenden Klassen, die als Komponente gesehen werden. Je größer der Aufwand ist, eine Komponente in einen Kontext einzufügen, desto größer muss auch der durch die Komponente bereitgestellte Nutzen sein, damit sich der Aufwand lohnt.

Wir haben uns bei der Frage, ob Komponenten aus Objekten oder aus Klassen erstellt sind, absichtlich etwas verschwommen ausgedrückt: Wir haben bis jetzt noch keine Unterscheidung zwischen Typ und Instanz. Der Grund dafür ist, dass mit unserer weiten Definition von Komponente jedes von beiden gemeint sein kann. Auf der Ebene des Sourcecode kann eine Komponente eine Klasse oder eine Zusammenstellung von Klassen sein; der Kontext, in dem die Komponente eingesetzt wird, nutzt dann die Eigenschaften der Sprachumgebung, um aus den Klassen Objekte zu erzeugen. In anderen Fällen könnte eine Komponente den Zugang zu einem speziell vorbereiteten Objekt einer bestimmten Klasse bieten und dabei vielleicht auch Zugang zu der Eigenschaft, mehr Objekte der Klasse zu konstruieren. Denken Sie daran, dass eine Komponente für sich alleine ein wohldefiniertes Interface hat. Wenn die Komponente aus Objekten und/oder Klassen erstellt ist, bietet das Interface der Komponente nicht automatisch Zugriff auf alle Details in den Interfaces der Objekte und Klassen. Die Komponente selbst versucht, eine gekapselte Abstraktion zu sein, und dabei ist es angebracht, seine interne Struktur zum Teil oder vollständig zu verbergen – etwa ob und wie sie aus Objekten und Klassen zusammengesetzt ist.

Diskussionsfrage 13

Informieren Sie sich mit Hilfe des Web oder anderer Ihnen zugänglichen Quellen über bekannte Komponentenarchitekturen wie JavaBeans, CORBA oder DCOM. Welche Architektur weisen sie auf? Welche interne Struktur kann eine Komponente haben und wie ist das Interface der Komponente definiert?

2.3 Vererbung

Bis jetzt haben wir uns eigentlich nur mit der konzeptuellen Basis dessen beschäftigt, was manchmal *obektbasiertes Design* genannt wird. In diesem Abschnitt sehen wir uns *Vererbung* (*inheritance*) – das Sahnehäubchen und verbliebene konzeptuelle Elemente im Umfeld des objekt*orientierten* Designs – näher an. Das sieht aus, als wäre es etwas wirklich Feines und oft wird es für etwas ganz Besonderes gehalten, in Wirklichkeit gibt es aber viel weniger her als das, was wir schon kennen gelernt haben.

In diesem Abschnitt betrachten wir Vererbung als eine technische Eigenschaft objektorientierter Sprachen, eingeschränkt nützlich für Wiederverwendung auf niedrigem Niveau. Kapitel 5 wird zeigen, wie es in der Modellierung eingesetzt wird.

Unser folgendes Beispiel ist aus der Fallstudie aus Kapitel 15 abgeleitet. Wir stellen uns ein System vor, in dem es eine Klasse gibt, deren Objekte Referenten (Dozenten) repräsentieren, und eine Klasse, deren Objekte Studienleiter (Tutoren) repräsentieren. Nun ist aber auch ein Studienleiter eine Art von Referent; genauer, ein Studienleiter ist ein Referent, der zusätzlich zu seinen normalen Aufgaben als Referent auch dafür zuständig ist, das Vorankommen einzelner Studenten zu überwachen. In unserem System stellen wir uns vor, dass ein `Tutor`-Objekt dieselben Nachrichten versteht wie ein `Dozent`, zusätzlich aber in der Lage ist, auf eine Nachricht `directees` mit Rückgabe einer Anzahl von `Student`-Objekten zu antworten.

Nehmen wir an, wir hätten die Klasse `Dozent` bereits implementiert, und wären nun daran, `Tutor` zu entwickeln. Nur der Korrektheit halber nehmen wir an, wir arbeiteten in einer Sprache wie C++, wo das Interface einer Klasse und seine Implementierung in unterschiedlichen Dateien abgelegt wären. Was müssen wir nun machen, um die neue Klasse so einfach wie möglich zu implementieren? Wir könnten den Code, der das Interface von `Dozent` definiert, in eine neue Interface-Datei kopieren und die Beschreibung der zusätzlichen Nachricht am Ende anfügen. Auf die gleiche Weise könnten wir den Code, der die Reaktion von `Dozent` auf Nachrichten implementiert, in die Implementierungsdatei unserer neuen Klasse kopieren und ihn dann verändern und ergänzen. Diese Code-Wiederverwendung durch Kopieren hat jedoch, wie schon einmal dargelegt, seine Nachteile. Der wichtigste dabei ist, dass eine Änderung, die für einen Teil des duplizierten Codes erforderlich ist, etwa um einen Fehler zu beheben, nun an zwei Stellen statt an einer durchgeführt werden muss. Das ist nicht nur ärgerlich, sondern auch fehleranfällig.

Daher ermöglichen uns objektorientierte Programmiersprachen die Definition einer neuen Klasse `Tutor` unter Bezugnahme auf die alte Klasse `Dozent`. Wir geben dabei nur an, dass `Tutor` eine *Unterklasse* (*subclass*) von `Dozent` ist, und schreiben nur das, was für die zusätzlichen Attribute und Operationen von `Tutor` nötig ist.[5]

Interessanter noch: Weil in der Objektorientierung das Wissen, welchen Code ein Objekt ausführt, wenn es eine Nachricht empfängt, gekapselt ist, ist es für die Klasse `Tutor` möglich, abweichend von der Implementierung in `Dozent` ein unterschiedliches Verhalten beim Empfang bestimmter Nachrichten zu zeigen. Das heisst, es ist in `Tutor` möglich, manche Methoden aus `Dozent` zu *überschreiben* (*override*). `Tutor` kann die Methoden aus `Dozent` zwar erben, darüber hinaus aber auch neue Methoden einführen, die die gleichen Operationen ausführen, für die in `Dozent` bereits eine Methode vorhanden war. Wenn ein Objekt der Klasse `Tutor` eine Nachricht empfängt und damit zu einer bestimmten Operation aufgefordert wird, dann wird die spezielle Version ausgeführt, die durch die Klasse `Tutor` bereitgestellt wird.

> Eine Unterklasse ist eine erweiterte, spezialisierte Version seiner Oberklasse. Sie enthält die Operationen und Attribute der Oberklasse, kann aber auch weitere enthalten.

? Wie wird in Ihrer Sprache eine Unterklasse definiert? Kann eine Klasse eine direkte Unterklasse von mehr als einer Klasse sein (Mehrfachvererbung)?

Terminologie Wir bedienen uns folgender Terminologie:

- `Tutor` *erbt von* `Dozent`
- `Tutor` *ist eine Unterklasse (abgeleitete Klasse) von* `Dozent`
- `Tutor` *ist eine Spezialisierung von* `Dozent`
- `Tutor` *ist spezialisierter als* `Dozent`
- `Dozent` *ist eine Oberklasse (Basisklasse) von* `Tutor`
- `Dozent` *ist eine Generalisierung von* `Tutor`

Diese Aussagen bedeuten alle weitgehend das Gleiche. Oft wird Unterklasse/Oberklasse als Beschreibung einer konkreten Beziehung zwischen Klassen verwendet und Spezialisierung/ Generalisierung für die Beschreibung der durch die Klassen ausgedrückten Konzepte und Vorstellungen. Normalerweise stimmen beide überein. Die begriffliche Beziehung muss sich aber nicht unbedingt auch in der Klassenstruktur zeigen. Zudem wird Vererbung gelegentlich

[5] In einigen Sprachen, etwa Eiffel, ist es auch möglich, dass Unterklassen Attribute oder Operationen einer Oberklasse löschen – aber dies wird heute nicht mehr als vorteilhaft angesehen.

in Klassenstrukturen verwendet, wo die konzeptuelle Beziehung einer Verallgemeinerung zwischen den Klassen nicht vorhanden ist. (Wir empfehlen, dies nicht so zu machen! Es kann kurzfristig schon einmal bequem sein, langfristig verwirrt es jedoch nahezu immer.)

Wird hier gesagt, dass ein Objekt der Klasse `Tutor` zur Klasse `Dozent` gehört? Im Prinzip ja, wenn wir uns Klassen als Mengen von Objekten vorstellen. Wenn wir sagen „ein Objekt der Klasse `Dozent`", dann wollen wir sicherlich auch die Objekte einschließen, die zur Klasse `Tutor` gehören – und es ist einfach ein wenig umständlich, immer schreiben zu müssen „die Klasse `Dozent` oder eine beliebige Unterklasse davon". Zudem gibt es die sehr wichtige Vorstellung, dass ein Objekt einer Unterklasse in der Lage sein sollte, ein Objekt einer Oberklasse *zu vertreten*. Wenn wir also von Objekten sprechen, die zu einer Klasse gehören, meinen wir damit auch die Objekte der Unterklassen. Andererseits ist es sehr praktisch, von „der Klasse dieses Objekts" zu sprechen, wie wenn das Objekt nur zu einer Klasse gehörte. Mit „der Klasse" eines Objekts meinen wir immer die am *weitesten spezialisierte* Klasse, zu der ein Objekt gehört. Auf diese Weise bleibt die Aussage auch richtig, dass das Verhalten eines Objekts durch seine Klasse bestimmt wird!

2.4 Polymorphie und dynamische Bindung

Diese beiden Begriffe werden in der Objektorientierung oft wie austauschbar verwendet. Genau betrachtet handelt es sich um deutlich unterschiedliche Konzepte: Allgemein betrachtet können Programmiersprachen eines von beiden haben, ohne das andere zu haben; in der Objektorientierung ist eine gewissen Beziehung zwischen den beiden dadurch vorhanden, dass sie beide mit Vererbung zu tun haben.

Zunächst muss beachtet werden, dass die einfache Tatsache, dass eine Klasse durch eine andere definiert werden kann (womit wir die Wiederverwendung von Code erhalten), noch nichts darüber aussagen muss, wie ein Client-Code die Objekte dieser Klassen behandelt. Man könnte sich durchaus eine Sprache vorstellen, in welcher Vererbung *nur* ein Mittel zur Wiederverwendung von Code wäre. Man könnte `Tutor` (`DirectorOfStudies`) mit Hilfe von `Dozent` (`Lecturer`) definieren, aber jeglicher Client-Code (und auch der Compiler) müsste sich der exakten Klasse jedes Objekts sicher sein, mit dem er zu tun hat. Technisch ausgedrückt bedeutet das, dass es eine Sprache mit einer Form der Vererbung geben könnte, die nur *monomorphe* Typen kennt. Objektorientierte Sprachen sind da viel besser dran.

Polymorphie Der Ausdruck kommt aus dem Griechischen und bedeutet soviel wie *mit vielerlei Erscheinungsbildern*. In Programmiersprachen bezeichnet es eine Situation, in der eine Entität eine von mehreren Typen annehmen kann. In objektorientiertem Kontext könnte sich etwa eine polymorphe Variable (zu unterschiedlichen Zeiten) auf Objekte verschiedener Klassen beziehen. Eine polymorphe Funktion kann Argumente unterschiedlicher Typen tragen. Nun haben wir gesagt, dass ein Objekt einer Unterklasse überall da verwendet werden kann, wo auch ein Objekt der Oberklasse stehen kann. Das bedeuetet aber auch, dass ein Objekt einer Unterklasse als Wert einer Variablen stehen kann, wo auch ein Objekt der Basisklasse stehen kann. Anders ausgedrückt: In einer objektorientierten Sprache ist *jede* Variable polymorph, zumindest in dieser engen Sichtweise! Ähnlich gilt auch: Wenn eine Funktion (etwa eine Methode) ein Argument der Klasse `B` tragen kann, dann kann sie auch ein Argument einer Klasse `C` tragen, wenn diese eine Unterklasse von `B` ist. In dieser eingeschränkten Sichtweise ist also auch jede Funktion polymorph. So sollte sich etwa eine Funktion, die ein `Dozent`-Objekt als Argument erwartet, nicht daran stören, wenn ihr stattdessen ein `Tutor`-Objekt übergeben wird.

Diskussionsfrage 14

Denken Sie an die Programmiersprachen, die Sie kennen (etwa C oder eine funktionale Programmiersprache). Unterstützen diese Polymorphie? Ist diese enger oder weiter gefasst als Polymorphie in der Objektorientierung, wie sie hier beschrieben wurde? (Auf welche Art) ist sie nützlich?

Polymorphie kann uns also eine ganze Menge Codeverdoppelung ersparen. Richtig gut wird die Sache aber erst, wenn sie mit *dynamischer Bindung* kombiniert wird.

Dynamische Bindung Der Ausdruck „Bindung" in *dynamische Bindung* (oder späte Bindung[6]) bezieht sich auf den Prozess der Identifikation, welcher Code als Reaktion auf eine Nachricht ausgeführt werden soll. Zum besseren Verständnis sollten wir uns einige Beispiele ansehen.

Stellen wir uns vor, das Interface von `Dozent` enthielte auch die Operation `tue(taetigkeit: Pflicht)`, die als Argument etwas erhält, was eine administrative Aufgabe darstellt, und dass der Dozent darauf einen boolschen Wert zurückgibt, der `true` ist, wenn der Referent die Aufgabe erfüllen kann. Stellen wir uns weiter (und etwas unrealistisch!) vor, dass von einem `Tutor` erwartet wird, alles zu können, und er damit immer `true` zurückgibt. Das würde bedeuten, dass die Unterklasse `Tutor` die Operation `tue` reimplementiert – überschrieben – hat und dabei vermutlich einen komplexen Code, der Informationen über spezielle Interessen oder Erfahrungen des Referenten nachgeht, mit primitivem Code, der immer nur `true` zurückgibt, ersetzt hat.

Nun stellen wir uns weiter vor, dass `dozenten` eine Variable wäre, die auf eine Menge von `Dozent`-Objekte verweist. Diese Menge kann natürlich auch einige `Tutor`-Objekte beinhalten, da wir auch einen `Tutor` in `dozenten` einreihen könnten. Nun nehmen wir an, ein Client, etwa mit dem Versuch, jemand zu finden, der Seminare organisieren kann, führt die folgenden Zeilen aus:

```
for each o in dozenten
  o.tue(seminarOrganization)
```

(Beachten Sie die Punkt-Notation für das Senden von Nachrichten, die es in vielen Sprachen so gibt. Der Ausdruck `o.tue(seminarOrganization)` bedeutet, dass die Nachricht `tue(seminarOrganization)` an das Objekt `o` gesandt wird. Diese Notation kann auch verwendet werden, um den Wert auszudrücken, den o nach der Reaktion auf die Nachricht an den Sender zurückgibt.)

Aus diesem Code können wir eigentlich nur ersehen, dass `o` ein `Dozent` ist. Denken Sie an unsere ursprüngliche Vorstellung, dass ein Objekt sein eigenes Verhalten kapselt und Klassen nur als Kurzform eingeführt wurden. Wenn `o` nur in der Klasse `Dozent` ist, dann sollte der `Dozent`-Code für `tue` ausgeführt werden, also seine Reaktion auf den Empfang der Nachricht. Was soll aber geschehen, wenn die `for`-Schleife ein Objekt o erreicht, das in der Klasse `Tutor` steht? Da sollte dann natürlich der `Tutor`-Code ausgeführt werden. (Wenn das Objekt `o` wirklich seinen eigenen Code mit herumschleppen würde, würde das automatisch geschehen –, und dass dem nicht so ist, hält man für eine Optimierung.) Auf diese Weise führt die gleiche Syntax zu zwei unterschiedlichen Codestücken, die zu unterschiedlichen Zeiten ausgeführt werden. Die gesendete Nachricht ist dynamisch an den entsprechenden Code gebunden.[7]

[6] Beide Ausdrücke werden oft gleichbedeutend verwendet; „späte Bindung" wird aber hauptsächlich in C++ verwendet, der Begriff „dynamische Bindung" ist weitreichender.

[7] Am einfachsten geschieht dies dadurch, dass zur Laufzeit überprüft wird, welchem Typ das Objekt angehört. Aktuelle Forschungen laufen aber darauf hinaus, dass diese Arbeit – was viel effektiver ist – dem Compiler übertragen wird. (Anm.d.Ü.: Allerdings kann der Compiler zur Compilezeit oft nicht wissen, um welchen Typ des Objekts es sich handelt.)

Zuletzt sehen wir uns noch ein anderes, sehr einfaches Beispiel für dynamische Bindung an, das auch erklärt, warum die Vorstellung sinnvoll sein kann, dass ein Objekt eine Nachricht an sich selbst schickt.

Stellen Sie sich vor, im `Dozent`-Interface wäre auch die Nachricht `faehigkeiten` enthalten, auf die hin das `Dozent`-Objekt eine Liste der Aufgaben zurückgibt, die es ausführen kann. Der `Dozent`-Code könnte dies mit Hilfe des folgenden Pseudocodes implementieren (in dem `self.tue(taetigkeit)` das Ergebnis darstellt, das zurückgegeben wird, nachdem die Nachricht mit dem Selector `tue` und dem Argument `taetigkeit` an das nämliche Objekt geschickt wurde):

```
taetigkeiten := leereCollektion
for each taetigkeit in PflichtenListe
  if (self.tue(taetigkeit)) then fuege taetigkeit zu taetigkeiten
  hinzu
  else tue nichts
return taetigkeiten
```

Auch diese Operation könnten wir in der neuen Klasse `Tutor` überschreiben. Aber warum sollten wir? (Perfomance spielt hier sicher keine große Rolle.) Stellen wir uns vor, wir lassen den Code einfach so, so dass er auch unverändert von `Tutor`-Objekten ererbt wird. Denken Sie aber daran, dass `Tutor` die Operation `tue` überschreibt. Was soll dann geschehen, wenn ein `Tutor`-Objekt die Nachricht `faehigkeiten` empfängt? Es wird den obigen Code ausführen – das ist alles. Dadurch wird die Nachricht `tue` an sich selbst geschickt. Da es sich um ein `Tutor`-Objekt handelt, wird es den in der `Tutor`-Klasse festgelegten speziellen Code ausführen, wenn es die Nachricht `tue` empfängt.

Arbeiten Sie mit einer sauberen objektorientierten Sprache, wird Ihnen dieses Verhalten schnell in Fleisch und Blut übergehen. Arbeiten Sie mit C++, sollten Sie vorsichtig sein: Nur virtuelle Methoden zeigen dieses Verhalten. Vielfach (auch von mir[8]) wird gefordert, dass sich Anfänger der objektorientierten Programmierung in C++ zunächst daran halten sollten, alle Methoden virtuell[9] zu machen und sich nichtvirtuelle Methoden erst später anzusehen.

ZUSAMMENFASSUNG

Dieses Kapitel sollte eine kleine Motivation und Einführung in die Objektorientierung sein. Wir haben uns damit beschäftigt, was ein Objekt ist und wie Nachrichten zwischen Objekten gesendet werden. Es wurde gezeigt, dass Objekte in einem System sinnvollerweise in Klassen eingeteilt werden, statt sich mit jedem einzelnen zu beschäftigen, und es wurde auch kurz über die Verbindung von Objekten und Komponenten gesprochen. Besprochen wurde, wie eine Klasse durch Vererbung aus der Definition einer anderen Klasse heraus definiert werden kann. Schließlich haben wir uns noch einem anderen Aspekt der Vererbung in objektorientierten Sprachen gewidmet – der Fähigkeit zu Polymorphie und zu dynamischer Bindung.

Im nächsten Kapitel werden wir das Hauptthema des Buches, die Unified Modeling Language, vorstellen. Diese kann eingesetzt werden, um Spezifikation und Design von objektorientierten Systemen darzulegen.

8 Stevens.

9 auch (und besonders) Destruktoren, nie aber Konstruktoren. Warum?

KAPITEL 3

Eine erste Fallstudie

In diesem Kapitel stellen wir UML vor, die Unified Modeling Language. Wir wollen dabei hier nur so viel von UML und seinen Möglichkeiten, Systeme zu entwerfen und zu spezifizieren, vorführen, um den Kontext für die detaillierteren Kapitel im Anschluss zu setzen. Im nächsten Kapitel werden wir uns mit den Ursprüngen von UML und ihrer Rolle im Entwicklungsprozess beschäftigen. In Teil II werden wir tiefer auf UML eingehen, dabei aber häufig die einfache Fallstudie hier heranziehen.

3.1 Das Problem

Der schwierigste Teil in der Entwurfsphase eines jeden Projekts ist es, die zu lösende Aufgabe überhaupt zu verstehen. Sehen wir uns die folgende Situation an:

> Sie haben den Auftrag erhalten, ein Computersystem für eine Universitätsbibliothek zu entwickeln. Derzeit verwendet die Bibliothek ein Programm aus den Sechzigern, geschrieben in einer überholten Sprache. Damit erledigt sie eine Reihe von einfachen Verwaltungsaufgaben und führt einen Schlagwortkatalog auf Kartenbasis. Von Ihnen wird ein interaktives System erwartet, mit dem beide Tätigkeiten online erledigt werden können.

3.1.1 Anforderungen klären

Die obige Problembeschreibung ist ziemlich vage, aber typisch für erste Anfragen im Frühstadium der Projektdefinition. Bevor man auch nur zusagen kann, ein Design zu entwerfen, ist eine viel genauere Untersuchung der eigentlichen Anforderungen der Benutzer erforderlich. Diese Aufgabe des *Requirement Engineering* ist aus einer Vielzahl von Gründen nicht ganz einfach:

- Unterschiedliche Anwender haben oft unterschiedliche, manchmal sogar widersprüchliche Prioritäten.
- Es ist sehr unwahrscheinlich, dass Anwender klare und einfach auszudrückende Vorstellungen dessen haben, was sie wollen. Es ist beispielsweise für sie sehr schwierig, zu unterscheiden, was ein existierendes System macht und was ein geeignetes System machen muss.
- Man kann sich nur schwer vorstellen, wie man mit einem System arbeitet, von dem man nur die Beschreibung kennt. Ein Anwender wird also denken, die Beschreibung eines Systems wäre schon in Ordnung, obwohl ihr in Wirklichkeit wesentliche Teile fehlen.

- Die Manager, die hauptsächlich mit den Entwicklern reden, haben vielleicht gar nicht so viel direkte Erfahrung mit der Erledigung der Aufgabe wie die Anwender des Systems.

Diskussionsfrage 15

Wie können Sie als Entwickler dazu beitragen, diese Probleme zu überwinden?

Die umfassende Behandlung des Requirement Engineering kann von diesem Buch nicht mit abgedeckt werden; gut dargestellt ist es in [44].

Nach sorgfältigen Untersuchungen kristallisieren sich die folgenden Anforderungen heraus, wie sie durch ein ideales System abgedeckt wären:

- **Bücher und Zeitschriften** In der Bibliothek gibt es Bücher und Zeitschriften. Von Büchern kann es auch mehrere Exemplare geben. Einige Bücher sind nur für Kurzzeitentleihe. Alle anderen Bücher können von jedem Bibliotheksmitglied für drei Wochen ausgeliehen werden. Zeitschriften dürfen nur von Mitarbeitern ausgeliehen werden. Mitglieder der Bibliothek können normalerweise bis zu sechs Einheiten entleihen, Mitarbeiter der Bibliothek dürfen hingegen gleichzeitig bis zu zwölf Einheiten entleihen. Regelmäßig laufen neue Bücher und Zeitschriften ein und alte werden gelegentlich weggeworfen. Am Ende jeden Jahres werden die Zeitschriften des aktuellen Jahrgangs zum Binden weggeschickt.
- **Entleihe** Wichtig ist, dass das System verfolgen kann, wann Bücher und Zeitschriften ausgeliehen und zurückgegeben werden, weil dies auch das aktuelle System schon kann. Das neue System sollte darüber hinaus Mahnungen auswerfen, wenn ein Entleihzeitraum überzogen ist. Eine zukünftige Anforderung kann sein, dass Benutzer die Entleihdauer eines Buches verlängern können, wenn es nicht anderweitig vorbestellt ist.
- **Suche** Vom System sollte ermöglicht werden, dass Anwender nach einem Buch zu einem bestimmten Thema oder von einem bestimmten Autor etc. suchen und prüfen können, ob das Buch zur Entleihe verfügbar ist und, falls nicht, es auch gleich reservieren können. Die Suche ist für jedermann zugänglich. So ist es jetzt schon besser, aber es ist immer noch nicht klar, welche unterschiedlichen Aufgaben es gibt und wer was benötigt.

Diskussionsfrage 16

Welche weiteren Fragen müssten Sie noch stellen?

Diskussionsfrage 17

Welche Nachteile hat es, ein System auf der Basis der oben geschilderten Anforderungen zu entwerfen, ohne weitere Analysen anzustellen?

3.1.2 Das anwendungsfallorientierte Modell

Ein System, das qualitativ hochwertig sein soll, muss den Bedürfnissen der Anwender entgegenkommen.[1] Für die Systemanalyse nehmen wir also einen *anwenderorientierten* Standpunkt ein. Wir identifizieren dabei die Anwender des Systems und die Aufgaben, die sie mit Hilfe des Systems lösen müssen. Wir brauchen aber auch Informationen darüber, welche Aufgaben am wichtigsten sind, damit wir die Entwicklung entsprechend planen können.

Was ist mit „Anwender" (user) und „Aufgabe" (task) gemeint? UML verwendet hier die Fachausdrücke *Akteur* (*actor*) und *Anwendungsfall* (*use case*). Ein Akteur ist ein Anwender des Systems *in einer bestimmten Rolle*. (Genau genommen kann ein Akteur auch ein externes

1 Einige Leute würden hier lieber von „Kunden" sprechen statt von „Anwendern" – frei nach dem Motto: „Wer zahlt, schafft an!" Der Kunde wird aber sicher von den Anwendern informiert, und es muss schon ein sehr seltsamer Kunde sein, der der Idee nachhängt, ein System wäre gut, wenn die Anwender es verfluchen!

System sein, das vom aktuellen System aus betrachtet wie ein Anwender erscheint. Worauf es hier ankommt ist, dass es etwas oder jemand ist, das bzw. der extern zum aktuell betrachteten System ist, mit diesem aber in Interaktion tritt und Anforderungen daran stellt.) So wird unser System beispielsweise einen Akteur `BuchEntleiher` haben, der für eine Person steht, die mit dem System interagiert und ein Buch entleiht. Dabei ist es für uns nicht erkenntlich, ob es ein Bibliotheksmitglied ist oder ein Bibliothekar im Auftrag eines Mitglieds, für unsere aktuellen Zwecke müssen wir das aber auch gar nicht wissen. Ein *Anwendungsfall* ist eine Aufgabe, die ein Akteur mit Hilfe des Systems ausführt, also etwa `Entleihe Buchexemplar`. Beachten Sie, dass sich hinter dieser einfachen Bezeichnung ein ziemlich komplexes Verhalten mit einer Vielzahl von Resultaten verbergen kann. Zum Beispiel erfordert die Entleihe eines Buches die Überprüfung, ob der Entleiher ein Mitglied der Bibliothek ist und ob er oder sie nicht schon die maximale Anzahl von Büchern ausgeliehen hat. Es kann sein, dass der Anwendungsfall endet, ohne dass der Anwender erfolgreich ein Buch ausgeliehen hat, die Benennung des Anwendungsfalles erfolgt aber danach, was im normalen, erfolgreichen Fall geschieht.

Jeder Anwendungsfall sollte im Detail dokumentiert werden, am besten im Aktiv der Dritten Person.[2] Hier ein Beispiel:

- **Entleihe Buchexemplar** Ein `BuchEntleiher` zeigt ein Buch. Das System prüft, ob der potentielle Entleiher auch ein Mitglied der Bibliothek ist und er nicht schon die maximale Anzahl von Büchern ausgeliehen hat. Dieses Maximum ist sechs; für den Fall, dass es ein Bibliotheksmitglied ist, ist das Maximum zwölf. Wenn beide Prüfungen erfolgreich sind, hält das System fest, dass dieses Bibliotheksmitglied dieses Buch ausgeliehen hat. Im anderen Fall verweigert es die Entleihe.

Diskussionsfrage 18

Das Bibliothekssystem in diesem Kapitel ist vereinfacht. Stellen Sie sich Bibliotheken vor, die Sie kennen: Was müsste ein vollständiges System für die Ausführung dieses Anwendungsfalles sonst noch tun oder überprüfen? Erweitern Sie die obige Beschreibung eines Anwendungsfalles entsprechend und denken Sie dabei daran, dass nur Anforderungen enthalten sein sollten, kein Design.

Hinweise zu Benutzerschnittstellen Das Design von Benutzerschnittstellen ist ein sehr großer und hochinteressanter Bereich, gehört jedoch nicht zu diesem Buch. Für den Designer der Benutzerschnittstelle ist es wahrscheinlich sehr wohl von großer Bedeutung, ob ein Buch von einem Bibliotheksmitglied oder einem Bibliothekar ausgeliehen wird. Wir unterstellen hier jedoch, dass es unsere Aufgabe ist, das zugrunde liegende System zu bauen und Funktionalität für eine Benutzerschnittstelle bereitzustellen, die von jemand anderem gebaut wird. Das ist eine nur vernünftige Annahme: Bei Benutzerschnittstellen kommt es viel häufiger vor, dass sie geändert werden müssen, als beim Rest des Systems und eine Trennung zwischen der Benutzerschnittstelle und dem darunter liegenden System erleichtert deren Änderung oder Ersetzung enorm. Darüber hinaus ist es sinnvoll, die Benutzerschnittstelle von jemand entwerfen zu lassen, der Experte auf dem Gebiet ist. Weiterführende Hinweise zum Entwurf von Benutzerschnittstellen finden Sie beispielsweise in [48] oder [16].

---

[2] Also besser „Das System überprüft" statt „Überprüfe" oder „ ... wird vom System überprüft".

Abbildung 3.1 Das Anwendungsfall-Diagramm für die Bibliothek.

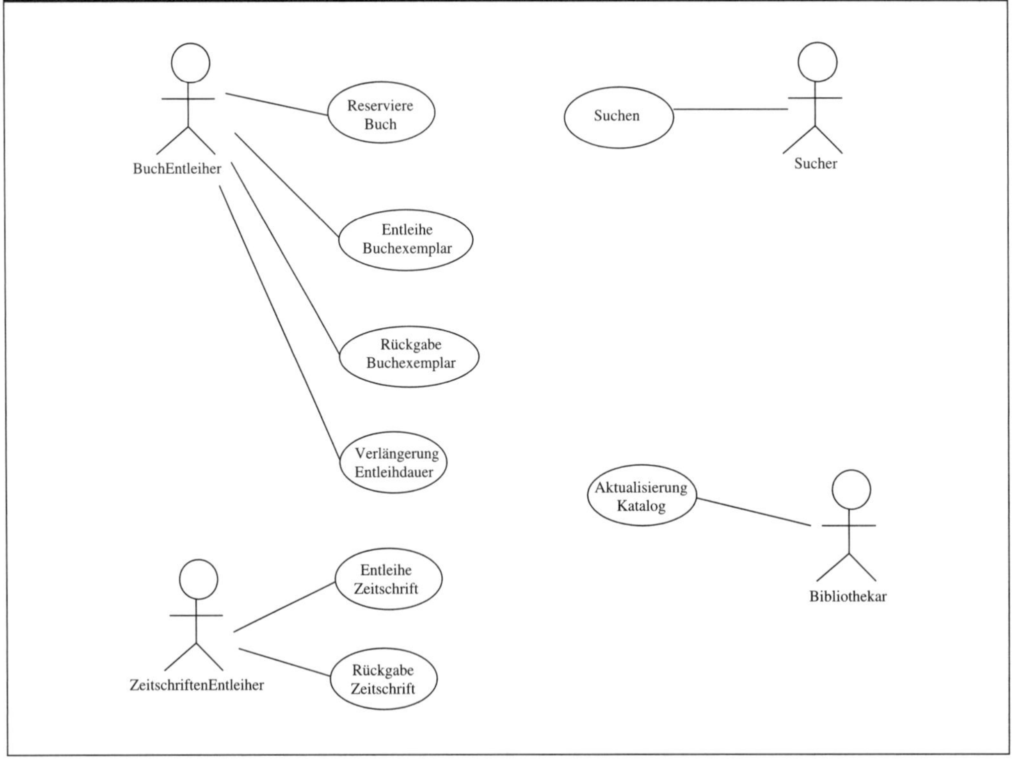

Wir sind jetzt so weit, dass wir unsere Informationen bildlich darstellen können – in einem *Anwendungsfall-Diagramm* (*use case diagramm*) für das System, wie in Abbildung 3.1 gezeigt. Die Notation ist hier selbsterklärend: Strichfiguren stellen Akteure dar, Ovale stehen für Anwendungsfälle und eine Linie zwischen Akteur und Anwendungsfall stellt die mögliche Beteiligung eines Akteurs an einem Anwendungsfall dar.

Die Arbeit mit UML-Diagrammen – sie zu zeichnen, sie gemeinsam zu bearbeiten, sie konsistent zu halten – kann durch ein CASE-Tool (Computer Aided Software Engineering), das UML unterstützt, vereinfacht werden.[3] Für kleinere Systeme tut es aber oft auch schon ein Stück Papier oder die Rückseite des sprichwörtlichen Briefumschlages. Achten Sie darauf, daß Sie Ihre Diagramme nicht zu komplex anlegen – mit einem mächtigen Tool kann das leicht passieren. Ein Diagramm, das zu komplex ist, um es mit der Hand zu zeichnen, ist vermutlich auch zu komplex, um es geistig klar zu erfassen. In einem solchen Fall sollte es aufgeteilt oder auf einem höheren Abstraktionsniveau gezeichnet werden oder sogar beides. Im obigen Beispiel haben wir Tätigkeiten des `Bibliothekar`, wie Bücher aufnehmen oder entfernen oder Zeitschriften versenden, in einem einzigen Anwendungsfall `Aktualisierung Katalog` zusammengefasst. Bei der detaillierten Bearbeitung dieser Funktionalität können wir immer noch mehrere einzelne Anwendungsfälle daraus machen.

Auf dieser Stufe sollte jeder Anwendungsfall dokumentiert werden, zumindest in Stichpunkten. Hier müssen Sie sich nur überlegen, was das System machen soll, nicht, wie es gemacht werden soll. In `Entleihe Buchexemplar` haben wir beispielsweise nicht erwähnt, in welcher Form das System die Information über die Entleihe festhalten soll; wir sagen nur, was festgehalten werden soll.

3 Wir arbeiten mit Rational Rose, aber es gibt noch viele andere Tools. Auf der englischsprachigen Homepage zu diesem Buch finden Sie dazu einige Links.

? Verfassen Sie kurze Beschreibungen von Anwendungsfällen aus Abbildung 3.1.

Erfinden Sie keine Anforderungen.

Das klingt selbstverständlich – aber wenn Sie Anwendungsfälle genauer studieren, fallen Ihnen sicher noch viele Dinge ein, die das System gut noch erledigen könnte. Es ist sehr wichtig, dass Sie nicht das, was das System tun muss, weil es der Kunde so will, mit dem durcheinander bringen, von dem Sie denken, dass es das System auch noch kann oder können sollte. Es mag hilfreich sein, zu jedem Anwendungsfall eine Liste mit Fragen und zusätzlichen Möglichkeiten zur Diskussion mit dem Kunden anzulegen – bauen Sie aber nie irgendwelche dubiosen Features in die Beschreibung des Anwendungsfalles selbst ein.

3.2 Reichweite (scope) und Iterationen

Jetzt haben wir eine einigermaßen klare Vorstellung davon, wie ein ideales System aussehen könnte. Die Erfahrung hat aber gezeigt, dass es extrem riskant ist, wenn Entwickler denken, sie könnten alles auf einen Schlag erledigen, und das ideale System bereits in der ersten und einzigen Auslieferung herstellten. Will man dieses Risiko in Grenzen halten, setzt man sich besser zum Ziel, in mehreren Schritten oder *Iterationen* zum idealen System zu kommen. Die erste Iteration führt dann zu einem System mit nur der grundlegendsten und wichtigsten Funktionalität; spätere Interationen verbessern dann das System. Im nächsten Kapitel gehen wir weiter auf diesen Punkt ein, aber Sie möchten vielleicht jetzt schon näher darüber nachdenken:

Diskussionsfrage 19

Welche Vorteile und Nachteile sehen Sie im iterativen Ansatz zur Entwicklung des angesprochenen Systems?

Einer der wichtigsten Zwecke von Anwendungsfällen ist es, die Identifikation von zweckmäßigen Trennlinien zwischen Interationen zu unterstützen. Eine Iteration kann so viel über das System liefern, dass bestimmte Anwendungsfälle ausgeführt werden, andere aber nicht.

In unserem Fall nehmen wir an, dass wir mit dem Kunden die Prioritäten diskutiert und festgelegt hätten, dass die erste Iteration des Systems die folgenden Anwendungsfälle bieten sollte:

- `Entleihe Buchexemplar`
- `Rückgabe Buchexemplar`
- `Entleihe Zeitschrift`
- `Rückgabe Zeitschrift`

Diese eingeschränkte Version des Anwendungsfall-Diagramms unseres Systems wird in Abbildung 3.2 gezeigt.

Es folgt eine erneute kurze Zusammenstellung der Anforderungen in der ersten Iteration, wobei alles Unwichtige weggelassen wird. In einem echten Projekt kann es erforderlich sein, ein ähnliches Dokument zu erstellen, in dem alle Anwendungsfälle beschrieben werden, die in der ersten Iteration angelegt werden (etwa als Teil der Vertragsunterlagen), oder Sie nehmen sich die Beschreibungen der Anwendungsfälle und stellen nur eine Liste der Namen aller Anwendungsfälle auf.

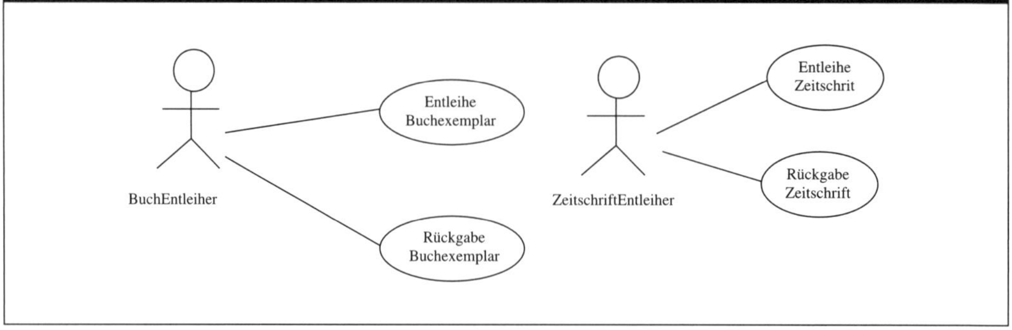

Abbildung 3.2 Anwendungsfall-Diagramm in der ersten Iteration.

- **Bücher und Zeitschriften** In der Bibliothek gibt es Bücher und Zeitschriften. Von Büchern kann es mehrere Exemplare geben. Einige Bücher sind nur für Kurzzeitentleihe gedacht. Alle anderen Bücher können von jedem Bibliotheksmitglied für drei Wochen ausgeliehen werden. Mitglieder der Bibliothek können normalerweise bis zu sechs Einheiten entleihen, während Mitarbeiter der Bibliothek bis zu zwölf Einheiten zur gleichen Zeit entleihen können. Nur Mitarbeiter der Bibliothek dürfen Zeitschriften entleihen.
- **Entleihe** Das System muss verfolgen können, wann Bücher und Zeitschriften entliehen und zurückgegeben werden, wobei es erzwingt, dass die Regeln, wie oben beschrieben, eingehalten werden.

In einem echten Projekt würden Sie sich zwischendurch auch einmal die Frage nach den zur Verfügung stehenden Mitteln stellen, d.h. in welcher Programmiersprache, mit welchen Tools und Applikationen gearbeitet werden soll. Für die Zwecke dieses Buches nehmen wir an, dass dabei herauskommt, dass das System in einer objektorientierten Sprache implementiert werden soll, und daher für das Design UML eingesetzt wird. Das Thema Datenbank wird hier ignoriert – der Einschub 3.2 gegen Ende dieses Kapitels geht darauf näher ein.

Diskussionsfrage 20

Die von uns vorgeschlagene erste Iteration für dieses System war, wie wir zugeben, von unserem Ziel beeinflusst, in diesem Buch die interessanten OO-Techniken einzuführen, ohne viel Zeit damit zu verbringen, Dinge zu diskutieren, die ausserhalb des Spektrums dieses Buches liegen. Ignoriert man diese Beschränkungen, welche anderen Möglichkeiten für erste Iterationen des Systems zeigen sich dann? Halten Sie diese für besser?

3.3 Klassen identifizieren

In der Sprache der Analyse sprechen wir oft über Abstraktionen im *Haupt-Problembereich* (*key domain abstraction*). Mit dem Wort *Problembereich* (*domain*) ist der Bereich gemeint, mit dem wir arbeiten, hier also beispielsweise die Bibliothek. Wir könnten nun auch von Problembereichs-Klassen sprechen, verwenden aber stattdessen den Ausdruck *Abstraktion*, um damit zu betonen, dass wir nur die Aspekte des Problembereichs beschreiben, die für die Applikation von Bedeutung sind. (Denken Sie dennoch daran, dass wir in Kapitel 2 dargestellt haben, dass alle guten Module, auch Klassen, Abstraktionen sind.) Etwas einfacher ausgedrückt, suchen wir nach den Fakten und Merkmalen der Bibliothek, die in dem System von Bedeutung sind, das wir für ebendiese Bibliothek bauen.

Die richtigen *Klassen* zu identifizieren ist eine der Hauptaufgaben in der objektorientieren Entwicklung. Es ist von zentraler Bedeutung für die Entwicklung von erweiterbarer und wiederverwendbarer Software. Wir beginnen den Prozess der Identifikation der Abstraktionen im Hauptproblembereich mit dem folgenden Ansatz, der auch *Hauptwort-Identifizierungs-Technik* (*noun identification technique*) genannt wird.

Nehmen Sie eine zusammenhängende, kurze Beschreibung der Anforderungen des Systems und unterstreichen Sie seine *Hauptwörter* und *Hauptwort-Ausdrücke*; das heißt, kennzeichnen Sie die Wörter und Ausdrücke, die *Dinge* bezeichnen. Damit erhalten wir eine *Liste der vermutlichen Klassen* (*candidate classes*), die wir noch ein wenig bearbeiten müssen, und haben dann eine erste Liste der Klassen des Systems.

Abbildung 3.3 Hauptwörter und Hauptwort-Ausdrücke in der Bibliothek.

Bücher und Zeitschriften In der Bibliothek gibt es Bücher und Zeitschriften. Von Büchern kann es mehrere Exemplare geben. Einige Bücher sind nur für Kurzzeitentleihe gedacht. Alle anderen Bücher können von jedem Bibliotheksmitglied für drei Wochen entgeliehen werden. Mitglieder der Bibliothek können normalerweise bis zu 6 Einheiten entleihen, während Mitarbeiter der Bibliothek bis zu 12 Einheiten zur gleichen Zeit entleihen können. Nur Mitarbeiter der Bibliothek dürfen Zeitschriften entleihen.

Entleihe Das System muss verfolgen können, wann Bücher und Zeitschriften entliehen und zurückgegeben werden, wobei es erzwingt, dass die Regeln, wie oben beschrieben, eingehalten werden.

Nehmen Sie eine klare, knappe Beschreibung der Anforderungen des Systems und unterstreichen Sie darin die *Hauptwörter* und *substantivischen Ausdrücke*; finden Sie also die Wörter und Wendungen heraus, die Dinge bezeichnen. Dies ergibt eine Liste von *vermutlichen Klassen*, die wir dann bearbeiten und zu einer ersten Klassenliste für das System zurechtstutzen können.

Dies ist nur eine von vielen Techniken, mit denen Sie zur Identifizierung von Klassen arbeiten werden. In Kapitel 5 werden wir noch einige andere Techniken vorstellen, die eingesetzt werden können, um Klassen aufzufinden und zu validieren. In diesem Stadium wollen wir hier nur eine grobe Auflistung der vermutlichen Klassen erhalten.

Wir nehmen also die Sätze aus dem Abschnitt 3.1.1 und unterstreichen darin die Hauptwörter und Hauptwort-Ausdrücke, wie in Abbildung 3.3 zu sehen. (Wir hätten auch die Beschreibungen der Anwendungsfälle verwenden können.)

Als Nächstes sondern wir alle Hauptwörter aus, die ganz offensichtlich aus einer Reihe von Gründen weniger gut als Klassen geeignet sind. (Wenn Sie mit dieser Technik einmal vertraut sind, werden Sie die Hauptwörter, die offensichtlich ungeeignet sind, gar nicht erst unterstreichen.) Wir betrachten jedes Hauptwort im Singular. In Kapitel 5 werden wir dies allgemeiner und systematischer betrachten. Hier, in diesem speziellen Fall, sondern wir folgende Hauptwörter aus:

- Bibliothek, weil es außerhalb des Bereichs unseres Systems liegt[4];
- Kurzzeitentleihe, weil eine Entleihe genau genommen ein Ereignis ist, eben die Ausgabe eines Buches an einen Benutzer, was nach unserem derzeitigen Ermessen kein brauchbares Objekt für das System sein kann;

[4] Der Frage, ob es ein „Haupt"-Objekt des Systems gibt, wird in Kapitel 5 weiter nachgegangen.

- Mitglied der Bibliothek, weil es redundant ist und das Gleiche bedeutet wie Bibliotheksmitglied, das wir beibehalten und nicht aussondern;
- Woche, weil es eine Zeiteinheit ist, nicht ein Ding;
- Einheit, weil es zu unklar ist; wenn wir es näher untersuchen, sehen wir, dass es für Buch oder Zeitschrift steht;
- Zeit, weil es ausserhalb des Bereichs unseres Systems liegt;
- System, weil es zur Metasprache der Anforderungsbeschreibung gehört und nicht Bestandteil des beschriebenen Problembereichs ist;
- Regel, aus dem gleichen Grund.

Als erster Ansatz einer Liste vermutlicher Klassen bleiben übrig:

- Buch
- Zeitschrift
- Exemplar (von Buch)
- Bibliotheksmitglied
- Mitarbeiter

Ab hier könnten Sie jetzt mit CRC-Karten weiterarbeiten, um die vorläufigen Zuständigkeiten der Klassen festzuhalten und Verbesserungsmöglichkeiten in der Liste auszumachen; wir verschieben dies aber auf Kapitel 5.

Beachten Sie, daß sowohl Bibliotheksmitglied als auch Mitarbeiter Leute sind, die zugleich auch Anwender des zu errichtenden Systems sind. Natürlich müssen Anwender des zu errichtenden Systems nicht immer auch innerhalb des Systems abgebildet werden (und hier haben wir auch die Bibliothekare nicht abgebildet) – man muss in jedem Einzelfall erneut klären, wie weit dies sinnvoll ist. In unserem Fall hier gibt es Beschränkungen, wie viele Bücher ein Bibliotheksmitglied oder ein Mitarbeiter entleihen kann; es ist also klar, dass das System auch Daten über diese Anwender vorhalten muss. Weniger klar ist, welches Verhalten ein Objekt haben muss, das einen Anwender repräsentiert. Hierzu setzen wir eine Technik ein, die oft weiterhelfen kann, aber nicht für jedes System passend ist. Wir führen mit den Objekten des Systems, die Akteure darstellen, Aktionen im Namen dieser Akteure aus. Wenn beispielsweise das Bibliotheksmitglied Jo Bloggs die Kopie eines Buches entleiht, wird die Nachricht `entleihe(dasExemplar)` an das Objekt `Bibliotheksmitglied` geschickt, durch das Jo Bloggs im System abgebildet wird. (Genau genommen wird die Nachricht durch die Benutzeroberfläche versandt, die aber in diesem Kapitel nicht modelliert wird.) Das `Bibliotheksmitglied`-Objekt ist dann zuständig für die Ausführung all dessen, was für die Aufzeichnung (oder Verweigerung) der Entleihe zu tun ist. Dazu sendet es Nachrichten an andere Systemkomponenten.

Dieser Prozess zur Identifizierung von Objekten ist natürlich keine exakte Wissenschaft. Wir hätten die gleichen vermeintlichen Objekte auch aus anderen Gründen ausschließen können. In diesem Stadium müssen wir es auch noch gar nicht absolut fehlerfrei hinbekommen, da wir noch nicht dabei sind, das Design des Systems zu entwerfen – wir *sind* gerade erst soweit, die wichtigsten Objekte der realen Welt innerhalb des Problembereichs (domain) unseres Systems zu identifizieren.

Diskussionsfrage 21

Sind Sie zu einer der getroffenen Entscheidungen anderer Meinung? Warum?

Es ist sehr wichtig, dass klar ist, was mit jedem der Ausdrücke (Klassenname etc.) gemeint ist. Einige Methodiken schreiben sogar vor, dass in diesem Stadium ein *Data-Dictionary-Eintrag* zur Definition jedes Ausdrucks skizziert werden sollte. Nach unserer Erfahrung wird dieser bürokratische Overhead in den meisten Projekten aber weder unterstützt noch benötigt. Wir gehen davon aus, dass jedes Dokument, das Sie zur Festlegung Ihres Designs verwenden (sei es nun ein Whiteboard, die Rückseite eine Briefumschlages, ein richtiges Dokument oder die Datei eines softwarebasierten Designsystems), alle Informationen enthält, die sicherstellen, dass alle am Projekt Beteiligten das gleiche Verständnis der benutzten Ausdrücke haben. In frühen Phasen des Projekts müssen Sie sicherstellen, dass alle darin übereinstimmen, dass ein Ausdruck noch nicht vollständig definiert ist. Was es zu vermeiden gilt, sind Missverständnisse, die entstehen, wenn die Beteiligten zu einzelnen Ausdrücken und Inhalten unterschiedliche Vorstellungen haben.

3.4 Beziehungen zwischen Klassen

Als Nächstes werden wir wichtige reale Beziehungen oder Assoziationen (associations) zwischen unseren Klassen identifizieren und benennen. Wir tun das aus zwei Gründen:

- um unser *Verständnis des Problembereichs* zu klären. Dazu beschreiben wir unsere Objekte im Hinblick darauf, wie sie zusammenarbeiten.
- um die *Kopplung im Zielsystem* zu überprüfen, d.h. sicherzustellen, dass wir bei der Modularisierung unseres Designs sauber vorgehen (siehe Kapitel 1).

Der zweite Punkt hier bedarf noch einer Erklärung. Nimmt man von einem Objekt an, dass es zu einem anderen in enger Beziehung steht, dann ist es wahrscheinlich relativ problemlos, wenn die Klasse, die das eine Objekt implementiert, dies in Abhängigkeit von der Klasse tut, die das andere implementiert, und sie damit eine enge Kopplung eingehen. Dafür gibt es mindestens die folgenden beiden Begründungen:

1. Haben Objekte des Problembereichs konzeptuell eine Beziehung zueinander, dann wird eine mit der Wartung betraute Person, die über diese Beziehung weiß, auch eine Abhängigkeit zwischen den entsprechenden Klassen annehmen. Es kann daher ebenfalls angenommen werden, dass diese Person auch auf diese Abhängigkeit achtet, wenn sie Änderungen an einer der Klassen vornimmt. Auf diese Weise ist die Wahrscheinlichkeit, dass aufgrund dieser Abhängigkeit ein Problem auftritt, relativ gering.
2. Sind die Objekte des Problembereichs konzeptionell verwandt, dann ist es wahrscheinlich, dass eine Applikation, die eine der Klassen wiederverwenden kann, auch die andere wiederverwenden kann. Obwohl also jegliche Kopplung in einem System die Wiederverwendung erschwert und komplizierter macht, wird der Effekt hier relativ gutartig sein.

Denken Sie an unsere Behauptung, dass ein Hauptargument für Objektorientierung ist, dass die Struktur eines objektorientierten Systems die Struktur der Wirklichkeit abbildet. Hier ist ein konkretes Beispiel dafür, da wir hier Folgendes deutlich sehen können:

- ein Exemplar *ist ein Exemplar* eines Buches
- ein Bibliotheksmitglied *entleiht/gibt zurück* ein Exemplar
- ein Mitarbeiter *entleiht/gibt zurück* ein Exemplar
- ein Mitarbeiter *entleiht/gibt zurück* eine Zeitschrift

Bildlich ausgedrückt sieht diese Information aus wie in dem UML-Klassenmodell von Abbildung 3.4.

Abbildung 3.4 Erstes Klassenmodell der Bibliothek.

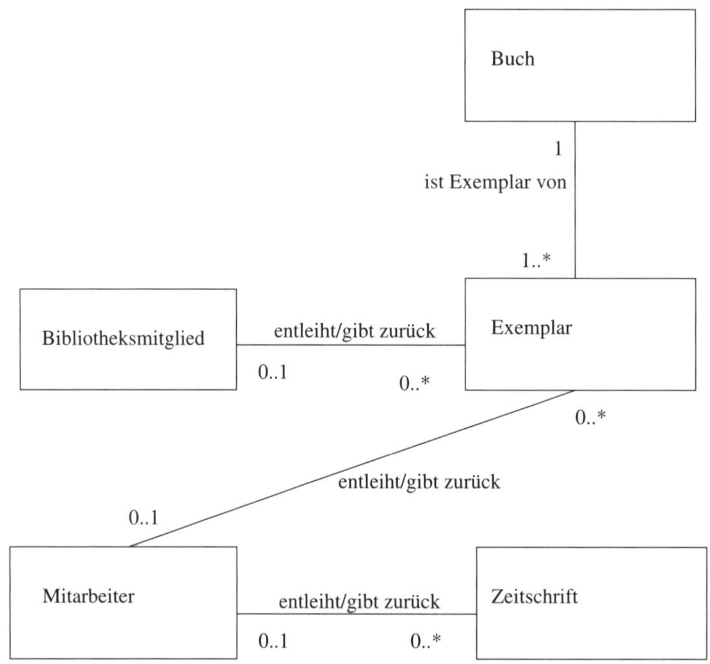

Dieses Klassenmodell enthält genau betrachtet ein paar Informationen mehr, als wir bisher erwähnt haben: Es zeigt die *Multiplizitäten* der Assoziationen. Ein Beispiel: Jedes Exemplar ist ein Exemplar eines einzigen, genau definierten Buches – die Zahl 1 steht also auf der `Buch`-Seite der Assoziation zwischen `Buch` und `Exemplar`. Andererseits kann es aber auch mehr als nur ein Exemplar eines bestimmten Buches geben (gäbe es keine Exemplare, hätte das System auch nichts mit dem Buch zu tun, aber das ist eine Annahme, die näher überprüft werden müsste) – am anderen Ende der Assoziation steht also 1..*. In Kapitel 5 gehen wir näher darauf ein.

Beachten Sie, dass die grafische Darstellung *nichts* darüber aussagt, ob ein `Exemplar`-Objekt etwas über das korrespondierende `Buch`-Objekt weiß, oder umgekehrt oder beides. Die grafische Darstellung sagt also nichts über die Navigierbarkeit der dargestellten Assoziationen.

Diskussionsfrage 22

In welcher Richtung müsste die Assoziation Ihrer Meinung nach navigierbar sein, wenn Sie beachten, dass keine unnötige Kopplung eingeführt werden sollte? Überlegen Sie sich das Gleiche noch einmal am Ende dieses Kapitels.

Schließlich stellen wir auch noch fest, dass `Mitarbeiter` die gleichen Assoziationen hat wie auch `Bibliotheksmitglied` und dass dies unsere Intuition bestätigt, nach der ein Mitarbeiter eine Art Bibliotheksmitglied ist. Halten wir dies in unserem Klassendiagramm fest, trägt das zur Klärung unseres Verständnisses der Situation bei: Die Relation zwischen `Bibliotheksmitglied` und `Mitarbeiter` ist eine Generalisierung. Wir könnten diese

Generalisierungsbeziehung mittels Vererbung implementieren (`Mitarbeiter` also als Unterklasse von `Bibliotheksmitglied` anlegen) – diese Designentscheidung basiert aber auf einem tiefergehenden Verständnis des Systems, als wir momentan haben. Setzen wir diese Generalisierung in UML-Notation um, erhalten wir ein Klassenmodell (Abbildung 3.5), das schon viel besser aussieht.

Abbildung 3.5 Das überarbeitete Klassenmodell.

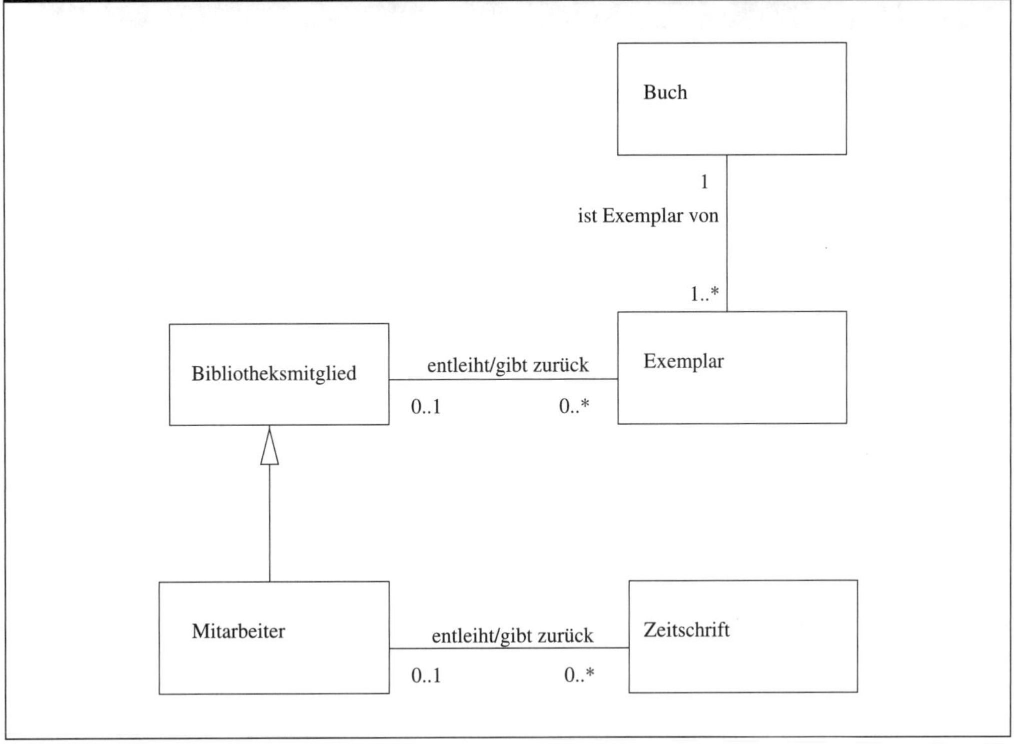

3.5 Das System in Aktion

Bis jetzt haben wir die statische Struktur des Systems skizziert, sein dynamisches Verhalten aber noch nicht beschrieben. So wäre beispielsweise noch aufzuzeichnen, wie die Objekte im System zusammenarbeiten und es einem Anwender ermöglichen, ein Buch auszuleihen. Es gibt derzeit noch keinen Zusammenhang zwischen den eingangs erwähnten Anwendungsfällen und den Objekten, aus denen wir das System zusammengestellt haben.

In UML können wir *Interaktionsdiagramme* (*interaction diagram*) verwenden, die zeigen, wie Nachrichten zwischen den Objekten des Systems laufen und einzelne Aktionen, etwa einen bestimmten Anwendungsfall, ausführen. Wir brauchen das nicht für jeden Anwendungsfall durchzuführen und in einigen Projekten wird es überhaupt nicht eingesetzt – Sie sollten ein Interaktionsdiagramm immer dann verwenden, wenn Sie meinen, der Nutzen könnte den Aufwand rechtfertigen. Wenn etwa ein Anwendungsfall besonders kompliziert ist oder es Zweifel gibt, welche von zwei Lösungen die bessere ist, dann kann ein Interaktionsdiagramm helfen, Klarheit zu schaffen.

Als Beispiel wollen wir uns genauer ansehen, was geschieht, wenn ein Bibliotheksmitglied ein Exemplar eines Buches entleiht. In der realen Welt wird das Bibliotheksmitglied wahrscheinlich mit einem tatsächlich vorliegenden Exemplar des Buches in der Hand zu einem

Ausgabeschalter kommen, wo die Benutzeroberfläche des Systems eine Möglichkeit bietet, das Bibliotheksmitglied und das Exemplar des Buches zu identifizieren. (Das kann durch einen Kartenleser oder einen Barcode-Scanner geschehen oder durch eine Person, die die Daten in der Benutzeroberfläche eingibt.) Wir können also damit beginnen, dass wir ein bestimmtes Objekt für das `Bibliotheksmitglied` haben, das wir `dasBibliotheksmitglied` nennen, und ein Objekt für das `Exemplar`, das wir `dasExemplar` nennen.

Abbildung 3.6 Interaktion in einem Sequenzdiagramm.

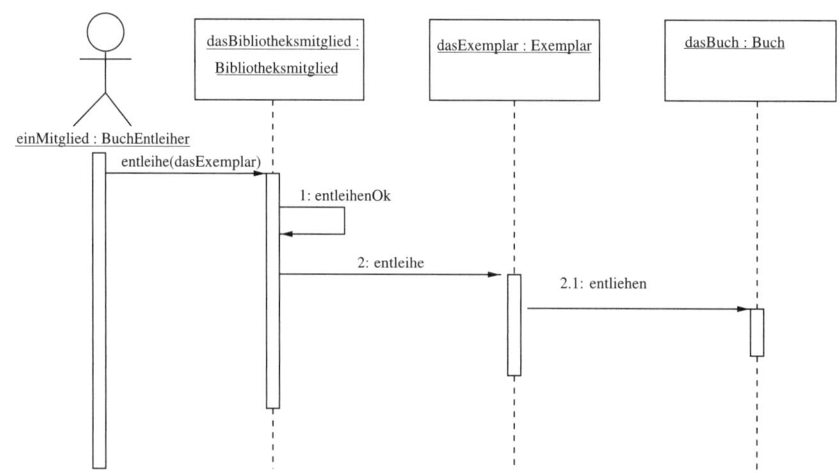

Erinnern Sie sich, dass wir weiter oben gesagt haben, dass das `Bibliotheksmitglied`-Objekt im Interesse der Bibliotheksmitglieder agiert; die Interaktion beginnt also damit, dass ein `BuchEntleiher`-Akteur eine Nachricht an das Objekt `dasBibliotheksmitglied` schickt. Diese Nachricht enthält, welcher Service verlangt ist: in diesem Fall die Entleihe von `dasExemplar`. Diese Nachricht nennen wir `entleihe(dasExemplar)`. Das System muss nun prüfen, ob `dasBibliotheksmitglied` ein weiteres Buch entleihen darf – dies ist eine der Aufgaben, die von `dasBibliotheksmitglied` auszuführen sind. (Implementiert wird dies wahrscheinlich, indem einfach die Anzahl der von dem Benutzer aktuell ausgeliehenen Dinge, die über ein Attribut der Klasse `Bibliotheksmitglied` festgehalten werden kann, mit der maximal zulässigen Anzahl ausgeliehener Dinge verglichen wird. Darüber entscheiden wir aber mit voller Absicht an dieser Stelle noch nicht.) Darstellen können wir dies, indem wir `dasBibliotheksmitglied` eine Nachricht, etwa `entleihenOK`, an sich selbst schicken lassen.

Als Nächstes müssen wir im System die Information ändern, wie viele Exemplare dieses Buches, nachdem eines ausgegeben wurde, noch in der Bibliothek vorhanden sind. Betroffen davon ist das `Buch`-Objekt, das mit `dasExemplar` über die Assoziation `ist ein Exemplar von` verbunden ist; nennen wir es `dasBuch`. Nehmen wir an, dass `dasBibliotheksmitglied` `dasExemplar` mittels der Nachricht `entleihe` darüber informiert, dass es ausgeliehen wird, und dass `dasExemplar` daraufhin an `dasBuch` die Nachricht, etwa `entliehen()`, schickt, die besagt, dass ein Exemplar des Buches ausgeliehen ist. Mehr muss nicht gemacht werden. All diese Nachrichten werden mit der Antwort, dass kein Fehler vorliegt, erwidert. Die Benutzerschnittstelle wird dem Entleiher aus Fleisch und Blut irgendwie mitteilen, dass alles in Ordnung ist, und dieser wird das tatsächliche Buch dann mitnehmen.

? Hätten wir dieses Verhalten auch noch anders implementieren können? Wäre eine der Alternativen besser gewesen? Warum?

Eine Möglichkeit, dies in UML viel lesbarer als in dem obigen Text zu beschreiben, ist das *Sequenzdiagramm* (*sequence diagram*) aus Abbildung 3.6. Ein Sequenzdiagramm beschreibt einen Ausschnitt aus dem System, typischerweise einen Anwendungsfall oder einen Teil daraus, durch die Darstellung, welche Nachrichten zwischen den Objekten verschickt werden und in welcher Reihenfolge dies geschehen muss (zu lesen ist die Darstellung von oben nach unten).

In einem echten Projekt würden Sie vermutlich bei einer so einfachen Interaktion wie dieser noch kein Sequenzdiagramm entwickeln. Sequenzdiagramme können noch viel mehr aussagen, als hier gezeigt wird; Details hierzu finden Sie in den Kapiteln 9 und 10. In diesem Beispiel etwa müssen die Nachrichten in einer festgelegten Reihenfolge auftreten: Es gibt nur einen *Aktivitätsverlauf* (*thread*) und Aktivitäten können nicht parallel ablaufen. Zudem haben wir uns nur mit der Reihenfolge beschäftigt, in der die Dinge geschehen. Verbindet man die einzelnen Aktivitäten mit Zeiten, ist es auch möglich, sich mit Fragen der Echtzeitverarbeitung zu beschäftigen.

Es gibt noch andere Betrachtungsweisen für diese Interaktionen. In den Kapiteln 9 und 10 werden wir sehen, wie die gleiche Information in einem *Kollaborationsdiagramm* (*collaboration diagram*) dargestellt werden kann. Jedes Vorgehen hat seine eigenen Vorteile.

? Entwickeln Sie ein Sequenzdiagramm für das alternative Szenario, in dem `entleihenOK` ein `false` liefert, weil ein Bibliotheksmitglied bereits die maximale Anzahl an Büchern ausgeliehen hat.

EXKURS 3.1

Design durch Vereinbarung 1

In diesem Exkurs besprechen wir, wie man Entscheidungen über das Verhalten von Operationen detaillierter als nur durch seinen Namen und die Typen seiner Argumente festhalten kann.

Vorbedingungen und Zusicherungen Es ist ein fundamentales Problem, dass Typen in einer Programmiersprache nur eine sehr ungenaue Möglichkeit sind, die Eigenschaften zu beschreiben, die die Attribute und Operationen eines Objekts haben sollten. So hat beispielsweise die Nachricht `entleihenOK` keine Argumente und gibt einen boolschen Wert zurück. Das reicht aber nicht, um die Richtigkeit von `entleihenOK` sicherzustellen. Auch eine Implementierung, bei der immer der Wert `false` zurückgegeben wird, genügt dieser Typspezifikation. Allerdings wird das System mit dieser Implementierung nicht korrekt funktionieren, weil es nie zulässt, dass ein Bibliotheksmitglied ein Buch entleiht. Das Problem hier ist, dass wir zwar in jedem Fall einen boolschen Wert als Rückgabe haben wollen, dies allein aber noch nicht ausreicht. Wir wollen zudem, dass dieser Wert in einer speziellen Weise mit dem Status des Objekts in Verbindung steht.

Wir können alle speziellen Bedingungen oder Einschränkungen (contraints) ausdrücken, indem wir mit *Vorbedingungen* (*preconditions*) oder *Zusicherungen* (*postconditions*) arbeiten.

Eine Vorbedingung beschreibt etwas, was beim Aufruf der Operation erfüllt (true) sein muss – es wäre ein Fehler, die Operation anders aufzurufen. Zu der Vorbedingung kann der aktuelle Zustand des Objekts gehören (die Werte der Attribute) und/oder die Aufrufargumente der Operation. Das heißt, die Vorbedingung beschreibt die Anforderungen der Operation.

Eine Zusicherung beschreibt etwas, was am Ende der Operation erfüllt (true) sein muss, und die Operation ist fehlerhaft implementiert, wenn die Zusicherung sich als falsch herausstellt, obwohl die Vorbedingung erfüllt war. Zur Zusicherung können der Wert, den die Operation zurückgibt, die Argumente der Operation und der Status des Objekts vor und nach der Operation gehören. Das heißt, die Zusicherung beschreibt, was die Operation verspricht.

Stellen Sie sich noch einmal die Operation `entleihenOK` vor, wie sie an `Bibliotheksmitglied` ausgeführt wird. Der Rückgabewert soll wahr sein, solange das Bibliotheksmitglied weniger als die maximal erlaubte Zahl an Büchern ausgeliehen hat, anderenfalls falsch. Wir können zudem sagen, dass eine Implementierung der Operation davon ausgehen kann, dass das Mitglied zu Beginn nicht mehr als die maximal erlaubte Zahl an Büchern ausgeliehen hat. Nehmen wir an, `Bibliotheksmitglied` hätte die Attribute `anzahlDerEntliehenenExemplare : integer` und `maximaleAnzahlEntliehenerExemplare : integer`. Wir könnten das beabsichtigte Verhalten der Operation `entleihenOK` mit einer Vorbedingung und einer Zusicherung normalsprachlich wie folgt dokumentieren:

`entleihenOK`

pre: `anzahlDerEntliehenenExemplare` ist kleiner oder gleich `maximaleAnzahlEntliehenerExemplare`

post: Rückgabewert ist `true` wenn `anzahlDerEntliehenenExemplare` kleiner als `maximaleAnzahlEntliehenerExemplare`, sonst `false`. Status des Objekts ist unverändert.

Wenn Sie mit vielen Vorbedingungen und Zusicherungen arbeiten, brauchen Sie natürlich eine etwas präzisere Notation als dies hier. Dazu gehören etwa boolsche Ausdrücke einer Programmiersprache oder Aussagen in einer speziellen Sprache. In Kapitel 6, wo noch einmal auf Möglichkeiten eingegangen wird, Einschränkungen (constraints) in UML festzulegen, wird in einem eigenen Exkurs auch auf die darauf spezialisierte Object Constraint Language, OCL, hingewiesen, die sehr gut zusammen mit UML eingesetzt werden kann.

Diskussionsfrage 23

Sind die Argumente, die an eine Operation übergeben werden, oder ihre Rückgabewerte ebenfalls Objekte (was häufig vorkommt) und nicht Werte eines Basistyps wie `integer` oder `boolean`, was sollte dann die Vorbedingung und Zusicherung der Operation über diese Objekte aussagen dürfen?

Klasseninvarianten (class invariants) In unserem Beispiel war die Vorbedingung nicht unbedingt ausschließlich für diese eine Operation wichtig. Es wäre *in jedem Fall* ein Fehler, wenn ein `Bibliotheksmitglied` mehr Bücher ausgeliehen hätte als die zulässige Höchstmenge. Statt dies nun als Vorbedingung jeder Operation einzusetzen, können wir es viel einfacher als Klasseninvariante (class invariant) festlegen. Das heißt, wir legen als Dokumentation der Klasse `Bibliotheksmitglied` fest, dass bei einem gültigen Objekt dieser Klasse der Wert des Attributs `anzahlDerEntliehenen Exemplare` nicht größer sein darf als der Wert des Attributs `maxAnzahlDer EntliehenenExemplare`. Es ist durchaus denkbar, dass diese Bedingung verletzt wird, wenn sich das Objekt gerade mitten in der Behandlung einer Nachricht befindet, sie muss aber wieder hergestellt sein, wenn die Verarbeitung abgeschlossen ist, und damit immer dann bestehen, wenn eine Nachricht an ein Objekt gesendet wird.

? Wie könnte überprüft werden, ob die Klasseninvariante immer eingehalten wird?

Typ oder Constraint? Es gibt keinen Bedeutungsunterschied zwischen einem Typ und einem Constraint. Sowohl Typ als auch Constraint können etwas aussagen über das, worauf sie sich beziehen. Der Typ eines Objekts beschreibt, welche Attribute und Operationen es hat und welchen Typ *diese* haben. (Weil eine Klassendefinition diese Information ebenfalls gibt, wird der Typ eines Objekts oft mit der Klasse verwechselt; also denken Sie daran, dass die Klasse eines Objekts auch dessen Implementierung spezifiziert.) Ein Constraint – in diesem Fall eine Klasseninvariante – sagt Ihnen noch mehr: beispielsweise könnte sie Informationen über die Verbindung zwischen zwei unterschiedlichen Attributen enthalten.

Auf ähnliche Weise sagt der Typ einer Operation etwas aus über den Typ der Argumente und des Ergebnisses. Ein Constraint auf die Operation hat die Form einer Vorbedingung oder Zusicherung. Genau wie eine Operation nur ausgeführt werden kann, wenn ihr Argumente im richtigen Typ übergeben wurden, kann sie auch nur funktionieren, wenn seine Vorbedingung erfüllt wurde. Und genau wie sie einen Wert im richtigen Typ zurückgeben sollte, muss dieser Rückgabewert auch die Zusicherung erfüllen.

Wenn Sie also angeben möchten, was in einem bestimmten Kontext erlaubt ist, so legen Sie das zunächst lose über das Typensystem Ihrer Programmiersprache fest. Ist das für Ihre Anforderungen nicht präzise genug, so führen Sie noch Constraints ein und drücken damit den Rest dessen aus, was Sie festlegen wollen. Ein Extrem wäre es – etwa bei der Sprache Smalltalk, wo es keine statische Typenfestlegung gibt – alles, was Sie über die passenden Werte eines Ausdrucks sagen wollen, in einem Constraint festzulegen. In Sprachen wie Java und C++, wo es statische Typisierung gibt, können Sie die grundlegenderen Routineüberprüfungen durch den Compiler erledigen lassen. Constraints schreiben Sie nur für die interessanteren Teile.

Der Nachteil von Constraints gegenüber Typen ist, dass die Einhaltung von Constraints normalerweise nicht automatisch überprüft wird, wobei Eiffel hier eine Ausnahme bildet. In mehreren Programmiersprachen können Sie auch Assertions einsetzen. Dies sind boolsche Ausdrücke in Ihrer Programmiersprache, die zur Laufzeit überprüft werden können. Dazu muss ggf. der Debug-Modus eingeschaltet sein.

3.5.1 Änderungen im System: Zustandsdiagramme

Vielleicht ist Ihnen aufgefallen, dass sich der Status des `Buch`-Objektes ändert, wenn ein Exemplar des Buches ausgeliehen wurde. Das `Buch`-Objekt kann sich dann von entleihbar auf nicht entleihbar ändern. (Das ist in diesem Iterationsschritt noch nicht so wichtig, wird aber noch wichtig werden, wenn wir in zukünftigen Iterationen ein Blättern im Katalog oder Reservierungen einbauen.) Aufzeichnen können wir diese Zustandsänderung in einem *Zustandsdiagramm* wie in Abbildung 3.7.

Abbildung 3.7 Zustandsdiagramm der Klasse `Buch`.

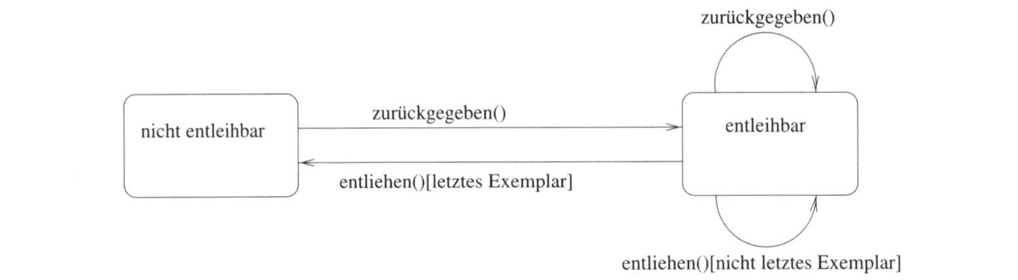

Diese Notation zeigt, dass die Frage, ob die Entleihe eines Exemplars des Buches eine Zustandsänderung von `Buch` auslöst, davon abhängt, ob in der Bibliothek noch weitere Exemplare des Buches vorhanden sind.

Diskussionsfrage 24

Haben wir jetzt schon genügend Information festgehalten? Halten Sie es für erforderlich, zu wissen, *wie viele* Exemplare des Buches für die Entleihe verfügbar sind? Welche Fragen würden sich stellen, versuchte man, dies im Modell abzubilden?

3.6 Weitere Arbeiten

Bei der Entwicklung der Sequenz- und Zustandsdiagramme haben wir bestimmte Nachrichten ausgemacht, die unsere Objekte verstehen müssen, d.h. bestimmte Operationen auf unsere Klassen. Dies müssen wir noch ein wenig genauer betrachten und uns mit den anderen Interaktionen des Systems beschäftigen. Wir können auch die in den Objekten gekapselten Daten identifizieren, einschließlich der Daten, die die gezeigten Assoziationen und Referenzen zu anderen Objekten implementieren. Diese ganze Information kann dem Klassenmodell hinzugefügt werden – die Attribute und Operationen einer Klasse können im Klassensymbol aufgelistet werden. Die Besprechung dessen, wie man dies in UML macht, verschieben wir auf Kapitel 5.

Haben wir einmal festgelegt, wie diese Anwendungsfälle realisiert werden, bis zu der Ebene, welche Nachrichten verschickt werden und in welcher Reihenfolge, dann können die Klassen relativ schnell implementiert werden.

Damit sind wir in der ersten Iteration unseres Systems angelangt, wie sie dann auch schon von den Entwicklern und Anwendern getestet werden kann, um mögliche Missverständnisse und Fehler zu identifizieren. Weitere Iterationsschritte in der Entwicklung führen dann zu einem System, das sich dem Ideal immer weiter annähert.

EXKURS 3.2

Persistenz

Bis jetzt haben wir noch nicht über die große Bedeutung von Persistenz gesprochen. Es muss natürlich möglich sein, ein System zu beenden und später wieder zu starten, ohne dass die Informationen über Bibliotheksmitglieder, Bücher und Zeitschriften etc. verloren gehen. Objekte, die länger existieren müssen als die Laufzeit des Programms, werden *persistent* genannt. Persistente Objekte können auch potentiell von unterschiedlichen Programmen genutzt werden, doch darum geht es hier nicht.

In ganz einfachen Fällen werden Objekte einfach „roh" in Dateien abgespeichert – ein Objekt kann sich selbst in eine Datei schreiben und kann aus dieser Datei auch wieder rekonstruiert werden. Die Details, wie dies zu tun ist, sind abhängig von der verwendeten Sprache. Viele, aber nicht alle objektorientierten Sprachen bieten hierfür einen Standardmechanismus an, bei denen sich der Entwickler auch über Fragen des Dateiformats keine Gedanken zu machen braucht. Dieses System eignet sich allerdings nicht für Systeme, die eine weniger triviale Objektpersistenz erfordern – es ist zu wenig flexibel und effizient.

? Wie kann diese Art der Speicherung in Ihrer Programmiersprache durchgeführt werden? (Hinweis: Sehen Sie sich in Java das `Serializable`-Interface an, in Smalltalk die Methode `storeOn:aStream` und in C++ Ihre Klassenbibliothek.) Schreiben Sie ein kleines Programm, mit dem Sie ein Objekt anlegen, seinen Zustand ändern, es dann in eine Datei schreiben und das Objekt schließlich aus dieser Datei rekonstruieren.

? Welche Nachteile hat diese Methode? Denken Sie etwa an die Arbeit mit Objekten, die Verweise auf andere Objekte enthalten.

Eine ernsthaftere Option für die Objektpersistenz wäre eine *Datenbank*, die viel mehr bieten kann als nur Persistenz. Eine Datenbank kann beispielsweise auch *Transaktionen* unterstützen – eine Reihe von Änderungen, die nur gemeinsam durchgeführt werden dürfen oder gemeinsam scheitern. Die am weitesten verbreitete Lösung ist die Verwendung einer *relationalen* Datenbank, was aber sicher nicht die beste Lösung ist, weil es große *konzeptionelle Unterschiede* zwischen SQL und einer objektorientierten Programmiersprache gibt. Daten werden dabei in Tabellen abgelegt und müssen erst noch in die Objektdarstellung übersetzt werden, die in objektorientierten Systemen üblich ist. Der Entwickler kann nicht einfach nur bestimmte Objekte als persistent kennzeichnen und erwarten, dass Änderungen daran von Dauer wären. Es gibt jedoch immer mehr Unterstützung durch Software-Tools, und die neuesten Entwicklungen in relationalen Datenbanksystemen (RDBMS), insbesondere bei SQL3, können diese Probleme vereinfachen. Die Alternative ist die Verwendung von objektorientierten Datenbanken (OODBs). Diese unterstützen explizit Dinge wie Objektorientierung und Vererbung und ermöglichen meist auch einen flexibleren Zugriff auf die Daten als dies in RDBMS möglich ist. Noch haben objektorientierte Datenbanksysteme allerdings einen sehr kleinen Marktanteil. Weitere Details zu OODBs gehen über dieses Buch hinaus. Ein gutes und auch sehr gut lesbares Buch dazu ist [31].

? Überlegen Sie sich für die Datenbanken, zu denen Sie Zugang haben, wie diese für die hier beschriebene Anwendung eingesetzt werden könnten.

Diskussionsfrage 25

Welche Faktoren haben Einfluss darauf, ob es wünschenswert sein kann, das beschriebene Bibliothekssystem mit anderen Systemen an der Universität, etwa der Studentenverwaltung, zu integrieren?

ZUSAMMENFASSUNG

Dieses Kapitel beschrieb eine einfache Fallstudie. Dabei wurden die hauptsächlichen Eigenschaften von UML skizzenhaft dargestellt. Teil 2 des Buches geht detailliert auf jeden Diagrammtyp ein, aber da die Diagramme angelegt sind, um zusammen in einem iterativen Entwicklungsprozess eingesetzt zu werden, müssen wir einen Überblick über UML haben, bevor wir in die Details gehen.

Beschrieben haben wir eine einzelne *Iteration* in der Entwicklung des Systems und wir haben die eingesetzten Techniken nicht weiter bewertet. Im nächsten Kapitel sprechen wir über den Entwicklungsprozess.

DISKUSSIONSFRAGEN

3.1 In diesem Kapitel haben wir uns nur auf einen Fall – die Entleihe – konzentriert. Entwerfen Sie ähnliche Diagramme für die anderen Anwendungsfälle.

3.2 Für wie wichtig halten Sie den Aufwand, dieses Modell zu entwerfen? Erinnern Sie sich daran, wie Sie das Problem angegangen hätten, bevor Sie dieses Kapitel gelesen haben, und überlegen Sie sich, in wie weit Sie von diesem neuen Verständnis profitieren können?

3.3 Bibliothekare scheinen hier nur dafür da zu sein, um die Anwendungsfälle der Bibliotheksmitglieder bedienen zu können. Wie könnten wir deren eigene Anwendungsfälle modellieren, wozu auch die Aufnahme und Entfernung von neuen Büchern und weiteren Exemplaren existierender Bücher gehört? Wie weit würde diese Erweiterung unseres Designs eine Änderung des bestehenden Modells erfordern?

3.4 Was halten Sie von unserer bisherigen Behandlung von Zeitschriften?

3.5 Wir haben die Akteure der Angestellten bisher ähnlich wie die Bibliotheksmitglieder modelliert, Angestellte dürfen aber mehr Bücher entleihen als normale Bibliotheksmitglieder. Ist das ein Problem?

3.6 Wie könnte das System mit Büchern umgehen, die aus mehr als einem Band bestehen, oder mit Büchern, zu denen eine CD oder ein Tonband gehören? Zählen Sie einige Optionen auf und überlegen Sie, welche Vor- und Nachteile davon Sie mit Ihren Kunden besprechen würden.

KAPITEL 4

Der Entwicklungsprozess

In diesem Kapitel geht es um die Frage, wie ein gutes System errichtet werden kann.

In unserer einfachen Fallstudie konnten wir uns noch vorstellen, uns einfach hinzusetzen und die Arbeit zu erledigen – von Anfang bis Schluss. Bei komplexeren Systemen muss der Entwicklungsprozess jedoch gelenkt werden. Es muss möglich sein, die Entwicklung zu planen, Aussagen zu treffen, wie weit ein Projekt gediehen ist und wie gut es im Zeitplan liegt. Wir brauchen die richtigen Werkzeuge für die Entwicklung eines Systems. Wir brauchen auch Möglichkeiten, das, was geschieht, zu dokumentieren und zu kontrollieren, so dass beispielsweise Mitarbeiter während des laufenden Projekts aussteigen oder einsteigen können.

Viele verschiedene Entwicklungsprozesse oder Lehrmeinungen wurden schon herangezogen. Dieses Buch stellt keine davon besonders heraus; am Ende des Kapitels kommen wir darauf zurück, warum das so ist. In diesem Kapitel sprechen wir kurz über einige Aspekte zum Thema Prozess und geben Hinweise auf weitere Informationen.

4.1 Begriffsdefinitionen

Die Begriffe „Prozess", „Methodik" und „Methode" (mit oder ohne vorangestelltes „Entwicklung-" oder „Design-") werden von verschiedenen Sprechern unterschiedlich verwendet und zum Teil gar nicht definiert. Unter einem *Entwicklungsprozess* verstehen wir einen Satz an Regeln, die festlegen, wie ein Entwicklungsprojekt im Allgemeinen durchgeführt werden sollte. Dazu gehört auch die Beschreibung, welche Dokumente, Designmodelle oder andere Elemente erstellt werden sollten und in welcher Reihenfolge dies geschehen sollte.

Die Begriffe „Methodik" und „Methode" werden sehr ähnlich verwendet. Sie werden immer häufiger für Techniken zur Entwicklung spezieller Design-Konstrukte verwendet, wie etwa für das Klassenmodell, das in Kapitel 3 gezeigt wurde. Manchmal wird dies auch noch betont, indem man von einer *Design-Methodik* spricht. Wenn es überhaupt einen Unterschied zwischen „Methode" und „Methodik" gibt, dann liegt er, wie die Länge der Wörter schon andeutet, darin, dass eine Methodik etwas Größeres mit einem breiteren Bedeutungsbereich betrifft. Es gibt keine absolut gültige Unterscheidung zwischen diesen Ausdrücken und es ist nicht einmal in jedem Fall möglich, sicher zu unterscheiden, ob etwas ein Prozess ist oder „nur" eine Methodik. Aber diese Unterscheidung ist auch nicht sehr wichtig.

Eine [Entwurfs-]Methode legt normalerweise fest, welche Modellierungssprache zur Beschreibung von Analyse und Design verwendet werden soll. Sie macht auch darüber Aussagen, wie dies erreicht werden soll, etwa indem die einzelnen Schritte aufgelistet werden, die erforderlich sind, um die Benutzeranforderungen festzuhalten. In diesem Buch werden wir über viele solcher Techniken sprechen, die Teil einer Technologie sein könnten, aber wir legen uns nicht auf eine bestimmte Methodik fest, sondern lassen diesen Punkt offen. Manchmal wird auch diese ganze Ansammlung von Techniken selbst schon als Prozess bezeichnet, wir versuchen aber, diese Verwendung zu vermeiden.

Die gerade erwähnte Modellierungssprache soll hier noch etwas detaillierter besprochen werden, bevor wir wieder zu den anderen Aspekten des Entwicklungsprozesses zurückkehren.

4.1.1 Modelle und Modellierungssprachen

Ein *Modell* ist eine abstrakte Repräsentation einer Spezifikation, eines Designs oder eines Systems aus einem bestimmten Blickwinkel. Oft wird es bildlich in Form eines oder mehrerer Abbildungen oder Diagramme dargestellt. Sein Ziel ist es, die Kernpunkte eines Aspekts unseres Handelns auszudrücken und dabei auf unnötige Details zu verzichten. Sein Sinn liegt darin, alle, die mit der Entwicklung zu tun haben, in die Lage zu versetzen, Probleme und Lösungsansätze zu überdenken und zu besprechen und dabei zu vermeiden, in die falsche Richtung zu laufen. Um nützlich zu sein, braucht ein Modell eine präzise und einfach zu verstehende Sprache. Abstrakt bedeutet nicht verworren!

Eine Modellierungssprache bietet eine Möglichkeit, die unterschiedlichen Modelle, die während eines Entwicklungsprozesses entstehen, auszudrücken. Eine Modellierungssprache legt eine Reihe von Modell-Elementen fest, die eine grobe Ähnlichkeit mit den Äußerungen (Wörter, Sätze, auch Manusripte einer Fernsehsendung) der gesprochenen Sprache haben. Ein Modell besteht aus Modellelementen, wie ein Satz aus Wörtern besteht. UML, die Unified Modelling Language, ist ein Beispiel einer Modellierungssprache. Eine Modellierungssprache ist normalerweise grafisch orientiert, kann aber auch auf Text basiert sein. Sie hat eine

- *Syntax* – die Regeln, die in einer diagrammorientierten Modellierungssprache festlegen, welche Diagramme erlaubt sind,
- *Semantik* – die Regeln, die festlegen, was ein gültiges Diagramm bedeutet.

Syntax und Semantik können beide mehr oder weniger formal ausgedrückt werden. In den meisten Modellierungssprachen wird sowohl Syntax als auch Semantik informell in englischer Alltagssprache angegeben. Unsere Ausführungen in diesem Buch zu UML können als informelle Möglichkeit gesehen werden, UML-Syntax und -Semantik zu zeigen. Wenn Sie das Buch gelesen haben, sollten Sie in der Lage sein zu erkennen, ob ein Diagramm gültiges UML ist, und auch, was es bedeutet. Dennoch werden Sie es nicht fertig bringen, Ihr Verständnis von Mathematik auszudrücken. Der offizielle UML Notation Guide [49] beschreibt die Notation[1] informell und erklärt auch die Syntax informell. Das offizielle Dokument zur UML-Semantik [50] beschreibt die abstrakte Syntax von UML strukturiert und semi-formal in strenger Weise und beschreibt die Semantik in knappem Englisch. Dokumente wie [50] sind normalerweise (absichtlich) für Tool- und Buchautoren besser geeignet als für Entwickler. Als anderes Extrem zu informellem Englisch ist es möglich (aber ziemlich schwierig), auch eine vollständig formale, mathematische Beschreibung von Syntax und Semantik einer Sprache zu erstellen. Um nur eines der wenigen kompletten Beispiele anzugeben: [40] definiert die Syn-

[1] der konkreten Syntax aus Zeilen und Buchstaben im Unterschied zu abstrakter Syntax, die die darunter liegende Struktur beschreibt

tax und Semantik des Programmiersprachenstandards ML. Eine formale Definition einer Sprache wird dann entwickelt, wenn es erforderlich ist, jede Möglichkeit von Mehrdeutigkeit auszuschließen. Es ist ziemlich unwahrscheinlich, dass das je für die komplette UML geschehen wird, weil der Vorteil vermutlich die Kosten nicht aufwiegt.

Eine Modellierungssprache wird zwar zur Unterstützung der Entwicklung eines Systems eingesetzt, kann aber auch zur Dokumentation eines wiederverwendbaren Elements dienen, beispielsweise einer Komponente oder eines Frameworks.

Ungewöhnlich an UML ist, dass es als Modellierungssprache nicht fest mit einem bestimmten Prozess verknüpft ist. Bisher hatte jede Design-Methodik ihre eigene Notation, also auch ihre eigene Modellierungssprache. Dieser Unterschied sorgt für eine ganze Menge Verwirrung. Oft sind Anwender der Meinung, eine Methodik zu benutzen, wenn sie für ihre Zeichnungen die Notation dieser Methodik verwenden, und sie achten dabei nicht darauf, auch die für diese Methode empfohlenen Techniken anzuwenden oder deren Regeln einzuhalten. Es kann Ihnen passieren, dass Sie jemand über die „UML-Methodik", deren Vor- und Nachteile im Vergleich zu seiner bevorzugten Methodik reden hören. Das ist Unsinn – wie der Vergleich von Äpfeln und Orangen. Die Frage sollte vielmehr lauten: „Wie sinnvoll und wie einfach ist es, in meiner bevorzugten Methodik zu arbeiten und zur Notation UML zu verwenden?".

Warum eine *vereinheitlichte* Modellierungssprache?

Nimmt man einmal an, dass Entwickler eine Modellierungssprache benötigen, mit der sie die Probleme und Lösungen im Zusammenhang mit der Arbeit an einem System untereinander besprechen können, wodurch sollte dann die Sprache definiert sein, die sie verwenden? Die Sprache sollte

1. ausdrucksstark sein. Es muss möglich sein, Designaspekte auszudrücken, um sie gemeinsam zu besprechen, und sie muss Änderungen im Design wiedergeben, die während der Entwicklung vorgenommen wurden;
2. einfach anzuwenden sein. Die Modellierungssprache sollte damit dem Ausdruck von Gedanken klärend dienen, statt ihnen im Wege zu stehen;
3. keine Mehrdeutigkeiten zulassen. Die Modellierungssprache sollte helfen, Missverständnisse aufzulösen, statt weitere hinzuzufügen;
4. durch geeignete Tools unterstützt sein. Die Arbeit des Entwicklers sollte sich auf die Tätigkeiten konzentrieren, die zu seinem Aufgabenbereich gehören, statt auf den Entwurf einer Graphik mit einem Zeichenprogramm;
5. breite Anwendung finden. Je größere Verbreitung eine Modellierungssprache hat, desto wahrscheinlicher ist es, das die obigen vier Punkte erfüllt sind. Dazu kommt:
    - Wenn neue Mitarbeiter in ein Projekt aufgenommen werden, ist es von Vorteil, wenn diese die Modellierungssprache bereits kennen, statt diese neu lernen zu müssen.
    - In einem komponentenbasierten Design muss es einfach möglich sein, die Beschreibung von Komponenten zu lesen, und je schneller und einfacher das geht, desto billiger wird es, eine Komponente mit einzubeziehen. Je breiter Ihre Modellierungssprache eingesetzt wird, desto größer ist die Wahrscheinlichkeit, dass es die gleiche ist, die auch der Autor der Komponente benutzt hat.

Diskussionsfrage 26

Welche weiteren Vorteile sehen Sie dabei, eine einheitliche Modellierungssprache einzusetzen? Gibt es Nachteile?

Über die Geschichte von UML und die Ideen hinter ihren Modellen sprechen wir am Ende dieses Kapitels noch ausführlicher.

4.1.2 Prozess und Qualität

Wie wir in Kapitel 20 noch sehen werden, haben Entwicklungsprozesse und Qualitätsmanagementsysteme relativ viel miteinander zu tun. Beide zielen darauf ab, sicherzustellen, dass der Prozess (und damit, so ist zu hoffen, auch das Produkt) von hoher Qualität ist. Generell wird der Entwicklungsprozess sich mehr mit technischen Aspekten des Prozesses befassen und das Qualitätmanagementsystem mehr mit Managementaufgaben, aber es gibt Überschneidungen.

Wichtig ist, immer daran zu denken, dass kein Prozess und keine Methodik, wie gut auch immer, den Erfolg eines Projekts sicherstellen kann. Es kann bestenfalls die Mitarbeiter am Projekt darin unterstützen, gute Ergebnisse zu produzieren. Das empfehlenswerte Buch *Peopleware* [14] von DeMarco und Lister weist auf diese Tatsache hin.

4.2 Der Prozess der Entwicklung

In diesem Abschnitt sprechen wir über den gesamten Prozess der Entwicklung eines Systems auf höherer Ebene. Sicherlich haben Sie schon einmal den berühmten und zu guter Letzt auch zumindest teilweise diskreditierten Wasserfall-Prozess[2] gesehen, wie er in Abbildung 4.1 dargestellt ist.

Abbildung 4.1 Ein einfacher Wasserfall-Prozess.

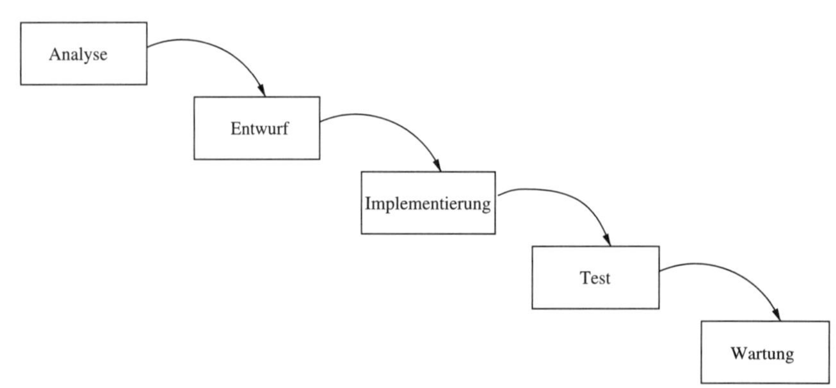

Dieser Prozess verfügt über eine relativ kleine Anzahl identifizierbarer Einheiten; hier die fünf Phasen des Lifecycle. Irgendeine Auftrennung in einzelne Abschnitte ist ein wesentlicher Bestandteil eines jeden Prozesses, weil der Prozess Menschen helfen sollte, etwas zu verste-

[2] Sehr häufig auch als Wasserfall-Modell bezeichnet – aber ich wollte hier eine verunsichernde Überladung des Begriffs „Modell" vermeiden.

hen, und Menschen nun einmal gerne in Abschnitten denken. In diesem Fall ist der Prozess in Phasen aufgeteilt, die aus der jeweils ausgeführten Aktivität hervorgehen – zusätzlich wird jedoch implizit auch ausgedrückt, dass die Aktivitäten eine nach der anderen abgearbeitet werden, wobei der Zeitverlauf von oben nach unten eingetragen ist.

Abbildung 4.1 zeigt eine sehr einfache Version eines Wasserfall-Prozesses. Dieser wird manchmal auch als „wirf es über die Mauer"-Prozess bezeichnet, weil er zum Ausdruck bringt, dass eine einmal abgeschlossene Phase nie mehr betreten wird. Wäre es möglich, immer perfekte Entscheidungen zu treffen, dann wäre dieser Prozess durchaus angebracht. Ungünstigerweise ist dies nicht möglich, etwa weil permanent neue Informationen verfügbar werden. In der Praxis ist es erforderlich, frühere Entscheidungen im Lichte späterer Erfahrungen zu revidieren; so müssen Sie etwa die Anforderungen (*requirements*) für Ihre Spezifikation ändern, wenn sich herausstellt, dass dem Kunden das implementierte System nicht gefällt. Die Weigerung, einmal getroffene Entscheidungen zu revidieren, kann zum Scheitern des gesamten Projekts führen. Der Wasserfall-Prozess wird oft mit zusätzlichen Rückwärts-Pfeilen gezeichnet, um diesen Sachverhalt auszudrücken. Die Kriterien, die eine Rückkehr zu einer früheren Phase auslösen sollten, bleiben aber oft im Dunkel. Implizit wird ausgedrückt, dass wir in der korrekten Standardsituation von einer Phase zur nächsten weiterrücken: erst die ganze Anforderungs-Analyse, dann System- und Software-Design und so weiter.

Diskussionsfrage 27

Warum ist der „über die Mauer"-Prozess trotz all seiner Nachteile so hartnäckig und schwierig aufzugeben? Welche Vorteile hat er und für wen? Unter welchen Umständen könnte es richtig sein, mit den Nachteilen zu leben?

Man ist sich heute einig darüber, dass es bei nahezu allen Systemen korrekt und notwendig ist, eine Art *iterativen* Prozess zu haben. Moderne Entwicklungsprozesse halten Iteration für fundamental wichtig und suchen nach Möglichkeiten, den damit verbundenen Risiken zu begegnen, statt sie zu ignorieren. *Risikobehandlung* (*risk management*) ist ein weites und sehr wichtiges Thema. Zwei Aspekte davon wollen wir uns kurz näher ansehen:

1. Immer wenn Sie eine Entscheidung treffen, laufen Sie Gefahr, dass diese falsch ist. Und wichtiger noch, je später ein Fehler entdeckt wird, desto schwieriger wird es, ihn richtigzustellen. Daher sollten Sie versuchen, Risiken dadurch unter Kontrolle zu bringen, dass Sie mögliche Fehler so früh wie möglich aufdecken. Dies ist unter anderem durch häufigen und expliziten Einbau von Evaluierungsschritten im Prozess möglich.
2. Relativ groß ist das Risiko, dass Entwickler die Anforderungen falsch verstehen. Alles, was das Vertrauen in die korrekte Zusammenstellung der Anforderungen stärkt, mindert das Risiko. Oft ist es einfacher, Kritik an einem System zu üben, als ein System zu beschreiben – daher ist der Bau eines Prototypen oft eine gute Möglichkeit, die Anforderungen zu überprüfen.

Diskussionsfrage 28

Ihnen drängt sich möglicherweise die Ansicht auf, dass es am besten ist, eine Entscheidung so lange wie möglich hinauszuschieben, statt eine falsche Entscheidung zu treffen. Finden Sie dieses Vorgehen richtig? Hängt es von der Art der Entscheidung ab? Wie und warum könnte es davon abhängen?

Abbildung 4.2 Ein einfacher Spiralprozess.

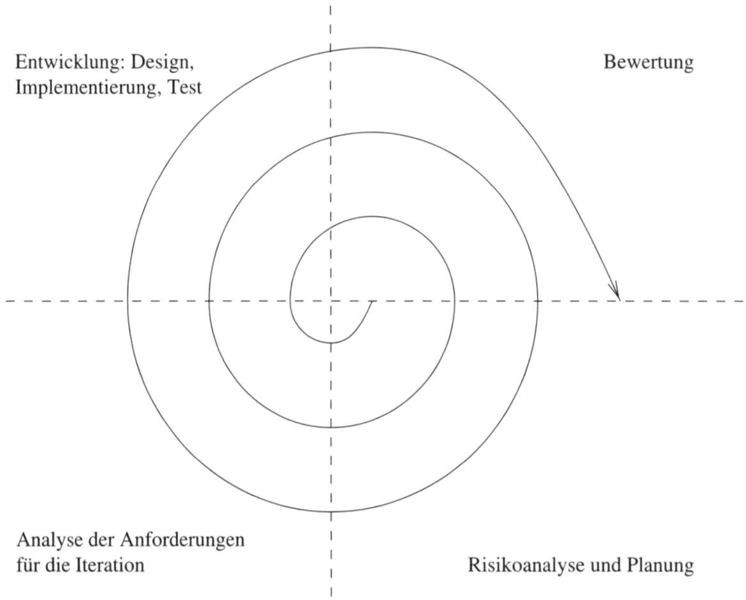

Böhms Spiralprozesse gingen auf diese Ideen ein und seitdem ist eine Reihe von Varianten von Spriralprozessen aufgetaucht. Eine einfache Variante ist in Abbildung 4.2 zu sehen. Ausgehend vom Zentrum durchläuft ein Projekt, das diesem Prozess folgt, hintereinander die Stufen Risikoanalyse und Planung, Anforderungsanalyse, Engineering und Evaluierung. Die Phase des Engineering im Spiralprozess umfasst Design, Implementierung und Test. Die Anzahl der Iterationen ist beliebig.

Beachten Sie, was der Spiralprozess hier nicht aussagt. Er macht keine Vorschriften, wie jede Phase ausgeführt wird. Er sagt nicht einmal, was bei einer Implementierungsphase herauskommen soll: ein lauffähiges System mit mehr Funktionalität in jeder Runde oder ein immer detaillierteres Modell des Systems, das erst in der letzten Iteration zu einem lauffähigen System wird? Diese Mehrdeutigkeit, was mit einer Iteration gemeint ist, ist einer der Hauptunterschiede moderner Methodiken, die alle ihre eigene Version der einfachen Spirale aufweisen.

4.2.1 Eine einheitliche Methodik?

Da Objektorientierung immer moderner wurde und heute den Übergang von Modernität zur Hauptrichtung der Softwareentwicklung abgeschlossen hat, ist eine Unmenge von Entwicklungsmethoden für objektorientierte Software vorgestellt worden, jede davon mit eigenen Ideen und Notationen, die zwar ähnlich, aber doch nicht identisch waren. Die drei populärsten – obwohl es viele andere gab und noch gibt – waren:

1. Grady Boochs Methode, auch als OOD bezeichnet [7]
2. James Rumbaughs OMT [41]
3. Ivar Jacobsons OOSE und Objectory [29]

(Jeder von den dreien brachte Anfang der 90er-Jahre ein einflussreiches Buch auf den Markt.) Wie Sie sehen, wird jede Methode durch einen einzelnen Erfinder vorangetrieben, wobei jeder für sich ein sehr erfahrener und hochgeachteter Experte im Bereich der objektorientierten Entwicklung ist. Wie die meisten Leute so waren auch die Autoren der Meinung, dass es auf absehbare Zeit den *Krieg der Methoden* geben würde, jede mit einem Lager an Unterstützern. (Der Krieg der Programmiersprachen ist ja auch noch nicht ganz beigelegt!)

Der Krieg der Methoden ist vorüber und wir alle haben gewonnen. Booch war und ist verantwortlich für Rational Software (Entwickler von Rose). 1994 kam auch Rumbaugh zu Rational und die zwei erklärten, dass sie ihre beiden Methoden vereinheitlichen wollten. 1995 kaufte Rational Ivar Jacobsons Firma Objectory und der ganze Wirbel war vorüber. Booch, Rumbaugh und Jacobson wurden bekannt als die *Drei Amigos*.[3] Ein früher Entwurf einer Dokumentation der so genannten *Unified Method* wurde veröffentlicht und war im Begriff, die Welt zu erobern. (Dabei war es auch klar, dass nicht alle nur glücklich hierüber waren, und eine Reaktion darauf war, dass das OPEN-Konsortium OML die Open Modelling Language [8] entwickelte. UML in seiner heutigen Form scheint jedoch auf dem besten Weg, allgemein bevorzugt zu werden, und wurde jetzt auch vom wichtigsten Standardisierungsgremium in der Objektorientierung, der Object Management Group (OMG), als Standard angenommen.)

Später ging das Interesse weg von der Entwicklung einer einheitlichen Methode (unified method) hin zur Entwicklung einer einheitlichen Modellierungssprache, dem heutigen UML. Die Autoren sind sich sicher, dass diese – zweifellos pragmatische – Entscheidung richtig war. Wir haben bereits einige Gründe genannt, warum wir eine einheitliche Modellierungssprache wollen, und wir glauben nicht, dass es ähnlich überzeugende Gründe auch für eine einheitliche Methodik gibt. Wir denken, dass unterschiedliche Organisationen mit unterschiedlichen Projekten immer auch unterschiedliche Methodiken benötigen werden. Wir sind der Meinung, dass die Vielfalt der unterschiedlichen Methoden, die in Organisationen eingesetzt wurden, bis heute auch hinter einer Vielfalt von unterschiedlichen Notationen verborgen waren. Unsere Erfahrung besagt, dass, wenn jemand behauptete, „OMT" oder die „Booch-Methode" einzusetzen, er oft genau genommen nur die Notation dieser Methode einsetzte. Unterschiedliche Organisationen konnten in der Anwendung von OMT tatsächlich ziemlich unterschiedlichen Prozessen folgen. Es könnte sogar möglich sein, dass die Einigung auf eine einzelne Notation es in Zukunft leichter machen wird, die tatsächlichen Unterschiede zwischen Prozessen zu identifizieren.

Eine Methodik enthält auch Techniken, die ebenso in einer anderen Methodik eingesetzt werden können. Diese Techniken, die Sie vielleicht auch in Ihrer Methodik übernehmen können, werden wir als Nächstes besprechen.

4.2.2 Prozesse für den Einsatz mit UML

Die folgenden Eigenschaften eines Entwicklungsprozesses haben wir bisher festgestellt. Er sollte

- Risikomanagement als zentrales Kontept sehen und dabei insbesondere
- Iteration als Mittel der Risikokontrolle zulassen;
- architekturzentriert und komponentenbasiert sein. Als vorrangige Aktivitäten sollte er die Festlegung und Befolgung von *guten Architekturentscheidungen* und die Entwicklung und Anwendung von *guten Komponenten* haben.

---

3 Nach dem Film von John Landis mit dem Namen „Three Amigos" (1986).

Als letzte Eigenschaft, von der die Entwickler von UML glauben, dass sie in jedem Entwicklungsprozess vorkommen sollte, ist der *Einfluss von Anwendungsfällen* (*use case driven*). Die Besprechung dessen verschieben wir auf Kapitel 7, denn ohne detailliertes Wissen von Anwendungsfällen ist kaum eine Aussage darüber möglich, ohne in die Gefahr von Missverständnissen zu geraten.

Einheitliche Prozesse (unified processes)

In diesem Abschnitt beschreiben wir kurz die so genannten *Einheitlichen* oder auch *Vereinheitlichten Prozesse*, die Ideen von allen Drei Amigos und vielen anderen beinhalten.

Weiter oben haben wir schon einmal über iterative Methoden gesprochen. Das ist jedoch noch nicht alles hierzu. Ein schneller iterativer Ad-hoc-Ansatz funktioniert in einem kleinen Entwicklungsprojekt noch sehr gut, aber schon dort gibt es einen Punkt, bevor endgültig über das Projekt entschieden ist, und einen Punkt, nachdem alles endgültig übergeben wurde, der herausgetrennt werden kann. Meist ist es auch wichtig, nicht zuletzt aus politischen und Managementgründen heraus, eine Vorstellung davon zu haben, wofür die Iterationen gut sein sollen und was von diesen abgedeckt werden soll, statt einfach nur so viele wie möglich einzubauen. Im Unified Process wird die Hauptspirale in seine Konstruktionsphase gelegt:

- **Anfang (inception)** Endet mit der Zusage des Geldgebers zur Fortsetzung: Business Case für das Projekt und grundlegende Möglichkeiten und Umfang sind bekannt.
- **Vertiefung (elaboration)** Endet damit, dass
    - grundlegende Systemarchitektur eingerichtet ist,
    - ein Konstruktionsplan abgestimmt wurde,
    - signifikante Risiken identifiziert sind,
    - Hauptrisiken richtig eingeschätzt sind, um nicht zu sorglos zu sein.
- **Aufbau (construction)** Sicher iterativ; endet mit einem Beta-Release des Systems.
- **Übergang (transition)** Einführung des Systems beim Anwender.

Diese Phasen unterscheiden sich in einzelnen Projekten stark voneinander im Hinblick auf ihre Dauer und auf das, was jeweils dabei herauskommt. So könnte etwa in einem kleinen und einfachen Projekt (oder mit einem sehr laschen Projektträger) die Anfangsphase darin bestehen, dass der Entwicklungsleiter ein kurzes Gespräch mit dem Projektträger führt. Im Gegensatz dazu könnten eine Reihe von Vorstandsmeetings und ein formell unterschriebener Business Case erforderlich sein.

Andere Prozesse

In UML kann so viel ausgedrückt werden, dass man sich kaum vorstellen kann, dass es mit irgendeiner objektorientierten Entwicklungsmethodik nicht eingesetzt werden kann. So kann beispielsweise jede der Methoden der Drei Amigos auch mit UML weiterhin eingesetzt werden.

Catalysis [17] ist eine besonders interessante Entwicklungsmethodik, in der UML als Modellierungssprache eingesetzt wird. Catalysis beschäftigt sich in erster Linie mit den technischen Aspekten der Systementwicklung und vertritt insbesondere die Idee, dass es keinen einzelnen korrekten Prozess gibt, der für alle Softwareprojekte angewandt werden kann. Es betont besonders die Strenge, mit der ein System entwickelt wird, und dabei insbesondere die Rolle von Frameworks; ein Framework kann man sich als wiederverwendbares Stück Architektur vorstellen, das festlegt, wie eine Gruppe von Objekten oder Komponenten interagiert. In Kapitel 18 werden wir kurz auf Frameworks eingehen, nachdem wir zuvor in Kapitel 16 ein einfaches Beispiel entwickelt haben.

Diskussionsfrage 29

Sammeln Sie mit den Ihnen zur Verfügung stehenden Mitteln (nutzen Sie das Web; Startpunkte finden Sie auf der Homepage dieses Buches) Informationen über einige der folgenden Entwicklungsprozesse und Methoden:

- The Rational Unified Process
- Catalysis
- Extreme Programming (Kent Beck)
- Fusion von Hewlett Packard
- The Bazaar, bekannt geworden als Entwicklungsprozess für Linux
- SCRUM
- DSDM (Dynamic Systems Development Method)
- SSADM (als Kontrast dazu)
- ... (und vieles mehr)

Überlegen Sie sich den Einsatzbereich und ob ein architekturzentrierter, komponentenbasierter Ansatz möglich ist oder gar erzwungen wird. Vergleichen Sie und arbeiten Sie die Unterschiede heraus.

4.3 System, Design, Modell, Diagramm

Jeder Entwicklungsprozess hat, möglicherweise nach mehreren Iterationen, ein implementiertes *System* zum Ziel. Darunter versteht man ein Programm oder auch mehrere Programme, die in einer passenden Umgebung eingesetzt werden und die Anforderungen der Anwender erfüllen, wozu auch implizite Anforderungen wie Wartbarkeit gehören. Zum *Design* und insbesondere auch zur *Architektur* des Systems gehören die wichtigen Entscheidungen darüber, wie ein System zu bauen ist, wobei von Details zu abstrahieren ist. Eine Sprache zur Beschreibung eines Designs sollte am besten grafisch orientiert sein, weil wir laut Erfahrung damit viel natürlicher umgehen können. Es ist schwer vorstellbar, dass alle Einzelheiten eines Designs in einem einzigen Diagramm abzubilden wären; dies ist aber auch nicht wünschenswert, da in unterschiedlichen Projektstadien unterschiedliche Aspekte des Designs interessant sind. Wir bauen unterschiedliche Modelle unseres Designs, die unterschiedliche Aspekte abbilden, und bringen jedes Modell mit Diagrammen in einer Modellierungssprache zum Ausdruck. Wir unterscheiden die Modelle über unterschiedliche Blickwinkel:

- Das *Anwendungsfall*-Modell (*use case* model) beschreibt das geforderte System aus dem Blickwinkel des Anwenders.
- Ein *statisches* Modell beschreibt die Elemente des Systems und ihre gegenseitigen Beziehungen zueinander.
- Ein *dynamisches* Modell beschreibt das Verhalten des Systems im Verlauf der Zeit.

Wir können dabei die folgenden Blickwinkel einnehmen:

- *Logische* Ansicht: Welche Teile gehören begrifflich zusammen? Was sind beispielsweise die Klassen und wie gehören sie zusammen? Dieses Modell wird in erster Linie erstellt, um zu überprüfen, ob alle funktionalen Anforderungen eingehalten wurden.

- *Prozess*-Ansicht: Welche Kontrollflüsse (threads of control) gibt es? Welche Dinge können beispielsweise gleichzeitig geschehen und welche Synchronisierung ist dafür erforderlich? Dieses Modell hilft dabei, die Einhaltung nichtfunktionaler Anforderungen wie etwa Performance und Verfügbarkeit sicherzustellen.
- *Entwicklungs*-Ansicht: Welche Teile können sinnvollerweise vom gleichen Team entwickelt werden? Welche Teile können wiederverwendet werden? Dies zu modellieren, hilft beim Projektmanagement.
- *Physikalische* Ansicht: Welche Teile werden auf demselben Computer laufen? Dies zu modellieren, trägt dazu bei, dass die nichtfunktionalen Anforderungen erfüllt werden können. Die Dinge werden dabei konkreter als in der Prozessansicht betrachtet.

Diese vier Modelle unterscheidet auch Philippe Kruchten in „4 + 1 view model of architecture" [32].

> Das Diagramm ist nicht das Design: Das Diagramm ist die Darstellung (eines Teils) eines Modells des Designs, das einen Aspekt des Designs in einer Weise aufnimmt, dass es besprochen werden kann.

Es kann also mehrere Diagramme des gleichen Modells geben, die natürlich konsistent sein müssen. Genauso müssen auch die Modelle konsistent sein. Es versteht sich von selbst: Alle Diagramme, wie sie die unterschiedlichen Teile und Aspekte des Designs beschreiben, sind Beschreibungen ein und desselben Systems und dürfen sich daher nicht widersprechen. Wenn beispielsweise Ihr statisches Strukturdiagramm zeigt, dass zwischen der Klasse `Foo` und der Klasse `Bar` keine Beziehung besteht, dann sollte Ihr dynamisches Diagramm besser nicht ein Objekt der Klasse `Foo` zeigen, das eine Nachricht an ein Objekt der Klasse `Bar` schickt. Derartige Konsistenzprüfungen können teilweise mit Hilfe eines geeigneten Tools automatisiert werden.

ZUSAMMENFASSUNG

Wir haben über Entwicklungsmethoden im Allgemeinen und die Notwendigkeit von Modellierungssprachen gesprochen. Wir sind kurz auf die Geschichte von UML und auf die Frage, welche Entwicklungsmethoden mit UML verwendet werden können, eingegangen. Schließlich haben wir über die Rollen von Design, Modellen und Diagrammen gesprochen. Ein System hat ein Design. Ein Design kann mehrere unterschiedliche Modelle haben, die unterschiedliche Aspekte herausstellen, die aber untereinander konsistent sein müssen. Ein Modell wiederum kann durch Diagramme dargestellt werden, die untereinander konsistent sein müssen.

TEIL II

UML

KAPITEL 5

Grundlagen von Klassenmodellen

Dieses Kapitel stellt UML-Klassendiagramme vor, die verwendet werden, um die statische Struktur des Systems zu dokumentieren; d.h. welche Klassen es gibt und in welcher Beziehung sie zueinander stehen, aber nicht, wie sie aufeinander wirken, um ein bestimmtes Verhalten zu erreichen. Ein Klassendiagramm kann auch noch andere Aspekte einer statischen Struktur zeigen, so zum Beispiel Pakete (*packages*); darauf wird in den Kapiteln 6 und 14 näher eingegangen.

In UML wird eine Klasse in einem Klassendiagramm durch ein Rechteck dargestellt, das den Namen der Klasse enthält. Abbildung 5.1 zeigt die Darstellung der Klasse `Buch`.

Abbildung 5.1 Ein sehr einfaches Klassenmodell.

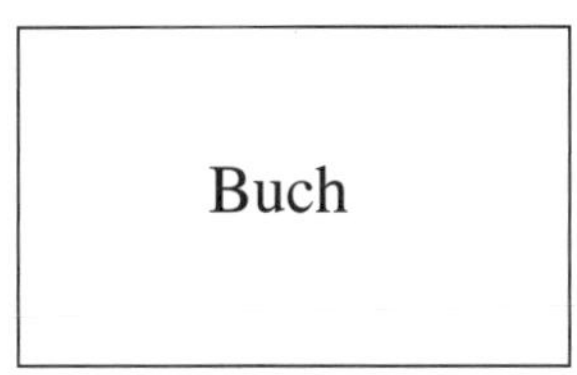

Später in diesem Kapitel sehen wir, wie wir weitere Informationen zu in der Klasse gekapselten Daten und Verhalten darstellen, aber zunächst konzentrieren wir uns darauf, Klassen und die Beziehungen zwischen ihnen zu identifizieren.

5.1 Identifikation von Objekten und Klassen

Der Bau eines Klassenmodells erfordert die Identifikation der Klassen, die in unserem System vorhanden sein sollen. Darin liegt die Hauptarbeit beim Design eines objektorientierten Systems. Bevor wir besprechen, wie man Objekte und Klassen identifiziert, gehen wir noch auf Kriterien für den Erfolg ein.

5.1.1 Wodurch wird ein Klassenmodell gut?

Letztlich haben wir zwei Zielsetzungen, die wir erreichen wollen:

- Wir wollen so schnell und so billig wie möglich ein System bauen, das unsere aktuellen Anforderungen erfüllt.
- Wir wollen ein System bauen, das einfach zu warten ist und an zukünftige Anforderungen angepasst werden kann.

Diese beiden Ziele scheinen im Widerspruch zueinander zu stehen, aber einer der Gründe für den Erfolg von objektorientierten und insbesondere komponentenbasierten Design-Techniken ist , dass sie uns auf dem Weg zu diesen Zielen schon sehr weit bringen.

Zum Erreichen der ersten Zielsetzung:

> Jegliches Verhalten, das vom System verlangt wird, muss auf vernünftige Weise von Objekten der ausgewählten Klassen zur Verfügung gestellt werden.

In Kapitel 1 haben wir schon gesehen, dass wir zum Erreichen der zweiten Zielsetzung ein System bauen müssen, das aus gekapselten Modulen mit niedriger Kopplung und hoher Kohäsion besteht. Zudem:

> Ein gutes Klassenmodell besteht (so weit wie möglich) aus Klassen, die dauerhafte Klassen von Objekten des Problembereichs (Domainobjekten) repräsentieren. Diese beruhen nicht auf der speziellen Funktionalität, wie sie heute verlangt ist.

Zu jedem Bibliothekssystem werden beispielsweise Bücher gehören; es ist also sinnvoll, eine Klasse `Buch` zu haben. (Beachten Sie, dass Namen wichtig sind: Viel weniger klar wären etwa Namen wie `WortetragendesPapierArtefact` oder `B`.)

Diskussionsfrage 30

Warum stehen die beiden oben genannten Zielsetzungen im Widerspruch? Von welchen Überlegungen könnte eine Organisation geleitet sein, eine dieser Zielsetzungen wichtiger als die andere zu nehmen?

5.1.2 Wie erstellt man ein gutes Klassenmodell?

Betonen möchten wir zunächst, dass Sie jede Technik nutzen können, die Sie wollen, um zu Ihren Klassen zu kommen; alles ist recht, auch die göttliche Eingebung, wenn dabei ein Klassenmodell herauskommt, das nach den gegebenen Kriterien gut ist. Andererseits ist es auch so, dass sich niemand dafür interessiert, welch wundervolle Methode Sie zur Erstellung Ihres Klassenmodells genutzt haben, wenn es schlecht ist (d.h. die Kriterien nicht erfüllt).

In der Praxis werden Sie es wohl im ersten Anlauf noch nicht richtig hinbekommen. Was sich in den Iterationszyklen Ihrer Entwicklung vermutlich immer wieder ändern wird, ist die Reihe von Klassen in Ihrem Designmodell. Als Erstes und am einfachsten werden Sie wohl die wichtigsten Fachklassen (Klassen der Objekte des Problembereichs) identifizieren – das sind die Objekte, die zum Problem selbst gehören, im Gegensatz zu denen, die Sie selbst eingeführt haben, um das Problem zu lösen. Bei den anderen Klassen, die weniger offenbar Objekten des Problembereichs entsprechen, ist es schwieriger, sie mit Sicherheit zu identifizieren.

Motivation? OO-Experten teilen sich gemeinhin in zwei Lager: die Fürsprecher des *datenmotivierten Designs* (*data driven design, DDD*) und die des *zuständigkeitsmotivierten Designs* (*responsibility driven design, RDD*). Wie wir bereits in den Kapiteln 2 und 3 gesehen haben, haben Klassen sowohl Daten als auch Zuständigkeiten. Überzeichnet dargestellt geht das datenmotivierte Design (DDD) so vor, dass es alle Daten im System identifiziert, diese dann in Klassen einteilt und sich anschließend über die Zuständigkeiten der Klassen Gedanken macht. Die Hauptwortidentifikation (*noun identification*), wie sie in Kapitel 3 vorgestellt und hier weiter besprochen wird, ist ein zentrales Element des datenmotivierten Designs. Im Gegenzug dazu geht das zuständigkeitsmotivierte Design (RDD) so vor, dass zunächst alle Zuständigkeiten im System geklärt, diese dann in Klassen eingeteilt und anschließend die Daten der Klasse identifiziert werden.

Das ist natürlich sehr übertrieben dargestellt und würde so nicht funktionieren; niemand fordert eine so extreme Vorgehensweise. Wir sind der Meinung, dass im Kontext dieses Buches die Unterscheidung zwischen RDD und DDD nicht sehr sinnvoll ist. Es ist viel einfacher, eine gemischte Methode in einem Projekt einzusetzen, als sie in einem Buch zu beschreiben. Wir werden die einzelnen Techniken um der Klarheit willen einzeln vorstellen, aber in einem erfolgreichen, objektorientierten Projekt wird eine Reihe von Techniken eingesetzt, oft sogar nebeneinander. Hauptwortidentifikation, wie sie hier gleich beschrieben wird, ist eine Technik aus dem Bereich des datenmotivierten Designs; CRC-Karten, die gegen Ende dieses Kapitels beschrieben werden, sind eher eine zuständigkeitsmotivierte Technik.

Die Technik der Hauptwortidentifikation (noun identification technique) In Kapitel 3 haben wir ein Beispiel für die Identifikation von Objekten und Klassen gesehen. Wir gehen bei dieser Technik in zwei Schritten vor:

1. Wir identifizieren alle vermeintlichen Klassen, indem wir in einer Anforderungsspezifikation des Systems alle Hauptwörter und Hauptwort-Ausdrücke heraussuchen. (Nehmen Sie die Formen im Singular und nehmen Sie keine Ausdrücke mit „oder" als einzelne Kandidatenklasse auf).
2. Streichen Sie daraus alle vermeintlichen Klassen, die aus irgendeinem Grund nicht passen, und benennen Sie, wo erforderlich, die verbliebenen Klassen um.

Die folgenden Punkte listen Gründe auf (wie teilweise schon in Kapitel 3 gesehen), warum wir vermeintliche Klassen als ungeeignet ausschließen. Sie sind ungeeignet[1], wenn sie

- **redundant** sind, d.h. wenn die gleiche Klasse mehr als einen Namen bekommt. Zu beachten ist hierbei allerdings, dass ähnliche Objekte nicht unbedingt völlig gleich sein müssen. Sie müssen selbst entscheiden, ob der Unterschied groß genug ist, um unterschiedliche Klassen zu rechtfertigen. Unter diesem Punkt würden wir beispielsweise auch Begriffspaare wie *Entleihe* und *Kurzzeitentleihe* zusammenfassen – sie sind unterschiedlich, aber vermutlich nur in den Werten einiger Attribute. Wählen Sie einen Namen für die Klasse, der alle Beschreibungen umfasst, die Sie aufnehmen wollen.
- **vage** sind, d.h. Sie sind sich nicht ganz klar, was mit dem Hauptwort gemeint ist. Eine derartige Unklarheit müssen Sie natürlich beseitigen, bevor Sie eine Aussage darüber treffen können, ob das Hauptwort eine Klasse darstellt.
- ein **Ereignis oder eine Operation** darstellen. Dabei bezieht sich das Hauptwort auf etwas, was mit, durch oder in dem System geschieht. Manchmal wird so etwas durch eine Klasse ganz gut abgebildet, das ist aber nicht der Normalfall. Denken Sie noch einmal an die Diskussion in Kapitel 2 und fragen Sie sich dabei, ob eine Instanz des Ereignisses oder der Operation Zustand, Verhalten und Identität hat. Wenn nicht, beachten Sie es nicht weiter.

[1] Diese Liste basiert auf einer ähnlichen Liste, wie sie erstmals von Rumbaugh et al. in [41] beschrieben und im Open University Course M868 [47] angepasst wurde.

- **Metasprache** sind; d.h. die Hauptwörter sind Teil der Sprache, mit der wir Sachen definieren. Beispielsweise benutzen wir die Hauptwörter *Anforderung* oder *System* als Teil der Sprache, mit der wir das Modell beschreiben, statt damit Objekte des Problembereichs darzustellen.
- **nicht direkt zum System gehören**. Dies trifft dann zu, wenn das Hauptwort zwar benötigt wird, um zu beschreiben, wie das System funktioniert, aber sich nicht direkt auf etwas im System bezieht; so etwa die *Bibliothek* in dem Beispiel in Kapitel 3. Namen von Akteuren werden durch diese Regel oft ausgesondert, wenn es keine Notwendigkeit gibt, sie im System zu modellieren. Wir könnten diese Regel auch zur Rechtfertigung der Aussonderung von *Woche* in Kapitel 3 heranziehen, obwohl dies ein Beispiel ist, wo es viel deutlicher aus anderen Gründen ausgesondert wurde.
- ein **Attribut** ist. Dabei ist es klar, dass sich das Hauptwort auf etwas ganz Einfaches ohne interessantes Verhalten bezieht und damit ein Attribut einer anderen Klasse ist. (*name* bei einem Bibliotheksmitglied ist so ein Beispiel.)

Diskussionsfrage 31

Wenn Sie überlegen, ob Sie eine Klasse aussondern oder aufnehmen, halten Sie es dann für besser, sie zunächst zu behalten (und sie dann später vielleicht doch zu entfernen) oder sie zunächst zu entfernen (und sie dann später wieder aufzunehmen)?

Das ist eine Frage, bei der sich auch erfahrene Leute nicht einig sind – vermutlich ist es ein Element der individuellen Psychologie. Es gibt Leute, die arbeiten mit zwei Listen, eine für die sicheren Kandidaten und eine für die weniger sicheren. Das ist eine brauchbare Vorgehensweise, um den Verlust von Informationen zu vermeiden und dennoch zwischen gesicherten Feststellungen und weniger sicheren Punkten unterscheiden zu können. In dem Bibliotheksbeispiel aus Kapitel 3 könnte es beispielsweise sein, dass Sie sich nicht sicher sind, ob *Entleihe* oder *Regel* ausgesondert werden soll – diese sollten Sie dann auf die Liste der möglichen Kandidaten schreiben. (Assoziationsklassen (*association classes*), zu denen *Entleihe* gehören könnte, besprechen wir in Kapitel 6. *Regel* ist in diesem System wahrscheinlich keine Klasse, aber es kann hilfreich sein, die so genannten *business rules* als Klassen anzulegen, besonders in Fällen wo die Regeln komplex und Änderungen wahrscheinlich sind.) Haben Sie einmal damit angefangen, Assoziationen zwischen einzelnen Klassen festzulegen, dann löst sich die Frage, welche Klassen in ein konzeptionelles Klassenmodell gehören, meist von selbst.

Diese relativ einfache Technik erweist sich als bemerkenswert hilfreich dabei, einen Anfang zu machen. Wenn Sie mehr Erfahrung haben, werden Sie die obige Liste mit Ausschlussgründen nur noch im Kopf nutzen, um damit Abstraktionen zu finden, die Ihnen vielleicht entgangen sind. Möglicherweise werden Sie auch gleichzeitig Klassen und Assoziationen finden, obwohl wir diese um der Klarheit willen hier als eigene Prozeduren zeigen. In diesem Stadium ist auch die Arbeit mit CRC-Karten nützlich. Über CRC-Karten sprechen wir ausführlicher am Ende dieses Kapitels.

Diskussionsfrage 32

Wie sinnvoll ist die Liste mit Ausschlussgründen? Können Sie sich Fälle vorstellen, wo die Liste zu viel oder auch zu wenig zulässt? Würden Sie die Liste gerne ändern?

5.1.3 Was alles ist eine Klasse?

Eine Klasse beschreibt eine Menge von Objekten mit gleichwertiger Rolle oder Rollen in einem System.

Objekte und ihre Klasseneinteilung leiten sich oft aus einer der folgenden Quellen[2] her:

- greifbare Dinge oder Stücke aus der Realität: Buch, Kopie, Kurs
- Rollen: Bibliotheksangehöriger, Student, Studienleiter
- Ereignisse: Ankunft, Weggang, Anfrage
- Interaktionen: Meeting, Zusammenkunft

Diese Kategorien überschneiden sich und die ersten beiden sind viel eher übliche Quellen für Objekte und Klassen als die letzten zwei. Haben wir einmal Objekte identifiziert, die in die ersten beiden Kategorien fallen, dann helfen uns die anderen beiden vielleicht dabei, Assoziationen zwischen ihnen zu finden und zu benennen.

5.1.4 Objekte der realen Welt und ihre Abbildung im System

Man darf nicht vergessen, dass Objekte Dinge in einem Computerprogramm sind. Wenn wir über *Buch* und *Exemplare* sprechen, meinen wir genau genommen die Repräsentation dieser Dinge innerhalb unseres Systems. Infolgedessen müssen wir aufpassen, dass wir

- keine Information aufzeichnen, die für unser System definitiv irrelevant ist.
- uns den Blick darauf nicht verbauen, dass die Objekte unser System *sind*!

Dieser zweite Punkt ist besonders interessant! Ein klassischer Fehler bei Personen, die mit Objektorientierung noch nicht so vertraut sind, ist der, dass sie eine Klasse erfinden, meist als [Irgendwas-]System benannt, die für sich allein schon das gesamte interessante Verhalten des Systems implementiert. Aber in OO ist alles das System – darauf kommt es an! Es passiert sehr leicht, in ein *monolithisches* Design abzugleiten, in dem es nur ein Objekt gibt, das alles weiß und alles kann. Das ist schlecht, weil solche Designs sehr schwer zu warten sind. Sie neigen dazu, Annahmen darüber in sich eingebaut zu haben, wie das System eingesetzt werden wird. (Es gibt auch noch eine ganz andere Möglichkeit einer Klasse, die das ganze System einschließt: Es ist oft nützlich, in einigen Sprachen sogar fest vorgeschrieben, dass es eine Hauptklasse gibt, die nur einmal in jeder laufenden Instanz des Systems instantiiert wird und einen Eintrittspunkt des Programms bildet. Beim Start des Programms wird automatisch dieses Hauptobjekt angelegt, von dem wiederum die anderen Objekte im System angelegt werden. Das Hauptobjekt verfügt jedoch über kein eigenes komplexes Verhalten, sondern leitet höchstens Nachrichten, die von außen kommen, an das zuständige Objekt weiter. Dies hat Ähnlichkeit mit dem Entwurfsmuster Fassade (*Façade pattern*), mit dem wir uns in Kapitel 18 noch weiter beschäftigen werden.)

In Kapitel 7 werden wir noch einmal die Frage aufgreifen, wie Beteiligte von außerhalb unseres Systems (in UML als *Akteure* (*actors*) bezeichnet) in unserem Design abgebildet werden. Das ist (so wird sich noch herausstellen) ein wichtiger Teil dessen, was wir hier besprochen haben. Kurz sind wir auch bereits in Kapitel 3 darauf zu sprechen gekommen.

? Sehen Sie sich noch einmal die Beschreibung der Anforderungen des Bibliothekssystems in Kapitel 3 an. Abgesehen von den Klassen, die wir bereits in der ersten Iteration identifiziert haben, welche Klassen sollten letztlich im Entwurf enthalten sein?

[2] ursprünglich von Shlaer und Mellor [43], später weiterentwickelt von Booch [7] und hier für dieses Buch weiter angepasst

5.2 Assoziationen

Auf die gleiche Weise wie Klassen mit Hauptwörtern korrespondieren Assoziationen mit Verben. Sie drücken die Beziehung zwischen Klassen aus. In Kapitel 3 haben wir bereits Assoziationen der Art `ist ein Exemplar von` und `entleiht/gibt zurück` gesehen.

Es gibt Instanzen von Assoziationen, genau wie es Instanzen von Klassen gibt. (Instanzen von Klassen werden *Objekte* genannt, Instanzen von Assoziationen werden in UML *Objektbeziehung* (*link*) genannt, obwohl dieser Begriff derzeit kaum benutzt wird.) Eine Instanz einer Assoziation setzt ein Objektpaar[3] in Beziehung zueinander.

Assoziationen können wir konzeptionell vom Standpunkt der Implementierung aus betrachten. Vom Konzept her bezeichnen wir etwas als Assoziation, wenn es in der realen Welt eine Verbindung gibt, die durch einen Satz wie „ein Bibliotheksmitglied entleiht ein Buch" beschrieben werden kann und dieser Satz für das bearbeitete System relevant ist.

Die Klasse `A` und die Klasse `B` sind assoziiert, wenn

- ein Objekt der Klasse `A` eine Nachricht an ein Objekt der Klasse `B` schickt
- ein Objekt der Klasse `A` ein Objekt der Klasse `B` kreiert
- ein Objekt der Klasse `A` ein Attribut besitzt, dessen Werte Objekte oder Zusammenstellungen von Objekten der Klasse `B` sind
- ein Objekt der Klasse `A` eine Nachricht entgegennimmt, in der ein Objekt der Klasse `B` als Argument enthalten ist

kurz: wenn ein Objekt der Klasse `A` etwas wissen muss über ein Objekt der Klasse `B`. Jede Objektbeziehung, d.h. jede Instanz der Assoziation, verbindet ein Objekt der Klasse `A` mit einem Objekt der Klasse `B`. So könnte beispielsweise die Assoziation `entleiht/gibt zurück` zwischen `Bibliotheksmitglied` und `Exemplar` die folgenden Objektbeziehungen haben:

- Joe Bloggs `entleiht/gibt zurück` Exemplar 17 von *The Dilbert Principle*
- Marcus Smith `entleiht/gibt zurück` Exemplar 1 von *The Dilbert Principle*
- Joe Bloggs `entleiht/gibt zurück` Exemplar 4 von *Software Reuse*

Diskussionsfrage 33

Statt die Assoziation `entleiht/gibt zurück` zu benennen, hätten wir uns (als Autoren) auch ausdenken können, zwei unterschiedliche Assoziationen einzuführen, eine genannt `entleiht`, die andere `gibt zurück`. Wenn wir uns nun, statt uns zu fragen, wer eine Kopie entleiht und zurückbringt, damit befasst hätten, wer der Autor einer Kopie ist und wem sie gehört, dann hätten wir mit Sicherheit zwei unterschiedliche Assoziationen gewählt. Wo liegt der Unterschied zwischen den beiden Situationen? Stimmen Sie mit unserer Wahl überein?

Diskussionsfrage 34

Überlegen Sie sich, wie weit sich die oben aufgelisteten Assoziationen überlappen und ob eine davon entfernt werden sollte. Man könnte beispielsweise darüber nachdenken, dass es nicht als Assoziation anzusehen ist, wenn ein Objekt der Klasse A eine Nachricht mit einem Objekt der Klasse B als Argument erhält, aber diesem Objekt später keine Nachricht schickt oder es in einem Attribut speichert. Diese Situation ist meist, aber nicht immer, schlechtes Design. Konstruieren Sie einige Beispiele und überlegen Sie, ob diese sinnvoll sind oder nicht. Wie stehen Sie dazu, ob dies als Assoziation gelten soll?

---

3 In diesem Buch besprechen wir nur binäre Assoziationen (binary associations), obwohl es in UML auch andere Arten von Assoziationen gibt.

Das Geheimnis eines guten objektorientierten Designs liegt darin, dass am Ende ein Klassenmodell herauskommt, das zur konzeptionellen Vorstellung des Problembereichs passt, dass also jemand, der den Problembereich versteht, keine unangenehmen Überraschungen mehr erlebt, das aber auch eine Implementierung der geforderten Funktionalität erlaubt. Wenn Sie das anfängliche Klassenmodell entwickeln, noch bevor Sie die Nachrichten identifiziert haben, die zwischen den Objekten laufen, konzentrieren Sie sich mehr auf den konzeptionellen Aspekt des Modells. Später, wenn wir Interaktionsmodelle zur Überprüfung unserer Klassenmodelle einsetzen, werden wir uns stärker damit befassen, ob das Modell eine vernünftige Implementierung der geforderten Funktionalität bietet. Der Prozess läuft jedoch nicht so, dass Sie zuerst das konzeptionelle Modell entwickeln, die konzeptionellen Beziehungen dann aber vergessen und das Modell der Implementierungsklassen entwickeln. Während der gesamten Entwicklungsdauer sollte es Ihr Ziel sein, ein Modell zu entwickeln, das sowohl in konzeptioneller als auch in implementierungsseitiger Hinsicht gut ist. Erfolg in dieser Hinsicht ist sehr wichtig für ein wartbares System, weil ein solches Modell vergleichsweise einfach zu verstehen ist und es daher auch nicht schwer ist, es vernünftig zu ändern.

Abbildung 5.2 Eine einfache Assoziation zwischen Klassen.

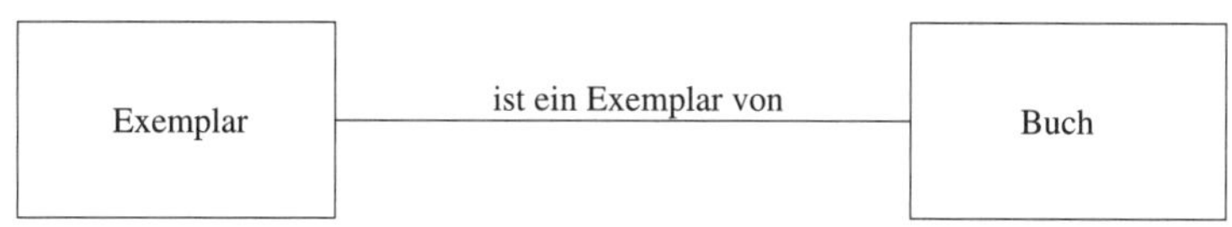

In Abbildung 5.2 sehen wir, wie eine allgemeine Assoziation zwischen zwei Klassen in UML dargestellt wird – durch eine einfache Linie zwischen den beiden Symbolen. Diese Linie ist für gewöhnlich irgendwie beschriftet. Normalerweise sollte sie zumindest mit einem Schild mit Namen versehen und damit lesbar sein. In das Namensschild kann ein Pfeil eingezeichnet und damit eine Richtung angegeben werden. In Kapitel 6 sprechen wir über die Pfeile bei Assoziationslinien, die die Navigierbarkeit angeben; weiß das Buch etwas über das Exemplar oder anders herum, oder wissen beide voneinander? Über diese Fragen können Sie sich auch jetzt schon Gedanken machen; es gibt Experten, die die Meinung vertreten, derartige Fragen sollten möglichst früh beantwortet werden, andere sind wieder ganz anderer Meinung.

Diskussionsfrage 35

Welche Vorteile und welche Nachteile hat es, auf dieser Stufe bereits Entscheidungen über die Navigierbarkeit zu treffen?

In sehr frühen Stufen der Entwicklung eines Modells reicht es oft schon aus, einfach eine einzelne Linie zu zeichnen, mit der angezeigt werden kann, aber nicht festgelegt werden muss, dass eine gewisse Kopplung vorliegt. Während der Weiterentwicklung des Designs kann diese eine Linie durch mehrere andere ersetzt werden, die unterschiedliche Arten von Assoziationen anzeigen. Einige dieser Assoziationen kommen so häufig vor, dass es in UML eine vordefinierte Darstellung gibt, die anderen können vom Designer nach Belieben definiert werden. In Kapitel 6 sehen wir uns das genauer an.

Technische Anmerkung zu UML

Die Assoziation, wie wir sie in diesem Buch verwenden, ist dynamisch. Wenn Objekte zur Laufzeit Nachrichten austauschen, muss zwischen ihren Klassen eine navigierbare Assoziation bestehen. Manchmal ist jedoch auch der etwas restriktivere statische Blickwinkel hilfreich, in dem die Klasse `A` nur dann eine navigierbare Assoziation zur Klasse `B` hat, wenn ein Attribut von `A` ein Objekt (oder mehrere) der Klasse `B` enthält. UML legt nicht fest, welche Definition zu verwenden ist. Statische Assoziationen werden manchmal als reale oder auch *konkrete* Assoziationen bezeichnet, aber auch dynamische Assoziationen werden in UML erwähnt.

Eine Annotation, die häufig früh verwendet wird, ist die *Multiplizität* (*multiplicity*) einer Assoziation. Obwohl diese zu Beginn nicht immer klar ist und sich mit der schrittweisen Verfeinerung des Designs auch noch ändern kann, ist sie von so grundlegender Bedeutung, dass wir uns jetzt schon damit beschäftigen.

5.2.1 Multiplizitäten

In unserem Beispiel von Kapitel 3 zeigten wir eine `1` auf der `Buch`-Seite der Assoziation `ist ein Exemplar von`, weil jedes Exemplar (also jedes Objekt der Klasse `Exemplar`) durch `ist ein Exemplar von` mit genau einem `Buch` (Objekt der Klasse `Buch`) assoziiert ist. Andererseits kann es jede beliebige Anzahl von Exemplaren eines bestimmten Buches in unserem System geben. Daher ist die Multiplizität auf der `Exemplar`-Seite `1..*`.

Wir können also angeben:

- eine **exakte Anzahl**, indem wir diese einfach schreiben;
- einen **Zahlenbereich**, indem wir zwei Punkte zwischen einem Zahlenpaar schreiben;
- eine **beliebige, nicht näher angegebene Zahl**, indem wir einen `*` verwenden.

Sie können sich den `*` in UML als ein Unendlichkeitszeichen vorstellen – die Multiplizität `1..*` bedeutet also, dass die Anzahl der Kopien zwischen 1 und unendlich liegen kann. Praktisch wird natürlich in unserem System zu einem bestimmten Zeitpunkt immer nur eine endliche Anzahl von Objekten vorhanden sein. Diese Darstellung besagt also nur, dass jede Anzahl von Exemplaren eines Buches, mindestens aber ein Exemplar, vorhanden ist.

Mit einer durch Komma getrennten Liste können wir sogar mehrere Multiplizitäten an einer Stelle angeben. Die etwas unwahrscheinliche Multiplizität `3, 12..15,901..*` bedeutet beispielsweise genau 3 oder aber zwischen 12 und 15 (inklusive) oder mindestens 901 und beliebig viele mehr.

? Drücken Sie in UML aus, dass ein `Student` bis zu sechs `Module` belegt, wobei höchstens 25 `Studenten` für ein `Modul` eingetragen sein dürfen.

? Überlegen Sie sich die unterschiedlichen Möglichkeiten, mit denen eine Assoziation in Ihrer Programmiersprache implementiert werden kann.

Diskussionsfrage 36

Drücken Sie in UML die Relation zwischen einer Person und ihren Hemden aus. Wie sieht es mit den Schuhen einer Person aus? Kann es sein, dass Sie dabei eine Schwäche von UML aufgedeckt haben? Warum oder warum nicht?

Diskussionsfrage 37

Die Zahl Null kann nie eine sinnvolle Multiplizität sein, oder doch?

Diskussionsfrage 38

Eine Multiplizität größer als 1 soll manchmal anzeigen, dass Objekte dieser Klasse als eine Art von Ansammlung auftreten müssen. Ist dies eine sichere Annahme?

5.3 Attribute und Operationen

Das System, an dem wir arbeiten, wird aus einer Reihe von Objekten bestehen, die miteinander interagieren und damit die Anforderungen an das System erfüllen. Wir haben mit der Identifizierung von Klassen und ihren Beziehungen zueinander begonnen, das kann uns aber nicht sehr viel weiterbringen, ohne auch Zustand und Verhalten von Objekten dieser Klassen zu betrachten. Wir müssen Operationen und Attribute festlegen, die jede Klasse haben soll. Einige werden sofort klar ersichtlich sein, andere werden sich erst zeigen, wenn wir die Zuständigkeiten von Objekten und die Interaktionen zwischen ihnen betrachten.

5.3.1 Operationen

Am wichtigsten sind die Operationen einer Klasse, die festlegen, wie die Objekte interagieren. Wie schon in Kapitel 2 gesagt, schickt ein Objekt eine Nachricht an ein anderes Objekt, um damit den Empfänger zur Ausführung einer Operation zu veranlassen. Der Empfänger ruft eine Methode zur Ausführung der Operation auf. Der Sender weiß nicht, welche Methode aufgerufen wurde, da es mehrere Methoden geben kann, die, auf unterschiedlichen Ebenen der Vererbungshierarchie, die gleiche Operation implementieren. Die *Signatur* (*signature*) einer Operation gibt Selektor, Namen und Typen der formalen Parameter (Argumente) der Operation und den Typ des Rückgabewertes an. Hier kann, wie üblich, ein Typ entweder ein Basistyp oder eine Klasse sein. Operationen werden im untersten, dritten Abschnitt des Klassensymbols aufgelistet.

? Sehen Sie sich das Beispiel in Kapitel 3 noch einmal an und leiten Sie Operationen für alle dortigen Klassen her.

5.3.2 Attribute

Die Attribute einer Klasse werden im zweiten, mittleren Bereich eines Klassensymbols aufgelistet. Wie in Kapitel 2 dargestellt, beschreiben Attribute die Daten, die in einem Objekt der Klasse enthalten sind.

Abbildung 5.3 Ein einfaches Klassenmodell mit Attribut und Operation.

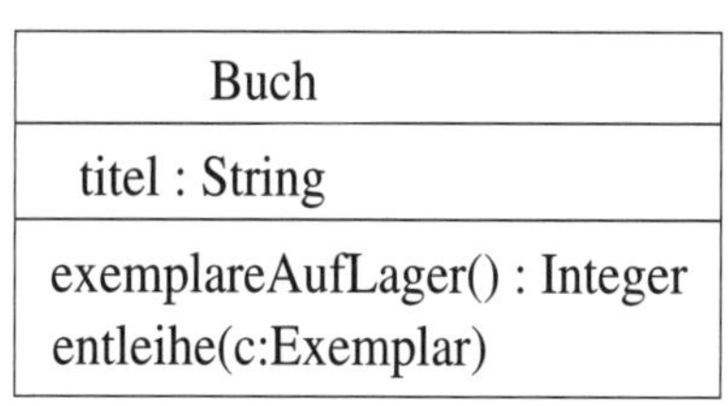

Abbildung 5.3 zeigt eine Version des Klassensymbols `Buch`, an dem zu sehen ist, dass jedes Objekt der Klasse `Buch` einen `titel` als String trägt und eine Nachricht mit dem Selektor `exemplareAufLager` versteht, der keine Argumente hat und einen Integerwert zurückgibt, und `entleihe`, der ein Objekt der Klasse `Exemplar` als Argument hat und nichts zurückgibt.

Beachten Sie, dass wir die Attribute, die einfach nur die Assoziationen implementierten, wie sie im Klassendiagramm gezeigt werden, nicht aufnehmen. Zum Beispiel geben wir *nicht* an, dass `Buch` ein Attribut `exemplare` besitzt, in dem die Anzahl der Referenzen auf die mit dem Buch assoziierten `Exemplar`-Objekte abgelegt wird. Die endgültige Implementierung wird wahrscheinlich ein solches Attribut haben, es aber zu zeigen, würde der grafischen Darstellung nur zusätzliche Notation hinzufügen, ohne wirklich nützliche Information zu tragen. (Dazu käme auch noch die Notwendigkeit einer Entscheidung über die Navigierbarkeit der Assoziation, die hier wohl viel zu früh käme. Auf Navigierbarkeit gehen wir in Kapitel 6 weiter ein.)

? Suchen Sie nach offensichtlichen Attributen, wie sie möglicherweise für die anderen Klassen im Beispiel aus Kapitel 3 existieren.

Ansichten zu Operationen und Attributen Wie schon bei den Assoziationen haben wir hier einen konzeptionellen Ansatz und einen pragmatischen Ansatz, die wir deckungsgleich zu machen versuchen.

Zum konzeptionellen Ansatz gehört die Identifikation der Daten, die konzeptionell mit einem Objekt dieser Klasse assoziiert sind, und von welchen Nachrichten angenommen werden kann, dass das Objekt sie versteht. Das zuletzt genannte kann zu der anthropomorphen Ansicht führen, dass Objekte eine eigene Intelligenz besitzen: „Wenn ein Buch reden könnte, von welchen Fragen würden Sie denken, dass es in der Lage wäre, sie zu beantworten?" Manche Leute finden das beunruhigend, es kann aber dennoch interessante Ergebnisse liefern.

Nach dem pragmatischen Ansatz haben wir zu prüfen, ob wir genügend Daten und Verhalten für die gegebenen Anforderungen aufgenommen haben. Dazu müssen wir darauf achten, wie die Objekte unserer Klassen bei der Erfüllung der Anforderungen zusammenarbeiten. Eine sehr nützliche Technik hierzu sind CRC-Karten, die weiter unten in diesem Kapitel besprochen werden.

5.4 Generalisierung

Eine weitere wichtige Beziehung, die zwischen Klassen bestehen kann, ist die *Generalisierung* (*generalization*). So ist beispielsweise `Bibliotheksmitglied` eine Generalisierung von `Mitarbeiter`, weil, konzeptionell bedingt, jeder `Mitarbeiter` auch ein `Bibliotheksmitglied` ist. Alles, was ein `Bibliotheksmitglied` tun kann, kann sicherlich auch von jedem `Mitarbeiter` getan werden. Wenn also ein Teil unseres Systems (beispielsweise die Möglichkeit, ein Buch zu reservieren) für ein beliebiges `Bibliotheksmitglied` funktioniert, sollte es genauso gut auch für einen beliebigen `Mitarbeiter` funktionieren, weil jeder `Mitarbeiter` auch ein `Bibliotheksmitglied` ist. Andererseits gibt es auch Dinge, die nicht für jedes `Bibliotheksmitglied` angebracht sind, sondern nur für einen `Mitarbeiter` (z.B. Entleihen einer Zeitschrift). `Mitarbeiter` ist spezieller als `Bibliotheksmitglied`; `Bibliotheksmitglied` ist eine Generalisierung von `Mitarbeiter`.

Anders ausgedrückt: Ein Objekt der Klasse `Mitarbeiter` sollte mit dem von `Bibliotheksmitglied` festgelegten Interface *konform* sein. Das heißt, wenn eine Nachricht für ein beliebiges `Bibliotheksmitglied` akzeptabel ist, muss es das auch für jeden `Mitarbeiter` sein. Andererseits könnte `Mitarbeiter` auch noch andere, spezialisiertere

Nachrichten verstehen, die ein beliebiges `Bibliotheksmitglied` nicht entgegennehmen kann. Das Interface von `Mitarbeiter` kann also weiter sein als das von `Bibliotheksmitglied`.

Wenn wir also sagen, dass zwischen Klassen eine Generalisierungsbeziehung besteht, ist dies eine starke, aber dennoch informelle Aussage darüber, wie sich die Objekte dieser Klassen verhalten.

> Ein Objekt einer spezialisierten Klasse kann ein Objekt einer allgemeineren Klasse in jedem Kontext ersetzen, in dem ein Mitglied der allgemeineren Klasse erwartet wird, aber nicht anders herum.

Das führt uns zu einer weiteren Regel über das Design von Klassen, bei dem eine Klasse eine Spezialisierung einer anderen ist.

> Es darf kein konzeptioneller Unterschied bestehen, wie Objekte der beiden Klassen beim Empfang der gleichen Nachricht reagieren.

Es stellt sich als erstaunlich schwierig heraus, dies näher zu beschreiben:

EXKURS 5.1

Design durch Vereinbarung 2: Substituierbarkeit

In diesem Exkurs vertiefen wir die Diskussion darüber, welche Bedingungen ein Objekt erfüllen muß und betrachten dabei, was dieses Konzept mit Vererbung zu tun hat. Ein Objekt einer Unterklasse sollte überall dort einsetzbar sein, wo auch ein Objekt der Oberklasse einsetzbar ist. Anders ausgedrückt, die Unterklasse muss all die Vereinbarungen erfüllen können, die die Oberklasse eingegangen ist. Die praktische Bedeutung dessen werden wir uns näher ansehen.

Einfacher ist es zunächst, zu betrachten, was dies für die Attribute der Klasse und die Klasseninvariante bedeutet. (Aus Kapitel 3 wissen Sie, dass eine Klasseninvariante eine Aussage über die Werte von Attributen einer Klasse ist, die für alle Objekte der Klasse gilt.)

? In Kapitel 2 haben wir gesagt, dass eine Unterklasse zusätzlich zu den Attributen und Operationen seiner Oberklasse auch eigene haben kann, aber keine der Attribute und Operationen der Oberklasse weglassen darf. Warum? Wie sieht es mit Operationen aus, die nicht im public Interface des Objekts stehen?

? Wenn die Oberklasse eine Klasseninvariante hat, braucht dann auch die Unterklasse eine Klasseninvariante? Wie sollte die Beziehung zwischen den beiden Invarianten aussehen? Nennen Sie Beispiele von korrekter (substitutiver) und inkorrekter Vererbung in diesem Fall.

Substituierbarkeit muss immer überprüft werden, wenn die Unterklasse Methoden der Oberklasse überschreibt, also seine eigenen Methoden zur Implementierung der Operationen definiert. Wir haben gesagt, dass die neuen Methoden konzeptionell die gleichen Aufgaben erledigen müssen – aber das wollen wir noch präziser ausdrücken.

Der grundlegende Kernsatz für Unterklassen in einer Rolle als Subunternehmer lautet:

> Fordere nicht mehr – versprich nicht weniger!

„Fordere nicht mehr" bezieht sich auf die Umstände, unter denen die Unterklasse eine Nachricht (ohne sich zu beschweren) annehmen muss. Sie muss darauf eingestellt sein, alle Argumente annehmen zu können, die die Oberklasse annehmen könnte. Darum darf ihre Vorbedingung *nicht strenger* sein als die Vorbedingung in der Implementierung der Oberklasse. Es darf jedoch durchaus vorkommen, dass die Implementierung der Unterklasse gegenüber der der Oberklasse verbessert ist und in mehr Situationen funktioniert – dies ist nur erwünscht.

„Versprich nicht weniger" bezieht sich auf das, was der Client über den Zustand der Außenwelt nach Ausführung der Operation annehmen kann. Jede Annahme, die bei Verwendung der Implementierung der Oberklasse Gültigkeit hatte, sollte auch bei Verwendung der Implementierung der Unterklasse gelten. Daher muss die Zusicherung der Unterklasse mindestens so streng sein wie die der Oberklasse.

Verhaltensbezogene Untertypisierung (behavioral subtyping), oft auch als Liskov-Substituierbarkeit bezeichnet, nach Barbara Liskov, die es bekannt gemacht hat, ist eine strenge und präzise Version dieses Kernsatzes. Nehmen wir an, ein Programm geht von einer Interaktion mit einem Objekt der Klasse C aus, bekommt stattdessen aber ein Objekt s der Klasse S, einer Unterklasse von C. Wenn die Liskov-Substituierbarkeit korrekt eingesetzt wird, dann gibt es ein Objekt c der Klasse C, das anstelle von s verwendet werden kann, ohne dass sich irgendetwas am Verhalten des Programms ändert.

Diskussionsfrage 39

Überlegen Sie sich einige Beispiele dafür, damit Sie sehen, was dies in der Praxis bedeutet. Gibt es Umstände, unter denen diese Anforderung zu streng sein könnte? Oder zu schwach?

? Wenn in Ihrer Programmiersprache eine Unterklasse ein Attribut oder eine Operation einer Oberklasse überschreibt, darf es dann deren Typen ändern? Auf welche Weise?

Denken Sie an die Liste der Fälle, in denen zwei Klassen assoziiert wurden (Abschnitt 5.2). Zu einigen der Fälle sollten wir vielleicht ein „bewusst" hinzufügen. Die Klasse `A` und die Klasse `B` sind assoziiert, wenn ein Objekt der Klasse `A` *bewusst* eine Nachricht an ein Objekt der Klasse `B` schickt usw. Stellen Sie sich vor, im Code von Klasse `A` wird ein Objekt erwähnt, von dem der Entwickler der Klasse `A` denkt, es gehöre zur Klasse `B`. Interessant ist hier, dass das Objekt tatsächlich zu jeder Unterklasse von Klasse `B` gehören könnte, und die Klasse `A` würde immer noch – vorausgesetzt, die Substituierbarkeit bleibt erhalten – funktionieren wie erwartet. Es bringt nichts, Assoziationen zwischen der Klasse `A` und jeder Unterklasse der Klasse `B` einzufügen – das würde nur das Diagramm verkomplizieren, ohne neue Information hinzuzufügen.

Anders ausgedrückt: Wenn eine Operation wie `entleihe(c:Exemplar)` für jedes Objekt der Klasse `Bibliotheksmitglied` definiert ist, dann sollte die Art und Weise, wie diese Operation ausgeführt wird, der Ausführung bei einem `Mitarbeiter` sehr ähnlich sein. Ihr

Verhalten muss dabei nicht identisch sein, aber es muss ähnlich genug sein, so dass andere Operationen, die sich auf die Funktionalität der Operation `entleihe(c:Exemplar)` verlassen, wenn diese mit einem Objekt einer allgemeineren Klasse (`Bibliotheksmitglied`) aufgerufen wird, auch dann funktionieren, wenn diese mit einem Objekt einer spezialisierten Klasse (`Mitarbeiter`) aufgerufen wird.

Abbildung 5.4 zeigt, wie Generalisierung in UML dargestellt wird.

Abbildung 5.4 Eine einfache Generalisierung.

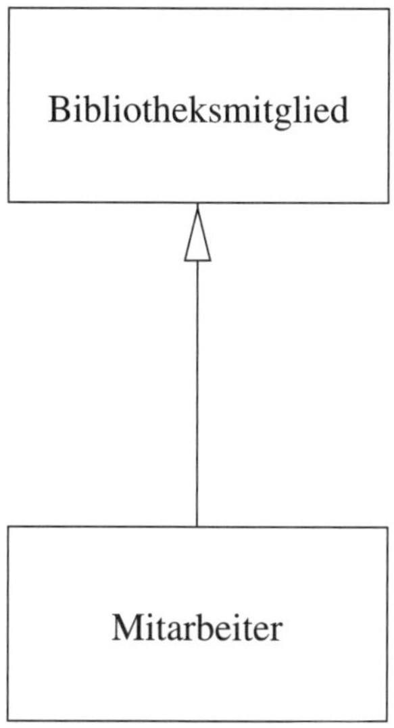

5.4.1 Normalsprachliche Prüfung auf eine Generalisierung

Die Klasse `Bar` ist wahrscheinlich eine Generalisierung der Klasse `Foo`, wenn es zutrifft, dass *jedes* `Foo` *ein* `Bar` *ist*. Hier sprechen wir auch von einer „ist ein"-Beziehung: *ein* `Foo` *ist ein* `Bar`.

Wenn wir uns allerdings allzu naiv auf diesen Check verlassen, können wir auch weit daneben liegen, weil unsere normale Sprache einfach oft mehrdeutig ist. Ein Beispiel: Umgangssprachlich sagen Sie vielleicht „ein Border-Collie ist eine Rasse", woraus zu schließen wäre, dass Rasse eine Generalisierung von Border-Collie ist, was natürlich Unsinn ist. Versuchen Sie es mit „jeder Border-Collie ist eine Rasse" und der Unsinn wird nur noch größer.

Das Problem ist eigentlich, dass die normalsprachliche Aussage „ein Border-Collie ist eine Rasse" von Anfang an schon falsch ist, weil sie eine einzelne Instanz von Border-Collie mit einem Sammelbegriff, Rasse, in Verbindung bringt. Genau genommen müsste es lauten: „Border-Collie ist eine Rasse." Ersetzen wir das einleitende „ein" durch „jeder", wird nur noch deutlicher gezeigt, dass die ursprüngliche Aussage Unsinn war.

5.4.2 Die Implementierung der Generalisierung: Vererbung

Eine Möglichkeit (aber nicht die einzige), eine Generalisierungsbeziehung zu implementieren, ist *Vererbung* (*inheritance*). Wo Generalisierung eine konzeptionelle Beziehung zwischen Klassen darstellt, ist Vererbung eine Implementierungsbeziehung[4].

[4] sofern diese beiden Begriffe überhaupt unterschieden werden. Wie schon in Kapitel 2 angemerkt, werden sie häufig sehr frei als Synonyme verwendet.

Statt nun für die Definition von `Mitarbeiter` einfach die Definition von `Bibliotheksmitglied` zu duplizieren und vielleicht zu erweitern (dies wäre möglich und wir hätten immer noch eine Generalisierung zwischen `Bibliotheksmitglied` und `Mitarbeiter`), wird oft Vererbung eingesetzt, um `Mitarbeiter` aus `Bibliotheksmitglied` heraus zu definieren. Vererbung gibt es in allen objektorientierten Sprachen. Als technisches Konzept haben wir Vererbung schon in Kapitel 2 besprochen – hier müssen wir uns damit beschäftigen, wie Vererbung in der Praxis eingesetzt wird.

Vererbung ist weniger Allheilmittel, als es manchmal erscheinen mag. Hauptproblem ist, dass eine Unterklasse von ihrer Oberklasse abhängig ist, durch Verwendung von Vererbung erhöht sich also auch die im System herrschende Kopplung. Wird später dann eine Superklasse geändert, so kann das, auch wenn dabei sein Verhalten nicht geändert wird, eine Rekompilierung der Unterklassen oder sogar eine Änderung in deren Code erforderlich machen. Dies wird manchmal auch als das *Problem der instabilen Basisklassen* (*fragile base class problem*) bezeichnet. Ein weiterer Effekt der engen Kopplung zwischen Unter- und Oberklasse liegt darin, dass Sie, auch wenn Sie sich sicher sind, dass eine Oberklasse korrekt implementiert ist, nicht immer davon ausgehen können, die Unterklasse dadurch weniger intensiv testen zu müssen. Hierauf werden wir noch einmal zurückkommen, wenn wir in Kapitel 19 über Testen sprechen.

Wegen dieser Probleme empfehlen wir, dass Sie Vererbung zwischen Klassen nur dort einsetzen, wenn damit eine konzeptionelle Generalisierungsbeziehung abgebildet wird. Man ist oft versucht, Vererbung der Einfachheit wegen auch in anderen Fällen anzuwenden, meist ist das aber nicht sehr hilfreich – eine Implementierung mit *Komposition* (*composition*) ist normalerweise stabiler. Stellen Sie sich beispielsweise vor, wir hätten eine Klasse `Liste` und möchten eine Klasse `AdressBuch` implementieren, in dem die Adressen in einer `Liste` abgelegt werden. Ein klassischer Fehler wäre es, wenn `AdressBuch` von `Liste` erbt. Besser ist es, wenn `AdressBuch` Besitzer einer Liste ist, etwa durch das Attribut `adressen : Liste`.

Diskussionsfrage 40

Warum ist der Ansatz über eine Komposition besser als über eine Vererbung? Bedenken Sie den Aufwand, der für die Entwicklung von `AdressBuch` nötig ist. Dann bedenken Sie die Änderungen, die erforderlich sind, wenn sich die Implementierung oder das Interface von `Liste` ändert, und die Änderungen, die nötig werden, wenn entschieden wird, dass eine andere Klasse anstelle von `Liste` (etwa `Dictionary`) verwendet werden soll.

? Besteht zwischen `Buch` und `Zeitschrift` eine Generalisierung?

5.5 Das Klassenmodell im Verlauf der Entwicklung

Wie wir schon erwähnt haben, wird ein Klassenmodell nach und nach im Verlauf mehrerer Interaktionen des Systemdesigns entwickelt. Wir beginnen mit der Festlegung konzeptioneller Beziehungen und Fähigkeiten und tun dies so lange wie möglich unabhängig von jeder Implementierung.

Später bringen wir weitere Details ein, mit neuen Operationen und genaueren Assoziationen. Auch Attribute werden in diesem Verfeinerungsprozess hinzugenommen und dieser wird so lange wiederholt, bis wir damit zufrieden sind und unser Design als vollständig und konsistent ansehen. Einige Experten, insbesondere Fowler und Scott [20], formalisieren diesen Prozess noch weiter und entwerfen Modelle aus unterschiedlichen Perspektiven, z.B. zuerst aus einem konzeptionellen Blickwinkel und dann aus einem Blickwinkel der Spezifikation.

Modelle vs. Diagramme Bereits in Kapitel 4 haben wir erklärt, dass es in UML einen Unterschied zwischen dem *Modell* eines Systems und dem *Diagramm* dieses Modells gibt. Das Modell ist eine Zusammenstellung von Modellelementen, die für eine Ansicht des Designs aus einem bestimmten Abstraktionsniveau stehen; das Diagramm ist eine Möglichkeit, das Modell grafisch darzustellen. Wir haben Sie auch davor gewarnt, dass diese Unterscheidung zwar manchmal wichtig sein kann, in der Praxis die Begriffe Modell und Diagramm aber oft gleichgesetzt werden. In dem folgenden Fall ist es durchaus von Bedeutung, die Unterscheidung aufrechtzuerhalten.

Für ein gegebenes System gibt es immer nur ein einziges Klassenmodell, in dem auch jede Klasse des Systems nur einmal erscheint. Im UML Notation Guide wird dies genauer als *statisches Strukturmodell* (*static structural model*) bezeichnet, weil es, wie wir noch sehen werden, mehr als nur Klassen darstellen kann. Das Klassenmodell beschreibt die statische Struktur des Systems. Es kann allerdings auch aus Gründen der Lesbarkeit mit Hilfe mehrerer unterschiedlicher Klassen*diagramme* beschrieben werden. Genauso ist es auch möglich, eine Klasse öfter als einmal in einem Klassendiagramm darzustellen, obwohl jede Klasse im Klassenmodell nur einmal vorkommt. Dieses Vorgehen wird dann gewählt, wenn das Layout des Diagramms dadurch einfacher lesbar wird. Da die Klasse in dem darunter liegenden Modell jedoch durch nur ein Element des Modells repräsentiert wird, ist es von großer Bedeutung, dass zwei Symboldarstellungen der Klasse innerhalb eines Diagramms keine unterschiedlichen oder sogar widersprüchlichen Informationen über die Klasse anzeigen. Ein CASE-Tool kann diese Konsistenz sichern helfen. Wenn Sie ohne ein solches Tool arbeiten, empfehlen wir Ihnen, dass Sie ein und dieselbe Klasse in einem Klassendiagramm auch nur einmal darstellen.

5.6 CRC-Karten

Ein häufig beschrittener Weg zur Sicherstellung eines guten Designs ist der Einsatz von CRC-Karten[5]. CRC-Karten wurden erstmals von Kent Beck und Ward Cunningham als eine Technik, die Entwicklern ohne objektorientierte Erfahrungen helfen sollte, „in Objekten zu denken", vorgestellt[6].

Obwohl CRC-Karten nicht zu UML gehören, bringen sie doch im Verlauf einer Entwicklung wertvolle Einblicke, insbesondere in den frühen Phasen, wo es darum geht, Klassen und ihre Assoziationen zu identifizieren. Wir machen daher hier einen kleinen Exkurs und sehen uns an, wie CRC-Karten angelegt und eingesetzt werden.

5.6.1 Anlegen von CRC-Karten

Auf einer kleinen Karte halten wir Folgendes fest:

- den **Namen** der Klasse (oben)
- die **Zuständigkeiten** (*responsibilities*) der Klasse (auf der linken Seite)
- die **Kollaboratoren** (*collaborators*) der Klasse, die die Ausführung der Zuständigkeiten unterstützen (auf der rechten Seite)

Die Zuständigkeiten der Klasse beschreiben auf hohem Niveau den Grund, warum es die Klasse gibt. Sie haben mit den Operationen zu tun, die die Klasse bietet, sind aber allgemeiner gefasst, als es diese möglicherweise sind. So ist etwa „verwalte Daten über das Buch" als Beschreibung einer Zuständigkeit durchaus möglich, obwohl es vielleicht vieler zugehöriger Operationen bedarf, um die diversen Daten zu erhalten oder zurückzusetzen.

[5] CRC bedeutet *Class, Responsibilities, Collaborations*, zu deutsch etwa Klasse, Zuständigkeiten, Kollaborationen
[6] beschrieben in einem Paper [2] zur großen OO-Konferenz OOPSLA'89

Eine Klasse sollte normalerweise nicht mehr als drei oder vier Zuständigkeiten aufweisen, und viele Klassen werden nur eine oder zwei besitzen. Wenn Sie bei einer Klasse mehr Zuständigkeiten vorfinden, versuchen Sie, ob Sie sie nicht knapper beschreiben können, und wenn das nicht möglich ist, versuchen Sie, die Zuständigkeiten aufzuteilen und zwei oder mehr Klassen daraus zu machen. Eine oder zwei der Zuständigkeiten werden Sie wahrscheinlich sofort erkennen – hätte eine Klasse keine Zuständigkeiten, hätten Sie sie wohl nicht angelegt. Wenn Sie mit den CRC-Karten arbeiten, werden die Zuständigkeiten aber noch weiter verbessert.

Zu viele Zuständigkeiten gehen in Ihrem Modell einher mit geringer Kohäsion; zu viele Kollaboratoren bedeuten zu hohe Kopplung. Mit Hilfe von CRC-Karten können Sie diese beiden Mängel in Ihrem Design aufspüren und beheben.

Anfangs werden Sie noch nicht erkennen, mit welchen anderen Klassen eine Klasse kollaborieren muss, um seine Zuständigkeiten zu erfüllen – dies wird aber mit Anwendung der Karten schnell klarer. Kollaboriert ein Objekt der einen Klasse mit einem Objekt einer anderen Klasse, so geschieht dies mit Hilfe einer Nachricht – eine Klasse hat also eine Assoziation mit jedem seiner Kollaboratoren. CRC-Karten sind der beste uns bekannte Weg, um herauszufinden, in welche Richtung Assoziationen navigierbar sein sollten. CRC-Karten können auch dazu beitragen, Assoziationen zu erkennen, insbesondere zwischen Klassen, die nicht Objekte aus der realen Welt abbilden.

5.6.2 CRC-Karten zur Entwicklung eines Designs

Mit CRC-Karten können Sie Anwendungsfälle durchgehen und dabei herausarbeiten, wie das Klassenmodell die von den Anwendungsfällen geforderten Funktionalitäten bereitstellt und wo noch etwas fehlt. (Sie können sich das vorstellen als Aufdecken der Kollaborationen und Interaktionen, die von Ihren Anwendungsfällen realisiert werden. In Kapitel 9 werden wir darüber sprechen, wie diese Information in UML-Notation festgeschrieben werden kann.)

Eine möglicherweise hilfreiche Technik ist auch das Rollenspiel. Wenn Sie in einem Team arbeiten, kann jede Person die Zuständigkeiten einer oder mehrerer CRC-Karten übernehmen. Dabei repräsentiert die Menge aller Karten die Klassen, die für einen größeren Aspekt der Zuständigkeiten des Systems verantwortlich sind. Die Vollständigkeit Ihres Entwurfs können Sie erkennen, wenn Sie die unterschiedlichen Szenarios der in Frage kommenden Anwendungsfälle durcharbeiten.

Beginnen Sie mit einem typischen Szenario aus einem Anwendungsfall. In dem Anwendungsfall `Entleihe Buchexemplar` könnten Sie etwa mit dem Szenario beginnen, in dem ein Entleiher erfolgreich ein Buch entleiht. Während sich das Design mehr und mehr festigt, kann jeder, der ein Problem im Design vermutet, ein Szenario vorschlagen, mit dem das Problem beleuchtet wird (z.B. den Fall, dass kein Exemplar mehr verfügbar ist). Die erste Anfrage geht an die Person, deren CRC-Karte für eine Klasse steht, zu deren Zuständigkeiten die Umsetzung des Szenarios gehört – damit wird ausgedrückt, wie ein Objekt dieser Klasse eine Nachricht vom Initiator des Szenarios erhält. Benötigt das Objekt die Unterstützung von einem der Kollaboratoren, so wird es, in der späteren Implementierung, diesem eine Nachricht mit der Bitte um Ausführung einer Operation senden. Jede Operation, um deren Ausführung ein Objekt angefragt werden könnte, sollte durch eine der Zuständigkeiten in der Klasse des Objekts abgedeckt sein – die Zuständigkeiten einer Klasse können als Zusammenfassung aller Operationen aufgefasst werden, die es erbringen kann. Wenn Sie anfangen, mit CRC-Karten zu arbeiten, werden Sie vielleicht nur darauf achten, wie sinnvoll es ist, von einem bestimmten Kollaborator zu erwarten, dass er zur Ausführung eines bestimmten Teils einer Zuständigkeit beiträgt; später können Sie die Interaktionen detaillierter untersuchen und die eigentliche Reihe an Operationen für jede Klasse entwerfen.

Wenn etwas fehlt – also etwas ausgeführt werden muss, aber keine Klasse dafür zuständig ist –, dann heißt das, dass das Design Fehler hat oder unvollständig ist. Sie müssen dann vielleicht eine weitere Klasse anlegen oder die Kollaborationen und Zuständigkeiten einer bestehenden Klasse ändern oder sogar beides. Wichtig dabei ist, dass sich die Änderungen nicht auf die Gesamtgültigkeit des Modells auswirken. Stürzen Sie sich also nicht auf die nahe liegendste Problemlösung, ohne alle anderen Auswirkungen der Änderung zu bedenken. Oft hilft es schon, für eine Klasse eine neue Karte anzulegen, wenn die ursprüngliche Karte zu umfangreich geändert wurde.

Beachten Sie, dass das System tatsächlich mit kommunizierenden *Objekten* und nicht mit Klassen arbeitet. Sie müssen daher daran denken, ob eine CRC-Karte für eine Klasse auch immer das gleiche Objekt dieser Klasse darstellt oder ob unterschiedliche Objekte der Klasse involviert sind.

Als angenehmer Nebeneffekt davon, wenn Sie auf diese Weise die Beispiele durcharbeiten, bildet sich ein Teamgeist und jeder Beteiligte hat das Gefühl, zum Design beizutragen. Natürlich wird diese Technik einigen Teams besser liegen, anderen wieder weniger.

Wenn Sie alleine arbeiten, können Sie alternativ dazu die Karten so anordnen, dass sie die Beziehungen untereinander ausdrücken – dies kommt dann einfach einer Skizze des Klassenmodells gleich. Manche legen dabei die Karten aufeinander, die in Generalisierungsbeziehung zueinander stehen, die am weitesten abstrahierte zuoberst; auf diese Weise werden die spezialisierten Klassen erst dann einbezogen, wenn eine bestimmte Spezialisierung von Bedeutung ist.

5.6.3 Beispiel zu CRC-Karten

Abbildung 5.5 ist ein Beispiel aus der Fallstudie von Kapitel 3. Wir beginnen damit, CRC-Karten für die Klassen `Bibliotheksmitglied`, `Buch` und `Exemplar` zu zeichnen. Zunächst verlassen wir uns dabei auf unsere Intuition, wie die Instanzen dieser Klassen kollaborieren werden. Dann können wir prüfen, wie ein bestimmter Anwendungsfall durchgeführt wird.

Abbildung 5.5 Beispiel für CRC-Karten des Bibliotheksbeispiels.

`Bibliotheksmitglied`	
Zuständigkeiten	**Kollaboratoren**
Verwalten der Daten über entliehene Exemplare Bearbeiten der Anfragen nach Entleihe oder Rückgabe	`Exemplar`

`Exemplar`	
Zuständigkeiten	**Kollaboratoren**
Verwalten der Daten über ein bestimmtes Exemplar `Buch` bei Entleihe oder Rückgabe informieren	`Buch`

`Buch`	
Zuständigkeiten	**Kollaboratoren**
Verwalten der Daten über ein Buch Wissen über Verfügbarkeit entleihbarer Exemplare	

Obwohl auf jeder Karte nur relativ wenig steht, ist es als Beispiel nicht trivial – es hat genau den richtigen Umfang. Übervolle CRC-Karten bedeuten entweder schlecht ausgearbeitete Zuständigkeiten oder nichtkohäsive Klassen.

Verfolgen wir die Verarbeitung einer Anfrage eines `BuchEntleihers`, der ein Exemplar entleihen will (`entleiheExemplar`), so können wir prüfen, ob andere Klassen mit einbezogen werden müssen. Zudem können wir auch prüfen, welche Nachrichten verschickt werden müssen. Kann eine Zuständigkeit von einem Objekt nicht erfüllt werden, so muss es entweder seine eigene Definition ergänzen oder eine Kollaboration mit einer anderen Klasse eingehen, mit der die Anforderung erfüllt werden kann.

Weiterhin können wir die Generalisierungsbeziehung zwischen `Bibliotheksmitglied` und `Mitarbeiter` untersuchen, indem wir uns ansehen, inwieweit sie Ihre Zuständigkeiten und Kollaboratoren gemeinsam haben. Dabei stellen wir fest, dass alle Zuständigkeiten eines `Bibliotheksmitglied`es auch von einem `Mitarbeiter` geteilt werden, aber nicht anders herum. Dies bestätigt unsere frühere Vermutung, dass ein `Mitarbeiter` eine Spezialisierung eines `Bibliotheksmitglied`es ist. Hier können wir eine Gelegenheit finden, das Klassenmodell in eine bessere Version umzuarbeiten, es zu refaktorieren.

5.6.4 Refaktorierung

Refaktorierung ist das Verfahren, das Klassenmodell eines objektorientierten Designs zu ändern, ohne dabei sein Verhalten sichtbar zu ändern. Ein Beispiel: Wenn Ihnen zu irgendeinem Zeitpunkt auffällt, dass eine Operation nicht sauber zu der Klasse passt, in der sie steht – etwa die Zuständigkeiten nicht bestmöglich den Klassen zugeordnet sind –, dann wäre ein Refaktorierungsschritt, die notwendigen Änderungen vorzunehmen und die Operation dorthin zu stellen, wo sie besser passt. Dabei müssen natürlich Code und Designdokumentation ebenfalls geändert werden.

Die Regel „Schreibe Code nur einmal" ist ein guter Ansatz für Refaktorierungsschritte. Wenn Sie beispielsweise zwei Klassen mit überlappenden Zuständigkeiten und Verhalten finden, dann können Sie häufig gemeinsame Verhaltenweisen herausziehen und in eine neue Oberklasse einfügen, von der dann beide erben. Dieses Vorgehen kann sogar bei einem der schwierigsten Aspekte im objektorientierten Analyse- und Designprozess unterstützend wirken, und zwar dabei, die richtigen Abstraktionen ausfindig zu machen, mit denen erst ein Design sauber und robust wird. Solche Klassen tauchen bei der Zusammenstellung der Anforderungen meist gar nicht auf. Sie sind selbst keine Hauptklassen, sondern vereinen auf sich nur die Gemeinsamkeiten einer Reihe anderer Hauptklassen – mit Hauptwortidentifikation können sie daher nicht aufgefunden werden. In Kent Becks Buch [3] sind eine Menge Ideen für Refaktorierung zusammengestellt.

? Bearbeiten Sie das Beispiel der Bibliotheksentleihe und setzen Sie dafür die oben gezeigten CRC-Karten ein. Wenn erforderlich, ändern Sie diese.

? Versuchen Sie sich an einer ähnliche Untersuchung für die Rückgabe eines Buches und für Entleihe und Rückgabe einer Zeitschrift.

ZUSAMMENFASSUNG

In diesem Kapitel wurden Klassendiagramme vorgestellt, mit denen die statische Struktur des zu errichtenden Systems abgebildet wird. Wir haben darüber gesprochen, wie Klassen und ihre Assoziationen identifiziert werden können, und auch über das Konzept der Multiplizitäten einer Assoziation. Wir haben gezeigt, wie Attribute und Operationen einer Klasse dargestellt werden. Danach haben wir Generalisierung gezeigt, wie sie etwa durch Vererbung implementiert werden kann. Zuletzt haben wir die Rolle des Klassenmodells im Verlauf der Entwicklung gezeigt und sind noch auf CRC-Karten zur Validierung eines Klassenmodells eingegangen.

DISKUSSIONSFRAGEN

5.1 Warum sollten Klassen im Singular benannt werden? Könnte es Ausnahmen davon geben?

5.2 Welche Vor- und Nachteile hat eine formelle Entscheidung, aus welcher Perspektive Sie ein bestimmtes Klassenmodell zeichnen?

5.3 Unter welchen Umständen könnten Sie Klassen in Ihrem Modell haben, die nicht mit Objekten des Problembereichs korrespondieren? Können Sie sich für das Bibliotheksbeispiel Fälle vorstellen, in denen genau dies erforderlich erscheint?

5.4 Wie sind die Assoziationen in der Implementierung angelegt? Wie sollte dies, wenn überhaupt, in Ihrem Klassenmodell beschrieben werden? Hängt dies vom Stadium der Entwicklung ab? Wen ja, wie?

5.5 Erinnern Sie sich an die statischen und dynamischen Assoziationen, wie wir sie in der „Technischen Anmerkung zu UML“ auf Seite 86 dargestellt haben. Konstruieren Sie ein kleines Beispiel, in dem Klassen dynamisch und nicht statisch assoziiert sind, und betrachten Sie die zwei Versionen des UML-Klassendiagramms, die Sie bei Anwendung der beiden Konzepte bekommen. Wo liegen Ihrer Meinung nach die Vor- und Nachteile dieser Konzepte? Was bedeutet, für jeden Einzelfall, die Abwesenheit einer Assoziation zwischen Klassen?

KAPITEL 6

Weiteres zu Klassenmodellen

In diesem Kapitel behandeln wir weitere Merkmale von UML-Klassendiagrammen. Sie sind weniger häufig als die in Kapitel 5 beschriebenen, und beim ersten Durchlesen können Sie dieses Kapitel eventuell überspringen. Da eine der Stärken von UML jedoch die Ausdrucksfähigkeit ist, möchten wir Ihnen eine Kostprobe davon geben und die meisten (jedoch nicht alle) Merkmale der Klassendiagramme vorstellen.

Des Weiteren werden wir einige Aspekte von UML besprechen, die nicht nur auf Klassenmodelle beschränkt sind, die wir hier jedoch das erste Mal verwenden. Es handelt sich dabei um *Einschränkungen*, die wichtigsten Erweiterungsmechanismen von UML (*Stereotypen, Eigenschaften* und so genannte *Tagged Values*), *Schnittstellen*, *Abhängigkeiten* und *Pakete*.

Zu Beginn werden wir uns einige zusätzliche Informationen anschauen, die zusammen mit einer Assoziation zwischen zwei Klassen aufgezeichnet werden können.

6.1 Weiteres zu Assoziationen

6.1.1 Aggregation und Komposition

Aggregation und Komposition sind zwei Arten von Assoziationen: Anstatt nur zu zeigen, dass zwei Klassen assoziiert sind, können wir auch darstellen, um welche Art von Assoziation es sich handelt. Aggregation und Komposition sind zwei Möglichkeiten, um aufzuzeichnen, dass ein Objekt einer Klasse *Teil eines* Objekts einer anderen Klasse ist.

Abbildung 6.1 aus der Fallstudie in Kapitel 15 zeigt, dass eine Unterrichtseinheit Teil einer Prüfungsvorbereitung ist. Die Notation mit der nicht ausgefüllten Raute bezeichnet eine Aggregation. Dies ist eine allgemeinere Art zur Darstellung eines Verhältnisses zwischen einem Teil und einem Ganzen in UML. Beachten Sie, dass sich die Raute am Ende des Ganzen befindet, nicht beim Teil. Wir können aber immer noch die andere Notation verwenden, die es für Assoziationen gibt. Multiplizitäten können wir beispielsweise genauso wie bei einer normalen Assoziation anzeigen. Beachten Sie, dass ein Objekt gleichzeitig Teil verschiedener anderer Objekte sein kann: In unserem Fall könnte eine einzelne Unterrichtseinheit Teil verschiedener Prüfungsvorbereitungen sein. (Zum Beispiel ist *Software Engineering mit Objekten und Komponenten 2* sowohl Teil der Prüfungsvorbereitung für Software Engineering als auch für Informatik.)

Abbildung 6.1 Eine Aggregation.

Normalerweise machen wir uns nicht die Mühe, eine Aggregations-Assoziation zu benennen, da der Name der Assoziation üblicherweise „ist Teil von" lautet und bereits aus der Notation der Aggregation zu ersehen ist, so dass keine Notwendigkeit besteht, dies auch noch in Worten auszudrücken. Wenn es jedoch hilfreich ist, der Assoziation einen Namen zu geben (zum Beispiel, wenn wir die Funktion des Teils innerhalb des Ganzen beschreiben wollen), dürfen wir das selbstverständlich tun.

Daran, dass es keinerlei neue Beschränkungen gibt, können wir erkennen, dass es sich bei der Aggregation im Wesentlichen um eine konzeptionelle Vorstellung handelt: Wenn Sie Aggregationen in einem Klassenmodell sehen, soll Ihnen dies helfen, die Beziehungen zwischen den Klassen auf einer nicht formalen Ebene zu verstehen, doch sie geben Ihnen keine weiteren Informationen darüber, wie sie implementiert werden müssen oder was Sie mit ihnen tun können. (Vergleichen Sie jedoch Diskussionsfrage 47 weiter hinten in diesem Kapitel: Man kann die Meinung vertreten, dass Aggregationen auf etwas hinweisen sollen, auch wenn sie dies in UML meist nicht tun.)

Die Komposition ist eine besondere Art von Aggregation, die keine weiteren Beschränkungen auferlegt. In einer Kompositions-Assoziation sind die Teile an das Ganze *streng gebunden*: Wenn das gesamte Objekt kopiert oder gelöscht wird, werden seine Teile mit ihm kopiert oder gelöscht. (Um dies implementierbar zu machen, muss die Assoziation vom Ganzen zum Teil hin navigierbar sein, obwohl UML dies nicht explizit spezifiziert.) Die Multiplizität an dem Ende einer Kompositions-Assoziation, an dem sich das Ganze befindet, muss 1 oder 0..1 sein – ein Teil kann nur einem einzigen Ganzen pro Komposition angehören. Das Beispiel mit `Unterrichtseinheit` und `Prüfungsvorbereitung` passt nicht ganz zu diesen Beschränkungen, so dass eine Komposition in diesem Fall nicht angebracht wäre. Stellen Sie sich jedoch ein Programm für Käsekästchen aus dem in Kapitel 16 vorgeschlagenen Spiel-Framework vor, das vernünftigerweise mit Hilfe der Klassen `Feld` und `Spielbrett` implementiert werden sollte. Jedes `Feld` ist Teil von genau einem `Spielbrett`, und es wäre nicht sinnvoll, ein `Spielbrett`-Objekt zu kopieren oder zu löschen, ohne die `Feld`-Objekte, aus denen das `Spielbrett` besteht, mitzukopieren oder zu löschen. In diesem Fall ist eine Komposition also angebracht, und wir zeigen dies in Abbildung 6.2. Die Komposition wird genauso dargestellt wie die Aggregation, mit dem Unterschied, dass die Raute in diesem Fall ausgefüllt ist.

Abbildung 6.2 Eine Komposition.

Warnung

Unserer Erfahrung nach verwenden Benutzer, die mit der objektorientierten Modellierung noch nicht vertraut sind, Aggregationen und Kompositionen viel zu häufig. Denken Sie daran, dass es sich dabei um Arten von Assoziationen handelt, so dass immer, wenn eine Aggregation oder Komposition korrekt ist, dies auch für die einfache Assoziation gilt. Wenn Sie unsicher sind, sollten Sie eine einfache Assoziation verwenden.

Diskussionsfrage 41

Überlegen Sie sich einige Fälle, in denen eine Aggregation oder Komposition angebracht wäre. Was wäre zum Beispiel mit der Beziehung zwischen `Angestellter` und `Team`? Oder zwischen `Rad` und `Auto`? `Konto` und `Kunde`? Können Sie verschiedene Zusammenhänge beschreiben, in denen Klassen mit diesen Namen auftauchen und wo sich aufgrund des unterschiedlichen Kontexts unterschiedliche Beziehungen ergeben?

Diskussionsfrage 42

Vielleicht kennen Sie C++ oder eine andere objektorientierte Sprache, bei der auf Objekte entweder durch einen Wert oder eine Referenz verwiesen werden kann: Manche Menschen unterscheiden zwischen Aggregation und Komposition, indem sie sagen, dass eine Aggregation vorliegt, wenn das Ganze eine Referenz oder einen Zeiger auf den Teil enthält, und eine Komposition, wenn das Ganze den Teil durch den Wert enthält. Überlegen Sie, warum man dies tut und ob es sinnvoll ist.

Merkhilfe Das stärkere Symbol, die ausgefüllte Raute, stellt die stärkere Beziehung dar, nämlich die Komposition. Wenn Sie die gefüllte Raute ausradieren wollen, müssen Sie sowohl die Füllung als auch die Umrisslinien des Symbols löschen. Genauso müssen Sie beim Löschen eines Kompositions-Objekts sowohl die Teile als auch das Ganze entfernen.[1]

6.1.2 Rollen

Wie Assoziationen benannt werden, haben wir nun beschrieben. Oft können Sie einen Assoziationsnamen natürlich in beide Richtungen lesen („nimmt" „wird genommen von"). Manchmal liest es sich jedoch besser, wenn man, entweder als Zusatz oder anstelle eines Assoziationsnamens, separate Namen für die Rollen vergibt, die Objekte innerhalb einer Assoziation spielen. Abbildung 6.3 verdeutlicht zum Beispiel, dass der `Student` in dieser Assoziation die Rolle `Lernender` spielt, was möglicherweise sinnvoll wäre, wenn `Lernender` beispielsweise ein häufig verwendeter Begriff in einem begleitenden Dokument ist. Wenn Sie möchten, können Sie gleichzeitig einen Assoziationsnamen und die Rollennamen anzeigen, obwohl dies in den meisten Fällen wohl eher zu viel des Guten wäre.

Diskussionsfrage 43

Wäre es hilfreich, für die Assoziation zwischen `Student` und `Unterrichtseinheit` Rollennamen zu vergeben? Warum antworten Sie so?

[1] Vielen Dank an Ben Kleinmann für diesen Tipp.

Abbildung 6.3 Eine Assoziation mit angezeigten Rollennamen.

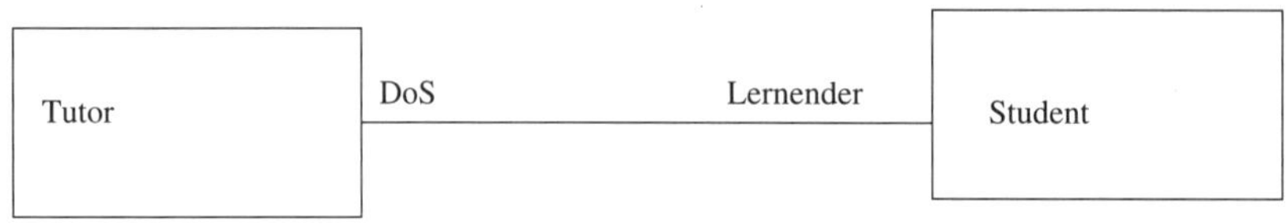

Abbildung 6.4 Eine Assoziation ohne angezeigte Navigierbarkeit.

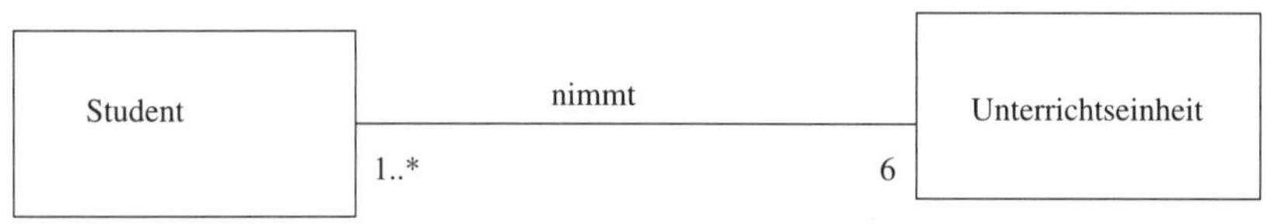

6.1.3 Navigierbarkeit

Stellen Sie sich eine Situation vor, in der eine Assoziation zwischen zwei Klassen vorliegt, zum Beispiel zwischen `Unterrichtseinheit` und `Student`, wie in Abbildung 6.4. Im Diagramm wird festgehalten, dass

- es für jedes Objekt der Klasse `Student` sechs Objekte der Klasse `Unterrichtseinheit` gibt, die mit `Student` assoziiert sind;
- es für jedes Objekt der Klasse `Unterrichtseinheit` einige `Student`-Objekte gibt (die Studentenzahl ist nicht festgelegt), die mit der `Unterrichtseinheit` assoziiert sind.

Es hält jedoch nicht fest, ob es möglich sein sollte, zu diesen Objekten aus beiden oder nur aus einer Richtung zu gelangen. Sollte ein `Student`-Objekt Nachrichten an die mit ihm assoziierten `Unterrichtseinheit`-Objekte versenden können? Sollte ein `Unterrichtseinheit`-Objekt fähig sein, Nachrichten zu den `Student`-Objekten zu schicken, die die Studenten im Kurs darstellen? Oder sollte beides möglich sein?

Wir können die Enden der Assoziationslinie mit Pfeilen versehen, um darzustellen, dass Nachrichten in die angegebene Richtung geschickt werden können. Abbildung 6.5 zeigt beispielsweise, dass ein `Unterrichtseinheit`-Objekt Nachrichten an die Objekte versenden kann, die für die Studenten der Unterrichtseinheit stehen, jedoch nicht anders herum.

Wir sagen, `Unterrichtseinheit` *kennt* `Student`, aber nicht umgekehrt. Eine solche Assoziation kann man zum Beispiel implementieren, indem man `Unterrichtseinheit` ein Attribut zuweist `(studenten: StudentSammlung)`, eine Sammlung von Objekten, die den Studenten entspricht, die den Kurs belegen. Dies kann positive und negative Folgen haben. Möglicherweise muss diese Information für die Anwendung jederzeit abrufbar sein: In unserem Fall müssen wir Listen der Studenten für jeden Kurs erstellen, da der Dozent sie benötigt, und dafür ist es am einfachsten, ein `Unterrichtseinheit`-Objekt eine Sammlung von Studentennamen abrufen zu lassen, indem es eine Nachricht zu jedem Objekt einer solchen Studenten-Sammlung schickt. Wenn jedoch Klasse `A` die Klasse `B` kennt, ist es unmöglich, Klasse `A` ohne Klasse `B` wiederzuverwenden; wir sollten die Navigierbarkeit also nur einsetzen, wenn wir sie für die aktuelle Anwendung wirklich brauchen oder guten Grund zu der Annahme haben, dass sie später einmal benötigt werden könnte. Manchmal ist es wichtig, in einer Assoziation die Navigierbarkeit in beide Richtungen sicherzustellen, doch solche Entscheidungen sollten jeweils für den Einzelfall getroffen werden und nicht Standard sein.

Abbildung 6.5 Eine Assoziation, bei der eine Navigation in nur eine Richtung angezeigt ist.

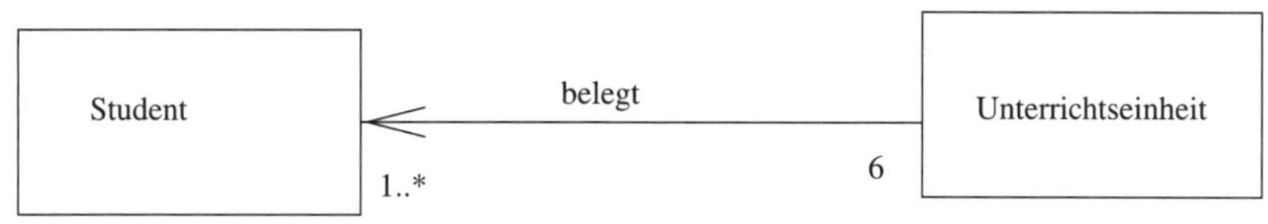

Diskussionsfrage 44

(Nach der Lektüre von Kapitel 15.) Sollte diese Assoziation auch in die andere Richtung navigierbar sein – sollte `Student` also von `Unterrichtseinheit` wissen? Warum?

Wir kennen nun eine Methode, um zu zeigen, dass die Navigation einer Assoziation in einer bestimmten Richtung möglich *ist*, doch wir können nicht anzeigen, dass Navigation *nicht* möglich ist. Es wäre logisch zu behaupten, dass das Fehlen eines Richtungspfeils Nichtnavigierbarkeit bedeutet: Das Problem dabei ist jedoch, dass Sie sich bei der Konstruktion Ihres ersten konzeptionellen Klassenmodells noch nicht (endgültig) entschieden haben könnten, welche Navigierbarkeit bestehen soll. UML schlägt verschiedene Konventionen vor; die Abwesenheit eines Pfeils könnte entweder bedeuten, dass eine Navigierbarkeit nicht möglich ist oder dass sie noch nicht spezifiziert wurde. Wenn Sie in diesem Buch ein Klassendiagramm mit Navigierbarkeits-Pfeilen sehen, können Sie davon ausgehen, dass sämtliche Pfeile dargestellt sind; gibt es keine Pfeile, ist die Navigierbarkeit nicht spezifiziert.

Diskussionsfrage 45

Wann, wenn überhaupt, könnte eine Assoziation in beide Richtungen navigierbar sein?

Diskussionsfrage 46

Zu welchem Zeitpunkt sollte die Navigierbarkeit festgelegt werden?

Diskussionsfrage 47

Laut UML ist die Navigierbarkeit einer Assoziation unabhängig davon, ob es sich um eine Aggregation, eine Komposition oder keines von beiden handelt. Welche Navigierbarkeit erwarten Sie von einer Aggregations-Assoziation? Von einer Komposition? Können Sie konkrete Aussagen darüber machen, welche Art von Navigierbarkeit der jeweilige Assoziationstyp *immer* haben muss, um sinnvoll zu sein?

6.1.4 Qualifizierte Assoziationen

In manchen Fällen ist es hilfreich, präzisere Angaben über eine Assoziation zu machen, als wir das bisher getan haben. Sehen Sie sich noch einmal die Käsekästchen-Anwendung des Spiel-Frameworks aus Kapitel 16 an, die mit den Klassen `Feld` und `Spielbrett` implementiert wird, und gehen Sie davon aus, dass ein `Feld` relativ zum `Spielbrett`, auf dem es liegt, über die Attribute `Zeile` und `Spalte` definiert wird, die jeweils einen Wert zwischen `1` und `3` annehmen können. Wenn wir für einen Moment vergessen, dass die Assoziation eine Komposition ist (denken Sie daran, dass eine Assoziation immer korrekt ist, wenn eine Aggregation oder Komposition korrekt ist), kann die Assoziation wie in Abbildung 6.6 dargestellt werden.

Abbildung 6.6 Eine Einfache Assoziation zwischen `Feld` und `Spielbrett`.

Abbildung 6.7 Eine qualifizierte Assoziation.

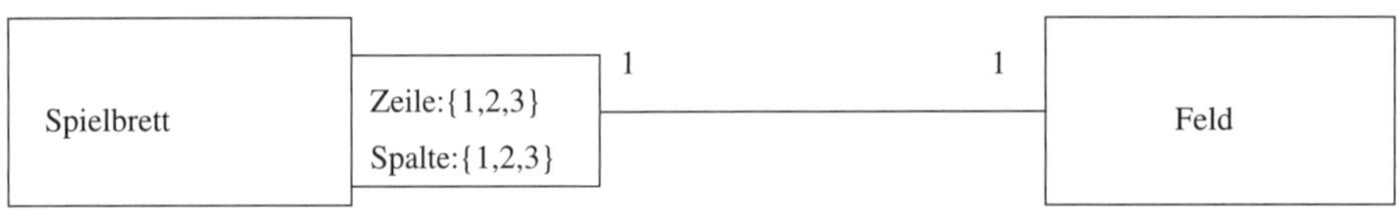

Damit lässt sich jedoch nicht der Gedanke darstellen, dass die neun Felder dadurch gefunden werden, dass die neun möglichen Wertepaare den Attributen `Zeile` und `Spalte` zugewiesen werden. Um dies zu ermöglichen, verwenden wir eine *qualifizierte Assoziation*, wie in Abbildung 6.7 gezeigt.

Die `1` am rechten Ende der Linie, die mit `Feld` verknüpft ist, legt fest, dass, wenn wir ein `Spielbrett`-Objekt – nennen wir es *b* – *und* spezifische Werte für die beiden Attribute `Zeile` und `Spalte` nehmen, es genau ein `Feld`-Objekt gibt, das mit dem `Spielbrett`-Objekt *b* assoziiert ist. Die `1` auf dem `Spielbrett` bedeutet dasselbe wie immer: Jedes Objekt der Klasse `Feld` liegt auf genau einem `Spielbrett`.

Wichtig für jedes `Spielbrett` ist die Tabelle, in der wir die Position von einem `Feld` über die Zeilen und Spalten ermitteln können. Die Bedingungen, die wir beschrieben haben, stellen einfach nur sicher, dass jedes `Feld` nur einmal in nur einer Tabelle auftaucht. Beachten Sie, dass es im Allgemeinen mehr als ein Objekt für einen bestimmten Wert des Tabellenschlüssels geben kann: Die Elemente in der Tabelle können auch Mengen sein, nicht bloß einzelne Elemente.

Wir können die Notation der qualifizierten Assoziation auch mit den anderen Ausschmückungen für Assoziationen kombinieren; zum Beispiel können wir, wie in Abbildung 6.8 gezeigt, wieder die Information hinzufügen, dass es sich bei dieser bestimmten Assoziation um eine Komposition handelt.

Vielleicht haben Sie bemerkt, dass wir Ihnen geschickterweise nicht gesagt haben, welcher Klasse die Attribute `Zeile` und `Spalte` angehören. Sie könnten Attribute von `Feld` sein; doch formal sind sie Attribute der Assoziation. Jede Verknüpfung zwischen einem `Spielbrett` und einem `Feld` (vergessen Sie nicht, dass eine Verknüpfung die Instanz einer Assoziation ist) hat Werte für `Zeile` und `Spalte`, mit denen definiert wird, wo das `Feld` auf dem `Spielbrett` liegt.

? (Abgeleitet von einem Beispiel in der UML-Notationsanleitung.) Stellen Sie eine qualifizierte Assoziation zwischen `Person` und `Bank` dar, um die Tatsache aufzuzeichnen, dass eine `Person` mit mehreren `Banken` assoziiert sein darf, doch dass es für eine bestimmte `Bank` und Kontonummer höchstens eine `Person` geben kann.

6.1.5 Abgeleitete Assoziationen

Bei der Entwicklung von Klassendiagrammen werden Sie häufig vor der Frage stehen, ob Sie eine Assoziation darstellen müssen oder ob es ausreicht, ihr Vorhandensein aus einer anderen Stelle im Diagramm herzuleiten. Falls `Student` beispielsweise über `belegt` mit `Unterrichtseinheit` assoziiert ist und `Unterrichtseinheit` mit `Dozent` über `lehrt`, müssen wir dann noch zusätzlich zeigen, dass die Assoziation `unterrichtet Student` zwischen `Dozent` und `Student` besteht, über die der Dozent zu allen Studenten in Verbindung gesetzt wird, die den Kurs bei ihm belegen?

Abbildung 6.8 Eine qualifizierte Komposition.

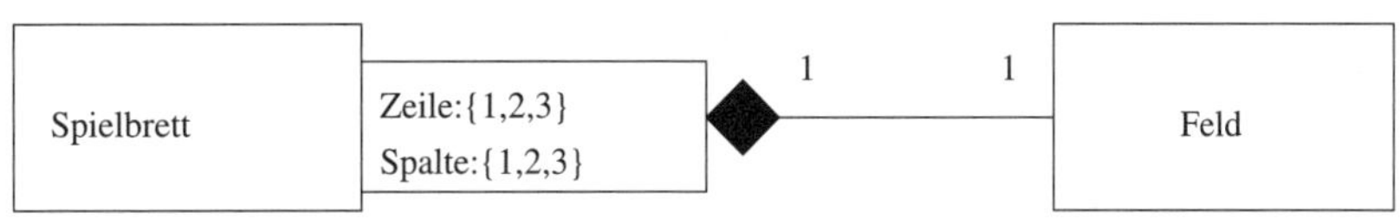

Abbildung 6.9 Eine abgeleitete Assoziation.

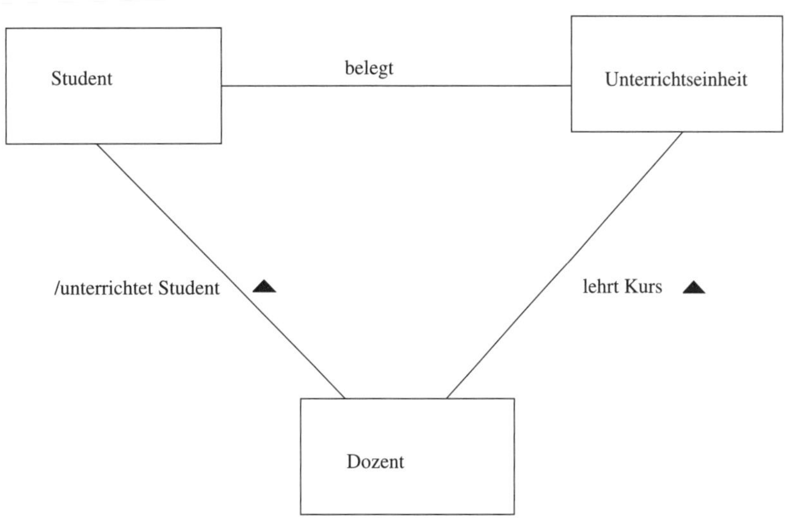

Diskussionsfrage 48

Was sind die Vor- und Nachteile dieser Vorgehensweise?

Wir können die Assoziation anzeigen oder auch nicht oder eine dritte Möglichkeit nutzen, die uns UML bietet, indem wir sie als *abgeleitete Assoziation* darstellen. Anders gesagt, sie kommt automatisch zustande, sobald wir die Hauptassoziationen implementiert haben: Der Designer braucht sich nicht gesondert zu überlegen, wie er diese Assoziation umsetzen soll. Eine abgeleitete Assoziation wird, wie in Abbildung 6.9 gezeigt, mit einem Schrägstrich vor dem Namen dargestellt. (Die schwarzen Dreiecke können übrigens bei jedem Assoziationsnamen verwendet werden. Sie zeigen lediglich an, welche Assoziationsrichtung der Name beschreibt.)

Technische Anmerkung zu UML

In UML kann es außer *abgeleiteten* Assoziationen noch weitere abgeleitete Elemente geben. Im Allgemeinen wird ein abgeleitetes Element von der gewöhnlichen Form der Elemente unterschieden, indem ein Schrägstrich vor seinen Namen gesetzt wird. Zum Beispiel können Sie zeigen, dass das Attribut einer Klasse abgeleitet ist – und das heißt, Sie können herausfinden, welchen Wert es in einem bestimmten Objekt hat, wenn Sie die Werte aller normalen Attribute dieses Objekts kennen und Zugriff auf die anderen Objekte haben, die dieses Objekt kennt –, indem Sie vor den Attributsnamen im Klassensymbol einen Schrägstrich setzen. (Vielleicht finden Sie es leichter verständlich, stattdessen eine Operation der Klasse zu definieren, die keine Argumente annimmt und deren Rückgabewert der abgeleitete Wert ist. Das ist eine reine Geschmacksfrage.)

6.1.6 Einschränkungen

Eine Einschränkung ist eine Bedingung, die durch die korrekte Implementierung eines Designs erfüllt werden muss. Ein System zum Beispiel mit den Assoziationen *lehrt Kurs, belegt Kurs* und *unterrichtet Student* ist fehlerhaft, wenn die Bedingung, die wir im vorangegangenen Abschnitt hinzugefügt haben, nicht jedes Mal erfüllt wird. Einschränkungen können im Vergleich dazu jedoch allgemeiner sein. Sie können einzelne Elemente des Modells einschränken oder ganze Kollektionen von Elementen. Eine der häufigsten und sichersten Verwendungen besteht darin, eine *Klasseninvariante* auszudrücken.

```
{self.anzahlStudents > 50 implies (not (self.raum = 3317)) "
```

Diese Invariante der Klasse `Unterrichtseinheit` gibt zum Beispiel an, dass für jedes Objekt der Klasse `Unterrichtseinheit` stets das Folgende gilt: Wenn die Anzahl der für den Kurs eingeschriebenen Studenten größer ist als 50, findet der Kurs nicht in Raum 3317 statt (wahrscheinlich, weil in Raum 3317 nur Platz für 50 Personen ist).

Diese formale Einschränkung wird in OCL geschrieben, der Object Constraint Language, die UML für diesen Zweck übernimmt. Siehe Exkurs 6.1 für weitere Informationen zu OCL.

Eine andere häufige Situation, in der Einschränkungen sinnvoll sein können, liegt vor, wenn ein „ausschließendes Oder" zwischen zwei Assoziationsbeziehungen besteht: Ein Objekt nimmt Teil an (einer Verknüpfung, die eine Instanz ist von) genau einer der Assoziationen. Im Bibliotheksbeispiel aus Kapitel 3 haben wir angenommen, dass es zwar mehrere Exemplare von einem Buch, aber jeweils nur ein Exemplar von jeder Zeitschrift geben kann.

Stellen wir uns nun vor, wir wollten ein System modellieren, in dem jedes `Exemplar`-Objekt entweder ein `Buch`- oder ein `Zeitschrift`-Exemplar repräsentiert. Wir könnten mit dem Diagramm in Abbildung 6.10 beginnen. Doch dieses schließt nicht die unsinnige Wahrscheinlichkeit aus, dass ein `Exemplar` sowohl mit einem `Buch` als auch mit einer `Zeitschrift` oder mit keinem von beiden assoziiert werden könnte. Um dies zu erreichen, können wir eine `xor`-Einschränkung verwenden, wie Abbildung 6.11 zeigt.

Die `xor`-Einschränkung wird nicht in OCL geschrieben; sie ist eine spezielle vordefinierte Einschränkung von UML.

Abbildung 6.10 Ein unzureichend eingeschränktes Diagramm.

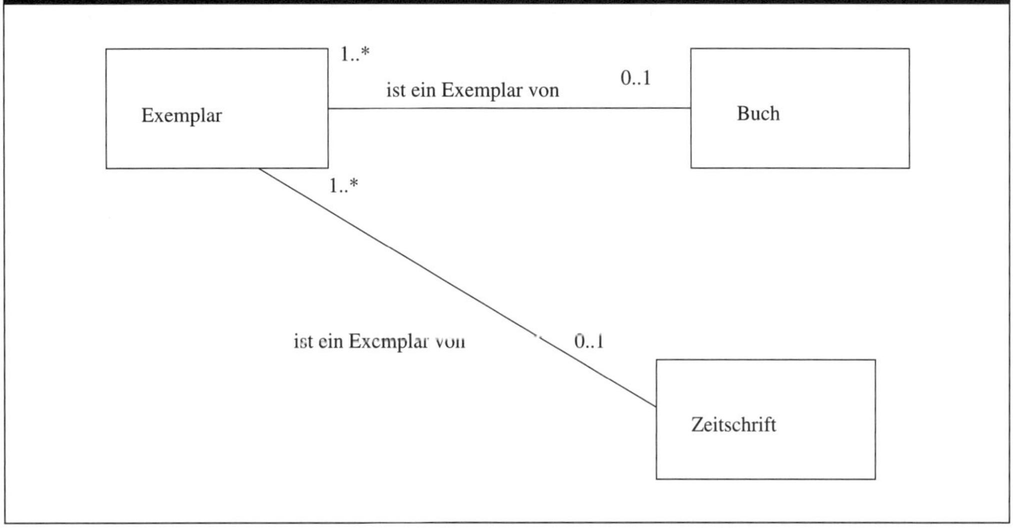

Abbildung 6.11 Anwendung einer `xor`-Einschränkung.

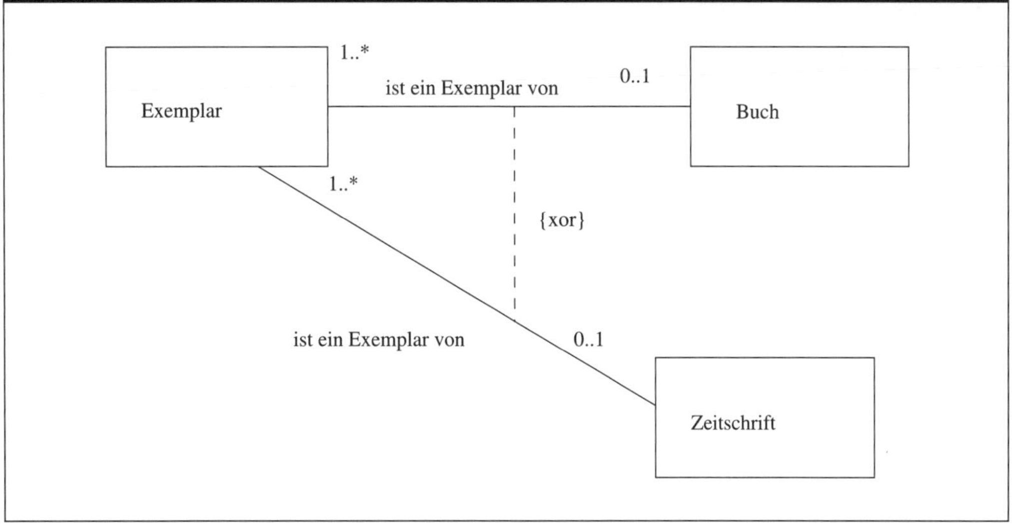

Diskussionsfrage 49

Sehen Sie eine Möglichkeit, dieses Problem zu lösen, ohne eine Einschränkung hinzuzufügen? Tipp: Überlegen Sie, ob Sie eine zusätzliche Klasse einführen können.

Die Tatsache, dass Sie in UML durchgehend Einschränkungen einsetzen können, macht diese Sprache enorm leistungsfähig. Aber auch hier ist es wieder wichtig, den Einsatz der wirkungsvollen Funktionen nicht zu übertreiben. Später muss jemand die Diagramme lesen, die Sie anlegen, und das ist um so mühsamer, je komplexer sie sind – Sie sollten Einschränkungen sparsam verwenden und sich jedes Mal gut überlegen, ob es vernünftig ist, eine Information anzugeben. Es gibt auch technische Gründe, warum man Designs vermeiden sollte, die Einschränkungen unterschiedlicher Modellelemente vornehmen, die nicht alle in einer Klasse enthalten sind. Ian Graham weist in diesem Zusammenhang darauf hin, dass ein solches Vorgehen Abhängigkeiten zwischen den eingeschränkten Modellelementen anzeigt, die die Wartung oder Wiederverwendung erschweren können.

Diskussionsfrage 50

Mit Einschränkungen können Informationen ausgedrückt werden, die man in UML normalerweise auch mit bequemeren Sonderschreibweisen angeben könnte. Wie ließe sich die Multiplizität einer Assoziation spezifizieren, wenn man Einschränkungen statt der normalen Multiplizitäts-Notation verwendet?

EXKURS 6.1

OCL (Object Constraint Language)

Die Object Constraint Language wurde so entworfen, dass sie folgende Eigenschaften besitzt:

- Formalität, damit die Einschränkungen, die mit ihr geschrieben werden, eindeutig sind
- einfache Anwendbarkeit, damit alle Entwickler mit ihr Einschränkungen schreiben können

OCL stammt aus der Syntropy-Methode, die von Steve Cook und John Daniels entwickelt und von IBM zu einer kommerziellen Modellierungssprache weiterentwickelt wurde. Sie wird in dem Dokument zur Semantik von UML eingesetzt, um Einschränkungen zu formulieren, nach denen UML-Modelle wohlgeformt sind, und bietet den Benutzern die Möglichkeit, in ihren eigenen Modellen Einschränkungen vorzunehmen.

Die UML-Spezifikation (siehe die Homepage zu diesem Buch) enthält alle Informationen über OCL, und ein Buch [52] ist dazu ebenfalls erhältlich.

Es ist äußerst schwierig, die beiden Zielsetzungen von OCL miteinander in Einklang zu bringen, und wir sind nicht wirklich davon überzeugt, dass OCL bisher eines dieser Ziele vollständig erfüllt. Es gibt keine formalen semantischen Bestimmungen, so dass OCL noch nicht als formale Sprache bezeichnet werden kann. Andererseits ist es nicht klar, ob eine formale Sprache, die derart leistungsfähig sein soll, überhaupt einfach zu erlernen sein kann. Wir wollen Sie zwar durchaus ermutigen, mehr über OCL zu lernen, doch wir möchten auch eine Warnung aussprechen:

Warnung

Der Einsatz formaler Notationen kann nützlich sein, vorausgesetzt, dass alle Benutzer auch wissen, wie man sie schreiben und lesen muss. Eine Einschränkung, die in verständlichem Deutsch ausgedrückt ist, ist weitaus sinnvoller als eine in einer formalen Sprache, die voller Fehler steckt oder von den Personen, die sie lesen müssen, nicht verstanden wird. Wenn Sie und Ihre Kollegen also nicht sicher sind, wie Sie etwas in OCL schreiben sollen, schreiben Sie es auf Deutsch.

6.1.7 Assoziationsklassen

Manchmal ist die Art, in der zwei Objekte miteinander assoziiert sind, genauso wichtig wie die Objekte selbst. Stellen Sie sich beispielsweise die Assoziation zwischen `Student` und `Unterrichtseinheit` vor. Wo sollte unser System die Noten aufzeichnen, die der Student in diesem Kurs erhält? Die Noten sind ja mit einem Paar verbunden, das sowohl aus einem Studenten als auch einer Unterrichtseinheit besteht. Wir könnten ein Objekt für jedes dieser Paare implementieren: Das Objekt würde die Noten aufzeichnen, die der Student für diesen Kurs erhält, ohne diese konzeptionell mit den Noten anderer Studenten in einem anderen Kurs durcheinander zu bringen. Das läuft darauf hinaus, dass wir die Assoziation zwischen den Klassen `Student` und `Unterrichtseinheit` als eine Klasse behandeln müssen; selbstverständlich verbindet eine Instanz der Assoziation einen Studenten mit einer Unterrichtseinheit, und jetzt wollen wir, dass dieser Verknüpfung Daten hinzugefügt werden. Wir brauchen wahrscheinlich auch Operationen, wenn auch nur, um damit die Noten festzusetzen und abzurufen. Das Ergebnis ist gleichzeitig eine Assoziation, und eine Klasse und wird logischerweise als *Assoziationsklasse* bezeichnet. Die Notation ist in Abbildung 6.12 dargestellt.

Abbildung 6.12 Eine Assoziationsklasse.

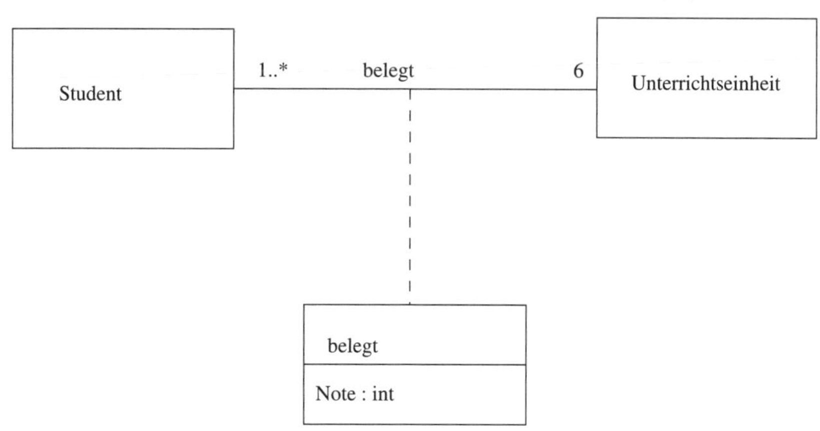

Das Klassensymbol und die Assoziationslinie müssen denselben Namen haben, da sie die gleiche Sache sind! Das stellt ein kleines Problem dar, da Assoziationen ja normalerweise Verbalsätze als Namen haben, Klassen dagegen Nominalsätze. (Und wenn Sie die übliche

Schreibkonvention anwenden, nach der Assoziationsnamen kleingeschrieben werden und Klassennamen groß, brauchen Sie eine zusätzliche Schreibweise für die Assoziationsklassen, da Sie ja nicht beide Konventionen gleichzeitig befolgen können!) Vielleicht fällt Ihnen ja ein besserer Name als *belegt* ein, der für beide Fälle verwendet werden kann.

Abbildung 6.13 Vermeidung einer Assoziationsklasse.

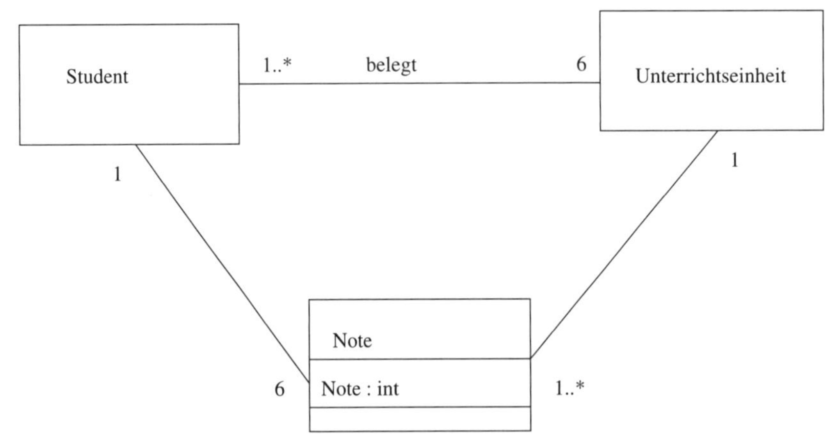

Es gibt natürlich auch noch andere Methoden, um dieses Verhältnis zwischen `Student` und `Unterrichtseinheit` festzuhalten: Wir könnten eine neue Klasse erfinden, z.B. `Note`, und mit den beiden anderen Klassen auf die übliche Weise assoziieren, wie in Abbildung 6.13 gezeigt wird.

Diskussionsfrage 51

Was sind die Vor- und Nachteile dieser beiden Ansätze? Erörtern Sie Folgendes: Was passiert, wenn ein Student aus irgendeinem Grund dieselbe Unterrichtseinheit zweimal belegt; brauchen wir eine Einschränkung in einem der Fälle? Bestünde überhaupt ein Unterschied in den Implementierungen, die mit den jeweiligen Notationen möglich sind?

6.2 Weiteres zu Klassen

In Kapitel 2 haben wir verdeutlicht, dass eine Klasse im Grunde zwei Zwecken dient: Sie definiert die Schnittstelle, die Objekte dem restlichen System präsentieren, und bestimmt eine Implementierung dieser Schnittstelle. Manchmal ist es wichtig, dass in einem Design eine Trennung zwischen diesen beiden Konzepten erfolgt, insbesondere, um die verschiedenen Ebenen der *Abhängigkeit* zwischen den Modellelementen unterscheiden zu können.

Tatsächlich gibt es drei verschiedene Definitionen von Klasse – drei unterschiedliche Arten, Objekte zu klassifizieren –, die wir nun vorstellen möchten. Sie unterscheiden sich darin, wie viele Informationen über Attribute, Operationen und deren Implementierungen sie enthalten. Im Überblick sind dies:

1. Schnittstellen. Eine Schnittstelle spezifiziert eine Liste von Operationen, die von allen Objekten bereitgestellt werden müssen, die dieser Schnittstelle entsprechen. Es sind keine

Implementierungen mit einer der Operationen assoziiert. Eine Schnittstelle gibt nichts über den Zustand des zu ihr gehörigen Objekts an, sie besitzt also keine Attribute, und keine Assoziation kann von einer Schnittstelle aus navigiert werden. Auf Schnittstellen werden wir im nächsten Unterabschnitt noch genauer eingehen.

2. <<type>>. Eine Klasse, die das Stereotyp <<type>> besitzt, ist wie eine Schnittstelle, nur dass sie einen Zustand haben kann, also Attribute genauso wie Operationen spezifizieren kann. Sie definiert keine Implementierungen.
3. <<implementation class>>. Eine Klasse, die das Stereotyp <<implementation class>> besitzt, definiert die physische Implementierung ihrer Operationen und Attribute. Sie kann einen Typ realisieren.

Jedes Objekt hat genau eine Implementierungsklasse, obwohl es mehrere Typen besitzen und zu verschiedenen Schnittstellen passen kann. Wir arbeiten gewöhnlich mit Klassen ohne Stereotypen, doch manchmal kann die zusätzliche Genauigkeit, die Stereotypen bieten, hilfreich sein.

EXKURS 6.2

Stereotypen

Mit *Stereotypen* kann man in UML Modellelementen zusätzliche Klassifizierungen zuweisen; dies ist eine der Methoden, mit der UML erweiterbar gemacht wird. Ein Stereotyp beschreibt ein Modellelement und wird im Diagramm direkt an das Element gesetzt. Abbildung 6.4 zeigt zum Beispiel das Stereotyp <<interface>> auf einem Klassensymbol[2] und das Stereotyp <<use>> auf einem Abhängigkeitspfeil. Dies liefert uns zusätzliche Informationen über die Klasse[3] und die Abhängigkeit.

Manche Stereotypen sind in UML vordefiniert; sie werden automatisch bereitgestellt und man kann sie nicht umdefinieren. <<interface>>, <<type>> und <<implementation class>> sind Beispiele dafür. Interessanter ist jedoch, dass Sie Ihre eigenen Stereotypen definieren können, um jede zusätzliche Klassifizierung auszudrücken, die nützlich sein könnte. Wenn Sie zum Beispiel eine Anwendung implementieren, die persistente Klassen enthält, könnten Sie etwa ein Stereotyp <<persistent>> definieren, um anzuzeigen, welche der Klassen persistent sind. In UML ist es sogar gestattet, neue grafische Symbole zu definieren, um damit eine <<persistent>>-Klasse darzustellen. Natürlich muss sich das Projektteam darauf einigen, wo es die Dokumentationen der neu erfundenen Stereotypen ablegt.

In diesem Buch versuchen wir immer darauf hinzuweisen, wenn wir ein Stereotyp verwenden, das kein vordefinierter Bestandteil von UML ist.

---

[2] Eine Schnittstelle ist eigentlich keine Art von Klasse; Schnittstellen und Klassen sind vielmehr Klassifizierer. Es gibt verschiedene Gründe für diese unterschiedliche Behandlung; zum Beispiel wird es dadurch für die UML-Semantik einfacher anzugeben, dass Klassen Attribute haben können, Schnittstellen dagegen nicht.

[3] streng genommen, Klassifizierer: siehe „Technische Anmerkung" zu UML auf Seite 114

6.2.1 Schnittstellen

Eine *Schnittstelle* spezifiziert Operationen eines Modellelements, einer Klasse beispielsweise, die außerhalb des Elements sichtbar sind. Sie muss nicht *alle* Operationen angeben, die das Element unterstützt, so dass dasselbe Element auf verschiedene Schnittstellen passen kann.

Eine Schnittstelle wird in einem Klassendiagramm mit einem Rechteck wie ein Klassensymbol definiert, und wie bei einer Klasse werden die Operationen in einem Bereich dieses Rechtecks aufgelistet. Das Symbol wird mit `<<interface>>` gekennzeichnet und hat niemals einen Bereich für Attribute, da eine Schnittstelle keine Attribute annehmen kann. Abbildung 6.14 zum Beispiel gibt eine Schnittstelle an, die alles akzeptiert, was die Nachricht `erzeugeString` versteht, und einen String zurückgibt. Das Diagramm zeigt außerdem, wie Schnittstellen in UML verwendet werden.

Abbildung 6.14 Eine Schnittstelle und ihre Verwendung.

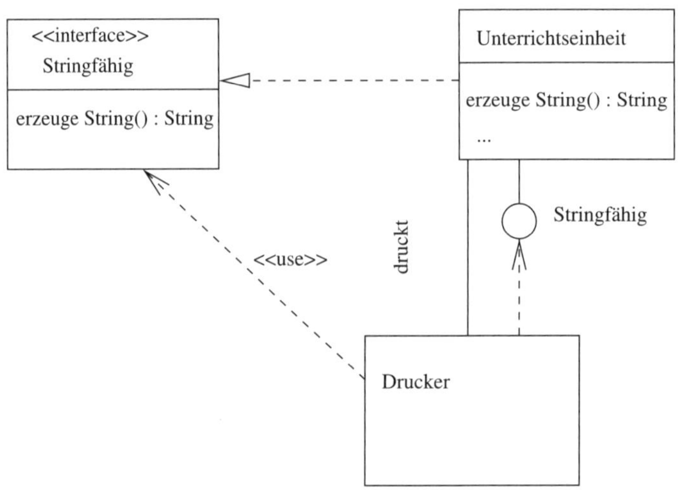

Die Klasse `Unterrichtseinheit` *passt* zu einer Schnittstelle (sie *realisiert* oder *unterstützt* sie); das heißt, `Unterrichtseinheit` hat eine Methode `erzeugeString` vom richtigen Typ. Das wird von beiden auf zwei Arten angezeigt:

1. Am Symbol `Unterrichtseinheit` hängt ein kleiner Kreis mit der Bezeichnung `Stringfähig`.
2. Ein Pfeil geht von `Unterrichtseinheit` nach `Stringfähig`. Beachten Sie den Realisierungspfeil, der verwendet wird: Er sieht aus wie ein Generalisierungspfeil, nur dass sein Schaft gestrichelt ist. Wie aus der Notation hervorgeht, kann man die Realisierung einer Schnittstelle als eine schwache Form von Vererbung ansehen. `Unterrichtseinheit` besitzt mindestens die Operationen, die in `Stringfähig` spezifiziert werden, und vielleicht auch noch weitere, wie es auch bei der Vererbung zwischen Klassen der Fall sein kann. `Unterrichtseinheit` *muss* jedoch seine eigenen Implementierungen bereitstellen, da `Stringfähig` keine Implementierungen hat: Nur die Spezifikationen für die Operationen werden geerbt.

Es ist natürlich überflüssig, dieselbe Information doppelt anzuzeigen. Es ist sinnvoll, den Realisierungspfeil wegzulassen, insbesondere wenn ein Diagramm viele Klassen enthält, die dieselbe Schnittstelle realisieren. Das Klassensymbol der Schnittstelle muss jedoch beibehalten werden, um zu definieren, was die Schnittstelle bedeutet.

Die Klasse `Drucker` ist nur von der Schnittstelle `Stringfähig` abhängig, was mit einem Abhängigkeitspfeil angezeigt wird, der zu dem Kreis führt, durch den die Schnittstelle `Stringfähig` symbolisiert wird. Das bedeutet, dass `Drucker` alle anderen Merkmale einer Klasse gleichgültig sind; solange sie die Methode `erzeugeString` unterstützt, kann der `Drucker` sie akzeptieren. Dies ist eine zusätzliche Information zur Assoziation `druckt`; sie ist hilfreich, da wir so wissen, dass wir Veränderungen an der Klasse `Unterrichtseinheit` vornehmen können – solange sie nicht die Funktion `erzeugeString` betreffen –, ohne Angst haben zu müssen, dass `Drucker` davon beeinflusst wird.

Das Diagramm zeigt außerdem den Abhängigkeitspfeil mit dem Stereotyp `<<use>>`, das angibt, dass `Drucker` von der Schnittstelle `Stringfähig` abhängt. Auch diesen können wir ohne Informationsverlust weglassen.

Abbildung 6.15 Eine ökonomischere Notation zur Darstellung von Schnittstellenabhängigkeit.

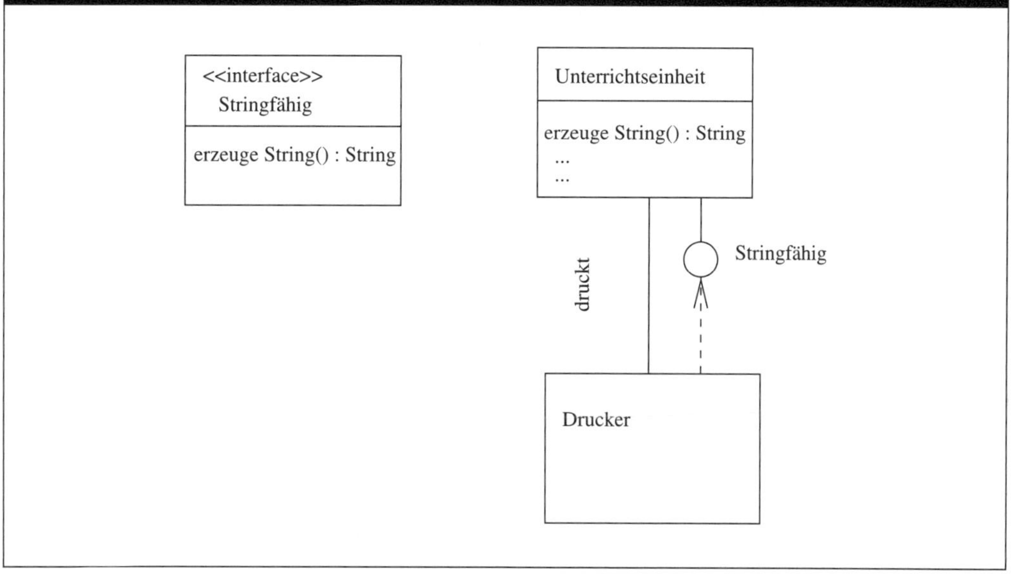

Abbildung 6.15 und 6.14 enthalten die gleiche Information; welche Darstellung übersichtlicher ist, hängt hauptsächlich von der ästhetischen Darstellungsweise Ihres Klassendiagramms ab.

? Wie kann eine Schnittstelle in Ihrer Sprache implementiert werden? Schreiben Sie ein Code-Skelett, das Abbildung 6.14 entspricht.

Wie wir in Kapitel 13 und 14 sehen werden, können nicht nur Klassen, sondern auch Subsysteme und Komponenten Schnittstellen realisieren.

Technische Anmerkung zu UML

In UML kann im Grunde jeder Klassifizierer eine Schnittstelle realisieren. Klassifizierer enthalten zum Beispiel Akteure und Anwendungsfälle, genauso wie die Klassen, Subsysteme und Komponenten, die wir erwähnt haben. Die Notation geschieht wie beschrieben; Sie können beispielsweise einen Lolli an das Anwendungsfall-Symbol zeichnen. Die Definition für die Schnittstelle selbst wird immer als Rechteck dargestellt.

6.2.2 Abstrakte Klassen

Ähnlich sieht die Notation für die *abstrakte Klasse* aus. Eine abstrakte Klasse, die wir mit der *Eigenschaft* `{abstract}` am Klassensymbol anzeigen, kann Implementierungen für einige ihrer Operationen definiert haben. Die Bezeichnung abstrakt bedeutet jedoch, dass für mindestens eine ihrer Operationen keine Implementierung festgelegt ist. Daher ist es nicht möglich, eine abstrakte Klasse zu instanziieren. Eine abstrakte Klasse, in der es für *keine* der Operationen eine Implementierung gibt und die keine Attribute enthält, ist im Grunde dasselbe wie eine Schnittstelle. C++-Programmierer verwenden abstrakte Klassen oft, um die gleichen Effekte hervorzurufen, für die Java-Programmierer Java-Schnittstellen einsetzen. Eine abstrakte Klasse kann außerdem benutzt werden, um eine UML-Schnittstelle in einer C++-Anwendung zu implementieren. In diesem Fall erbt eine Klasse, die eine Schnittstelle implementiert, von der abstrakten Klasse.

Diskussionsfrage 52

In Kapitel 2 haben wir gesagt, dass Klassen oft die Rolle einer Objektfabrik spielen. Inwiefern ist eine abstrakte Klasse eine Objektfabrik?[a]

[a] Vielen Dank an Bernd Kahlbrandt für diese Frage.

EXKURS 6.3

Eigenschaften und Tagged Values

Wir haben soeben ein Beispiel gesehen, in dem einem Element im Diagramm eine Eigenschaft hinzugefügt wurde, um mehr Informationen darüber anzuzeigen. Dies ist ein sehr wirkungsvoller Mechanismus in UML und stellt neben dem Einsatz von Stereotypen eine weitere Vorgehensweise dar, um UML erweiterbar zu machen.

So wie Objekte Werte für ihre Attribute aufweisen, haben auch Modellelemente wie Klassen Werte für ihre Eigenschaften. Eigenschaften beziehen sich im Grunde eher auf das Modell als auf das implementierte System. In einem UML-Modell hat beispielsweise jede Klasse die boolsche Eigenschaft `isAbstract`, die für den Fall, dass die Klasse abstrakt ist, den Wert `true` haben sollte und ansonsten `false`. Es gibt keine Empfehlung, dass es irgendwo im System ein wirkliches Attribut namens `isAbstract` geben sollte: Der Einsatz einer Eigenschaft bietet dem Designer lediglich einen systematischen Weg, um die Entscheidung festzuhalten, dass in seinem Design eine Klasse abstrakt ist.

Die verschiedenen Arten von UML-Modellen haben unterschiedliche Eigenschaften, mit denen die entsprechenden Entscheidungen aufgezeichnet werden. Eine besonders nützliche Eigenschaft ist `isQuery` bei Operationen. Wenn ein Entwickler angibt, dass bei einer Operation die Eigenschaft `isQuery` auf `true` gesetzt wird, hält dies die Designentscheidung fest, dass ein Aufruf der Operation den Zustand des Systems auf keine Weise beeinflussen darf. Solche Operationen können überall im Modell eingesetzt werden, wo sie sinnvoll sind, und so oft, wie Sie möchten, ohne dass Sie unerwünschte Seiteneffekte befürchten müssten. Sie können beispielsweise, ohne Verwirrung zu stiften, in Bedingungen oder Einschränkungen verwendet werden.

Alle Eigenschaften können in einem Diagramm durch das Hinzufügen des Labels `{eigenschaftsName = wert}` neben den Namen des Elements, auf das die Eigenschaft zutrifft, geschrieben werden. Da so viele Eigenschaften boolsche Werte annehmen und Namen haben wie `istEtwas`, gibt es in UML eine Kurzform dafür. Wir können entweder `{isAbstract = true}` schreiben oder stattdessen einfach `{abstrakt}`. Beachten Sie die Ähnlichkeit zur Schreibweise von Einschränkungen: In beiden Fällen wird der Ausdruck in geschweifte Klammern gefasst und in die Nähe des Elementnamens gesetzt. Sie können sich eine Eigenschaft auch als eine Art Einschränkung vorstellen.

Die vordefinierten Eigenschaften für alle Arten von Modellelementen sind im Dokument zur UML-Semantik [50] beschrieben. Außerdem können Sie Ihre eigenen *Eigenschaftswerte* (Tagged Values) definieren. Das heißt, Sie können für jedes Element in Ihrem Modell einen Namen (tag) festlegen, in den ein Wert eingesetzt werden soll. Wenn Sie beispielsweise aufzeichnen wollen, wer den Code für eine Klasse schreiben und wer ihn kontrollieren soll, könnten Sie jeder Klasse die Tagged Values `autor` und `korrektor` zuweisen. Die Informationen könnten Sie dann in Ihrem Klassendiagramm festhalten, indem Sie zum Beispiel `{autor - ''Perdita Stevens'', korrektor = ''Stuart Anderson''}` neben den Namen der Klasse setzen. Das ist natürlich nur sinnvoll, wenn sich Ihr Entwicklungsteam auf einen Satz Tags und ein Tool für deren Verwaltung und Darstellung geeinigt hat.

Worin besteht der Unterschied zwischen der Definition eines neuen Tagged Value und der eines neuen Stereotyps? Die Verwendung von Stereotypen ist eine wirkungsvollere und aufwändigere Option, die besonders dann angebracht ist, wenn Sie an einem Modellelement mehrere Spezialisierungen vornehmen wollen. Die Definition eines Tagged Value ist ein einfacherer Mechanismus für Fälle, in denen Sie lediglich einige zusätzliche Daten mit einem Element assoziieren möchten.

6.3 Parametrisierte Klassen

Eine parametrisierte Klasse ist eigentlich gar keine Klasse. Man kann sie als eine Art von Funktion ansehen: Anstatt Werte anzunehmen und zurückzugeben, nimmt eine parametrisierte Klasse Klassen an und gibt Klassen zurück. Sie wird auch manchmal als *Schablone* bezeichnet: Die Idee dabei besteht darin, dass diese *Schablone* mehrere Slots besitzt, in die Klassen gesteckt werden, um neue Klassen zu erhalten. Das klassische Beispiel hierfür ist Liste<T>. Setzt man anstelle des formalen Parameters `T` eine Klasse `C` ein, erhält man die Beschreibung für die Klasse der Listen von `C`-Objekten. Ein Objekt der Klasse Liste<Student> repräsentiert zum Beispiel eine Liste mit Studenten, wohingegen ein Objekt der Klasse Liste<Spiel> eine Liste mit Spielen darstellt. Wir könnten natürlich auch die neuen Klassen `StudentenListe` und `SpieleListe` implementieren, ohne neue Bestandteile zu verwenden. Eine Liste mit Studenten und eine Spieleliste hätten jedoch viele Gemeinsamkeiten: Beide würden zum Beispiel über Operationen zum Hinzufügen und Löschen von Listenelementen verfügen und hätten wahrscheinlich den gleichen Code, egal ob es sich bei den Elemente der Listen um Studenten oder Spiele handelt. Mit einer parametrisierten Klasse können wir uns diese Tatsache zunutzen machen, indem wir dieselbe parametrisierte Klasse für beide Fälle verwenden. Da wir eine parametrisierte Klasse nur einmal definieren, aber zweimal einsetzen, können wir Entwicklungs- und Wartungsarbeit einsparen. In UML stellen wir eine parametrisierte Klasse durch eine abgewandelte Version des Klassensymbols dar, das in der oberen rechten Ecke ein kleines gestricheltes Rechteck aufweist, in dem die formalen Parameter der parametrisierten Klasse aufgelistet sind. Die Typen der Klassenmitglieder können auch den formalen Parameter aufführen (und tun dies meistens). Es gibt zwei Methoden, um darzustellen, dass eine Klasse als Ergebnis aus der Anwendung einer parametrisierten Klasse auf ein Argument hervorgegangen ist. Beide werden in Abbildung 6.16 gezeigt.

Beachten Sie, dass wir in Abbildung 6.16 lediglich eine Abhängigkeit von vielen darstellen. So hängen die beiden Instanziierungen sowohl von der parametrisierten Klasse als auch von den jeweiligen Parametern ab. Die Abhängigkeit der `Liste<Spiel>` von `Liste<T>` haben wir zum Beispiel nicht gekennzeichnet, da sie schon aus dem Namen der Klasse ersichtlich ist.

? Warum können wir die Klasse `StudentListe` nicht mit Hilfe der Vererbung aus der Klasse `Liste` erzeugen?

Nicht alle Sprachen unterstützen diese Methode der direkten Erstellung von Klassen (manchmal als *Generizität* bezeichnet); in C++ geht das, aber in Java zum Beispiel nicht. Doch selbst wenn die Sprache, die in einem Projekt verwendet wird, keine parametrisierten Klassen unterstützt, kann man das Design mit dieser Notation manchmal besser lesbar machen.

Diskussionsfrage 53

Eine andere Methode, die Vorteile der Wiederverwendbarkeit im Beispiel `Liste` zu nutzen, besteht darin, eine einzelne nichtparametrisierte Klasse `Liste` auf Basis einer sehr allgemeinen Klasse wie `Objekt` zu definieren, von der ja alle anderen Klassen Unterklassen sind, und dann die Substituierbarkeit auszunutzen, um Objekte einer beliebigen Klasse in dieser `Liste` zu verwalten. Dieses Verfahren wird häufig in Sprachen angewandt, die parametrisierte Klassen nicht direkt unterstützen, z. B. in Java. Welche Vor- und Nachteile bietet dieser Ansatz im Vergleich zu einer parametrisierten Klasse `Liste`? Wie könnte dieselbe Wiederverwendbarkeit noch erreicht werden?

6.4 Abhängigkeit

Wir haben nun mehrere Beispiele für eine Abhängigkeit zwischen zwei Klassen gesehen (und einen Fall für eine Abhängigkeit zwischen einer Klasse und einer parametrisierten Klasse – vergessen Sie nicht, dass eine parametrisierte Klasse keine echte Klasse ist!). Rufen Sie sich aus Kapitel 1 ins Gedächtnis, dass `A` von `B` abhängt, wenn eine Veränderung von `B` eine Veränderung von `A` auslösen kann. Wir können eine Abhängigkeit zwischen allen beliebigen UML-Modellelementen darstellen (und nahezu alles in einem UML-Diagramm ist ein Modellelement). In allen Fällen wird die Abhängigkeit des Elements `A` von `B` wie in Abbildung 6.16 durch einen gestrichelten *Abhängigkeitspfeil* von `A` nach `B` angezeigt.

Abbildung 6.16 Eine parametrisierte Klasse und ihre Verwendung.

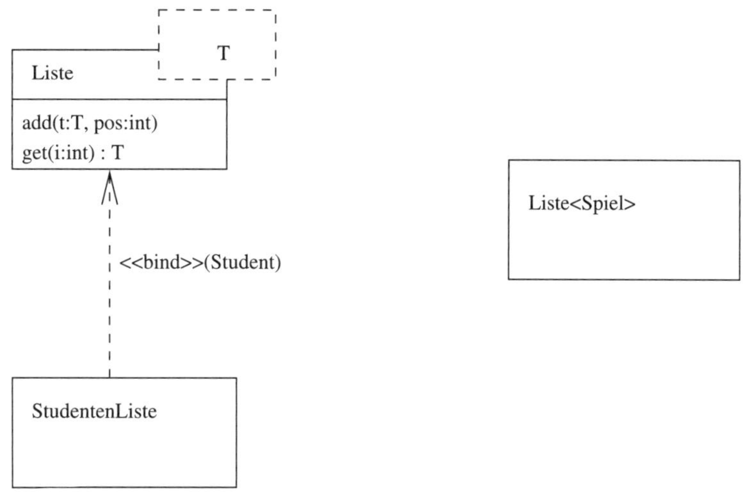

Achten Sie auf den Unterschied zwischen einer Abhängigkeit zwischen zwei Klassen und einer Assoziation zwischen Klassen. Eine Assoziation zwischen zwei Klassen zeigt an, dass *Objekte* dieser Klassen miteinander assoziiert sind. Eine Abhängigkeit bezieht sich auf das Verhältnis zwischen den Klassen selbst, nicht auf ihre Objekte.

Wenn eine Abhängigkeit zwischen Klassen besteht, ist es gewöhnlich möglich und vorzuziehen, genauere Aussagen über die Art der Abhängigkeit zu treffen. Eine Klasse hängt zum Beispiel immer von der Klasse ab, von der sie erbt, so dass keine Notwendigkeit besteht, eine Abhängigkeit in einem solchen Fall explizit anzuzeigen.

6.5 Komponenten und Pakete

Abhängigkeiten werden in UML am häufigsten zwischen *Paketen* eingesetzt. Ein Paket ist eine Sammlung von Modellelementen und definiert einen Namensraum für sie. Es könnte beispielsweise eine Sammlung verwandter Klassen und der Beziehungen zwischen ihnen sein oder eine Sammlung von Objekten und deren Beziehungen. Oft ist es praktisch, wenn man Elemente in solche Pakete einteilen kann, da man auf diese Weise Komponenten aus ihnen machen kann oder um das Projekt zur Bearbeitung durch mehrere Teams in kleinere Abschnitte aufzugliedern. Ein Paket kann in einem Klassendiagramm (oder in jedem anderen Diagramm) als Rechteck dargestellt werden, das in der oberen linken Ecke einen „Karteireiter“ trägt. Zeigt ein Diagramm eine Abhängigkeit oder Assoziation, die ein Paket mit etwas verknüpft, heißt das, dass im Paket ein Element enthalten ist, auf das sich die Abhängigkeit oder Assoziation bezieht. Wir brauchen nicht anzugeben, um welches Element es sich dabei handelt. In den Kapiteln 13 und 14 werden wir genauer auf Komponenten, Pakete und Subsysteme eingehen.

6.6 Sichtbarkeit und Schutz

Klassen weisen oft Attribute und Operationen auf, die nicht jedem ihrer Klienten zur Verfügung stehen. UML gestattet die Verwendung der Symbole +, # und – für die Unterscheidung zwischen öffentlichen, geschützten und privaten Eigenschaften einer Klasse (public, protected, private). Auf öffentliche Eigenschaften kann jeder Client der Klasse zugreifen. Die genaue Bedeutung von geschützt und privat ist abhängig von der jeweiligen Sprache. Auf private Eigenschaften können normalerweise nur Elemente der Klasse selbst zugreifen. Auf geschützte Mitglieder dürfen gewöhnlich mehr Elemente zugreifen als auf private, doch weniger als auf öffentliche.

ZUSAMMENFASSUNG

In diesem Kapitel wurden einige erweiterte Eigenschaften von UML-Klassendiagrammen und die wichtigsten Mechanismen für die Erweiterung von UML behandelt: Stereotypen, Einschränkungen und Tagged Values. Wir haben beschrieben, wie man zusätzliche Informationen über die Assoziation zwischen Klassen angeben kann und dabei Aggregation und Komposition, Rollen, Navigierbarkeit, qualifizierte Assoziationen, abgeleitete Assoziationen und Assoziationsklassen betrachtet. Des Weiteren haben wir Einschränkungen erörtert – eine der wichtigsten Eigenschaften von UML –, die man für viele Zwecke einsetzen kann; wir haben untersucht, wie sie verwendet werden können, um Klasseninvarianten anzugeben und die Beziehungen zwischen verschiedenen Assoziationen aufzuzeichnen. Danach haben wir Schnittstellen besprochen, die ebenfalls vielfältig eingesetzt werden können. Wir haben abstrakte Klassen und so genannte parametrisierte Klassen angesprochen, bei denen es sich nicht wirklich um Klassen handelt, sondern vielmehr um Funktionen, die eine oder mehrere Klassen als Argumente nehmen können und Klassen als Ergebnis zurückgeben. Zum Schluss haben wir Abhängigkeit und Sichtbarkeit besprochen.

KAPITEL 7

Grundlagen von Anwendungsfall-Modellen

Anwendungsfälle dokumentieren das Verhalten des Systems *aus der Sicht der Benutzer*. Mit „Benutzer" meinen wir in diesem Fall alles, was außerhalb des zu entwickelnden Systems ist und das mit dem System interagiert. Ein Benutzer kann ein Mensch sein, ein anderes Informationssystem, ein Hardwaregerät etc. Anwendungsfälle helfen bei drei der schwierigsten Entwicklungsaspekte:

- Ermittlung von Anforderungen
- Planung von Entwicklungsiterationen
- Validierung von Systemen

Anwendungsfälle wurden erstmals von Ivar Jacobson in den frühen neunziger Jahren als eine Weiterentwicklung der früheren *Szenario*-Idee eingeführt. Szenarien gibt es auch in UML noch und wir werden sie später in diesem Kapitel behandeln.

Ein *Anwendungsfall-Diagramm* ist intuitiv vergleichsweise leicht zu verstehen, selbst wenn man die Notation nicht kennt. Das ist ein großer Vorteil, da man die Fallmodelle auf diese Weise auch gut mit einem Kunden besprechen kann, der sich mit UML nicht auskennt. Betrachten Sie Abbildung 7.1, die das Anwendungsfall-Diagramm für die erste Fallstudie aus Kapitel 3 zeigt, bevor wir genauer auf die einzelnen Elemente eines Anwendungsfalls eingehen.

Das Diagramm zeigt keinen einzelnen Anwendungsfall, sondern sämtliche Anwendungsfälle für das jeweilige System. Ein individueller *Anwendungsfall*, der mit einem benannten Oval gekennzeichnet wird, stellt eine Aufgabe dar, die mit Hilfe des in Entwicklung befindlichen Systems erledigt werden muss. (Der UML-Standard nennt dies eine „kohärente Funktionalitätseinheit", doch wir ziehen den Ausdruck „Aufgabe" vor.) Natürlich zeigt das Anwendungsfall-Diagramm nur einen kleinen Ausschnitt der Informationen, die wir benötigen. Zusätzlich wird jeder Anwendungsfall – meist in Textform – detailliert beschrieben. Man kann das Anwendungsfall-Diagramm als eine Kurzfassung der Information ansehen, die in allen Beschreibungen der Anwendungsfälle enthalten ist.

Ein *Akteur*, der gewöhnlich als Strichmännchen dargestellt wird, steht für einen der Benutzer des Systems (wobei wir mit *Benutzer* bekanntlich alles außerhalb des Systems bezeichnen, das mit ihm in Verbindung tritt – lassen Sie sich von der menschlichen Gestalt des Symbols nicht zu dem Gedanken verleiten, dass der Akteur immer ein Mensch sein muss).

Abbildung 7.1 Das Anwendungsfall-Diagramm für die Bibliothek.

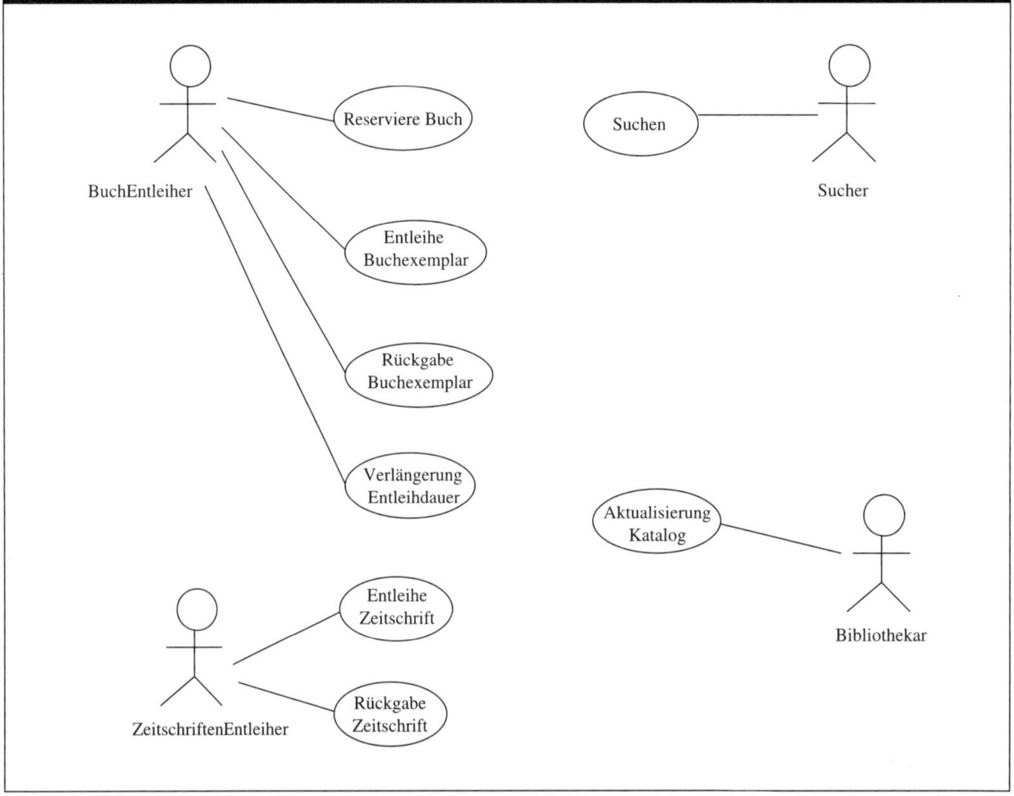

Abbildung 7.2 Einfache Assoziation zwischen Klassen.

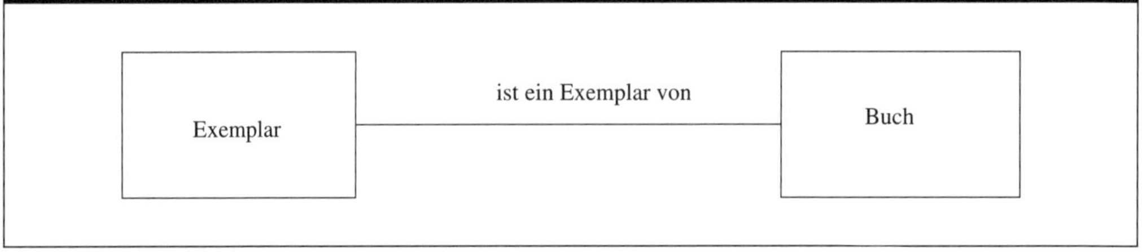

Ein Akteur wird mit einem Anwendungsfall durch eine Linie verbunden, wenn er (genau genommen jemand oder etwas, der oder das die Rolle spielt, die vom Akteur verkörpert wird) mit dem System interagieren darf, um bei der Ausführung der Aufgabe mitzuwirken.

Ein Anwendungsfall-Diagramm gleicht einem Klassendiagramm in dem Sinne, dass die Symbole *Mengen* von Dingen und *mögliche* Interaktionen statt individuelle Dinge oder definitive Interaktionen darstellen. In Kapitel 5 untersuchten wir die einfache Assoziation `ist ein Exemplar von` zwischen den Klassen `Exemplar` und `Buch`, die in Abbildung 7.2 gezeigt wird und die eine *Beziehung* zwischen der Gruppe von Objekten der Klasse `Exemplar` und der Objektgruppe der Klasse `Buch` darstellt. Das heißt, ein individuelles Objekt `meinExemplar` der Klasse `Exemplar` und ein individuelles Objekt `diesesBuch` der Klasse `Buch` können eine Beziehung haben oder nicht. In derselben Weise zeigt die sehr einfache Kommunikationsbeziehung in Abbildung 7.3, dass eine Beziehung zwischen der Gruppe der `BuchEntleiher` und der Gruppe der *Szenarien* besteht, in denen ein `BuchEntleiher` ein Buch in der Bibliothek reserviert. Ein bestimmter `BuchEntleiher` kann an einem bestimmten Reservierungs-Szenario mitwirken, muss es aber nicht. Ein Szenario ist eine Instanz eines Anwendungsfalls, genauso wie ein Objekt eine Instanz einer Klasse ist. Wir kommen später noch auf diesen Punkt zurück. Fürs Erste sollten Sie zwei Dinge beachten:

- Ein Akteur in einem Anwendungsfall-Diagramm stellt kein bestimmtes Individuum dar, sondern eine *Rolle*, die jemand spielt. Ein Bibliothekar könnte beispielsweise gleichzeitig auch Buchentleiher sein: Jemand, der manchmal die Rolle des Bibliothekars übernimmt, kann zu einem anderen Zeitpunkt die Rolle eines Buchentleihers spielen.
- Eine Kommunikationsbeziehung zwischen einem Akteur und einem Anwendungsfall bedeutet nicht, dass jemand in dieser Rolle tatsächlich an der Ausführung der Aufgabe beteiligt ist; es bedeutet lediglich, dass diese Möglichkeit besteht, je nach den gegebenen Umständen.

Abbildung 7.3 Einfache Kommunikation zwischen einem Akteur und einem Anwendungsfall.

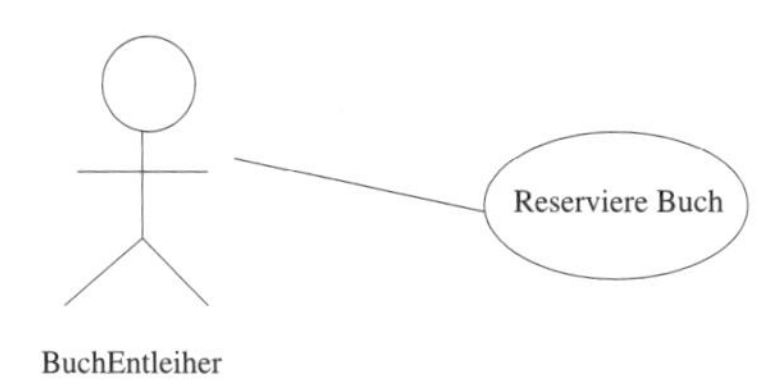

Lassen Sie uns nun genauer auf Akteure und Anwendungsfälle eingehen.

7.1 Akteure im Einzelnen

Nutznießer (Beneficiaries) Jeder Anwendungsfall muss eine Aufgabe oder kohärente Funktionalitätseinheit darstellen, die das System unterstützen soll. Normalerweise bedeutet dies, dass der Anwendungsfall einen Wert für mindestens einen der Akteure aufweist. Einen Akteur, für den ein Anwendungsfall einen Wert hat, nennen wir seinen *Nutznießer* (Beneficiary). Es ist wichtig, die Nutznießer für jeden Anwendungsfall zu bezeichnen, denn wenn ein Anwendungsfall einen Wert für einen bestimmten Akteur hat, wird dieser Akteur während der gesamten Entwicklung mit dem Anwendungsfall verknüpft bleiben. (Der Name des Akteurs kann sich möglicherweise ändern und am Ende haben wir vielleicht sogar mehrere Akteure, weil wir die Rollen neu klassifiziert haben, doch die menschlichen oder externen Systeme, die der Akteur vertritt, werden immer irgendwie dargestellt.) Ist ein Akteur jedoch kein Nutznießer eines Anwendungsfalls, ist die Verbindung zwischen ihnen weniger fest. Vielleicht gibt es andere Möglichkeiten, den gleichen Wert zu erreichen, das heißt, dieselben Anforderungen zu erfüllen. Aus diesem Grund müssen sich die Entwickler bewusst machen, wer einen Anwendungsfall *braucht* und wer daran beteiligt ist, ohne einen Nutzen daraus zu ziehen.

? Überdenken Sie den Anwendungsfall `Entleihe Buchexemplar` im Bibliothekssystem. Wir haben den Bibliothekar nicht als an diesem Anwendungsfall beteiligten Akteur gezeigt. Was wären die Vor- und Nachteile gewesen, wenn wir dies getan hätten?

Diskussionsfrage 54

Manchmal wird gefordert, nur solche Akteure in einem Anwendungsfall-Diagramm zu zeigen, die Nutznießer sind, da die Frage, welche anderen Akteure an der Realisierung eines Anwendungsfalls beteiligt sind, eine Designentscheidung ist und kein Bestandteil der Anforderungsanalyse. Wie denken Sie darüber und warum?

Es gibt auch Situationen, in denen eigentlich keiner der Beteiligten, die zur Ausführung einer Aufgabe mit einem System interagieren, einen Nutzen daraus zieht: Der Nutznießer tritt bei solchen Aufgaben indirekt mit dem System in Wechselwirkung. Siehe Abschnitt 7.4.1.

Bezeichnen der Akteure Potenzielle menschliche Benutzer eines Systems sind im Allgemeinen relativ leicht zu bezeichnen.[1] Für die Entwicklung eines Anwendungsfall-Modells müssen Sie die verschiedenen Rollen identifizieren, die diese Menschen spielen können, und dabei beachten, dass eine Person zu verschiedenen Zeitpunkten unterschiedliche Rollen ausfüllen kann. Wenn man Rollen bezeichnet, betrachtet man die Benutzer im Prinzip aus der Perspektive des Systems. Wenn Mary Smith und Joe Bloggs beide an einem Teil des Systemverhaltens beteiligt sind (z.B. an der Reservierung eines Buches) und es „keinen großen Unterschied im Verhalten des Systems bewirkt", ob es mit Mary Smith oder Joe Bloggs interagiert, dann bedeutet das höchstwahrscheinlich, dass sowohl Mary Smith als auch Joe Bloggs in der Lage sind, die Rolle zu spielen, die durch einen bestimmten Akteur des Anwendungsfalls dargestellt wird, der diese Aufgabe wiedergibt.

Diskussionsfrage 55

Welche Unterschiede im Verhalten eines Systems könnten Ihrer Meinung nach in diesem Zusammenhang wichtig sein? Können Sie dies präzisieren?

Es gibt noch einige Unterpunkte, auf die wir später in diesem und im nächsten Kapitel zu sprechen kommen werden, doch im Allgemeinen wird jeder Mensch, der mit dem System interagiert, durch mindestens einen Akteur im Anwendungsfall-Modell dargestellt. Ein Benutzer, der verschiedene Rollen spielt, wird natürlich durch mehrere Akteure vertreten, durch einen für jede Rolle.

Nichtmenschliche Akteure Die Situation ist bei nichtmenschlichen Akteuren meist weniger transparent, hauptsächlich da es weniger durchschaubar ist, was als externes System oder Gerät gelten soll. Eine Tastatur zum Beispiel zählt nicht als ein Gerät, das mit dem System interagiert, da es ein Mensch ist, der die Tasten drückt. Es wäre nicht sinnvoll, die Tastatur abzubilden; stattdessen abstrahieren wir natürlich die Tatsache, dass ein menschlicher Operator eine Tastatur bedient, von der Signale zum System geschickt werden, und zeigen als Stellvertreter einen Akteur, der direkt mit dem System interagiert. Wie wäre die Situation bei einem System, das Eingaben von einem Strichcode-Scanner erhält? Von einer Uhr? Aus dem Internet? Von einem anderen Computersystem innerhalb derselben Firma? Und was passiert, wenn das System Ausgaben an ein solches externes System oder Gerät sendet? Wo verlaufen die Grenzen zwischen Systemen? Nehmen Sie zum Beispiel an, dass unser Bibliothekssystem gestattet, über Fernleihe Bücher aus einer anderen Bibliothek anzufordern, und dass es über das Internet Kontakt mit der anderen Bücherei aufnimmt, wenn eine solche Anfrage eingeht.

[1] Wenn das nicht der Fall ist, sollten Sie misstrauisch werden: Möglicherweise werden Sie zu der überraschend häufig vorkommenden Aufgabe gedrängt, ein System aufzubauen, das zwar jemand erstellt haben will, aber niemand wirklich benutzen möchte!

Als was soll dann der Akteur in unserem Anwendungsfall-Diagramm dargestellt werden? Als das Internet? Das andere Bibliothekssystem? Oder keines von beiden?

Diese Entscheidung muss nach praktischen Gesichtspunkten getroffen werden: Sie machen das, was Ihnen am sinnvollsten erscheint, andere Leute haben andere Ansichten. Selbst wenn es klar ist, um welches externe System oder Gerät es sich handelt, besteht die Frage, welche dieser Dinge in einem Anwendungsfall-Diagramm gezeigt werden sollten. Bei Fowler und Scott [20] werden die verschiedenen möglichen Ansichten erörtert, die, zusammenfassend gesagt, die Bedingungen aufzeigen, wann man Interaktionen mit externen Systemen zeigen sollte:

1. Immer
2. Wenn es das andere System oder Gerät ist, das den Kontakt beginnt
3. Wenn es das andere System oder Gerät ist, das durch den Kontakt einen Wert erhält

Auch hier gibt es Personen, die der Meinung sind, dass Akteure immer Menschen darstellen sollten: Wir könnten beispielsweise den Bibliothekar der anderen Bücherei als Akteur darstellen, jedoch nicht das andere Bibliothekssystem. Die Gefahr dabei besteht darin, dass man auf diese Weise gezwungen wird, sich mit irrelevanten Fragen der Funktionsweise eines externen Systems auseinanderzusetzen, um verstehen zu können, welche menschlichen Rollen daran beteiligt sind.

Technische Anmerkung zu UML

Die Rollen in UML werden häufig eingesetzt, um anzuzeigen, was ein Objekt oder ein Akteur in einer bestimmten Kollaboration tut: Technisch gesehen spielt ein Akteur also in jedem Anwendungsfall eine andere Rolle und ist eine *kohärente Menge von Rollen*. Sie können sich einen Akteur auch als eine Person vorstellen, die „einen bestimmten Hut trägt".

7.2 Anwendungsfälle im Einzelnen

Wir haben festgestellt, dass ein Szenario die Instanz eines Anwendungsfalls ist, so wie ein Objekt die Instanz einer Klasse ist. Wie bei Objekten und Klassen ist ein Szenario einfacher zu beschreiben als ein Anwendungsfall, da Anwendungsfälle eine Menge verwandter Szenarien beschreiben.

Ein Szenario ist eine mögliche Interaktion zwischen dem System und einigen Menschen oder Systemen/Geräten (in deren verschiedenen Rollen). Man kann diese Interaktion als eine Abfolge von Nachrichten beschreiben. Im Folgenden sind zum Beispiel zwei Szenarien gezeigt:

- Buchentleiherin Mary Smith entleiht aus der Bibliothek das dritte Exemplar von *Krieg und Frieden* und hat selbst kein weiteres Leihbuch mehr. Das System wird entsprechend aktualisiert.
- Buchentleiher Joe Smith versucht, das erste Exemplar von *Anna Karenina* aus der Bibliothek zu entleihen, doch dies wird ihm verweigert, da er zur Zeit bereits das Maximum von sechs Büchern erreicht hat.

Diskussionsfrage 56

Wie lauten die Nachrichten in den beiden Fällen? Sollte „Nachricht" in diesem Kontext dasselbe bedeuten wie in Kapitel 2?

Jedes dieser Szenarien ist eine mögliche Instanz des Anwendungsfalls `Entleihe Buchexemplar`. Beachten Sie, dass sich in den beiden Fällen nicht nur die Akteure, sondern sogar die Ergebnisse unterscheiden. Das ist normal. Genauso wie nicht alle Objekte einer Klasse während ihrer Lebenszeit dieselbe Nachricht aussenden, können auch Szenarien desselben Anwendungsfalls ein unterschiedliches Verhalten zeigen. Alle Szenarien eines Anwendungsfalls sollten darin übereinstimmen, dass sie Versuche zur Ausführung der im Grunde gleichen Aufgabe darstellen, auch wenn der Anwendungsfall ungewöhnliche oder alternative Möglichkeiten enthalten kann.

Ein Anwendungsfall verkörpert also einen – möglicherweise komplexen – Satz von Anforderungen für das System, der sich bei der anfänglichen Ermittlung der Anforderungen herauszubilden beginnt und während der Systementwicklung verfeinert wird. Wir brauchen eine Methode, um die genaue Information über einen Anwendungsfall aufzuzeichnen: Was sind mögliche Szenarien und wodurch wird bestimmt, welche von ihnen unter bestimmten Umständen zum Tragen kommen? Dafür wird mit dem Anwendungsfall meistens eine Beschreibung in Textform assoziiert. Der Benutzer kann mit Hilfe eines Tools auf das ovale Symbol klicken, das den Anwendungsfall darstellt, um den Text angezeigt zu bekommen, der die genaue Beschreibung des Anwendungsfalls liefert.

Abbildung 7.4 Ein Anwendungsfall-Diagramm für die Bibliothek.

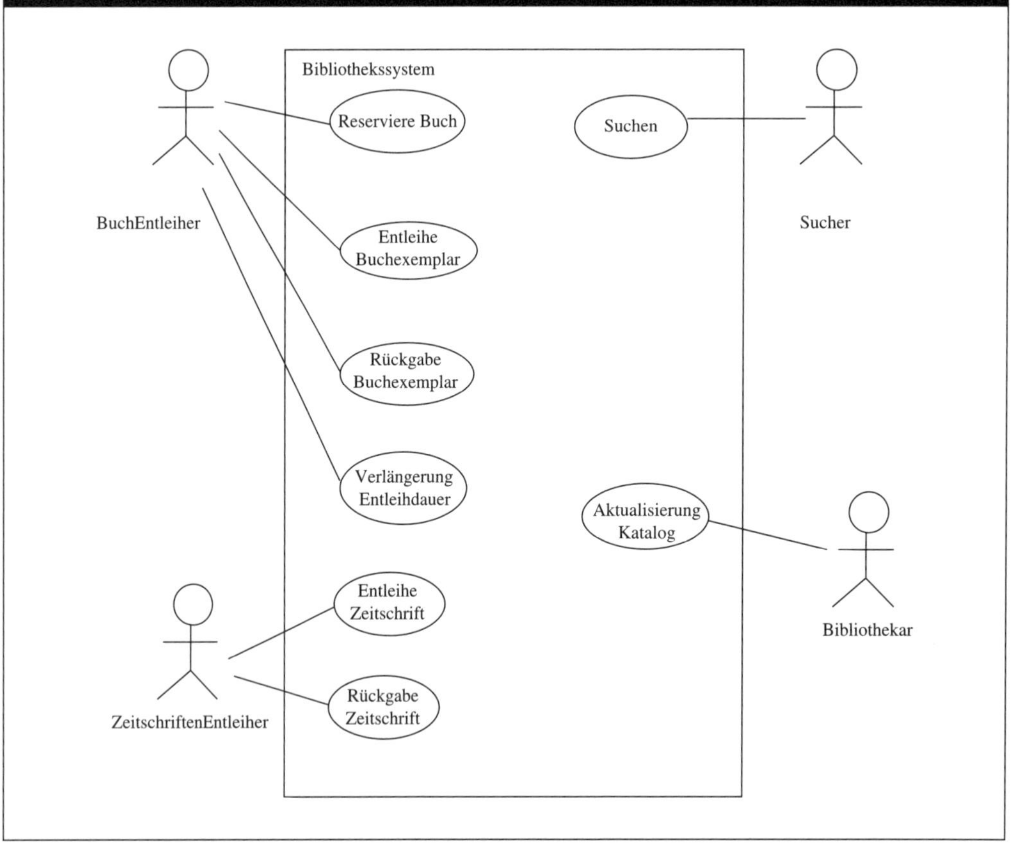

Außerdem kann man ein UML-*Aktivitätsdiagramm* oder eine Beschreibung in einer formalen Sprache einsetzen und mit den Anwendungsfällen assoziieren, die dadurch beschrieben werden.

Später müssen wir anzeigen können, wie die Sammlung der Klassen und Komponenten des Designs dem System ermöglicht, einen Anwendungsfall zu realisieren. Ein Anwendungsfall kann mit *Interaktionsdiagrammen* assoziiert werden, die darstellen, wie er oder eine Teilmenge seiner Szenarien in einem bestimmten Systemdesign umgesetzt wird.

7.3 Die Systemgrenze

Wahlweise kann man in einem Anwendungsfall-Diagramm einen Kasten um den Anwendungsfall zeichnen, der mit dem Namen des Systems beschriftet wird. Der Kasten stellt die Systemgrenze dar. Ein Beispiel hierfür wird in Abbildung 7.4 gezeigt.

Dies kann sinnvoll sein, wenn Sie ein komplexes System modellieren, das sich in verschiedene Subsysteme aufspaltet: In manchen Fällen kann für jedes Subsystem ein eigenes Anwendungsfall-Diagramm nötig sein. Dann hilft die Systemgrenze sofort zu verdeutlichen, welches Subsystem gerade modelliert wird. Wenn man ein Anwendungsfall-Diagramm zeichnet, das ein einfaches System darstellt, ist es jedoch üblich, den Kasten wegzulassen. So werden wir auch im weiteren Verlauf dieses Buches verfahren.

7.4 Der Einsatz von Anwendungsfällen

7.4.1 Anwendungsfälle zur Ermittlung der Anforderungen

Anwendungsfälle können bei der Ermittlung der Anforderungen helfen, indem sie einen strukturierten Weg dafür anbieten:

1. Identifizieren der Akteure.
2. Ermitteln der folgenden Angaben für alle Akteure:
   - Was brauchen sie vom System: das heißt, welche Anwendungsfälle haben einen Wert für sie?
   - Welche weiteren Interaktionen haben sie eventuell mit dem System, das heißt, an welchen Anwendungsfällen könnten sie zum Nutzen anderer teilnehmen ?

Um Prioritäten bei den Arbeitsschritten und Iterationen der Entwicklung setzen zu können, müssen Sie außerdem wissen, *wie notwendig* es für jemanden ist, dass ein bestimmter Anwendungsfall realisiert wird.

Es mag hilfreich sein aufzulisten, welche realen Personen oder Systeme die Rollen der einzelnen Akteure ausführen können, doch dies wird gewöhnlich nicht im UML-Diagramm aufgezeichnet. Wenn Sie das System mit potenziellen Anwendern besprechen, ist es notwendig herauszufinden, welche Akteure sie im Anwendungsfall-Diagramm sein könnten und ob es irgendwelche noch nicht berücksichtigte Funktionen gibt, von denen sie glauben, dass sie an ihnen teilnehmen werden.

Bei der Beschreibung von Nutznießern des Systems haben wir bereits erwähnt, dass es Aspekte des Systemverhaltens geben kann, die nicht so leicht als Anwendungsfälle für Akteure ins Auge fallen. Wir verbinden einen Akteur nur dann mit einem Anwendungsfall, wenn er daran beteiligt ist, und nicht ganz allgemein, wenn er in irgendeiner Weise Interesse an dem Fall zeigt. Es kann also durchaus Fälle geben, in denen eine Aufgabe zwar wichtig ist, doch keinen speziellen Nutzwert für die beteiligten Akteure aufweist. Das klassische Beispiel hierfür (erwähnt u.a. bei [20]) ist eine Softwarefirma, die allen ihren Kunden vierteljährlich Rechnungen schickt. Die Firma als Ganzes zieht einen Nutzen daraus; doch der einzige in diesem Anwendungsfall erkennbare Akteur ist der Kunde und vielleicht noch die Poststelle der Firma, die keinen eigenen Nutzen aus dem Versenden der Rechnungen zieht. Wenn Sie auf solche Aufgaben stoßen, sollten Sie sie dennoch als Anwendungsfälle zeigen, auch wenn sie für keinen der beteiligten Akteure einen direkten Nutzen bieten. (Stellen Sie jedoch sicher, dass der Anwendungsfall wirklich eine reale Anforderung wiedergibt.)

7.4.2 Anwendungsfälle bei der Entwicklung

Planung Bevor wir den heiklen Prozess der Schätzung und Planung für das gesamte Projekt durchführen, brauchen wir eine Liste mit allen Anwendungsfällen für unser System zusammen mit

- einer genauen Vorstellung davon, was jeder Anwendungsfall bedeutet,
- einem Begriff davon, wer wie viele und welche Anwendungsfälle fordert,
- dem Wissen um die riskantesten Anwendungsfälle,
- einem Plan, der angibt, wie lange die Implementierung der einzelnen Anwendungsfälle in Anspruch nehmen sollte.

Ein Punkt, der sich vielleicht ganz selbstverständlich anhört, besagt, dass Sie für die Auslieferung eines Systems nicht weniger Zeit (Gesamtaufwand aller beteiligten Entwickler) einplanen sollten, als die Summe der Entwicklungsdauer aller geplanten Anwendungsfälle ausmacht![2] Diese Berechnung kann ein wirkungsvolles Gegenmittel für zu großen Optimismus sein. Wenn (und das bedeutet hier eher sobald als falls) Sie erkennen, dass das System unbedingt schneller ausgeliefert werden muss, müssen Sie mit Ihrem Kunden aushandeln, welche Anwendungsfälle in dieser ersten Ausgabe nicht enthalten sein sollen. (Kent Beck nennt dies das *Planungsspiel*, und es berücksichtigt, dass es gewisse Regeln gibt, zum Beispiel über die erforderliche Zeit, die nicht gebrochen werden können, auch nicht, um dem Kunden entgegenzukommen.) An dieser Stelle macht es sich bemerkbar, mit welchem Genauigkeitsgrad die Anwendungsfälle beschrieben sind. Die Identifizierung von Funktionalität, die mehrere Anwendungsfälle gemeinsam haben und daher wiederverwendet werden kann, ist ebenfalls wichtig. Wir werden uns damit im nächsten Kapitel beschäftigen.

Sobald Sie wissen, welche Anwendungsfälle Sie bereitstellen sollen, müssen Sie entscheiden, in welcher Reihenfolge sie implementiert werden und welche Fälle in welche Iteration des Systems gehören. (Denken Sie daran, dass eine Iteration auf einer niedrigen Stufe angesiedelt sein kann, das heißt projektintern oder auf einer hohen, externen Stufe, was bedeutet, dass als Ergebnis ein System an den Kunden ausgeliefert werden soll. Der Kunde kann mit entscheiden, welche Anwendungsfälle für externe Iterationen vorgesehen werden, er ist jedoch nicht an Entscheidungen über interne Iterationen beteiligt.)

Politische Aspekte Erinnern Sie sich an die 25% der Systeme, die niemals fertiggestellt wurden? Das lag nicht daran, dass die Entwickler beschlossen hatten, lieber Urlaub zu machen; der Grund war, dass das Projekt abgebrochen wurde. Das heißt, irgendwo hatte irgendjemand entschieden, dass es sich nicht lohnte, weiterzumachen. Wie können wir verhindern, dass dies mit unserem Projekt geschieht?

Nach der Ermittlung der Anforderungen mit Hilfe von Anwendungsfällen und Akteuren haben wir wahrscheinlich eine gute Vorstellung davon, welche Anwendungsfälle – d.h. welche Aspekte des Systemverhaltens – für welche Personen die wichtigsten sind. Unabhängig von anderen Dingen wollen wir *als Erstes* zeigen, dass unser System für die einflussreichsten Personen etwas Wertvolles tun kann. Sobald wie möglich sollten wir sicherstellen, dass alle Personen, die über die Macht verfügen, das System zu boykottieren (und denken Sie daran, dass dies auch Menschen sein könnten, die in der Organisation keine formale Macht aus-

[2] unter Einbeziehung aller absehbaren Wiederverwendungen

üben), keinen Grund finden, dies zu tun. Das bedeutet, diesen Personen muss klar gemacht werden, dass sie nach der Fertigstellung und Auslieferung des Systems etwas bekommen, was sie wollen; etwas, das ihnen entgeht, wenn sie das Projekt abbrechen.

Wir sollten die Anwendungsfälle, die einer bestimmten Person wichtig sind, und natürlich andere Dinge, die ebenfalls wichtig sind, gegeneinander abwägen und die Arbeiten mit der höchsten Priorität als Erstes implementieren.

Es könnte natürlich auch beschlossen werden, ein Projekt erst gar nicht zu beginnen, falls man bei der Analyse der Anwendungsfälle keinen ausreichenden Nutzen ausmachen kann. Das ist auch ein Weg, das Risiko eines Projektabbruchs zu verringern!

Technische Aspekte Ein weiteres Kriterium, das manchmal in Konflikt mit den oben erwähnten Aspekten gerät, ist die Regel, dass wir die Anwendungsfälle mit dem größten Risikopotenzial als erste erledigen sollten, so dass wir die problematischen Fälle in Angriff nehmen können, solange wir noch über genügend Flexibilität verfügen und uns nicht auf ein Design festgelegt haben, das es unmöglich macht, die schwierigsten (riskantesten) Anwendungsfälle zu bearbeiten.

Diskussionsfrage 57

Es mag Situationen geben, in denen wir die einfachsten Teile eines Problems als Erstes in Angriff nehmen wollen. In welchen Fällen wäre dieser Ansatz sinnvoll?

Beachten Sie, dass sich die Art und Weise, wie der Anwendungsfall beschrieben wird, im Laufe des Entwicklungsprozesses verändern kann. Zu allererst ist es wichtig auszumachen, *was* das System in jedem Anwendungsfall erreichen soll, nicht *wie*. Später wählen wir dann eine Implementierung aus. Dafür müssen vielleicht auch die Akteure geändert werden; wahrscheinlich nicht der Akteur, der den Anwendungsfall benötigt, sondern die Akteure, die eine „Helferrolle" spielen.

Systemvalidierung Jeder Anwendungsfall beschreibt eine Anforderung für das System, so dass mit einem korrekten Design alle Anwendungsfälle durchgeführt werden können; das heißt, das Design *realisiert* alle Anwendungsfälle. Eine nahe liegende und sehr nützliche Technik für die Validierung eines Systemdesigns besteht darin, nacheinander alle Anwendungsfälle dahingehend zu überprüfen, ob das Design ihre Ausführung gestattet.

Dieselbe Technik kann man auch nutzen, um Systemtests abzuleiten: Es sollte Tests für jeden Anwendungsfall geben, und bei Fällen, die sehr unterschiedliche Familien von Szenarien enthalten, sollte für jede Familie ein Beispiel enthalten sein. Das Bibliothekssystem muss beispielsweise darauf getestet werden, ob es einem Benutzer gestattet, ein Buch zu entleihen, und ob es verhindert, dass er sich zu viele Bücher auf einmal ausleiht. Die Notwendigkeit für diese Tests wird aus dem Anwendungsfall-Modell unmittelbar ersichtlich.

7.5 Mögliche Probleme bei Anwendungsfällen

Wie wir gesehen haben, können Anwendungsfälle bei einigen der schwierigsten Aspekte der Systementwicklung hilfreich sein, nämlich bei der Ermittlung der Anforderungen, der Planung, der Iterationsverwaltung und der Testplanung. Manche Experten, insbesondere Meyer [36], lehnen Anwendungsfälle völlig ab. Auch wir haben einige Vorbehalte, doch sie beziehen sich eher auf die Modellierung solcher Anwendungsfälle, die wir im nächsten Kapitel beschreiben werden, als auf die einfache Form, um die es hier geht. Das Modellieren von Anwendungsfällen sollte aus folgenden Gründen mit Sorgfalt eingesetzt werden:

1. Es besteht die Gefahr, ein nichtobjektorientiertes System zu bauen. Die Konzentration auf Anwendungsfälle kann bei den Entwicklern dazu führen, dass sie die Architektur des Systems und die statische Objektstruktur aus dem Blick verlieren, weil sie sich gezwungen fühlen, die Anwendungsfälle für die aktuelle Iteration abzuliefern. Später, wenn die Funktionalität eines Anwendungsfalls bereits entwickelt worden ist, könnte es dann schwierig zu begründen sein, dass man Zeit für die Veränderung des Systems benötigt, um die Integrität hinsichtlich nachfolgender Anwendungsfälle zu gewährleisten. Am Ende könnten wir wieder dort landen, wo wir angefangen haben, und ein funktionsorientiertes, unflexibles System „von oben nach unten" entwickeln, das schlecht zu unterhalten ist. Diese Gefahr kann durch gewissenhafte Organisation zu Beginn jeder Iteration gemindert werden. Falls das System aus der vorangegangenen Iteration in einem unbefriedigenden Zustand hervorgegangen ist, sollte eine Umarbeitung durchgeführt werden, bevor man neue Funktionalität hinzufügt, und der Plan für die Iteration sollte das auch erlauben.
2. Es besteht die Gefahr, Design mit Anforderungen zu verwechseln. Wir haben bereits an einem Beispiel gesehen, wie das passieren kann: Die Maßgabe, dass ein Akteur an einem Anwendungsfall beteiligt ist, von dem er keinen Wert erhält, ist normalerweise eine Designentscheidung, keine Einschränkung. Allgemein gesagt, können durch Anwendungsfälle ausgedrückte Anforderungen die Entwickler dazu verführen, allzu operationell zu denken: Benutzer neigen meist dazu, den Anwendungsfall als eine ganz konkrete Abfolge von Interaktionen mit dem System zu beschreiben, was ein Weg, jedoch nicht der einzige ist, um ihr eigentliches Ziel zu erreichen. Zum Beispiel glauben Benutzer natürlich oft, dass die Dinge, die es zu tun gibt, in einer ganz bestimmten Reihenfolge erledigt werden müssen, vielleicht in der Abfolge, in der sie zur Zeit bearbeitet werden, obwohl eine andere Reihenfolge möglicherweise ebenso geeignet sein könnte. Für Entwickler ist es wichtig, dass sie Anforderungen von möglichen Designs unterscheiden.
3. Es besteht die Gefahr, Anforderungen zu vergessen, wenn man sich zu sehr auf den oben beschriebenen Prozess verlässt, erst Akteure zu finden und dann die Anwendungsfälle, die jeder von ihnen braucht. Wie wir bereits erwähnt haben, entstehen nicht alle Anforderungen auf diese Weise. Diese Gefahr kann gemindert werden, indem man die Analyse der Anwendungsfälle und die konzeptionelle Modellierung der Klassen parallel vor nimmt.

Diskussionsfrage 58

Eine Taktik könnte darin bestehen, ein Anwendungsfall-Modell zu entwickeln, mit dem lediglich die Akteure kommunizieren, die einen bestimmten Anwendungsfall benötigen; die „Hilfs-Akteure" würden nicht angezeigt. Worin bestünden die Vor- und Nachteile dieses Ansatzes?

EXKURS 7.1

Eine anwendungsfallmotivierte Entwicklung?

„Anwendungsfallmotiviert" („use-case driven") ist ein Schlagwort, das oft mit UML in Verbindung gebracht wird. Es wurde in [29] eingeführt und von einem großen Teil der UML-Gemeinde aufgegriffen. Was bedeutet es, und befürworten wir diesen Ansatz?

Die Idee besteht im Grunde darin, dass Anwendungsfälle den wichtigsten Aspekt im Designprozess darstellen. Sie werden nicht nur zur Ermittlung von Anforderungen entwickelt und dann fallengelassen, wenn der Designprozess beginnt. Sie sollten vielmehr das ganze Projekt hindurch eingesetzt werden, um zum Beispiel Veränderungen zu verfolgen oder Iterationen zu definieren. Bei diesem Ansatz wird der Schwerpunkt dort belassen, wo er auch liegen sollte: auf den Anforderungen der Benutzer. Hier ist eine Überschneidung mit dem benutzerzentrierten Design zu erkennen, das wir kurz in Kapitel 19 angesprochen haben.

Umstrittener ist zum Beispiel die Forderung von [29], die Untersuchung der Anwendungsfälle als Hauptmethode zum Auffinden von Objekten und Klassen einzusetzen sowie zur Bestimmung von Komponenten und deren Verwendungsmöglichkeiten. Wir haben freilich bereits einige der Gefahren beschrieben, die entstehen können, wenn man sich zu sehr auf Anwendungsfälle verlässt. Vor allem glauben wir nicht, dass die Untersuchung der Anwendungsfälle allein ein guter Weg ist, um Objekte und Klassen zu finden. Vielmehr denken wir, dass die Entwicklung des konzeptionellen Klassenmodells parallel zur Entwicklung des Anwendungsfall-Modells verlaufen sollte, so dass jeder dieser beiden dem anderen Informationen liefern kann. Einige Klassen wird man durch die Untersuchung der Anwendungsfälle entdecken, manche Anwendungsfälle werden entdeckt, wenn man die Klassen untersucht. Wir halten es nicht für sinnvoll, entweder den „anwendungsfallmotivierten" oder den „datenmotivierten" oder den „zuständigkeitsmotivierten" Entwicklungsansatz zu propagieren. In einer guten objektorientierten Entwicklung werden immer Aspekte aller drei Ansätze enthalten sein.

ZUSAMMENFASSUNG

In diesem Kapitel haben wir einfache Anwendungsfall-Modelle eingeführt und gezeigt, wie sie eingesetzt werden, um das Verhalten eines Systems auf designunabhängige Weise zu spezifizieren. Wir haben erörtert, wie Akteure, Anwendungsfälle und die Kommunikationsbeziehungen zwischen ihnen bezeichnet werden und wie man das Anwendungsfall-Modell im Kontext eines Entwicklungsprojekts verwendet. Im nächsten Kapitel werden wir uns mit weiteren Merkmalen und Einsatzmöglichkeiten von Anwendungsfall-Diagrammen beschäftigen. In den Kapiteln 9 und 10 wollen wir dann zeigen, wie Interaktionsdiagramme eingesetzt werden können, um zu veranschaulichen, wie ein Systemdesign einen Anwendungsfall realisiert.

DISKUSSIONSFRAGEN

7.1 Nehmen Sie die Akteure aus dem Bibliotheksbeispiel und überlegen Sie, welche Gruppen von Personen durch jeden Akteur dargestellt werden können. Welche Überschneidungen gibt es zwischen den Gruppen? Betrachten Sie zum Beispiel die Gruppe derjenigen, die manchmal die Rolle des Buchentleihers und in anderen Fällen die des Bibliothekars spielen (wenn es sie überhaupt gibt). Ist eine Gruppe in der anderen enthalten? Glauben Sie, es könnte sinnvoll sein, die Beziehungen zwischen diesen Gruppen von Menschen im Diagramm als Beziehungen zwischen den Akteuren darzustellen? Warum oder warum nicht? Und wenn ja, wie sollte das aussehen?

7.2 Bestehen irgendwelche interessanten Beziehungen zwischen einzelnen Anwendungsfällen? Wenn ja, welche? Wäre es hier sinnvoll, diese Beziehungen im Diagramm abzubilden, und wenn ja, warum und auf welche Weise?

7.3 Wir haben gesagt, dass ein Anwendungsfall normalerweise einen Wert für mindestens einen der Akteure besitzen sollte. Nennen Sie einige Beispiele für Anwendungsfälle aus Ihnen bekannten Systemen, die Werte für mehr als einen der beteiligten Akteure haben.

Kapitel 8 beschreibt, wie man in UML einige Beziehungen zwischen Akteuren und zwischen Anwendungsfällen darstellt: Vergleichen Sie doch einmal die Möglichkeiten, die UML für diesen Zweck bereitstellt, mit dem, was Ihnen wichtig ist.

KAPITEL 8

Weiteres zu Anwendungsfällen

In diesem Kapitel beschäftigen wir uns mit weiteren Aspekten von Anwendungsfall-Modellen und ihrer Verwendung in der Entwicklung.

Wir werden erörtern,

- wie und warum wir Beziehungen zwischen Anwendungsfällen darstellen sollten,
- wie und warum wir Beziehungen zwischen Akteuren darstellen sollten.

Der Leser sei gewarnt, dass all diese Merkmale den Anwendungsfall komplexer machen (wenn auch möglicherweise kleiner). Zu Beginn des vorangegangenen Kapitels haben wir behauptet, dass eine wichtige Stärke von Anwendungsfall-Diagrammen in ihrer Einfachheit liegt. Hier haben wir es mit einem offensichtlichen Widerspruch zu tun. Des Weiteren bestehen zahlreiche Meinungsverschiedenheiten darüber, wie die hier beschriebenen Merkmale genau eingesetzt werden sollten, und die UML-Gemeinde scheint bisher noch zu keiner Übereinkunft gekommen zu sein. Insbesondere haben sich die Beziehungen zwischen Anwendungsfällen seit UML1.1 (und der ersten Auflage dieses Buches) verändert, und das könnte erneut passieren. Wir empfehlen Ihnen den „idiotensicheren" Ansatz: Falls Sie unsicher sind, wenden Sie diese Merkmale nicht an!

Schließlich werden wir die Umstände besprechen, unter denen ein Akteur im Anwendungsfall-Modell durch eine Klasse im System modelliert werden sollte, da bei dieser Frage oft Unsicherheit herrscht.

8.1 Beziehungen zwischen Anwendungsfällen

Es existieren im Wesentlichen zwei Situationen, in denen es sinnvoll ist, eine Beziehung zwischen zwei Anwendungsfällen aufzuzeigen. Im Anwendungfall-Diagramm wird dies als gestrichelter Pfeil mit einer Spitze aus zwei Linien zwischen den Ellipsen zweier Anwendungsfälle dargestellt (es handelt sich um den gleichen Pfeil, mit dem auch andere Arten von Abhängigkeiten angezeigt werden). Zur Unterscheidung werden den beiden Fällen verschiedene *Stereotypen* zugewiesen: Der erste erhält das Stereotyp `<<include>>`, der zweite `<<extend>>`. (Stereotypen wurden im Exkurs 6.2 beschrieben.)

8.1.1 Wiederverwendbare Anwendungsfälle: <<include>>

Am bedeutendsten ist der Fall, bei dem wir ein Verhalten, das zwei oder mehr unserer ursprünglichen Anwendungsfälle teilt, als gemeinsamen Faktor herausziehen können oder (was noch besser ist) wenn wir entdecken, dass wir Teile eines unserer Anwendungsfälle durch die Verwendung einer Komponente implementieren können.

Abbildung 8.1 Wiederverwendung von Anwendungsfällen: <<include>>.

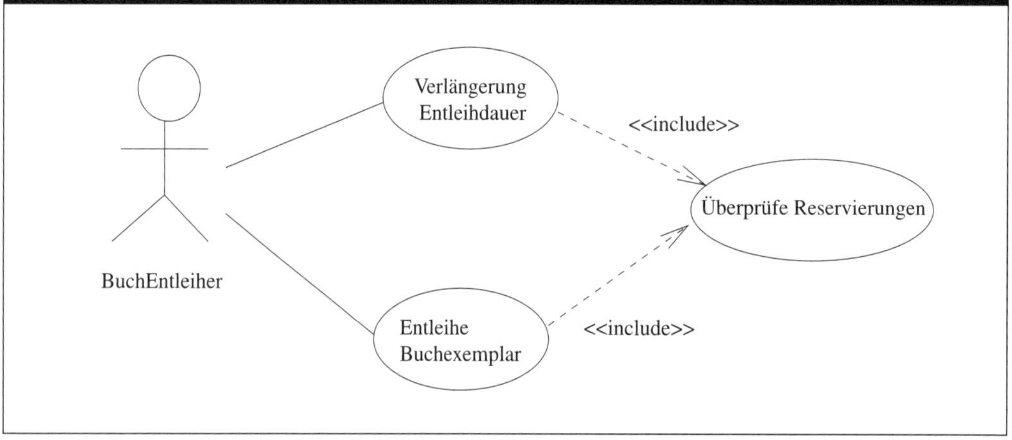

Wenn Sie sich zum Beispiel die Beschreibungen der Anwendungsfälle `Entleihe Buchexemplar` und `Verlängerung Entleihdauer` ansehen, können Sie feststellen, dass in beiden überprüft werden muss, ob bereits seine Reservierung für das Buch vorliegt. Ist es reserviert, kann weder die Entleihdauer verlängert noch das Buch ausgeliehen werden. Dieses gemeinsame Merkmal der beiden Anwendungsfälle können wir in unserem Diagramm, wie in Abbildung 8.1 darstellen. Beachten Sie, dass der Pfeil vom Anwendungsfall des „Benutzers" zu dem des „Benutzten" führt und mit (dem Stereotyp) `<<include>>` markiert ist, um anzuzeigen, dass *der Ausgangsfall den Zielfall enthält*. Das bedeutet, dass Szenarien, die Instanzen des Ausgangsfalls sind, Unterszenarien enthalten, die Instanzen des Zielfalls sind. Wenn sich der Ziel-Anwendungsfall ändert, hat das Auswirkungen auf den Ausgangsfall, denn seine längeren Szenarien verändern sich ebenfalls; der Ziel-Anwendungsfall hängt jedoch nicht vom Ausgangs-Anwendungsfall ab.

Natürlich werden auch die ausführlichen Anwendungsfall-Beschreibungen entsprechend zerlegt. Die neuen Beschreibungen können folgendermaßen lauten:

- **Entleihe Buchexemplar** Ein `BuchEntleiher` legt ein Buch vor. Das System überprüft, ob der potenzielle Entleiher Mitglied der Bibliothek ist und ob er noch nicht die erlaubte Höchstzahl an entliehenen Büchern erreicht hat. Diese Zahl beträgt sechs, es sei denn, der Entleiher gehört zum Personal, in welchem Fall sie zwölf ist. Wenn diese beiden Überprüfungen positiv ausfallen, stellt das System fest, ob eine Reservierung für das Buch vorliegt (Anwendungsfall `überprüfe Reservierungen`); im negativen Fall verweigert das System die Freigabe des Buches. Ist das Buch reserviert, wird das Entleihen ebenfalls verweigert. Wenn es nicht reserviert ist, registriert das System, dass das Bibliotheksmitglied das entsprechende Buchexemplar ausgeliehen hat, und gibt Anweisung, das Rückgabedatum ins Buch zu stempeln.
- **Verlängerung Entleihdauer** Ein `BuchEntleiher` bittet (entweder persönlich oder telefonisch) darum, die Entleihdauer eines Buches zu verlängern. Das System überprüft, ob eine Reservierung für das Buch vorliegt (Anwendungsfall `überprüfe Reservierun-`

gen). Falls ja, lehnt das System ab, das Buch zu verlängern; falls nein, registriert das System, dass das Bibliotheksmitglied die Entleihdauer für das entsprechende Buchexemplar verlängert hat, und aktualisiert die Daten für Buch und Entleiher. Es gibt Anweisung, das Buch mit dem neuen Rückgabedatum zu versehen. Das geschieht entweder durch einen neuen Stempel, falls der Entleiher persönlich anwesend ist, oder indem der Entleiher gebeten wird, das Datum selbst abzuändern, wenn es sich um eine telefonische Verlängerung handelt.

- **Überprüfe Reservierungen** Anhand der Reservierungsliste überprüft das System für jedes Buchexemplar, ob Reservierungen vorliegen. Wenn es sie findet, vergleicht es deren Zahl n mit der Anzahl der Exemplare dieses Buches, m, die auf dem Regal für reservierte Bücher stehen. Ist $n>m$, gibt das System an, dass dieses Exemplar reserviert ist beziehungsweise umgekehrt.

Diskussionsfrage 59

Ist dies die beste Zerlegung der Funktionalität? Wie kann man sie am sinnvollsten mit anderen Zerlegungen vergleichen? Ist dafür ein Anwendungsfall-Modell allein ausreichend?

Die Darstellung einer solchen gemeinsamen oder wiederverwendeten Funktionalität in einem Anwendungsfall-Diagramm hat verschiedene Vorteile:

- Sie ist eine praktische Methode, um die Entscheidung aufzuzeichnen, dass eine Komponente benutzt werden soll, oder um zu verhindern, dass die gleiche Information in mehr als einer ausführlichen Fallbeschreibung festgehalten wird.
- Teile aus der Anwendungsfall-Beschreibung wegzulassen, kann diese kürzer und leichter verständlich machen, vorausgesetzt, die enthaltenen Anwendungsfälle sind in sich selbst kohärente Funktionalitätseinheiten.
- Stellt man früh genug fest, dass Anwendungsfälle Funktionen gemeinsam haben, kann man nach einer Möglichkeit suchen, wie eine Komponente, die die gemeinsame Funktionalität implementiert, wiederverwendet werden kann. Wie bereits in Kapitel 7 erwähnt, ist das Anwendungsfall-Diagramm ein wichtiger Bestandteil des Planungsprozesses. Es ist daher sinnvoll zu wissen, welche Anwendungsfälle eine Funktionalität gemeinsam haben; wenn Sie diese Gemeinsamkeit erst später entdecken, haben Sie sich möglicherweise schon die doppelte Arbeit gemacht. Beachten Sie jedoch, dass man einen ausführlichen Plan nicht allein auf der Basis des Anwendungsfall-Modells entwickelt, so dass `<<include>>` nicht die einzige Möglichkeit ist, um exakte Pläne zu erzielen.

Bei der Identifizierung und Dokumentation der Wiederverwendbarkeit auf diese Weise gibt es jedoch auch einige Stolpersteine, insbesondere wenn die entsprechenden Anwendungsfälle nur kleine Ausschnitte der Funktionalität wiedergeben:

- Es besteht die große Gefahr, dass man bei der Suche nach Wiederverwendbarkeit im funktionalitätsorientierten Anwendungsfall-Modell beim Design zielstrebig in einen „Top-down"-Stil der funktionalen Zerlegung zurückfällt: in eben den unflexiblen Stil, den man mit der Objektorientierung eigentlich verhindern wollte.
- Ein Anwendungsfall-Modell mit `<<include>>` ist für jemanden, der sich mit UML nicht auskennt, schwieriger zu lesen, so dass es weniger zur Vorlage beim Kunden geeignet ist. Des Weiteren ist es um so schwieriger, das Diagramm aktuell zu halten, je komplexer es ist, insbesondere wenn zusätzlich zu den Anforderungen auch Informationen über das Design möglich sind.

Hinsichtlich des ersten Punktes ist es ratsam, das Klassenmodell auf konzeptioneller Ebene parallel zum Anwendungsfall-Modell zu entwickeln und dabei Techniken wie CRC-Karten einzusetzen, um sicherzustellen, dass jede Wiederverwendbarkeit, die das Anwendungsfall-Modell anzeigt, auch auf der Objektebene konzeptionell Sinn ergibt. Umgekehrt können Ihnen CRC-Karten und vergleichbare Techniken natürlich auch helfen, gemeinsame Funktionalität zu erkennen, die dann im Anwendungsfall-Diagramm angezeigt werden kann.

Wie viel Funktionalität müssen Anwendungsfälle gemeinsam haben, damit es sich lohnt, diese Abschnitte separat aufzuzeichnen? Als grobe Richtlinie kann man sagen, dass eine gemeinsame Funktionalität nur dann ausgegliedert werden sollte, wenn ihre Entwicklung eine bedeutende Menge an Planungszeit in Anspruch nimmt. Das heißt gewöhnlich, dass die Zeit, die man für diese Arbeit verwenden würde, länger sein muss als die kleinste Zeiteinheit, mit der der Plan formuliert ist, beispielsweise ein „idealer Entwicklungstag". In dem Beispiel, das wir beschrieben haben, ist das eher unwahrscheinlich, so dass Sie diesen Anwendungsfall in der Praxis wahrscheinlich *nicht* ausgliedern würden.

8.1.2 Komponenten und Anwendungsfälle

Komponenten und Anwendungsfälle interagieren auf (mindestens) zwei ähnliche Arten. Als Erstes werden wir uns mit der Frage beschäftigen, welche Auswirkungen die *Verwendung* einer Komponente im Anwendungsfall-Modell hat, danach überlegen wir, wie ein Anwendungsfall-Modell bei der Spezifizierung einer Komponente helfen kann.

Wenn wir ernsthaft ein komponentenbasiertes Design entwickeln wollen, müssen wir uns so früh wie möglich Gedanken über die Komponenten machen, im Grunde schon gleich zu Beginn des Projekts. Dafür gibt es mehrere Gründe.

Erstens werden wir sicherlich unsere Beschreibungen der Anwendungsfälle ändern müssen, damit sie zu den verfügbaren Komponenten passen; möglicherweise müssen wir uns auch auf Veränderungen an den Anforderungen einigen, um die vorhandenen Komponenten bestmöglich einsetzen zu können. Das hört sich vielleicht etwas radikal an, doch stellen Sie sich den gleichen Sachverhalt beispielsweise einmal auf den Hausbau übertragen vor: Es ist sehr unwahrscheinlich, dass Sie aufgefordert werden, genau anzugeben, welche Abmessungen und Formen die Türen in Ihrem Haus haben sollen. Man wird Sie eher bitten, aus einer Reihe verfügbarer Formen und Größen zu jeweils unterschiedlichen Preisen auszuwählen; sollte es überhaupt möglich sein, eine runde, grüne Tür mit Messinggriff zu bestellen, können Sie davon ausgehen, dass Sie einen sehr viel höheren Preis dafür zahlen und länger darauf warten müssen als bei einer Standardtür. Sollte die Softwareindustrie den Schritt hin zur komponentenbasierten Entwicklung machen, kann man davon ausgehen, dass sich unser Ansatz mit flexiblen Anforderungen ebenfalls ändern muss.

Diskussionsfrage 60

Stimmen Sie dem zu? Oder glauben Sie zum Beispiel, dass die Flexibilität, die charakteristisch für Software ist, ausreicht, um diesen Effekt zu mildern?

Zweitens: Wenn es möglich ist, mit Hilfe einer Komponente eine Reihe von Anforderungen zu implementieren, möchten wir dies natürlich wissen, bevor wir viel Zeit und Mühe dazu aufwenden, dies selbst zu entwickeln.

Hier sprechen wir zum ersten Mal eine Frage an, die noch häufiger auftauchen wird: Wenn wir eine Komponente verwenden, die wir nicht selbst entwickeln mussten, zeigen wir sie in unserem Designdiagramm? Oder tun wir so, als sei sie Teil der Programmiersprache, und benutzen sie einfach? Beides ist möglich; was am besten ist, hängt von der Art der Komponente ab (und ist zu einem gewissen Grad auch Geschmackssache). Nehmen Sie zum Beispiel an, wir benutzen eine Klasse `OrderedCollection` aus einer Klassen-Bibliothek, um die Elemente einer Liste mit überfälligen Büchern zu sortieren. Es hat wahrscheinlich keinen Wert, anzugeben, dass `Dinge ordnen` ein eingebetteter `<<include>>`-Fall ist; dafür ist diese Funktionalität zu klein. Wenn wir jedoch eine komplexere Komponente einsetzen, sollten wir sie möglicherweise doch anzeigen.

Wenn wir eine wiederverwendbare Komponente entwickeln wollen, die die Funktionalität eines bestimmten Anwendungsfalls teilweise, jedoch nicht vollständig enthält, ist es natürlich auch sinnvoll, die entsprechende Komponente durch ihren eigenen Anwendungsfall (oder mehrere Fälle) genau zu beschreiben. Der größte Unterschied zwischen einem Anwendungsfall für eine Komponente und dem für ein ganzes System besteht darin, dass die Akteure, die mit einer Komponente interagieren, eher Objekte sind, die sich außerhalb der Komponente befinden, als Menschen oder externe Systeme und Geräte. Das externe Objekt einer Komponente kann man sich wie ein externes System oder Gerät für diese Komponente vorstellen; wir haben nur die Perspektive gewechselt. Wenn zum Beispiel `überprüfe Reservierungen` eine Komponente ist, die separat beschrieben werden soll, könnte darin die ausführliche Beschreibung von oben enthalten sein und das sehr einfache Anwendungsfall-Diagramm aus Abbildung 8.2.

Wie wir jedoch bereits erwähnt haben, lohnt es sich bei diesem kleinen Beispiel wahrscheinlich nicht, es auf diese Weise zu behandeln.

Abbildung 8.2 Ein Anwendungsfall-Diagramm zur Beschreibung einer Komponente.

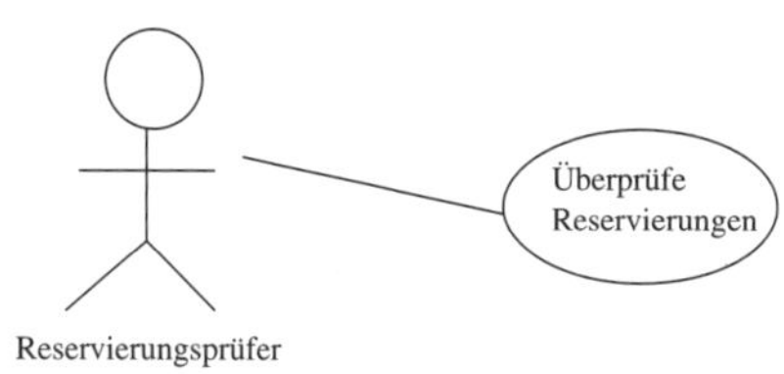

Zusammenfassung: die Verwendung von `<<include>>`

Verwenden Sie eine `<<include>>`-Beziehung zwischen Anwendungsfällen,

- um anzuzeigen, wie das System eine bereits existierende Komponente einsetzen kann,
- um anzuzeigen, dass Anwendungsfälle eine gemeinsame Funktionalität aufweisen,
- um festzuhalten, dass im Projekt eine neue wiederverwendbare Komponente entwickelt wurde.

Es ist wahrscheinlich, dass ein Projekt mit der Entwicklung eines einfachen Anwendungsfall-Diagramms beginnt, bei dem die in diesem Kapitel beschriebenen Eigenschaften nicht zum Tragen kommen; ein Diagramm mit `<<include>>` sollte man als eine Verfeinerung des ersten Diagramms ansehen, bei der einige Designentscheidungen getroffen worden sind.

8.1.3 Aufteilung bei unterschiedlichem Verhalten: <<extend>>

Wenn ein Anwendungsfall mehrere deutlich unterschiedliche Szenarien enthält – das heißt, es können abhängig von den Umständen unterschiedliche Dinge geschehen –, kann es übersichtlicher sein, sie als einen Hauptfall mit ein oder mehreren untergeordneten Fällen darzustellen. Es liegt in Ihrer Entscheidung, wann Sie das tun, da man einen Anwendungsfall immer in mehrere andere Fälle untergliedern kann. Wir könnten zum Beispiel `Entleihe Buchexemplar` in zwei Fälle aufspalten: den normalen Fall, bei dem es gestattet ist, ein Buch zu entleihen, und den ungewöhnlichen Fall, in dem ein Mitglied dies nicht darf, da es bereits die maximale Anzahl der entliehenen Medien erreicht hat.

Wir verwenden den Pfeil für `<<extend>>`, der vom weniger zentralen zum zentralen Fall führt, wie Abbildung 8.3 zeigt. Passen Sie jedoch auf: Der Pfeil geht vom ungewöhnlichen Fall zum normalen! Die meisten Leute empfinden dies als „umgekehrt" im Vergleich zum Pfeil für `<<include>>`.

Auch hier gibt es wieder eine entsprechende Zerlegung der Anwendungsfall-Beschreibung. Bei der neuen Darstellung des Normalfalls müssen wir Folgendes anzeigen:

- die Bedingungen, unter denen der Ausnahmefall gilt;
- den Punkt, an dem die Bedingung am besten überprüft werden kann und von wo aus sich ein unterschiedliches Verhalten entwickelt: Dies bezeichnet man als den *Erweiterungspunkt*.

In UML ist es möglich (aber nicht Voraussetzung), die Bedingung durch den Erweiterungspfeil darzustellen und den Erweiterungspunkt im Oval des zentralen Anwendungsfalls anzugeben, wie in Abbildung 8.4 gezeigt wird. Das ist wahrscheinlich am sinnvollsten, wenn Sie für die Anwendungsfall-Beschreibungen eine formale oder halbformale Sprache benutzen.

Abbildung 8.3 <<extend>>.

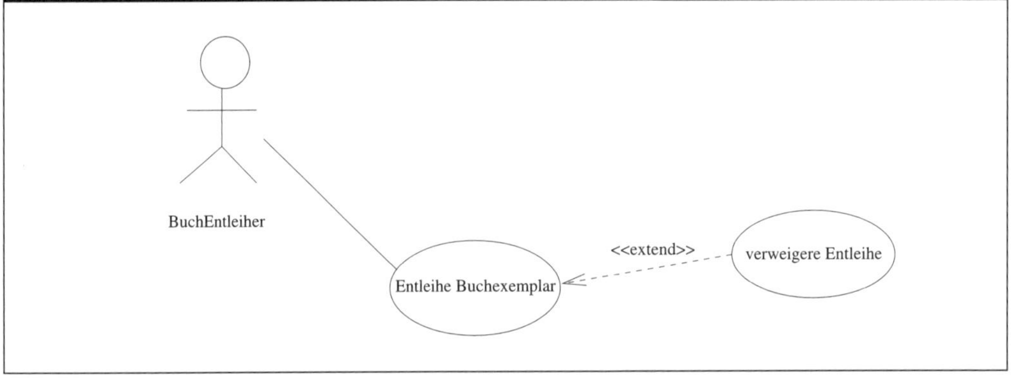

Abbildung 8.4 <<extend>> mit Erweiterungspunkt.

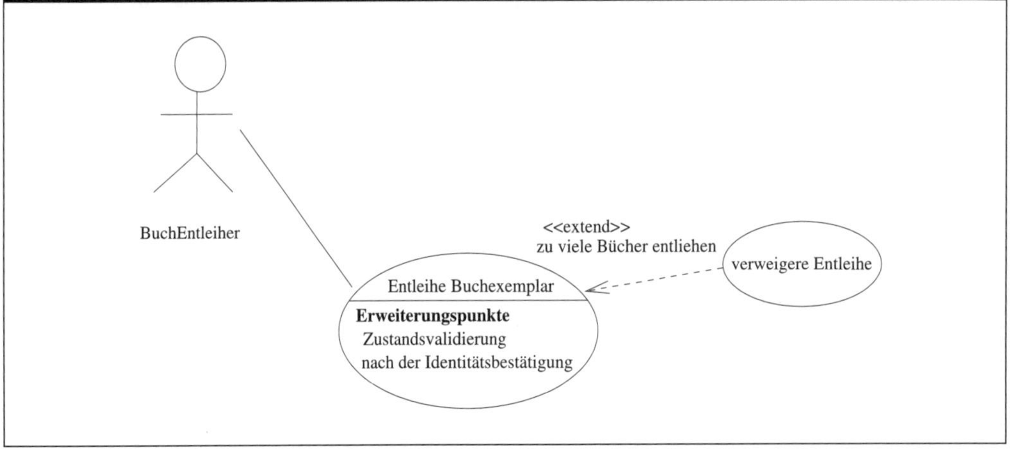

8.2 Generalisierungen

Zwei Akteure oder zwei Anwendungsfälle können durch Generalisierung eine Beziehung zueinander haben, so wie es auch bei Klassen der Fall sein kann.[1] Im Bibliotheksbeispiel etwa *ist* jeder menschliche `ZeitschriftenEntleiher` ein `BuchEntleiher`, da Personen, die berechtigt sind, Zeitschriften auszuleihen, auch Bücher entleihen dürfen. Zur Aufzeichnung der Generalisierungsbeziehung zwischen den entsprechenden Akteuren können wir die gleiche Notation verwenden wie für Klassen; siehe Abbildung 8.5.

Wenn Anwendungsfälle über eine Generalisierung eine Beziehung zueinander haben, kann man eine Aufgabe und eine spezialisierte Version von ihr darstellen. Auch hier benutzen wir den Standardpfeil für Generalisierungen, der vom spezialisierten Anwendungsfall zum allgemeineren führt. Wenn wir zum Beispiel den Anwendungsfall `Reserviere Buch` haben, könnte es eine Spezialisierung dieses Falls namens `Reserviere Buch telefonisch` geben. Das könnte sinnvoll sein, wenn sich das Bibliothekssystem bei einer telefonischen Reservierung anders verhalten müsste, wenn beispielsweise die Kartennummer des Bibliotheksnutzers manuell eingegeben werden muss, da die Karte nicht mit einem Scanner abgetastet werden kann. Das erinnert stark an `<<extend>>`, und man könnte die Meinung vertreten, dass UML nicht beides enthalten sollte. Als Faustregel gilt, dass Sie `<<extend>>` dann verwenden, wenn Sie ein zusätzliches Verhalten beschreiben wollen, das je nach Laufzeitbedingungen manchmal hinzugefügt werden sollte, und Generalisierungen dann, wenn Sie eine Bezeichnung für die spezialisierte Version einer kompletten Aufgabe suchen.

Abbildung 8.5 Generalisierung zwischen Akteuren.

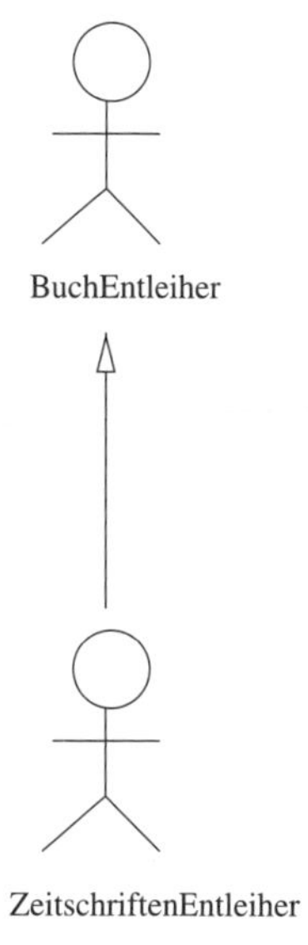

[1] Alle Klassen, Akteure und Anwendungsfälle sind in UML Klassifizierer, und jeder Klassifizierer kann generalisiert werden.

8.3 Akteure und Klassen

Es kommt häufig vor, dass ein System mit einem Akteur (Instanz) interagiert und gleichzeitig ein internes Systemobjekt besitzt, das die Akteur-Instanz darstellt. Es gibt im Wesentlichen zwei Situationen, in denen dies vorkommen kann:

1. Das System muss Daten über einen Akteur, meist einen Menschen in einer bestimmten Rolle, speichern. Um den Anwendungsfall `Entleihe Buchexemplar` ausführen zu können, muss das Bibliothekssystem zum Beispiel wissen, welche Personen berechtigt sind, ein Buch auszuleihen, und wie viele Bücher jeder von ihnen zur Zeit entliehen hat. In einem objektorientierten System bedeutet dies meistens, dass es eine Menge realer Personen gibt, die die von einem bestimmten Akteur im System beschriebene Rolle übernehmen können, sowie eine Menge von Systemobjekten – eines für jede Person –, in denen Informationen über die Menschen in dieser Rolle gespeichert werden.

Abbildung 8.6 Diese beiden Symbole bedeuten dasselbe.

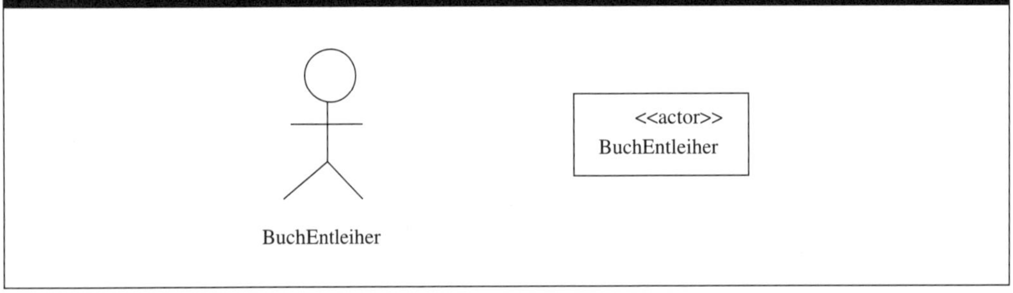

2. Ein wenig anders ist die Situation, wenn das System ein externes System „umfasst", um sicherzustellen, dass Teile des Systems problemlos Zugang zu dem externen System bekommen und umgekehrt. Auf einen externen Monitor zur Transaktionsverarbeitung kann man beispielsweise zugreifen, indem man Nachrichten an ein internes Objekt „Transaktionsverarbeitungs-Monitor" schickt, das dann die eigentliche Funktionalität des externen Systems auslöst. Ein separates Benutzerschnittstellen-Programm kann zum Beispiel innerhalb des Systems durch ein Benutzerschnittstellen-Objekt dargestellt werden, das dann tatsächlich zwischen dem externen Programm und dem Hauptsystem vermittelt und Nachrichten in beide Richtungen weiterleitet.

Man kann die Merkmale dieser beiden Fälle auch kombinieren: Eine gute Möglichkeit, um eine einfache Benutzerschnittstelle für ein System einzurichten, mit der es auf unterschiedliche Weise auf unterschiedliche Benutzer reagieren kann, besteht darin, die Anwendungsfälle, die durch Jane Bloggs ausgelöst werden können, zu Methoden eines Systemobjekts zu machen, das Jane Bloggs darstellt. Ein Beispiel hierfür ist unsere Implementierung des Anwendungsfalls `Entleihe Buchexemplar` aus Kapitel 3.

Man kann dabei jedoch leicht durcheinander kommen und deshalb ist es wichtig, die Systemgrenzen im Auge zu behalten. Der Hauptunterschied besteht darin, dass Sie Systemobjekte ganz nach Ihren Wünschen programmieren können, Systemakteure jedoch nicht!

Diskussionsfrage 61

Welche Vor- und Nachteile hat es, wenn man Akteur-Instanzen durch Systemobjekte darstellt?

8.3.1 Zur Notation: Akteure als Klassen

Noch komplizierter wird es, wenn jemand behauptet, Akteure seien Klassen mit dem Stereotyp `<<actor>>`. Auf der Notationsebene ist das richtig: Ein Akteur kann wie in Abbildung 8.6 statt durch ein Strichmännchen auch durch ein Klassensymbol mit dem Stereotyp `<<actor>>` dargestellt werden. (Wie wir jedoch bereits erwähnt haben, sind sowohl Akteure als auch Klassen im Grunde Klassifizierer und nicht eine Variante des jeweils anderen.)

ZUSAMMENFASSUNG

In diesem Kapitel haben wir gezeigt, wie man mit der Beziehung `<<include>>` aufzeichnen kann, welche Funktionalität verschiedene Anwendungsfälle gemeinsam haben, und wie man mit der Beziehung `<<extend>>` festhält, was in ungewöhnlichen Fällen passiert. Wir haben die Generalisierung zwischen Akteuren beziehungsweise Anwendungsfällen besprochen sowie die Beziehung zwischen Akteuren und Klassen. In den nächsten beiden Kapiteln werden wir zeigen, wie man mit Interaktionsdiagrammen aufzeichnen kann, wie Objekte bei der Realisierung von Anwendungsfällen interagieren.

DISKUSSIONSFRAGE

8.1 Wir haben vorgeschlagen, die Version eines Anwendungsfall-Diagramms, bei dem die hier beschriebenen Eigenschaften eingesetzt werden, in Verbindung mit einer einfacheren Form zu verwenden, wie sie im vorangegangenen Kapitel beschrieben ist. Auf welche Weise könnte dies Ihrer Meinung nach durch ein CASE-Tool sinnvoll unterstützt werden?

KAPITEL 9

Grundlagen von Interaktionsdiagrammen

Wir haben bereits die beiden wichtigsten UML-Modelle kennen gelernt:

- das Anwendungsfall-Modell, das die Aufgaben beschreibt, bei deren Ausführung uns das System helfen soll;
- das Klassenmodell, das die zu diesem Zweck eingesetzten Klassen beschreibt, sowie die Beziehungen, die zwischen ihnen bestehen.

Beim Thema CRC-Karten in Kapitel 5 haben wir bereits die Frage gestreift, wie sichergestellt werden kann, dass das Klassenmodell auch fähig ist, die Anwendungsfälle zu realisieren. Die *Interaktionsdiagramme* von UML gestatten uns, detailliert aufzuzeichnen, wie Objekte bei der Ausführung einer Aufgabe interagieren.

Diese Diagramme werden vorwiegend eingesetzt, um zu zeigen, wie das System einen Anwendungsfall oder ein bestimmtes Szenario eines Falls realisiert. Weitere Verwendungszwecke werden wir am Ende dieses Kapitels erörtern.

Wir können CRC-Karten einsetzen, um herauszufinden, welche Objekte auf welche Weise interagieren, und Interaktionsdiagramme, um genau aufzeichnen, was dabei passiert. Das ist sinnvoll, um bei komplizierten Fällen mehrere mögliche Lösungen ausprobieren zu können. Interaktionsdiagramme können auch als Kommunikationshilfe zwischen Entwicklern dienen, wenn verschiedene Personen oder Gruppen jeweils an einem Teil einer Interaktion arbeiten. Normalerweise würde man nicht erwarten, dass ein eigenes Interaktionsdiagramm für jeden Anwendungsfall oder jede Operation entwickelt wird: Auch hier sollten Sie nur dies tun, wenn die Vorteile größer sind als die Kosten. Falls Sie ein CASE-Tool besitzen, das die Interaktionsdiagramme bei der Code-Erzeugung als Hilfe benutzen kann, wächst die Wahrscheinlichkeit, dass sich die Entwicklung von Interaktionsdiagrammen lohnt.

In UML gibt es zwei Arten von Interaktionsdiagrammen: *Sequenz-* und *Kollaborationsdiagramme*. Beide stellen fast die gleichen Informationen dar, und manche CASE-Tools können ausgehend von einem Klassenmodell das eine aus dem anderen erzeugen. Welches der beiden das geeignete Modell ist, hängt davon ab, auf welchen Aspekt der Interaktion Sie sich konzentrieren möchten: Wir werden auf diese Frage zurückkommen, nachdem wir einfache Formen von beiden vorgestellt haben.

In diesem Kapitel werden wir die *Instanzformen* für beide Arten von Interaktionsdiagrammen beschreiben und ausschließlich leicht verständliche prozedurale Interaktionen behandeln. In Kapitel 10 widmen wir uns komplizierteren Eigenschaften wie den allgemeinen Formen dieser Diagramme und den Merkmalen, mit denen parallele Systeme beschrieben werden können.

Abbildung 9.1 Eine einfache Kollaboration, die keine Interaktion anzeigt.

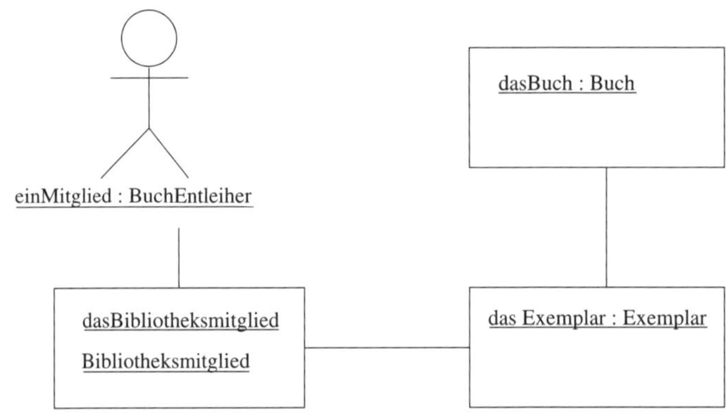

Technische Anmerkung zu UML

In UML ist es nicht immer ganz klar ersichtlich, ob ein Merkmal in Sequenzdiagrammen, Kollaborationsdiagrammen oder in beiden verwendet werden kann. In den Fällen, wo beide Einsatzmöglichkeiten sinnvoll erscheinen, gehen wir davon aus, dass die Merkmale für beide Arten von Interaktionsdiagramm geeignet sind.

9.1 Kollaboration

Die Gesamtheit der Objekte, die bei der Ausführung einer Aufgabe interagieren, einschließlich der Verknüpfungen zwischen ihnen, bezeichnet man als *Kollaboration.* Abbildung 9.1 zeigt zum Beispiel eine Kollaboration, mit welcher der Anwendungsfall `Entleihe Buchexemplar` realisiert werden kann, den wir kurz in Kapitel 3 angesprochen haben.

Eine Kollaboration, bei der keinerlei Interaktion angezeigt wird, ist eher wie die *Instanz* eines *Teils* des Klassenmodells. Sie zeigt Objekte, Verknüpfungen und Akteure.

Objekte Jedes Objekt wird als Rechteck dargestellt, das mit `objektName: klassenName` beschriftet ist. `klassenName` muss in diesem Fall der Name einer Klasse im Klassenmodell sein. Es braucht kein Objekt von jeder Klasse vorhanden zu sein, da manche Klassen für die Kollaboration, mit der wir uns beschäftigen, irrelevant sind. Es kann auch zwei oder drei verschiedene Objekte aus derselben Klasse geben.

Vielleicht ist Ihnen aufgefallen, dass Objektnamen wie `dasBibiliotheksmitglied` nicht sonderlich informativ sind. Falls ein solcher Name nicht zur besseren Lesbarkeit des Programms beiträgt, kann er auch weggelassen werden; das Rechteck für das Objekt kann dann einfach mit `:Bibliotheksmitglied` bezeichnet werden.

Verknüpfungen Verknüpfungen zwischen Objekten werden wie Assoziationen im Klassenmodell dargestellt. Da eine Verknüpfung die Instanz einer Assoziation ist, sollte es im Klassenmodell auch eine Assoziation zwischen den Klassen zweier verknüpfter Objekte geben. Auch in diesem Fall muss die Kollaboration keine Verknüpfungen für alle Assoziationen enthalten, sondern nur für die wesentlichen.

Zusätzliche Informationen über die Art der Verknüpfung können Sie hier genauso wie im Klassenmodell darstellen. Beispielsweise lassen sich die Linien mit Pfeilen versehen, um Navigabilität anzuzeigen, oder die Assoziationsnamen dazuschreiben, wenn Sie der Meinung sind, dass dies das Diagramm anschaulicher macht.

Akteure Akteure können Sie wie in einem Anwendungsfall-Diagramm darstellen. Wenn die Kollaboration die Realisierung eines Anwendungsfalls beschreibt, entsprechen die Akteure darin den Akteuren, die mit dem Anwendungsfall verbunden sind. Es kann mehrere Akteure geben, doch nur einer wird den Anwendungsfall auslösen: Ihn bezeichnen wir als den Initiator.

Technische Anmerkung zu UML

Wir haben uns entschieden, einen der komplizierteren Aspekte von UML auszulassen. Wenn wir ein Diagramm zeichnen, das ein Objekt namens `dasBibliotheksmitglied` enthält, denken wir dabei an kein bestimmtes Objekt: Uns ist es zum Beispiel egal, wie das Bibliotheksmitglied heißt. Es ist gleichgültig, ob wir Kent Beck darstellen, der Formal Methods for Fun ausleiht, oder Amir Pnueli beim Entleihen von Prototyping for Managers. Das heißt, viele unterschiedliche reale Objekte können die Rolle des `Bibliothekmitglied`s spielen. Diese Idee kann man präzisieren, indem man ausdrücklich die verschiedenen Rollen beschreibt, die Objekte einer bestimmten Klasse übernehmen können. Interaktionsdiagramme in UML können Objekte, Rollen oder auch beides enthalten. Für die meisten Zwecke ist es jedoch verständlicher und einfacher, Objekte zu verwenden, die auf informelle Weise repräsentativ sind, so dass wir weiter nach dieser Methode vorgehen werden. In technischer Hinsicht befinden sich unsere Diagramme nicht auf der Spezifikationsebene, sondern auf der Ebene der Instanzen, und wir setzen keine expliziten Rollen ein.

9.2 Interaktionen in Kollaborationsdiagrammen

Als Nächstes werden wir betrachten, wie eine Interaktion in einem Kollaborationsdiagramm angezeigt wird: das heißt, wie man die Abfolge der Nachrichten darstellt, die zwischen den verknüpften Objekten übermittelt werden.

Verwenden Sie CRC-Karten oder eine andere Technik, um zu entscheiden, wie die Nachrichtensequenz aussehen soll. Hier beschäftigen wir uns nur mit einer bestimmten Interaktion: Wir beschließen zum Beispiel, den Fall `Entleihe Buchexemplar` zu zeigen, bei dem das Bibliotheksmitglied das Buch ausleihen darf, und nicht eine der möglichen anderen Varianten, in denen es bereits zu viele Bücher entliehen hat oder das Buch reserviert ist. (Wenn es schon völlig klar ist, welche Nachrichten übermittelt werden müssen, sollten Sie sich überlegen, ob es sich überhaupt lohnt, das Interaktionsdiagramm zu zeichnen. Wenn es die Kommunikation zwischen den Personen erleichtert, wäre dies zum Beispiel ein Grund, es zu erstellen.)

Zeichnen Sie die Nachrichten im Kollaborationsdiagramm neben den Verknüpfungen ein. Abbildung 9.2 zeigt zum Beispiel den normalen Fall `Entleihe Buchexemplar`. Jeder beschriftete Pfeil stellt eine Nachricht dar, die vom Objekt am Pfeilende zum Objekt an der Pfeilspitze übermittelt wird. Es muss also eine Verknüpfung zwischen diesen beiden Objekten bestehen und sie muss in Richtung der Nachricht navigierbar sein. Außerdem muss das Zielobjekt die Nachricht verstehen. Das heißt, die Klasse des Objekts an der Pfeilspitze muss die entsprechende Operation bereitstellen. Die Erstellung von Interaktionsdiagrammen kann dabei helfen, Assoziationen zwischen Klassen sowie die von den Klassen benötigten Operationen zu identifizieren.

Abbildung 9.2 Interaktionen, dargestellt in einem Kollaborationsdiagramm.

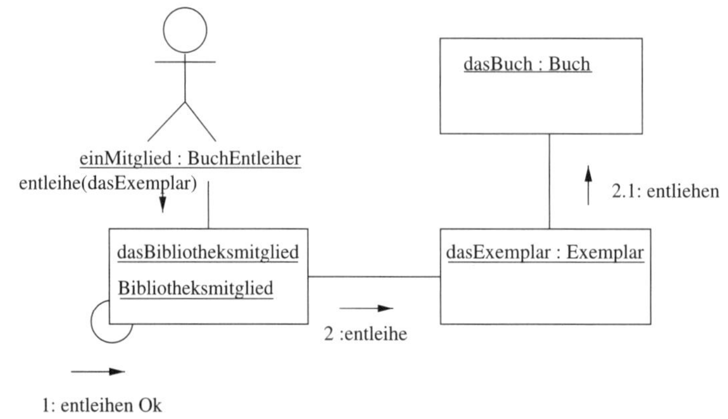

Es ist normal, dass das Klassenmodell überarbeitet werden muss, während Sie Interaktionsdiagramme entwickeln. Es ist jedoch wichtig, darauf zu achten, dass das Klassenmodell intakt bleibt.

Die nahe liegendste Lösung für ein unmittelbares Problem ist manchmal nicht unbedingt die beste: Bereits getroffene Entscheidungen müssen möglicherweise noch einmal überdacht werden, damit man eine Lösung findet, die in allen Fällen funktioniert. Das Wichtigste ist, dass das Modell konsistent bleibt: Ein CASE-Tool und/oder ein Konfigurationsmanagement-Tool kann Ihnen dabei helfen.

Aktivierungen: Kontrollfluss Bei prozeduralen Interaktionen (im Gegensatz zu solchen mit Parallelverarbeitung, die wir in Kapitel 10 behandeln werden) wird eine Nachricht von immer nur genau einem Objekt bearbeitet. Ein Objekt beginnt mit der Berechnung, wenn es eine Nachricht empfängt; zu diesem Zeitpunkt sagt man, es erfährt eine *Aktivierung*. Am Ende sollte es eine Antwort zum Sender der Nachricht zurückschicken. In der Zwischenzeit kann es entweder selbst die Aufgabe ausführen oder Nachrichten an andere Objekte schicken, um diese rechnen zu lassen. Wenn es eine Nachricht sendet, besitzt es immer noch eine Aktivierung, doch es ist nicht mehr in der Lage zu rechnen, bevor es die Nachricht erwidert. Das bedeutet, dass die Nachricht *synchron* ist und dass durch das Senden die Kontrolle an den Nachrichtenempfänger übergeht. Es gibt immer einen Stapel Aktivierungen, von denen jede mit einem Objekt assoziiert ist, das eine Nachricht erhalten hatte, auf das es noch nicht geantwortet hat. Das Objekt, das mit der obersten Aktivierung assoziiert ist, besitzt die Kontrolle und rechnet; Objekte, deren Aktivierungen sich weiter unten im Stapel befinden, warten noch auf Antworten auf ihre Nachrichten, die sie abgeschickt haben. Das oberste Objekt kann eine Nachricht senden, woraufhin der Empfänger eine Aktivierung erhält, die dann an die oberste Stelle des Stapels gesetzt wird. Anderenfalls schließt die oberste Aktivierung ihre Berechnung ab und wird aus dem Stapel entfernt. Die darunter liegende Aktivierung rückt an die oberste Stelle vor und ihr assoziiertes Objekt – das die Nachricht abgeschickt hatte, auf die soeben geantwortet wurde – erhält die Kontrolle zurück.

> In den normalen prozeduralen Systemen, die wir bisher ausschließlich behandelt haben, kann lediglich ein Akteur eine Aktivität auslösen, das heißt „einfach so" eine Nachricht verschicken. Ein Systemobjekt sendet Nachrichten nur dann, wenn es eine Nachricht erhalten hat (und bevor es darauf geantwortet hat).

Sie können sich die Kontrolle wie einen Gutschein („Token") vorstellen, der als Nachricht zwischen den Verknüpfungen in einem Kollaborationsdiagramm weitergereicht und nach Bearbeitung der Nachricht wieder zurückgegeben wird. Diese Rückgaben zeigen wir nicht explizit an. Um zu verfolgen, aus welchen aktivierten Objekten der Stapel besteht, werden die Nachrichten nach einem verschachtelten Schema mit Nummern versehen. Die erste Nachricht von einem Objekt zu einem anderen (wobei die Nachricht vom Akteur zu einem Objekt, die die Interaktion auslöst, nicht mitgerechnet wird – sie bleibt unnummeriert) erhält die Nummer 1. Jedes Mal, wenn das Objekt *O* eine Nachricht empfängt, wird deren Nummer als Präfix für alle weiteren verwendet, bis *O* darauf antwortet. Wenn zum Beispiel die Nachricht, die *O* aktiviert, die Nummer 7.3 trägt, erhalten alle Nachrichten, die zwischen diesem Zeitpunkt bis zur Beantwortung versandt werden, die Nummer 7.3.soundso. Schickt *O* eine Nachricht an ein anderes Objekt *P*, bekommt diese Nachricht die Nummer 7.3.1. Verschickt *O* vor dem Erhalt der Antwort auf 7.3.1 eine weitere Nachricht, wird sie mit 7.3.2 bezeichnet und so weiter.

? Würde Objekt P nach dem Erhalt der Nachricht 7.3.1 von O eine Nachricht verschicken, welche Nummer hätte diese?

Diskussionsfrage 62

Man könnte meinen, es wäre näher liegend, alle Nachrichten einfach mit 1, 2,... durchzunummerieren, anstatt dieses verschachtelte Schema zu verwenden. Worin würde der Unterschied bestehen? Können Sie eine Situation konstruieren, bei der dies zu mehrdeutigen Aussagen führen würde?

? Die Nachrichten 2.4.1, 2.4 und 2.4.1.7. wurden verschickt, aber noch nicht beantwortet. Welche Aussage können Sie über die Objekte treffen, die die jeweilige Nachricht verschickt und erhalten haben? Welche sind aktiv? Wie viele und welche sind mit der Berechnung beschäftigt?

? Kann es sein, dass sowohl Nachricht 4.5 als auch Nachricht 4.6 verschickt, aber noch nicht beantwortet worden sind? Warum? Können Sie dies verallgemeinern?

9.3 Sequenzdiagramme

In einem Sequenzdiagramm sind die Objekte und Akteure, die an einer Kollaboration beteiligt sind, am oberen Ende einer gestrichelten Linie dargestellt. Diese Linie gibt die Zeit aus der Sicht des Objekts an: Sie ist die *Lebenslinie* des Objekts. Wenn wir uns von oben nach unten durch das Diagramm bewegen, gehen wir davon aus, dass die Zeit fortschreitet. Eine Nachricht wird als Pfeil dargestellt, der von der Lebenslinie des Absenders zu der des Empfängers verläuft. Spätere Nachrichten befinden sich weiter unten auf der Seite. Abbildung 9.3 (dieselbe wie in Kapitel 3) zeigt das einfache Kollaborationsdiagramm, das wir weiter oben verwendet haben, als Sequenzdiagramm.

Es ist egal, in welcher Reihenfolge Sie die Objekte darstellen. Es macht das Diagramm jedoch besser lesbar, wenn Sie die Objekte, die als erste an der Reihe sind, ganz nach links setzen, so dass die meisten Nachrichten von links nach rechts fließen.

Weist ein Objekt eine Aktivierung auf, bedecken wir seine Lebenslinie mit einem schmalen Rechteck. Wahlweise können Sie auch Teile der Aktivierung schraffieren, in der das Objekt momentan Berechnungen ausführt. Weiterhin haben Sie die Möglichkeit anzuzeigen, wann die Antworten auf Nachrichten erfolgen: Wie wir jedoch weiter oben besprochen haben, verliert ein Objekt seine Aktivierung, sobald es auf die Nachricht antwortet, die diese Aktivierung ausgelöst hat, so dass Sie erkennen können, wann die Antworten erfolgen, wenn Sie sich die Aktivierungen anschauen.

Abbildung 9.3 Interaktionen, dargestellt in einem Sequenzdiagramm.

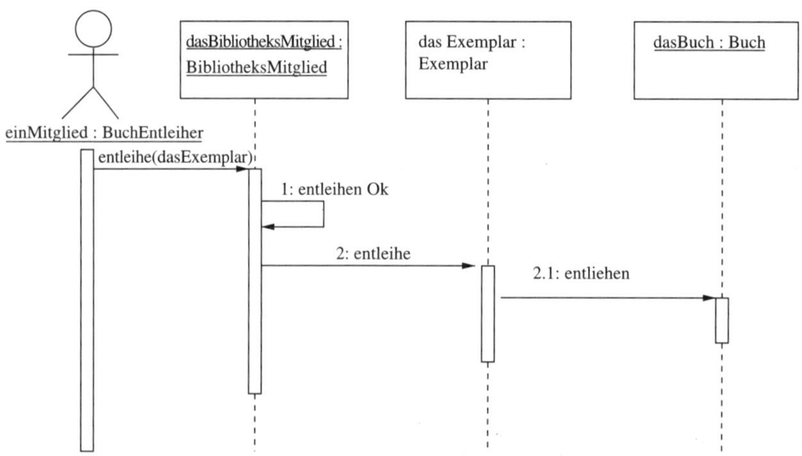

? Warum zeigen Nachrichtenpfeile immer an die Oberseite der Aktivierungsrechtecke, niemals an eine Stelle weiter unten? Warum weichen Nachrichten eines Objekts an sich selbst von dieser Regel ab? (Dazu später mehr.)

Beachten Sie, dass es wie in einem Kollaborationsdiagramm eine zugrunde liegende Kollaboration gibt, auch wenn die Verknüpfungen zwischen den Objekten in einem Sequenzdiagramm nicht explizit angezeigt werden. Wenn zwei Objekte eine Nachricht austauschen, sollte zwischen ihren Klassen eine Assoziation bestehen.

EXKURS 9.1

Wohin sollten Nachrichten gehen? Das Gesetz von Demeter

Wie wir bereits festgestellt haben, liegt jeder Interaktion eine Kollaboration zugrunde: eine Menge von Objekten, die miteinander verknüpft sind. Wir haben gesagt, dass Objekte nur dann Nachrichten austauschen sollten, wenn zwischen ihren Klassen eine Assoziation besteht (oder sie sich innerhalb derselben Klasse befinden). Doch dies ist keine Designrichtlinie, denn wenn Objekte Nachrichten austauschen können, muss auch automatisch eine Assoziation zwischen ihren Klassen bestehen: Sollte das aus dem Klassenmodell nicht hervorgehen, ist es fehlerhaft.

Sehen Sie sich den Ausschnitt des Klassendiagramms in Abbildung 9.4[1] an. In diesem Fall zeigen wir nur explizite Navigierbarkeiten: Zum Beispiel verdeutlicht der Pfeil von `Job` zu `KontrolleurFürAlles`, dass jedes `Job`-Objekt eine Nachricht direkt zum assoziierten `KontrolleurFürAlles` schicken kann. (Das kann daran liegen, dass jeder Job einen Verweis auf einen `KontrolleurFürAlles` besitzt; tatsächlich gab es im realen Fall einen einzigen globalen `KontrolleurFürAlles`.) Wir zeichnen keinen Pfeil von `Job` zu `JobKontrolleur`. Das liegt daran, dass ein `Job`-Objekt, das eine Nachricht an seinen `JobKontrolleur` schicken will (was im realen Fall häufig geschah), zuerst die Nachricht `getJK` an den `KontrolleurFürAlles` schicken muss, mit sich selbst als Parameter („gib mir meinen JobKontrolleur"). Der `KontrolleurFürAlles` schaut nach, welcher `JobKontrolleur` diesen Job kontrolliert, und gibt einen Verweis darauf zurück. Der Job kann nun diesen Verweis benutzen, um eine Nachricht an den `JobKontrolleur` zu senden.

DISKUSSIONSFRAGE 63

Welche anderen Möglichkeiten gibt es, um `Job` Zugang zum Verhalten des `JobKontrolleur`s zu ermöglichen? Warum glauben Sie, wurde dieser Weg gewählt?

DISKUSSIONSFRAGE 64

Was ist an diesem Design noch auszusetzen?

Das Hauptproblem bei dieser Art von Design besteht darin, dass es sehr schwer ist, es auf Stand zu halten. Falls der `JobKontrolleur` ausgewechselt wird oder man beschließt, die Beziehungen zwischen `KontrolleurFürAlles` und `JobKontrolleur` zu verändern, muss man auch alle Clients von `KontrolleurFürAlles` überprüfen, um zu sehen, ob sie ebenfalls verändert werden müssen. In gewissem Sinn drückt der `KontrolleurFürAlles` nicht nur das aus, was seine eigene Schnittstelle sein sollte, sondern auch die Struktur des Klassendiagramms, in das er eingebunden ist. Seine Schnittstelle ist weitaus größer, als sie erscheint.

Durch die Befolgung des Gesetzes von Demeter können Entwickler „so ein Design" vermeiden. Es besagt, dass ein Objekt *O* als Antwort auf eine Nachricht *m* Nachrichten nur an die folgenden Objekte senden sollte:

1. an *O* selbst
2. an Objekte, die als Argumente der Nachricht *m* angegeben sind
3. an Objekte, die *O* als Teil seiner Reaktion auf *m* erstellt
4. an Objekte, auf die von *O* aus *direkt* zugegriffen werden kann, das heißt, indem Attributswerte von *O* verwendet werden

? Inwiefern verstößt das oben gezeigte Design gegen das Gesetz von Demeter?

[1] Ein reales kommerzielles Beispiel: Die Klassennamen wurden verändert, hatten jedoch eine ähnliche Bedeutung.

? Schauen Sie sich noch einmal das `AdressBuch` an, das mit Hilfe einer `Liste` implementiert wird. Wir haben (in Kapitel 5) bereits festgelegt, dass es ein schlechtes Design wäre, wenn `AdressBuch` direkt von `Liste` erben dürfte, und gesagt, dass `AdressBuch` stattdessen eine `Liste` durch Aggregation besitzen sollte. Warum sollte `AdressBuch` nicht über eine Methode verfügen, mit der die `Liste` an Objekte zurückgegeben wird, die Adressen aus dem Buch entfernen oder neue ergänzen wollen? Wie sollte man stattdessen vorgehen?

Das Gesetz von Demeter wird in [34] beschrieben. Es ist ein kleiner Ausschnitt aus dem, was sein Erfinder Karl Lieberherr als *adaptive Programmierung* bezeichnet.

Abbildung 9.4 Ein schlechtes Design, das gegen das Gesetz von Demeter verstößt.

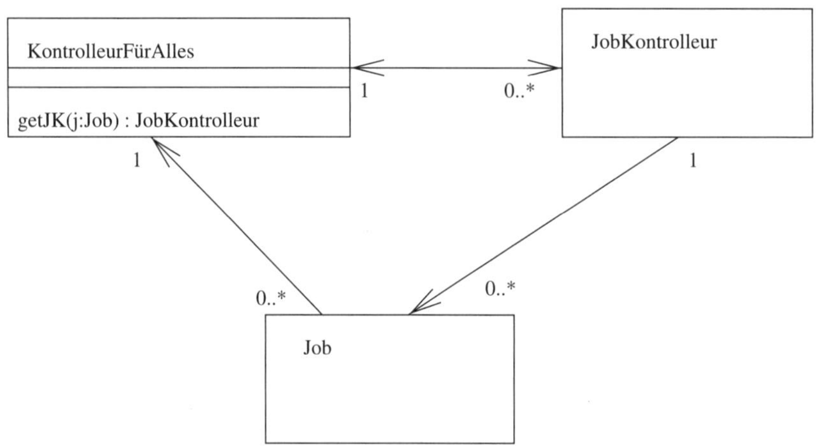

9.4 Erweiterte Merkmale

9.4.1 Nachrichten von einem Objekt an sich selbst

Ein Objekt kann Nachrichten an sich selbst schicken, was es auch häufig tut. In einem Kollaborationsdiagramm zeigen Sie dies als eine Verknüpfung des Objekts mit sich selbst. Nachrichten werden an dieser Verknüpfung wie gewohnt weitergegeben. In einem Sequenzdiagramm zeichnen Sie einen Nachrichtenpfeil von der Lebenslinie, der zu sich selbst zurückzeigt. Dabei gibt es jedoch ein Problem. Weiter oben haben wir gesagt, dass ein Objekt die Kontrolle erhält, wenn es eine Nachricht empfängt, und dass eine neue Aktivierung dieses Objekts oben auf den Stapel gesetzt wird. In diesem Fall hatte das Objekt bereits eine Aktivierung, als es die Nachricht verschickte; nun besitzt es noch eine neue, andere Aktivierung, da es auch der Empfänger dieser Nachricht ist! Das bedeutet, das Objekt ist mit zwei unterschiedlichen Aktivierungen im Stapel assoziiert. Dies können wir durch eine verschachtelte Aktivierung ausdrücken: Das schmale Rechteck, das die neue Aktivierung wiedergibt, wird leicht versetzt vom Rechteck für die alte Aktivierung dargestellt, so dass beide sichtbar sind.

Abbildung 9.5 zeigt eine Version des Sequenzdiagramms mit all diesen optionalen Merkmalen.

Beim reinen objektorientierten Programmieren ist jeder Funktionsaufruf das Ergebnis einer Nachricht, und Objekte können mitunter so oft Nachrichten an sich selbst schicken, dass ein Interaktionsdiagramm sehr unübersichtlich werden kann. Gegebenenfalls verzichten Sie auf die Darstellung von Nachrichten, die ein Objekt an sich selbst schickt, worunter Vorgänge wie die internen Berechnungen in einem Objekt fallen.

Diskussionsfrage 65

Können Probleme oder Zweideutigkeiten entstehen, wenn Sie dies tun? Wenn ja, wie sollte man sie beseitigen? Stellen Sie sich einen Fall vor, in dem ein Objekt eine Nachricht an sich selbst schickt und ein Teil seiner Reaktion auf diese Nachricht darin besteht, eine Nachricht zu einem anderen Objekt zu senden.

9.4.2 Unterdrücken der Einzelheiten des Verhaltens

Oft ist es sinnvoll, die Interaktion auf einer höheren Ebene zu beschreiben, anstatt alle Nachrichten zu zeigen, die zwischen sämtlichen Objektpaaren ausgetauscht werden. Zu diesem Zweck definieren wir eine (vollständige) *Unterkollaboration*. Wenn eine Kollaboration eine Sammlung von Objekten und den Verknüpfungen zwischen ihnen ist, besteht eine Unterkollaboration aus einer Teilmenge dieser Objekte, einschließlich der Verknüpfungen, die sie verbinden. Wir können die Objekte in der Unterkollaboration zusammenfassen und sie als ein *Paket* betrachten. Abbildung 9.6 zeigt, wie man dabei vorgehen könnte. Das Paket sollte einen Namen bekommen und wie ein Objekt behandelt werden.

Abbildung 9.5 Interaktionen, dargestellt in einem Sequenzdiagramm, mit optionalen Merkmalen.

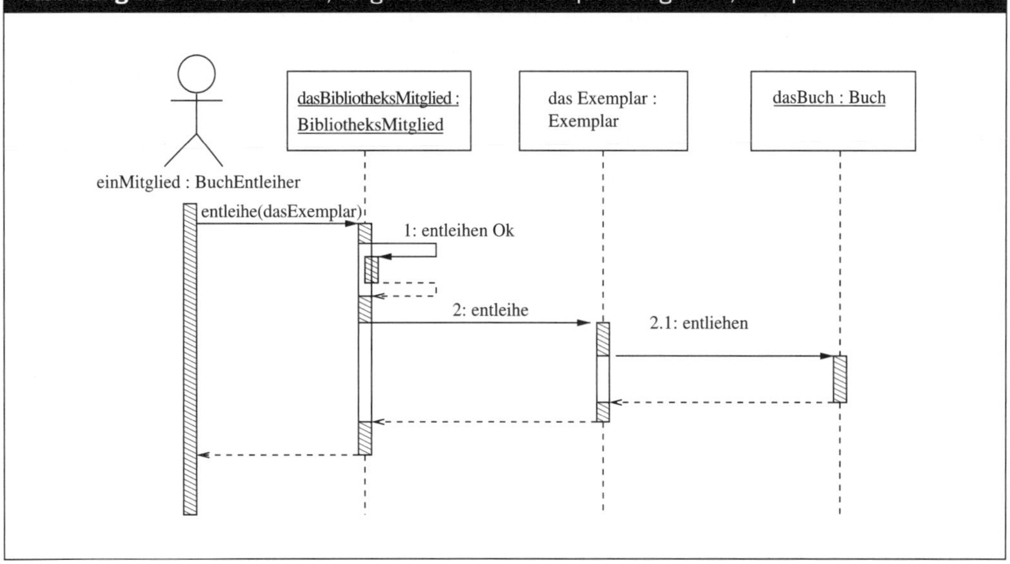

Abbildung 9.6 Verwendung eines Pakets zur vereinfachten Darstellung einer Kollaboration.

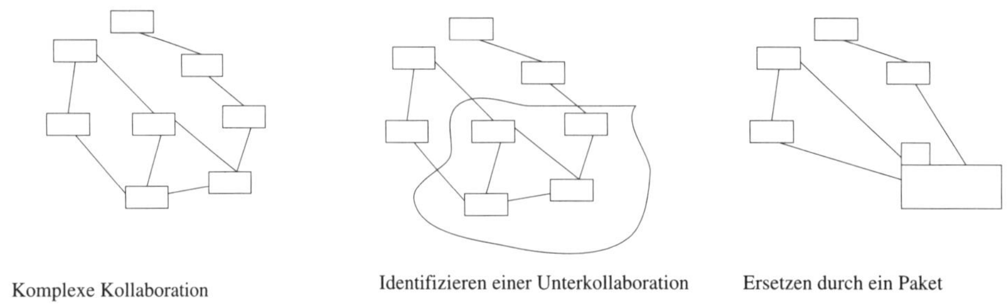

Technische Anmerkung zu UML

In UML ist ein Paket ein sehr allgemeiner Ausdruck für eine Gruppierung von Modellelementen. Wenn eine Nachricht an ein Paket geschickt wird, bedeutet das nur, dass ein Objekt innerhalb des Pakets eine Nachricht empfängt: Ein Paket ist kein realer Gegenstand mit eigener Schnittstelle. Siehe Kapitel 14 zu weiteren Informationen über Pakete. In der UML-Dokumentation wird angegeben, dass eine Kollaboration in verschieden feiner Granulation dargestellt werden kann. Es wird jedoch nicht genau angegeben, was diese verschiedenen Stufen sind oder wie sie gezeichnet werden sollen. Wir schlagen vor, zu diesem Zweck Pakete einzusetzen, da uns dies sinnvoll erscheint. Dies ist jedoch nur intelligentes Raten und nichts, was in UML explizit beschrieben ist.

Jede Verknüpfung zwischen einem Objekt außerhalb und einem Objekt innerhalb des Pakets wird zu einer Verknüpfung zwischen dem äußeren Objekt und dem Paket. Verknüpfungen zwischen zwei Objekten innerhalb des Pakets werden aufgehoben und Nachrichten, die zwischen ihnen ausgetauscht werden, brauchen nicht gezeigt zu werden; dadurch wird das Diagramm vereinfacht. Wir können das gesamte Paket durch ein Symbol darstellen, das dann im Sequenzdiagramm lediglich eine Lebenslinie besitzt.

Diskussionsfrage 66

Ein Objekt hat eine Klasse, die unter anderem spezifiziert, welche Nachrichten an das Objekt geschickt werden können. Welche Nachrichten sollte man an ein Paket senden können? Überlegen Sie nach der Lektüre von Unterabschnitt 6.2.1 über Schnittstellen auf Seite 112, wie man dies darstellen könnte. Denken Sie erneut darüber nach, nachdem Sie Kapitel 14 gelesen haben!

Diskussionsfrage 67

Was macht Objektgruppen zu besonders guten oder besonders schlechten Kandidaten für ein solches Zusammenfassen in Pakete?

Diskussionsfrage 68

Wir haben beschrieben, wie existierende Objekte zu neuen Paketen zusammengefasst werden. Könnte man auch zuerst die Pakete und ihre Interaktionen definieren und danach festlegen, welche Objekte in die Pakete gehören sollen?

Diskussionsfrage 69

(Lesen Sie zuerst Kapitel 6.) Sollte eine Verbindung zwischen den zusammengepackten Objekten in einem Interaktionsdiagramm und den zusammengepackten Klassen in einem Klassendiagramm bestehen? Erörtern Sie dies nach der Lektüre von Kapitel 14 noch einmal.

9.4.3 Rückgabewerte

Manchmal kann es sinnvoll sein, den Wert, der die Antwort auf eine Nachricht ist, zu benennen; oftmals ist beispielsweise der Wert, der von einer Nachricht zurückgegeben wird, das Argument für eine spätere Nachricht. Rückgabewerte werden am ursprünglichen Nachrichtenpfeil angegeben, indem man eine Zuordnung zu einem neuen Variablennamen anzeigt. Die Zuordnungsanweisungen binden die Variable. Sie kann dann in Nachrichten eingesetzt werden, die nach Empfang der Antwort verschickt werden. Die Abbildungen 9.7 und 9.8 (wo außerdem das Verfahren zum Erstellen und Löschen von Objekten dargestellt ist, das wir im nächsten Unterabschnitt beschreiben) zeigen dasselbe Fallbeispiel als Sequenzdiagramm und Kollaborationsdiagramm.

Diskussionsfrage 70

Könnte es Situationen geben, in denen es sinnvoll wäre, den Rückgabewert einer Nachricht zu benennen, selbst wenn er nicht in einer späteren Nachricht erwähnt wird?

9.4.4 Erstellen und Löschen von Objekten

Die Menge von Objekten, die an einer Interaktion beteiligt sind, ist nicht immer statisch; Objekte können im Laufe der Interaktion neu erstellt und gelöscht werden.

Abbildung 9.7 Sequenzdiagramm: Erstellen und Löschen von Objekten und Verwendung von Rückgabewerten.

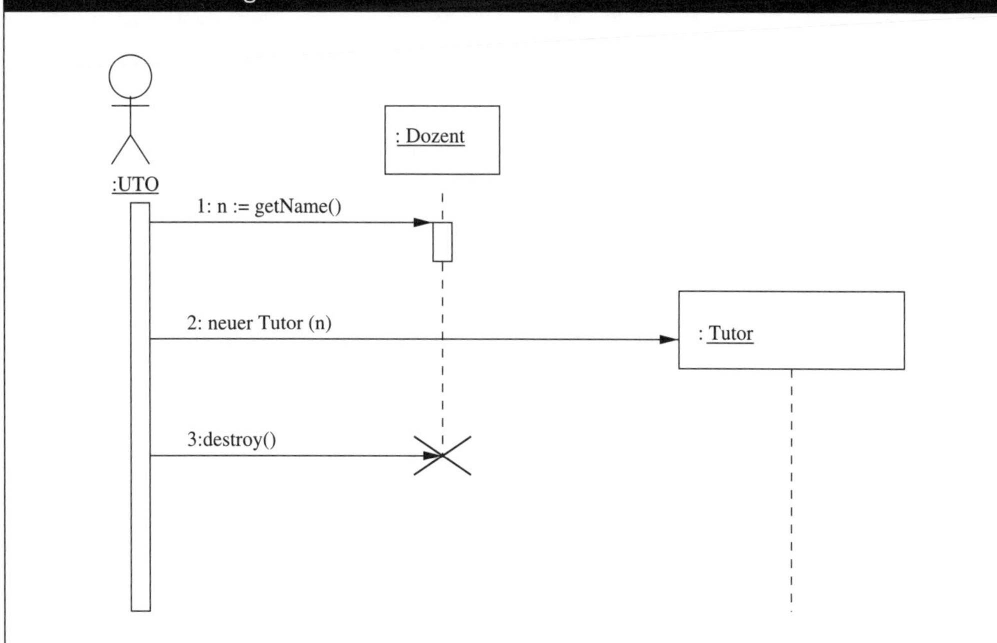

Kollaborationsdiagramme Diese Diagramme zeigen an, welche Objekte während einer Interaktion konstruiert und destruiert werden können, indem hinter die Bezeichnung in der Objektbox die Einschränkungen {neu} beziehungsweise {destruiert} gesetzt werden. Beachten Sie, dass dies ein Merkmal der Interaktion, nicht der Kollaboration, ist. Wenn ein Objekt in derselben Interaktion erstellt und auch vernichtet wird, kann man es mit {transient} beschriften, was {neu und destruiert} abkürzt.

Sequenzdiagramme Diese Diagramme zeigen, wann ein Objekt kreiert wird, indem sein Kästchen etwas weiter unten auf der Seite, am Punkt seiner Erstellung, platziert wird. Das Vernichten eines Objekts wird mit einem großen X am Ende seines Aktivierungspfeils dargestellt. Wird das Objekt durch ein anderes Objekt vernichtet (anstatt sich selbst zu vernichten), wird von diesem eine Nachricht in das X angezeigt.

Die Abbildungen 9.7 und 9.8 zeigen am Beispiel eines Sequenz- und eines Kollaborationsdiagramms, wie ein Objekt erstellt und ein anderes vernichtet wird. Dieses Beispiel ist eine Erweiterung der Fallstudie aus Kapitel 15: Es beschreibt das Szenario eines möglichen Anwendungsfalls namens `Beförderung Dozent`, der in Kapitel 15 nicht behandelt wurde. Ein Dozent, im System dargestellt durch ein Objekt der Klasse `Dozent`, wird zum Tutor befördert (das ist ein Dozent mit besonderer Verantwortung für bestimmte Studenten). Ein neues Objekt der Klasse `Tutor` muss erstellt und das alte `Dozent`-Objekt vernichtet werden. (In manchen Programmiersprachen kann dies durch die Änderung der Klasse eines existierenden Objekts erfolgen.)[1]

Abbildung 9.8 Kollaborationsdiagramm: Erstellen und Vernichten von Objekten und Verwendung von Rückgabewerten.

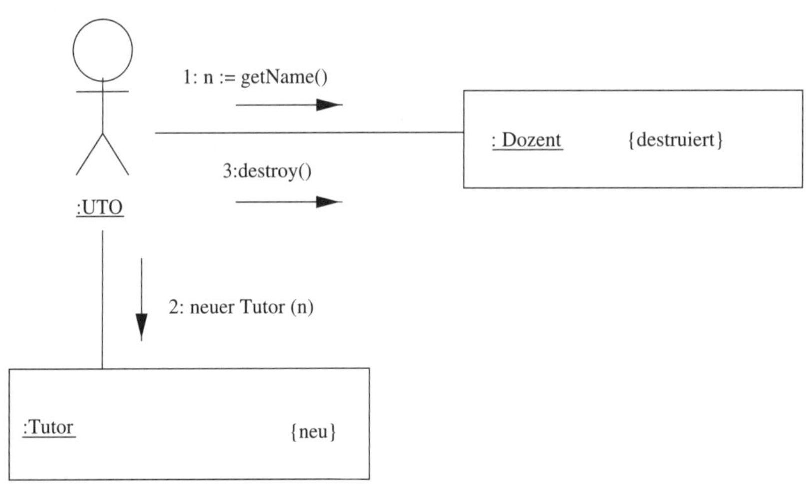

Nachrichtennamen für das Erstellen und Löschen Die Mechanismen für das Erstellen und Vernichten von Objekten sind abhängig von der jeweiligen Sprache. Normalerweise ist es möglich, ein Objekt zum selben Zeitpunkt, an dem man es erstellt, mit einigen Werten zu

1 Wir gehen davon aus, dass Beförderungen in den Semesterferien erfolgen, so dass keine Objekte vom Typ `Unterrichtseinheit` oder `Student` mit dem `Dozent`-Objekt assoziiert sind, für die neue Assoziationen mit dem neuen Tutor erstellt werden müssten.

initialisieren; praktisch ist es, dies in einem Interaktionsdiagramm durch eine Nachricht mit einem passenden Namen wie „neu“ oder „erstelle“ anzuzeigen, die die Initialisierungswerte als Argumente hat. Dabei handelt es sich natürlich nicht um eine normale Nachricht an ein Objekt, da das Objekt vor dem Eintreffen der Nachricht ja noch gar nicht existiert.

In vielen Sprachen (zum Beispiel in Java und Smalltalk) gibt es eine *automatische Speicherbereinigung (garbage collection)*: Das bedeutet (grob gesagt), dass Objekte nach einiger Zeit automatisch vernichtet werden, wenn im System keine Verweise mehr auf sie bestehen. In diesem Fall braucht der Programmierer diese Objekte nicht ausdrücklich zu vernichten. (Dadurch kann eine ganze Reihe von Programmierungsfehlern verhindert werden: Diese Funktion ist in der Tat so nützlich, dass Bertrand Meyer eine solche automatische Speicherbereinigung zu einem der sieben Schritte in seinen *„Seven Steps to Object Oriented Happiness“* [36] machte.) In solchen Sprachen gibt es gewöhnlich Konventionen dafür, wie ein Objekt dem „Müllsammler“ (und den Lesern des Codes) klar machen kann, dass es ein anderes nicht mehr benötigt. Es könnte zum Beispiel eine Referenz ändern, die zuvor auf das Objekt verwiesen hatte. Wenn ein Objekt von keinem Teil des Systems benutzt wird, wird es gelöscht. Bei Sprachen, in denen der Programmierer den Speicher explizit bereinigen muss, ist es wichtig, dass ein Objekt nur diejenigen löscht, für die es verantwortlich ist, also etwa die Teile, die es allein besitzt (vergleiche das Thema Komposition in Kapitel 6). Es ist außerdem wichtig, dass ein Objekt ein anderes, das nicht länger benötigt wird, auch *tatsächlich* löscht: Tut es dies nicht, treten „Speicherlecks“ auf. Um diese beiden Probleme zu verhindern, muss im Design angegeben werden, wer die Verantwortung für das Löschen der einzelnen Objekte trägt.

Diskussionsfrage 71

Das System soll in einer Sprache mit automatischer Speicherbereinigung implementiert werden. Können Sie sich Situationen vorstellen, in denen es sinnvoll wäre, in einem Interaktionsdiagramm zu zeigen, dass ein Objekt gelöscht wird? Wenn ja, wann und warum?

? Wie werden Objekte in den Ihnen bekannten Sprachen erstellt und gelöscht? Entwickeln Sie ein einfaches Sequenzdiagramm, in dem

1. ein Objekt *O* eine Nachricht *m* von einem Akteur erhält;
2. *O* ein neues Objekt *P* erstellt;
3. *P* eine Nachricht an *Q* schickt;
4. *P* nach dem Erhalt der Antwort von *Q* einen Wert zurückgibt;
5. *O* das Objekt *P* je nach Sprachkonvention löscht oder vergisst.

Schreiben Sie dann den Code, der dieses Szenario implementiert.

? Wenn ein Objekt nach dem Erhalt einer Nachricht eine Berechnung ausführt und sich danach selbst löscht, worin könnte der Rückgabewert der Nachricht bestehen? Wenn Ihre Sprache das explizite Löschen von Objekten unterstützt, schreiben Sie eine Methode, durch die der Empfänger der Nachricht sich selbst löscht.

9.4.5 Timing

Der größte Vorteil, den Sequenzdiagramme gegenüber Kollaborationsdiagrammen haben, ist die Möglichkeit, den Verlauf der Zeit grafisch darzustellen. Bisher haben wir nur die relative Reihenfolge der Nachrichten im Diagramm angezeigt. Manchmal müssen wir jedoch auch die reale Zeit kennen. Ein System, in dem die realen Zeitverhältnisse wichtig sind, nennt man Echtzeitsystem; wenn die Zeitpunkte, zu denen Dinge geschehen können, definitiv festgesetzt sind und das System sie auch einhält, nennen wir es ein *hartes Echtzeitsystem*.

Timing und Zeiteinschränkungen kann man in UML auf zwei Arten darstellen. Die erste Möglichkeit ist eher intuitiv. Dabei können Sie die Echtzeit mit Hilfe der Abstände auf den Lebenslinien wiedergeben, entweder exakt oder nach Gefühl, so dass der vertikale Abstand zwischen zwei Nachrichten die Zeit angibt, die von der einen bis zur anderen vergangen ist. In der Praxis ist dieser Ansatz meist ungeeignet, wenn Sie mehr als nur einen intuitiven Eindruck des relativen Timings der Ereignisse wollen, obwohl Sie natürlich einmal versuchen könnten, die Diagramme auf Millimeterpapier zu zeichnen. Zweckmäßiger ist es, die Zeiteinschränkungen als Namen der Pfeile im Diagramm einzuzeichnen.[2] Sie können den Selektor der Nachricht als Namen verwenden, falls es einen gibt und sich daraus keine Zweideutigkeiten ergeben: In Abbildung 9.9 wird `entliehen` zum Beispiel als Name der Nachricht 2.1 benutzt. Wahlweise können Sie dem Pfeil auch einen eigenen Namen geben und durch ein „Timing-Label" auf der gleichen Ebene im Diagramm anzeigen. In Abbildung 9.9 geben wir der ursprünglichen Nachricht und ihrer Ausgabe die Namen `A` und `C`. Im einfachsten Fall verwendet man dann den Namen, um den Zeitpunkt darzustellen, an dem das Ereignis eintritt, das der Pfeil darstellt. Wenn beispielsweise die Zeit zwischen zwei nacheinander abgeschickten Nachrichten nicht mehr als fünf Mikrosekunden betragen darf, könnten wir die Bezeichnungen A und B an den Rand der Diagrammebene neben die Nachrichtenpfeile setzen und dort die Einschränkung $\{B - A < 5$ Mikrosek$\}$ angeben.

Für eine weitere Verfeinerung kann man sich überlegen, wie viel Zeit die Nachrichten für die Übermittlung von einem Objekte zum anderen benötigen. Bisher haben wir die Nachrichtenpfeile horizontal eingezeichnet, was den Eindruck vermittelt, als würden die Nachrichten (praktisch) ohne Zeitverlust weitergegeben. Wenn die Zeit, die eine Nachricht für die Übermittlung benötigt, einen signifikanten Anteil an der Gesamtzeit der Interaktion ausmacht, ist es mitunter anschaulicher, den Nachrichtenpfeil schräg nach unten weisen zu lassen. Ist ein Pfeil mit A benannt und wird A als Zeitpunkt in einer Zeiteinschränkung eingesetzt, dann beziehen Sie sich streng genommen auf den Zeitpunkt am Pfeilanfang (zum Beispiel auf den Zeitpunkt, an dem die Nachricht abgeschickt wird: Sie können auch `A.absendeZeit()` schreiben, wenn Ihnen das lieber ist). An die Pfeilspitze können Sie zum Beispiel A' als den Zeitpunkt schreiben, an dem die Nachricht empfangen wird (oder `A.empfangsZeit()`). Abbildung 9.9 veranschaulicht die Notation und zeigt, dass der Buchentleiher nicht länger als fünf Sekunden warten sollte, bis die Bestätigung kommt, dass er ein Buch ausleihen darf (sowie die unrealistische Annahme, dass Nachricht 2.1 für die Übermittlung zwar eine signifikante Zeit benötigt, aber mit der Einschränkung, dass dies nicht länger als eine Sekunde dauern darf).

Diskussionsfrage 72

Können Sie die allgemeinere Einschränkung darstellen, dass keine Nachricht im Diagramm länger als drei Millisekunden unterwegs sein darf? Welche Arten von Einschränkungen können sinnvoll sein?

[2] Die Behandlung des Timings in UML ist vor einiger Zeit verändert worden und in der Version 1.3 ein wenig widersprüchlich: Wir zeigen Ihnen hier eine sinnvolle Interpretation.

Abbildung 9.9 Die Darstellung von Zeiteinschränkungen in einem Sequenzdiagramm.

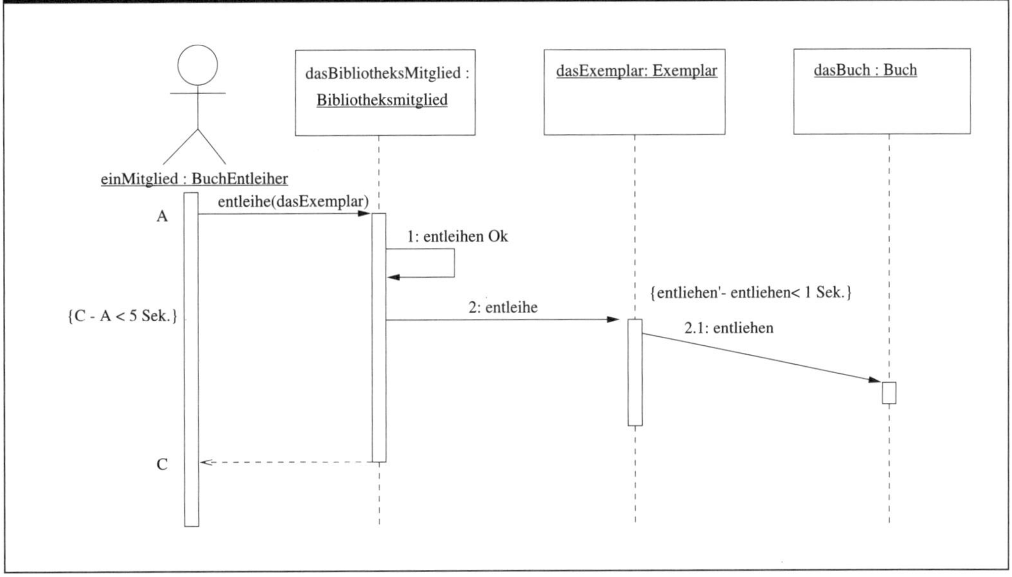

9.5 Interaktionsdiagramme für andere Zwecke

Bisher haben wir Interaktionsdiagramme eingesetzt, um zu zeigen, wie ein komplettes System einen Anwendungsfall realisiert. Man kann mit ihnen jedoch auch noch andere Arten des Verhaltens beschreiben. Im Folgenden geben wir dazu ein paar Beispiele.

9.5.1 Um zu zeigen, wie eine Klasse eine Operation bereitstellt

Wenn ein Objekt eine Nachricht empfängt und darauf reagiert, löst es eine Interaktion mit verschiedenen anderen Objekten im System aus. Mit einem Interaktionsdiagramm kann man zeigen, welche Objekte daran beteiligt sind und welche Nachrichten übermittelt werden. Wer oder was auch immer die ursprüngliche Nachricht abgeschickt hat, befindet sich außerhalb dieser Kollaboration und wird als Akteur dargestellt (etwa als `Initiator`).

9.5.2 Um zu beschreiben, wie ein Entwurfsmuster funktioniert

Entwurfsmuster werden wir in Kapitel 18 behandeln. In UML wird die Struktur eines Entwurfsmusters wie eine parametrisierte Kollaboration behandelt, in die Klassen aufgenommen werden, um eine wirkliche Kollaboration zu erreichen. Die Interaktion zwischen den Objekten dieser Klassen kann mit einem Interaktionsdiagramm beschrieben werden.

9.5.3 Um zu beschreiben, wie eine Komponente verwendet werden kann

Die einfachste Art von Komponente – die in sich geschlossen ist und nur eine Schnittstelle bereitstellt, die ihre Funktion beschreibt – kann man durchgängig als schwarzen Kasten behandeln. Komponenten können manchmal jedoch auch über kompliziertere Schnittstellen zum Rest des Systems verfügen; sie können mehrere Verbindungspunkte zum übrigen System haben, die alle ein Objekt benötigen, das eine bestimmte Schnittstelle bereitstellt. In einem solchen Fall kann es entscheidend sein, zu verstehen, auf welche Weise die Komponente erwartet, mit diesen externen Objekten zu interagieren. Ein Interaktionsdiagramm, das in der Dokumentation der Komponente enthalten ist, kann jedes dieser Objekte als Akteur darstellen. Der Benutzer der Komponente muss dann sicherstellen, dass die Objekte, die diese Rollen spielen, so mit der Komponente interagieren, wie sie es erwartet.

ZUSAMMENFASSUNG

Wir haben besprochen, wie Interaktionsdiagramme – Kollaborations- und Sequenzdiagramme – eingesetzt werden, um zu beschreiben, auf welche Weise Objekte zur Erreichung eines bestimmten Verhaltens interagieren. Kollaborationsdiagramme sind besser dafür geeignet, die Verknüpfungen zwischen Objekten darzustellen; Sequenzdiagramme eignen sich eher, um die Abfolge der übermittelten Nachrichten anzuzeigen. Interaktionsdiagramme können verwendet werden, um zu beschreiben, wie ein System einen Anwendungsfall umsetzt, aber auch für diverse andere Zwecke, etwa um zu zeigen, wie eine Klasse eine Operation realisiert oder wie eine komplexe Komponente eingesetzt wird.

KAPITEL 10

Weiteres zu Interaktionsdiagrammen

In diesem Kapitel werden wir zwei Arten erweiterter Merkmale von Interaktionsdiagrammen behandeln, nämlich:

- allgemeine Interaktionsdiagramme mit bedingter und iterierter Nachrichtenübermittlung
- parallele Systeme

10.1 Allgemeine Interaktionsdiagramme

In Kapitel 9 haben wir die *Instanzform* von Interaktionsdiagrammen besprochen, bei der es eine einzige mögliche Nachrichtensequenz gab. Da ein Anwendungsfall erheblich unterschiedliche Szenarien enthalten kann, ist es manchmal sinnvoll, in einem Interaktionsdiagramm bedingtes Verhalten oder eine veränderliche Zahl von Iterationen anzuzeigen, um verschiedene Situationen abzudecken.

Wie immer, wenn man erweiterte UML-Merkmale zur Steigerung der Ausdrucksfähigkeit einsetzt, besteht auch hier die Gefahr, dass man das Objekt überlädt und ein Diagramm entwickelt, das zu kompliziert zu lesen ist.

Technische Anmerkung zu UML

Die UML-Dokumentation sieht vor, dass ein allgemeines Interaktionsdiagramm alle Nachrichtensequenzen, die auftreten können, anzeigen soll – also alle Szenarien in einem Anwendungsfall – im Gegensatz zu einem Instanz-Interaktionsdiagramm, das nur eine einzige Sequenz oder ein Szenario wiedergibt. Wir sind der Meinung, dass es ebenso legitim ist, in der allgemeinen Form mehrere Sequenzen darzustellen – wenn auch nicht unbedingt alle, die möglich sind –, und werden diesen Punkt nicht weiter betonen. Allerdings sollten Sie, wenn Sie diesen Kompromiss eingehen wollen, darüber nachdenken, ob dies ein Zeichen dafür sein könnte, dass der fragliche Anwendungsfall zu komplex ist und besser aufgeteilt werden sollte.

10.1.1 Bedingtes Verhalten

Eine Nachricht kann durch eine Bedingung *überwacht* werden. Dies sehen wir in einigen der Fallstudien. Die Nachricht wird nur dann abgeschickt, wenn die Bedingung zu dem Zeitpunkt, an dem das System diesen Punkt der Interaktion erreicht, den Wert `true` hat.

Um eine Bedingung darzustellen, schreiben wir sie in eckigen Klammern vor die Nachricht. Damit wird eine einfache `if`-Bedingung angezeigt. Eine Bedingung stellt einen boolschen Ausdruck dar, das heißt, sie kann die Werte `true` oder `false` annehmen. UML schreibt nicht vor, was Bedingungen sein sollten: Sie könnten Sie auf Deutsch ausdrücken, in OCL, Ihrer Ziel-Programmiersprache oder einer beliebigen anderen Notation. Natürlich müssen Sie sich innerhalb des Projektteams auf eine Methode einigen und dabei bleiben.

Mehrere Nachrichten, überwacht von unterschiedlichen Bedingungen, können vom gleichen Punkt auf der Lebenslinie des Absenders abgeschickt werden. In einem solchen Fall wird in einem sequenziellen System immer höchstens eine der Nachrichten auf einmal verschickt. Das heißt, Sie müssen sicherstellen, dass die unterschiedlichen Bedingungen sich gegenseitig ausschließen (zu jedem Zeitpunkt kann höchstens eine der Bedingungen den Wert `true` haben) –, sonst beschreiben Sie unbeabsichtigt ein paralleles System, in dem zwei Nachrichten gleichzeitig gesendet werden. Ein solches Sequenzdiagramm kann mit einer `if-else`, `case-` oder `switch`-Konstruktion implementiert werden. Abbildung 10.1 zeigt die Notation.

? Worin besteht der Unterschied zwischen den beiden Ausschnitten aus den Sequenzdiagrammen in Abbildung 10.1? Schreiben Sie für jeden ein Codefragment, um ihn zu implementieren. Wäre es überhaupt möglich, dass sich beide in ihrem Verhalten merklich unterscheiden? Was glauben Sie?

? Warum ist der zweite Nachrichtenpfeil im ersten Beispiel am Anfang schräg nach unten geneigt und geht dann in die Horizontale zurück? Bestünde ein Unterschied, wenn er über die ganze Strecke schräg nach unten weisen würde?

Die Darstellung bedingten Verhaltens wirft ein Problem auf, das Studenten der Quantenphysik und Lesern von Sciencefictionromanen bekannt vorkommen wird. Wenn es im Sequenzdiagramm einen Punkt gibt, an dem zwei (oder mehr) Entwicklungen der Zukunft möglich sind – das bedingte Versenden einer Nachricht –, dann hängt die Zukunft aller Objekte davon ab, welche Abzweigung die Sequenz nach diesem Gabelpunkt nimmt. Im linken Abschnitt von Abbildung 10.1 sind drei verschiedene „Welten" möglich: eine, in der *i* gleich 0 war, so dass nur die oberste Nachricht abgeschickt wurde; eine, in der *i* gleich 1 war, so dass nur die unterste Nachricht abgeschickt wurde; und eine, in der *i* keines von beiden war, so dass gar keine Nachricht abgeschickt wurde. Was würde beispielsweise passieren, wenn beide Nachrichten für dasselbe Objekt bestimmt sind? Dem Objekt würde auf jeden Fall immer nur eine der Nachrichten übermittelt werden; also darf das Sequenzdiagramm nicht so aussehen, als wäre es möglich, beide in derselben Nachrichtensequenz zu verschicken. Wir müssen jedoch beide abbilden, da es ja Sinn und Zweck des Diagramms ist, alle Ereignisse darzustellen, die eintreten können.

UML löst dieses Problem, indem die Lebenslinie jedes Objekts, das von einer solchen bedingten Nachricht betroffen sein mag, in mehrere Zweige aufgespalten werden kann. Ein Beispiel hierfür ist in Abbildung 10.2 dargestellt.

Diskussionsfrage 73

An welchen Punkt sollten die Lebenslinien wieder zusammenlaufen dürfen?

Diskussionsfrage 74

Glauben Sie, dass die Nummerierung der Nachrichten in Abbildung 10.2 sinnvoll ist, oder sollte das Nummerierungsschema die Verästelung widerspiegeln? Wenn ja, wie?

Abbildung 10.1 Ausschnitte aus zwei Sequenzdiagrammen.

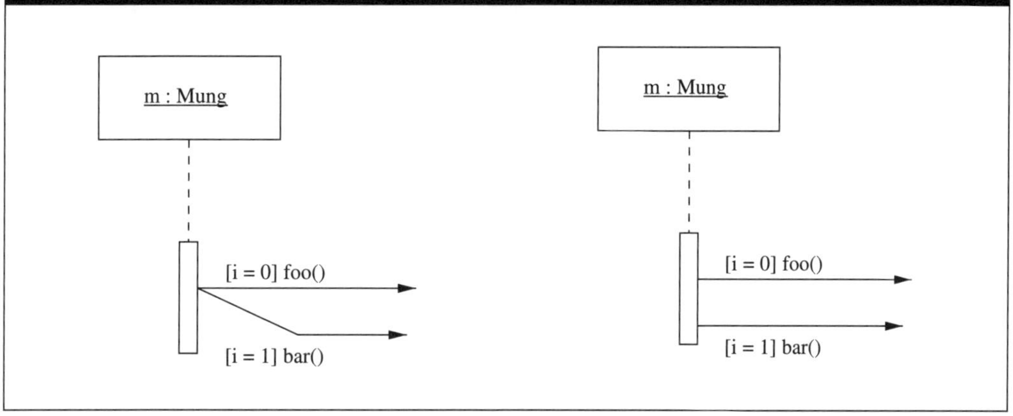

Abbildung 10.2 Ausschnitt aus einem Sequenzdiagramms mit sich verzweigender Lebenslinie.

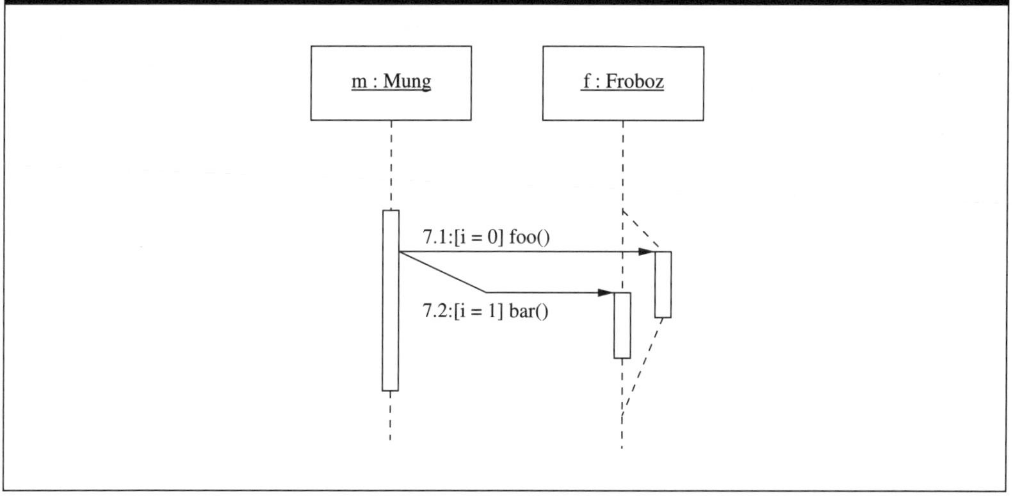

Bedingtes Verhalten in Kollaborationsdiagrammen Bedingte Nachrichten können in Kollaborationsdiagrammen verwendet werden, es gibt jedoch keine Entsprechung für die sich verzweigenden Lebenslinien, so dass Sequenzdiagramme die bessere Alternative darstellen, es sei denn, es handelt sich um wirklich einfache Bedingungen.

10.1.2 Iteration

Stellen Sie sich ein Szenario vor, in dem ein Objekt einem anderen wiederholt eine Nachricht schickt. Wenn die Anzahl der Wiederholungen feststeht – sie ist für alle Szenarien im Anwendungsfall gleich – wäre es möglich, die Nachrichten dementsprechend oft im Interaktionsdiagramm anzuzeigen. Dies wäre allerdings äußerst unpraktisch, insbesondere wenn die Nachricht jedes Mal eine weitere Kette von Nachrichten auslösen würde. Noch problematischer wäre es, wenn in jedem Szenario des Anwendungsfalls die Nachricht unterschiedlich oft abgeschickt würde. Im Allgemeinen wäre es dann nicht möglich, dies darzustellen. Wir müssten es wie in Programmiersprachen mit Hilfe einer Schleife oder *Iteration* konstruieren.

In UML kann eine Nachricht mit einem Sternchen versehen werden, um anzuzeigen, dass sie wiederholt abgeschickt wird. Im einfachsten Fall brauchen wir nicht anzugeben, wie oft die Übermittlung erfolgt; doch häufig wird das Sternchen mit einer Iterationsklausel kombiniert, einem Ausdruck in eckigen Klammern wie eine Bedingung in einer bedingten Nachricht (was jedoch nicht dasselbe ist). Die Iterationsklausel beschreibt, wie oft die Nachricht verschickt wird. Auch hier kann das Projektteam entscheiden, wie der Ausdruck formuliert werden soll; zum Beispiel wie folgt:

- `[i := 1..10]` (die Nachricht wird zehnmal abgeschickt)
- `[x < 10]` (die Nachricht wird wiederholt abgeschickt, bis `x kleiner10` ist)
- `[Element nicht gefunden]` (die Nachricht wird wiederholt abgeschickt, bis das `Element gefunden` ist).

? Welche Programmabschnitte könnten die einzelnen Beispiele implementieren?

? Worin besteht der Unterschied zwischen einer Nachricht mit * und einer mit `*[true]`?

Falls die Übermittlung einer Nachricht *m* mit Iterationsklausel das Versenden anderer Nachrichten auslöst, dann werden diese selbstverständlich auch jedes Mal erneut abgeschickt, wenn *m* gesendet wird. Da das Diagramm sonst keinen Sinn ergeben würde, brauchen wir die Iterationsklausel bei den nachfolgenden Nachrichten nicht zu wiederholen. Wir dürfen das auch gar nicht, weil sonst verschachtelte Iterationen entstehen würden. Abbildung 10.3 zeigt, dass die Nachricht `a` zweimal verschickt wird und jede Übermittlung das Senden von Nachricht `b` auslöst. Die Gesamtsequenz der Nachrichten würde also `abab` lauten, was wir im Allgemeinen bezwecken wollen. Abbildung 10.4 zeigt den gleichen Fall mit der Ausnahme, dass jedes Mal, wenn Nachricht `a` gesendet wird, Nachricht `b` *zweimal* verschickt wird: Die Gesamtsequenz der Nachrichten lautet also `abbabb`.

10.2 Parallelverarbeitung

Die Interaktionsdiagramme, die wir bisher betrachtet haben, beschreiben, wie sich ein Anwendungsfall oder eine Operation über Nachrichten und Antworten entfaltet, die eine nach der anderen zwischen den Akteuren und Objekten verschickt werden. Wir sind davon ausgegangen, dass der Sender einer Nachricht eine Antwort abwartet, bevor er seine eigenen Aktionen fortsetzt. Immer nur höchstens eines unserer Objekte führt Berechnungen aus (und leistet sinnvolle Arbeit). Dies entspricht natürlich dem Normalfall, da viele Programme für den Einsatz auf Einzelrechnern entwickelt werden, die nur über einen einzigen Prozessor verfügen.

Abbildung 10.3 Ausschnitt aus einem Sequenzdiagramm: eine Iteration mit der Nachrichtensequenz `abab`.

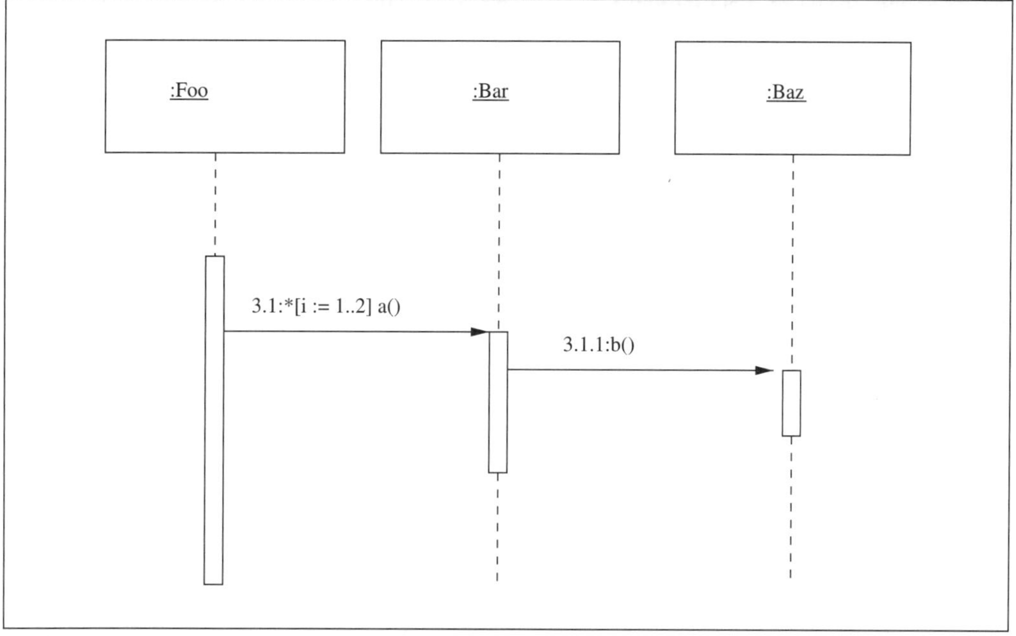

Abbildung 10.4 Ausschnitt aus einem Sequenzdiagramm: eine Iteration mit der Nachrichtensequenz `abbabb`.

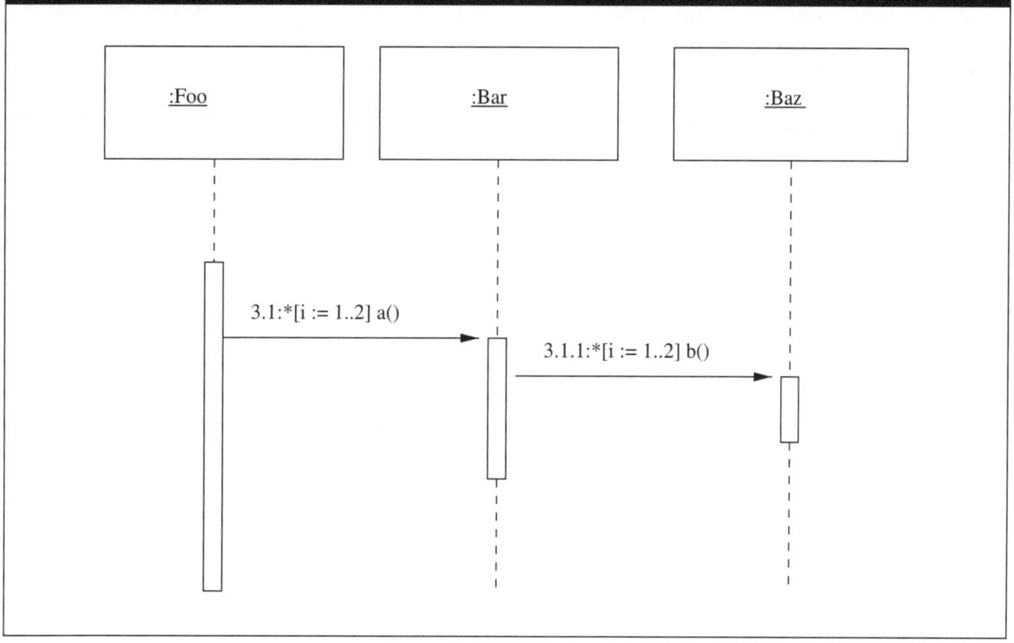

Solche Systeme bezeichnet man manchmal auch als prozedural oder *single-threaded*, da eine Schritt-für-Schritt-Prozedur mit einem einzelnen Ausführungsstrang stattfindet. In einem Sequenzdiagramm der Instanzform kann man sie sogar als einen einzigen Thread darstellen, der entlang der Nachrichtenpfeile die Aktivierungen herab und zurück über die Antworten verläuft. Ein Teil des Threads reicht aus, um alle Pfeile abzudecken. (Passen Sie jedoch auf: Das Wort prozedural wird auch in vielen anderen Zusammenhängen benutzt.)

Heutzutage gibt es allerdings auch viele Systeme, die nicht nur aus einem einzigen Thread bestehen; sie verwenden verschiedene Arten der *Parallelverarbeitung*. Beispiele für solche Systeme sind:

- verteilte Systeme, in denen die Berechnung in verschiedenen Prozessoren simultan abläuft (von denen jeder mindestens einen Ausführungsstrang benötigt)
- Multithreading-Anwendungen, in denen mehrere Ausführungsstränge parallel ablaufen, wobei sie einem einzigen oder auch mehreren Prozessoren für die Verarbeitung zugeordnet werden können
- viele reaktive Systeme, die Eingaben (Daten oder Ereignisse) auf vielfältige Art und Weise aus der Umgebung erhalten und darauf reagieren müssen, häufig unter Echtzeitbedingungen

Diese Kategorien können sich überlappen und sind hier auch nicht erschöpfend dargestellt. Die Gemeinsamkeit besteht darin, dass in dem System, das wir konstruieren, mehrere Dinge gleichzeitig geschehen können; mehrere Objekte können simultan Berechnungen ausführen, mehrere Nachrichten können zur gleichen Zeit verschickt werden.

Entwickler müssen das Parallelverhalten oft mit berücksichtigen, selbst wenn alle Anwendungen, die sie entwickeln, nur einen einzigen Thread besitzen, denn wenn mehrere Anwendungen zur selben Zeit auf unterschiedlichen Prozessoren laufen (zum Beispiel auf verschiedenen Rechnern in einem Netzwerk), ergeben sich auch mehrfache Kontrollflüsse. Externe Systeme, die von Akteuren dargestellt werden, besitzen häufig eigene Kontrollflüsse (und menschliche Akteure besitzen sie natürlich immer!). Das Parallelverhalten wird nur offensichtlicher, wenn das System, das wir entwickeln, aus mehreren interagierenden Anwendungen besteht.

Parallele Systeme werden oft mit Echtzeitsystemen verwechselt (und umgekehrt), da Echtzeitsysteme ebenfalls häufig parallel arbeiten. Den beiden Systemen liegen jedoch ganz unterschiedliche Konzepte zugrunde, die nicht immer gemeinsam auftreten: Ein System mit einem einzigen Thread kann ein Echtzeitsystem sein, ein Parallelsystem muss keines sein.

? Nennen Sie ein Beispiel für ein System mit einem einzigen Thread (Single Thread), das kein Echtzeitsystem ist; für ein Single-Thread-System, das ein Echtzeitsystem ist; für ein parallelverarbeitendes Echtzeitsystem. (Sie müssen dabei eventuell von einem sehr allgemeinen Systembegriff ausgehen.)

? (Insbesondere von Bedeutung, wenn Sie Java verwenden.) Gibt es Hilfsmittel, um Code mit mehreren Threads (multi-threaded) zu schreiben? Überlegen Sie sich, wie man dabei vorgehen könnte, und schreiben Sie kleine Beispielprogramme.

Diskussionsfrage 75

Auf welche Weise können mehrere Single-Thread-Anwendungen interagieren?

Es würde den Rahmen dieses Buches sprengen, auf die Entwicklung parallelverarbeitender Anwendungen detailliert einzugehen. Für den Rest dieses Kapitels werden wir daher lediglich versuchen, Ihnen eine Vorstellung davon zu vermitteln, welche Überlegungen dabei wichtig sind.

10.2.1 Modellieren von mehreren Kontrollflüssen

Es gibt (mindestens) drei Arten, auf die ein neuer Ausführungsstrang gestartet werden kann:

1. Ein einzelner bestehender Thread kann in mehrere aufgespalten werden. Das heißt, ein Objekt, das Berechnungen durchführt (zum Beispiel, weil es gerade eine Nachricht empfangen hat), kann zwei Nachrichten auf einmal abschicken. Dies kann man in einem Sequenzdiagramm durch zwei Nachrichtenpfeile darstellen, die vom selben Punkt ausgehen – wie für die oben beschriebenen Alternativen beim Verschicken bedingter Nachrichten, jedoch ohne die Beschränkung, dass die Bedingungen sich gegenseitig ausschließen müssen.

   In einem Kollaborationsdiagramm verwenden wir die Sequenznummer der Nachrichten, um anzuzeigen, welche von ihnen parallel laufen. Aus Kapitel 9 wissen wir, dass sequenzielle Nachrichten in der gleichen Aktivierung mit Hilfe von Zahlen dargestellt werden. Gibt es mehrere verschachtelte Aktivierungen – aufgrund von Nachrichten, die verschickt, aber noch nicht beantwortet wurden –, haben wir mehrere Zahlen, die durch Punkte getrennt sind, wobei die erste Aktivierung ganz links und die jüngste ganz rechts steht. Die Nachricht 2.13.4 zum Beispiel wird von der Aktivierung gesendet, die durch die Nachricht 2.13 ausgelöst wurde, und zwar nach der Nachricht 2.13.3. (In einem prozeduralen System kann dementsprechend die Nachricht 2.13.4 nicht abgeschickt werden, bevor die *Antwort* auf Nachricht 2.13.3 empfangen worden ist – falls es Nachrichten mit der Nummerierung 2.13.3.1 etc. gibt, müssen sie alle ebenfalls zuerst abgearbeitet werden, bevor Nachricht 2.13.4 an die Reihe kommen kann.) Bei parallelen Systemen gibt es den Unterschied, dass wir statt der Zahlen Namen (Zeichenketten aus Buchstaben) verwenden können, um Nachrichten darzustellen, die simultan verschickt werden. Die Nachrichten 2.13.A und 2.13.B beispielsweise werden beide gleichzeitig innerhalb der Aktivierung abgeschickt, die durch Nachricht 2.13 ausgelöst wurde.

? Zeichnen Sie ein Sequenzdiagramm, in dem Nachrichten mit den folgenden Sequenznummern auftauchen (nicht unbedingt in dieser Reihenfolge; Sie werden auch noch einige weitere Nachrichten benötigen): 2.B.2, 1, 2.A.

Diskussionsfrage 76

Ist diese Zahlensequenz ausreichend? Können Sie eine sinnvolle Nachrichtensequenz abbilden, die nicht nach diesem Schema durchnummeriert werden kann?

2. Ein Akteur oder ein *aktives Objekt* kann eine Nachricht „aus eigenem Antrieb" senden, ohne vorher unbedingt selbst eine Nachricht empfangen zu haben, während anderswo bereits eine Berechnung durchgeführt wird. Das ist im Prinzip schon fast die Definition eines aktiven Objekts: Es handelt sich dabei um ein Objekt, das über seinen eigenen Kontrollfluss verfügt. Die anerkannten Beispiele für aktive Objekte sind in der Tat solche, die Prozesse oder Threads wiedergeben. In UML stellen wir ein aktives Objekt wie jedes andere Objekt dar, mit dem Unterschied, dass sein Rahmen dicker gezeichnet wird.

? Unterstützt Ihre Programmiersprache aktive Objekte? Welche Klassen können aktive Objekte haben?

Die Entscheidung über die Zuordnung der parallelen Prozesse zu den verschiedenen Prozessoren wird in UML in *Verteilungsdiagrammen* festgehalten, die wir in Kapitel 13 beschreiben. Diese Entscheidung trifft man am besten zu einem frühen Zeitpunkt im Projekt, wenn man sich über die Systemarchitektur Gedanken macht.

3. Ein Objekt kann eine asynchrone Nachricht an ein anderes Objekt schicken – das heißt, es kann ein anderes Objekt veranlassen, mit Berechnungen zu beginnen, ohne selbst die Arbeit beenden zu müssen. Dieser Vorgang ist im Thread-Bild schwieriger zu beschreiben – der Sender spaltet seinen einzelnen Thread in zwei auf, trennt einen davon ab und übergibt ihn an den Empfänger seiner Nachricht.

Abbildung 10.5 Verschiedene Arten der Nachrichtenübermittlung in Sequenzdiagrammen.

Art der Interaktion	Symbol	Bedeutung
Synchron oder Aufruf	➔	Die „normale" prozedurale Situation. Dem Sender wird die Kontrolle entzogen, bis der Empfänger mit der Bearbeitung der Nachricht fertig ist, und erhält danach die Kontrolle zurück, was wahlweise mit einem Umkehrpfeil angezeigt werden kann.
Rückgabe	<- -	Keine Nachricht, sondern eine Antwort auf eine frühere Nachricht. Hebt die Sperre einer synchronen Sendung auf.
Linear	→	Es wird keine Antwort auf diese Nachricht erwartet; die Kontrolle geht vom Sender auf den Empfänger über, so dass die nächste Nachricht (in diesem Thread) vom Empfänger abgeschickt wird.
Asynchron	⇀	Es wird keine Antwort auf diese Nachricht erwartet, doch anders als bei der linearen Interaktion bleibt der Sender aktiv und kann weitere Nachrichten abschicken.

In den beiden letzten Fällen ist das verschachtelte Nummerierungsschema möglicherweise nicht so sinnvoll, da die Ausführung nicht verschachtelt erfolgt: Die Objekte sind ja parallelverabeitend. Sie können stattdessen die einfachere Nummernsequenz 1, 2, ... verwenden.

In UML gibt es Definitionen für einige einfache Arten der Nachrichtenübermittlung, mit denen parallele Systeme beschrieben werden können. Wie bei allen UML-Merkmalen können durch den Einsatz von Stereotypen zur Erweiterung der Kernsprache weitere Varianten hinzugefügt werden. Im letzten Abschnitt dieses Kapitels werden wir die vordefinierten Varianten betrachten und Beispiele angeben, die ihre Auswirkungen zeigen. Die Varianten sind in Abbildung 10.5 aufgelistet.

Warnung

In Abbildung 10.5 zeigen wir, was in UML beschrieben ist. Konventionen können jedoch unterschiedlich sein, so dass Sie auch Abwandlungen dieser Beispiele finden werden.

Nicht alle Nachrichten in einer Anwendung müssen vom gleichen Typ sein. Manche Objekte interagieren vielleicht synchron, d.h. als nichtparallele Teile einer einzigen Komponente, während andere ihre Nachrichten asynchron übermitteln. Das kann zum Beispiel vorkommen, wenn einige Nachrichten an eine separate Komponente geschickt werden, die unabhängig Aufgaben ausführt.

Für unser Beispiel nehmen wir wieder das System für die Einschreibung der Studenten, das wir in Kapitel 15 entwickelt haben. Nehmen Sie an, dass der Anwendungsfall `Anmeldung Unterrichtseinheiten` (etwas anspruchsvoller als das, was wir in dem Kapitel besprochen haben) wie folgt aussieht. Der Anwendungsfall geht davon aus, dass jeder `CS4Tutor` (jeder Tutor eines CS4-Studenten als Akteur) einer bestimmten Kombination von Unterrichtseinheiten im Vorhinein bereits zugestimmt hat, indem man zum Beispiel von Durchschnittswerten ausgeht. Die häufigste Standardkombination könnte für alle Studenten bereits anerkannt sein, und einem bestimmten Studenten mag gestattet werden, eine bestimmte Fächerkombination, die nicht dem Standard entspricht, zu belegen, nachdem er darüber mit seinem Tutor gesprochen hat. Sie können dies durch den Anwendungsfall Anerkennung `Kombinationen` mit Tutor als Akteur modellieren.

Abbildung 10.6 Asynchrone Nachrichtenübermittlung.

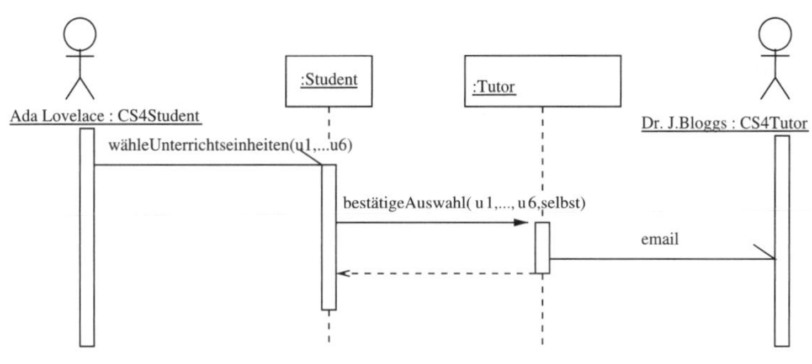

Anmeldung Unterrichtseinheiten Der Student besucht eine Internetseite und wählt verschiedene Unterrichtseinheiten aus. Nach der Bestätigung zeichnet das System seine Auswahl auf. Dabei führt es – nicht unbedingt sofort – einen von drei möglichen Vorzügen aus:

1. Wenn die Kombination für diesen Studenten bereits genehmigt wurde, schickt es zur Bestätigung eine E-Mail an den Studenten und schreibt ihn für die gewählten Unterrichtseinheiten ein.
2. Wenn die Fächerauswahl für diesen Studenten noch nicht anerkannt wurde, aber gemäß den Universitätsbestimmungen gestattet ist, schickt es eine E-Mail an den Tutor des Studenten. Hiermit endet die Verantwortlichkeit des Systems: Der Tutor wird sich mit dem Studenten in Verbindung setzen und kann dessen Auswahl im Anwendungsfall `Anerkennung Kombinationen` zustimmen.
3. Wenn die Kombination gemäß den Universitätsbestimmungen nicht zulässig ist, schickt es eine E-Mail an den Studenten und erklärt, wo das Problem liegt.

? Sollten Sie sich mit Webprogrammierung auskennen, überlegen Sie, wie ein solches System implementiert werden könnte. Erstellen Sie eine ausführlichere Beschreibung (eines Anwendungsfalls?), aus der hervorgeht, wie Sie die Entscheidungen für die höchsten Ebene getroffen haben, zum Beispiel in welcher Sprache welche Teile des Systems geschrieben sind und wo sie ausgeführt werden. Worin liegen die Vor- und Nachteile Ihrer Beschreibung im Vergleich zu der oben aufgeführten? Glauben Sie, dass eine Anwendungsfall-Beschreibung diese zusätzliche Information enthalten sollte? Warum?

Abbildung 10.6 zeigt eine mögliche Realisierung des Szenarios Nr. 2 in diesem Anwendungsfalls. Wir setzen asynchrone Nachrichten zwischen Systemobjekten und Akteuren ein, um sowohl den Studenten darzustellen, der seine Kurswahl einreicht, als auch die E-Mail-Nachrichten, die vom System gesendet werden.

? Hätten wir statt der asynchronen auch lineare Nachrichten verwenden können?

? Entwickeln Sie Realisierungen der anderen Szenarien in diesem Anwendungsfall. (Dazu müssen Sie zuerst Kapitel 15 lesen.)

Diskussionsfrage 77

Können Sie sich Situationen vorstellen, in denen es sinnvoll wäre, diese Merkmale von Interaktionsdiagrammen anzuwenden, selbst wenn das System letztendlich nur über einen einzigen Thread verfügen soll?

ZUSAMMENFASSUNG

In diesem Kapitel haben wir zwei komplexere Aspekte von UML-Interaktionsdiagrammen behandelt. Als Erstes haben wir allgemeine Interaktionsdiagramme erörtert, mit denen wir durch die Darstellung bedingter und iterierter Nachrichtenübermittlung mehr als nur ein Szenario im gleichen Diagramm anzeigen können. Danach sind wir kurz auf einige Merkmale eingegangen, die für die Modellierung paralleler Systeme eingesetzt werden können.

KAPITEL 11

Grundlagen von Zustands- und Aktivitätsdiagrammen

Bis jetzt haben wir gezeigt,

- wie man die Anforderungen eines Systems mit Hilfe von Anwendungsfällen beschreibt,
- wie man die statischen Strukturen eines Systems – einschließlich der vorhandenen Klassen und der Nachrichten, die deren Objekte annehmen – mit Hilfe eines Klassenmodells modelliert,
- wie man mit Hilfe von Interaktionsdiagrammen die Art und Weise modelliert, in der Objekte zum Erfüllen der Anforderungen interagieren, indem man die zwischen ihnen ausgetauschten Nachrichten beschreibt.

Wir haben jedoch noch nicht erläutert, wie man die „Entscheidung" eines Objekts darüber modelliert, was zu tun ist, wenn es eine Nachricht empfängt. Zwei Interaktionsdiagramme können Objekte derselben Klasse zeigen, welche dieselbe Nachricht erhalten, jedoch unterschiedlich reagieren. Dies ist in vielen Fällen sinnvoll, da das Verhalten eines Objekts möglicherweise durch die Werte seiner Attribute beeinflusst wird. Um die Klasse zu implementieren, zu pflegen oder zu testen, müssen wir verstehen, wie die Abhängigkeiten zwischen dem *Zustand* eines Objekts und seiner Reaktionen auf Nachrichten oder andere Ereignisse aussehen. Wie wir in diesem Kapitel sehen werden, halten UML-*Zustandsdiagramme* (auch Zustandskarten oder Zustandskartendiagramme genannt) diese Abhängigkeiten auf praktische Weise fest. In diesem Kapitel werden wir die am weitesten verbreitete Verwendung von Zustandsdiagramm betrachten, die darin besteht, zu veranschaulichen, wie ein Objekt durch das Versenden von Nachrichten auf den Erhalt einer solchen reagiert.

Wenn wir ein wenig um die Ecke denken, werden wir in der Lage sein, zum Beschreiben komplexer Aktivitäten einen großen Teil derselben Notation zu verwenden. Der Grundgedanke besteht darin, dass sich der Übergang von einer (untergeordneten) Aktivität zur nächsten wie der Übergang eines Objekts beim Erhalt einer Nachricht von einem Zustand in einen dazu deutlich unterschiedlichen verhält. Wir werden feststellen, dass Aktivitätsdiagramme eine Hilfe beim Verstehen komplexer Aktivitäten darstellen können. Dabei handelt es sich um eine Variante von Zustandsdiagrammen, die angepasst wurden, um die Verbindungen und Abhängigkeiten zwischen Aktivitäten anzuzeigen. In manchen Fällen hat man die Wahl, entweder ein Aktivitätsdiagramm oder ein Interaktionsdiagramm zu verwenden. Diese Auswahl werden wir erläutern.

11.1 Zustandsdiagramme

Lassen Sie uns mit einem sehr einfachen Beispiel beginnen, in dem ein Objekt eine Nachricht erhält und die von ihm ergriffenen Maßnahmen von den Werten seiner Attribute und Verknüpfungen abhängig sind[1]. In unserem Bibliothekssystem kann ein Objekt der Klasse `Exemplar` das boolsche Attribut `aufLager` aufweisen, das aufzeichnen soll, ob das Objekt ein Exemplar eines sich gegenwärtig in der Bibliothek befindlichen Buchs oder ein momentan entliehenes Exemplar beschreibt. Die Schnittstelle der Klasse `Exemplar` legt fest, dass dieses Objekt bereit sein sollte, die Nachricht `entleihe()` entgegenzunehmen. Diese soll dem Objekt `Exemplar` mitteilen, dass das physische Exemplar gerade aus der Bibliothek entliehen wurde. Diese Nachricht *sollte* lediglich ankommen, wenn das Attribut `aufLager` den Wert `true` aufweist – falls das physische Exemplar ausgeliehen wurde, muss es sich in der Bibliothek befunden haben! Die Reaktion des Objekts `Exemplar` sollte darin bestehen, sein Attribut `aufLager` auf den Wert `false` zu setzen (und sich so synchron mit dem Aspekt der realen Welt zu verhalten, den es beschreibt) und eine Nachricht an das mit ihm verbundene Objekt `Buch` zu senden, um es wiederum davon in Kenntnis zu setzen, dass dieses Exemplar soeben ausgeliehen wurde.

Was sollte geschehen, wenn die Nachricht `entleihe()` ankommt und das Attribut `aufLager` den Wert `false` aufweist? Dies bedeutet, dass ein schwerwiegender Fehler eingetreten ist – der Zustand des Systems beschreibt den der wirklichen Welt nicht korrekt –, so dass es für das Objekt `Exemplar` die falsche Reaktion wäre, dieses Problem zu ignorieren. Stattdessen sollte es auf eine irgendwie geartete Weise mitteilen, dass ein Fehler aufgetreten ist, etwa indem es eine Fehlernachricht in ein Protokoll schreibt.

Der Wert des Attributs `aufLager` des Objekts `Exemplar` ist für das Verständnis des Verhaltens von Bedeutung, und zwar hinsichtlich der Frage, welche Nachrichten das Objekt sendet, nachdem es selbst eine Nachricht erhalten hat. Wir können die beiden sich wesentlich unterscheidenden *Zustände* eines `Exemplar`-Objekts mit `aufLager` und `verliehen` beschreiben und die Nachrichten, aufgrund derer es sich zwischen den Zuständen bewegt, wie in Abbildung 11.1 gezeigt, als die *Ereignisse* bezeichnen, die die *Übergänge* zwischen den Zuständen verursachen. (Wir haben noch nicht gezeigt, was das Objekt unternehmen sollte, falls es eine unerwartete Nachricht erhält. Dies wird in Unterabschnitt 11.1.1 behandelt.).

Abbildung 11.1 Das Zustandsdiagramm der Klasse `Exemplar`.

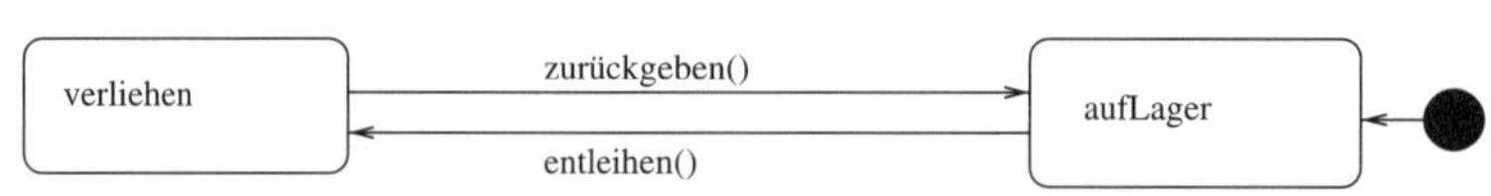

Bei dem schwarzen Punkt mit dem auf den Zustand `aufLager` weisenden Pfeil handelt es sich um eine Anfangsmarkierung, die aussagt, dass ein neues Objekt der Klasse `Exemplar` bei seiner Erstellung mit dem Zustand `aufLager` beginnt. Anfangsmarkierungen sind optional. Sie zu zeigen ist hilfreich, wenn Objekte der Klasse stets in einem bestimmten Zustand gebildet werden. Dies ist beispielsweise der Fall, wenn die Attribute von Objekten einer Klasse immer mit denselben Standardwerten erzeugt werden. Häufig werden jedoch beim Erstellen von Objekten die Werte ihrer Attribute als Teil der Anweisung zu ihrer Bildung angegeben (beispielsweise in Form von Konstruktorargumenten). In diesem Fall hängt der Ursprungszu-

[1] Mit Maßnahmen meinen wir, welche Nachrichten es sendet, und nicht lediglich, welche Argumente oder Rückgabewerte es wählt. Wir können sagen, dass sein Verhalten *qualitativ* von den Werten seiner Attribute und Verknüpfungen abhängt.

stand des Objekts von dem Verfahren zu seiner Erstellung ab, so dass keine Anfangsmarkierungen angegeben werden sollten.

? (Warum) ist es sinnvoll, davon auszugehen, dass ein `Exemplar`-Objekt stets mit dem Zustand `aufLager` gebildet wird, d.h. dass das Attribut `aufLager` den Wert `true` aufweist?

? Wie werden die Anfangswerte von Objektattributen in der von Ihnen verwendeten Programmiersprache gesetzt? Kann beispielsweise die Klassendefinition Standardwerte angeben? Wenn dies der Fall ist, können Sie die Standardwerte beim Erstellen eines Objekts trotzdem überschreiben?

Diskussionsfrage 78

Stellen Sie sich die Alternative vor, dass es lediglich eine einzige Nachricht gibt, nennen wir sie einmal `entleihenOderZurückgeben`, aufgrund derer ein `Exemplar`-Objekt den Wert des Attributs `aufLager` ändert. Welche Konsequenzen kann ein solches Design nach sich ziehen?

11.1.1 Unerwartete Nachrichten

In Abbildung 11.1 haben wir keine Pfeile für den Erhalt der Nachricht `entleihe()` im Zustand `verliehen` oder der Nachricht `zurückgeben()` im Zustand `aufLager` wiedergegeben. Unter normalen Umständen sollten solche Nachrichten nicht ankommen. Falls dies doch der Fall ist, liegt ein Fehler vor. Jedoch definiert die Klasse die Schnittstelle, deren Anforderungen ein Objekt der Klasse `Exemplar` erfüllen muss, und diese Schnittstelle verpflichtet ein `Exemplar`-Objekt zum Annehmen der Nachrichten `entleihe()` und `zurückgeben()`. Deshalb muss der Code der Klasse `Exemplar` etwas unternehmen, wenn diese falschen Nachrichten tatsächlich ankommen, wie beispielsweise auf bestimmte Weise einen Fehler melden. Bei der Entscheidung darüber, was unter unerwarteten Umständen wie diesen zu geschehen hat, handelt es sich um eine *Architekturentscheidung*, die einmal getroffen und dokumentiert werden sollte, so dass wir nicht gesondert festhalten müssen, was bei jedem solchen Ereignis passiert. Eine weit verbreitete Lösung besteht darin, ein einziges global zugängliches Objekt einer Klasse mit der Bezeichnung `Fehler` vorzusehen, dessen einzige Aufgabe im Melden von Fehlern besteht. Jedes Objekt, das eine von ihm nicht erwartete Nachricht erhält, sendet dem `Fehler`-Objekt eine Nachricht und beschreibt, was vorgefallen ist. Wir verwenden folgende Übereinkunft: Falls ein Zustandsdiagramm nicht anzeigt, wie eine Nachricht in einem bestimmten Zustand behandelt wird, bedeutet dies, dass die Nachricht niemals hätte ankommen dürfen, wenn sich das Objekt in diesem Zustand befindet. Wir zeigen Fehlerbehandlungsnachrichten lediglich, wenn in einem besonderen Fall etwas Außergewöhnliches erforderlich ist.

Technische Anmerkung zu UML

Tatsächlich entfernen wir uns mit unserer Übereinkunft von der Sprache UML, bei der festgelegt ist, dass ein Ereignis, wie beispielsweise der Erhalt einer Nachricht, einfach ignoriert wird, wenn es keinen Übergang auslöst. Dies wird in Kapitel 12 von Bedeutung sein, in dem wir andere Arten von Ereignissen untersuchen. Unsere Übereinkunft wird, da sie sehr zweckmäßig ist, in der Praxis häufig verwendet, lässt sich jedoch ausschließlich auf den Erhalt von Nachrichten in einer Objektschnittstelle anwenden.

Diskussionsfrage 79

Wie könnte man noch mit unerwarteten Nachrichten umgehen? Wo liegen die Vor- und Nachteile der von Ihnen in Erwägung gezogenen Ansätze?

11.1.2 Die Abstraktionsebene

Das Zustandsdiagramm für `Exemplar` zeigte lediglich zwei Zustände, obwohl wahrscheinlich eine Vielzahl unterschiedlicher Einstellungen für die Attribute eines `Exemplar`-Objekts denkbar sind. (Wir haben die Attribute der Klasse `Exemplar` nicht vollständig definiert, jedoch weist es vermutlich eine Art von Bibliotheksnummer sowie einen Nachweis darüber auf, von welchem Buch es ein Exemplar ist, und möglicherweise noch weitere.) Der Grund dafür liegt darin, dass die meisten der unterschiedlichen Einstellungen der Attribute im Hinblick auf unser aktuelles Thema gleichwertig sind: Das Verhalten eines `Exemplar`-Objekts beruht beispielsweise nicht wesentlich darauf, von welchem `Buch` es ein Exemplar ist. Welche Punkte wesentlich sind, hängt davon ab, an welchem Aspekt des Systems Sie interessiert sind. In der endgültigen Implementierung legen die Werte der Objektattribute jedoch fest, in welchem Zustand des Zustandsdiagramms es sich befindet. Tatsächlich hängt der Zustand des Objekts prinzipiell auch von den Objekten ab, mit denen es verknüpft ist, und von *deren* Attributen usw. Jedoch sind Systeme, in denen Objekte mit gleichen Attributwerten unterschiedliche Zustände annehmen können, häufig schwierig zu verstehen und zu unterhalten. Anhand der Werte aller Attribute eines Objekts sollten Sie in der Lage sein, im Zustandsdiagramm genau einen Zustand zu bezeichnen, in dem sich das Objekt befinden muss. In manchen Fällen ist es hilfreich, den von einem Zustand abgedeckten Bereich der Werte eines Attributs festzuhalten. Beispielsweise könnten wir im Zustandsdiagramm dem Zustand `aufLager` die *Einschränkung* `{aufLager = true}` und dem Zustand `verliehen` die Einschränkung `{aufLager = false}` hinzufügen. Von diesen Einschränkungen sollte stets eine zutreffen. In unserem einfachen Beispiel wäre dies übertrieben, jedoch ist es hilfreich, wenn der Zustand in einem Zustandsdiagramm durch eine komplexere Kombination von Attributen bestimmt wird.

? Was ist die kleinste Anzahl von Zuständen, die die Klasse `Exemplar` in einem korrekten Zustandsdiagramm aufweisen kann? Können Sie Angaben über die größte Anzahl von Zuständen machen? Bedenken Sie das Zeichnen von Zustandsdiagrammen mit (a) der kleinstmöglichen Anzahl von Zuständen und (b) mit mehr als zwei Zuständen. Sind Sie der Überzeugung, dass das Zustandsdiagramm mit zwei Zuständen hilfreicher ist?

Diskussionsfrage 80

(Nach dem Lesen von Kapitel 6.) Welchen Unterschied macht es, wenn die Klasse eine Klasseninvariante aufweist?

11.1.3 Zustände, Übergänge und Ereignisse

Abbildung 11.1 zeigt die wichtigsten Elemente eines Zustandsdiagramms, nämlich:

- **Zustände**, die als Rechtecke mit abgerundeten Ecken dargestellt werden.
- **Übergänge** zwischen den Zuständen, die durch Pfeile verkörpert werden.

- **Ereignisse**, die Zustandsübergänge bewirken. Bis zu diesem Zeitpunkt haben wir lediglich die am weitesten verbreitete Art von Ereignis berücksichtigt, nämlich den Erhalt einer Nachricht. Dies wird dargestellt, indem man einfach die Nachricht (einschließlich der Namen ihrer Argumente, falls solche vorhanden sind) über den Übergangspfeil schreibt.
- **Anfangsmarkierungen**, die als schwarzer Punkt mit einem (nicht beschrifteten) Pfeil zum Anfangszustand im Diagramm wiedergegeben werden.

Sie werden nicht überrascht sein, wenn Sie erfahren, dass ein Zustandsdiagramm außerdem eine *Endmarkierung* zeigen kann. Dabei handelt es sich um einen schwarzen Punkt mit einem Ring darum, der besagt, dass das Objekt das Ende seiner Lebenserwartung erreicht hat und zerstört wird. In einem Diagramm kann es mehrere oder keine Endmarkierungen geben.

? Nennen Sie den Unterschied zwischen einem Zustand, von dem keine Übergänge ausgehen, und einem Zustand mit einem Pfeil zu einer Endmarkierung!.

Abbildung 11.2 Das Zustandsdiagramm der Klasse `Exemplar` mit Aktionen.

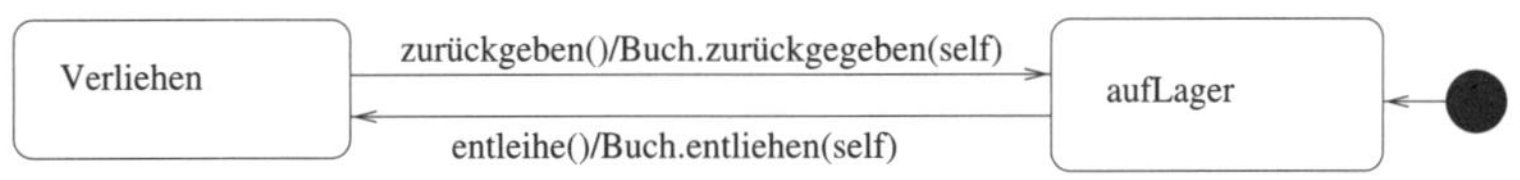

11.1.4 Aktionen

Wir haben festgestellt, dass Zustandsdiagramme hilfreich sind, wenn es darum geht, zu verstehen, wie die Reaktion eines Objekts auf eine Nachricht von seinem Zustand abhängt; beispielsweise möchten wir zeigen, welche Nachricht es sendet. Ein Objekt, das als Antwort auf den Erhalt einer Nachricht selbst eine sendet, ist ein Beispiel für eine *Aktion* als Reaktion eines Objekts auf ein Ereignis.

> Ein Ereignis ist eine an dem Objekt vorgenommene Handlung, also beispielsweise eine an ihn gesendete Nachricht. Bei einer Aktion handelt es sich um eine vom Objekt vorgenommene Handlung, wie beispielsweise das Senden einer Nachricht.

Wir können die auf das Ereignis folgende Aktion beim Übergang darstellen, indem wir die beiden durch einen Schrägstrich trennen. Abbildung 11.2 zeigt, dass das Objekt `Exemplar` als Teil seiner Reaktion auf den Erhalt der Nachrichten `entleihe()` und `zurückgeben()` die Nachrichten `entliehen(self)` und `zurückgegeben(self)` an das mit ihm verbundene `Buch`-Objekt sendet.

Zur Notation: Der Schrägstrich (/) zeigt an, dass auf ihn eine Aktion folgt. Das von einem Punkt gefolgte `Buch` bezeichnet das Objekt, dem eine Nachricht geschickt wird: Wir gehen davon aus, dass die Klasse `Exemplar` ein Attribut `Buch` einschließt, um die in dem Klassendiagramm von Abbildung 3.5 gezeigte Assoziation zwischen `Exemplar` und `Buch` zu implementieren. Schließlich ist `zurückgegeben(self)` ein Beispiel für eine Nachricht, die einen Parameter enthält. In diesem Fall erwartet die Nachricht `zurückgegeben` ein Argument, bei dem es sich um ein Objekt der Klasse `Exemplar` handelt und das angibt, welches Exemplar zurückgegeben wurde, wobei sich in diesem Beispiel das Objekt `Exemplar` selbst sendet (genauer gesagt, in den meisten Sprachen einen Verweis auf sich selbst).

Diskussionsfrage 81

In Kapitel 5 haben wir gesagt, dass es nicht hilfreich ist, die Attribute einer Klasse darzustellen, deren einziger Zweck im Implementieren der im Klassendiagramm gezeigten Assoziationen besteht: Dies verletzt die Regel „Schreibe Code nur einmal", nach der man vermeiden sollte, Informationen zweimal festzuhalten, wenn dies bedeutet, dass man die Versionen konsistent halten muss (siehe Kapitel 2). Dennoch haben wir in diesem Fall eine Möglichkeit benötigt, um auf das mit dem Objekt `Exemplar` assoziierte Objekt `Buch` zu verweisen. Sind Sie der Meinung, dass es sinnvoll war, zu diesem Zweck das Attribut `Buch` des `Exemplar`-Objekts einzuführen? Sollten wir nun unser Klassenmodell aktualisieren, so dass es dieses Attribut zeigt? Welche Möglichkeiten gibt es und was sind ihre Vor- und Nachteile?

In diesem Fall ist es bequem, eine Aktion über den Pfeil für den Übergang zu schreiben. Stellen Sie sich jedoch vor, dass es mehrere Möglichkeiten gibt, in denselben Zustand überzugehen (was vollkommen zulässig und sogar weit verbreitet ist), und dass unabhängig von dem erfolgten Übergang dieselbe Aktion vollzogen werden soll. Sie könnten die Aktion bei jedem der unterschiedlichen Übergänge aufführen, jedoch ist dies sowohl mühsam als auch fehlerträchtig – und verletzt wiederum die Regel „Schreibe Code nur einmal". Stattdessen können wir unsere Absicht unmittelbar anzeigen, indem wir die Aktion innerhalb des Zustands als Reaktion auf das besondere Ereignis `entry` schreiben. Jedes Mal, wenn das Objekt einen Zustand annimmt, erfolgt ein `entry`-Ereignis, selbst wenn wir diese Ereignisse nicht anzeigen oder berücksichtigen, sondern nur dann, wenn wir Aktionen mit ihnen assoziieren wollen. Gleichermaßen können wir Aktionen anzeigen, die erfolgen sollten, wenn ein gegebener Zustand durch Assoziieren der Aktion mit einem `exit`-Ereignis eines Zustands verlassen wird. Abbildung 11.3 veranschaulicht die Verwendung eines `entry`- und Abbildung 11.4 die eines `exit`-Ereignisses. Beide Diagramme haben dieselbe Bedeutung wie das Diagramm in Abbildung 11.2!

Abbildung 11.3 Zustandsdiagramm der Klasse `Exemplar` mit `entry`-Aktionen.

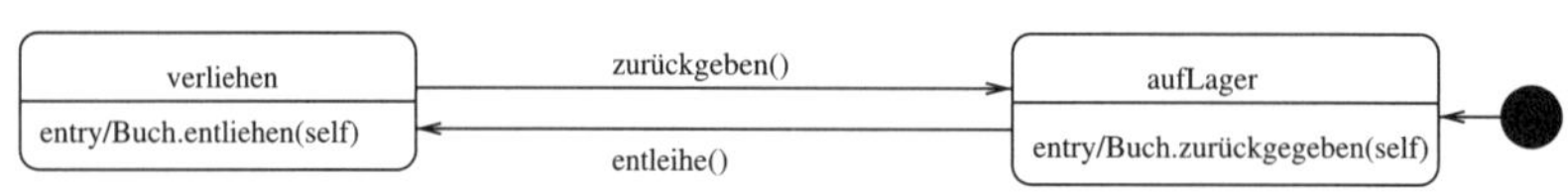

Abbildung 11.4 Zustandsdiagramm der Klasse `Exemplar` mit `exit`-Aktionen.

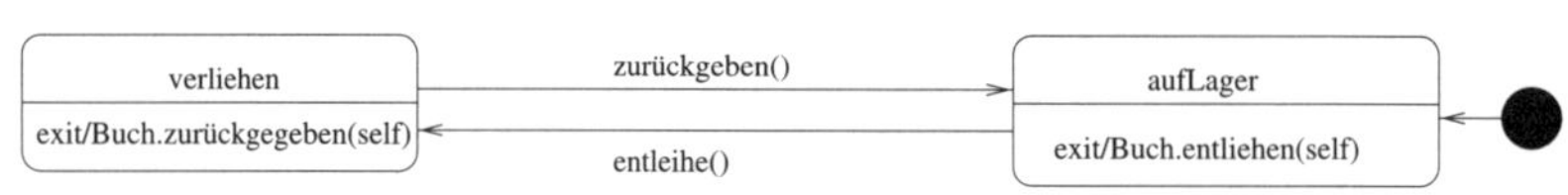

Sie können eine beliebige Kombination dieser Aktionen verwenden.

? In welcher Reihenfolge werden in Abbildung 11.5 die Aktionen `foo()`, `bar()` und `baz()` Ihrer Meinung nach ausgeführt?

? Zeichnen Sie weitere Zustandsdiagramme für `Exemplar`, die dieselbe Bedeutung wie die obigen haben.

Diskussionsfrage 82

Obwohl die Abbildungen 11.2, 11.3 und 11.4 dasselbe bedeuten, gibt es unterschiedliche Gründe, warum Sie möglicherweise einer dieser Formen den Vorzug geben. Betrachten Sie beispielsweise die Wartung. Wie lautet Ihre Meinung?

Tatsächlich ist diese Verwendung von `entry`- und `exit`-Ereignissen innerhalb eines Zustands ein Sonderfall der allgemeineren Notation, auf die wir im nächsten Kapitel zurückkommen werden.

11.1.5 Bedingungen

In manchen Fällen kann das Auftreten desselben Ereignisses innerhalb eines Zustands zu einer Zustandsänderung führen oder nicht, was jeweils von den Werten der Attribute des Objekts abhängt. (Das heißt, wir müssen auf mehr Einzelheiten achten als lediglich darauf, in welchem Zustand sich ein Objekt befindet.) Wir können dies mit Hilfe derselben bedingten Notation darstellen, die wir bei allgemeinen Interaktionsdiagrammen verwendet haben (siehe Kapitel 10).

Lassen Sie uns, um dies zu veranschaulichen, zu dem Beispiel mit dem Zustandsdiagramm der Klasse `Buch` zurückkehren, das wir zuerst in Kapitel 3 vorgestellt haben. Der Zustand von `Buch`-Objekten ist geringfügig interessanter als der von `Exemplar`-Objekten, da es von einem Buch viele Exemplare geben kann und ein `Buch`-Objekt `entleihbar` ist, wenn sich *mindestens ein* Exemplar auf Lager befindet. Deshalb verursacht die Nachricht `entliehen()` nur dann einen Wechsel aus dem Zustand `entleihbar`, wenn es sich um das letzte Exemplar im Regal handelt. Andernfalls bleibt das `Buch`-Objekt `entleihbar`. Abbildung 11.6 verdeutlicht dies anhand der beiden (sich gegenseitig ausschließenden) Bedingungen `[letztes Exemplar]` und `[nicht letztes Exemplar]`. Wie bei Interaktionsdiagrammen kann eine Bedingung in sorgfältigem Deutsch, einer Programmiersprache, OCL oder jeder anderen für das Projekt vereinbarten praktischen Notation ausgedrückt werden.

Abbildung 11.5 Mehrere Aktionen in einem Diagramm.

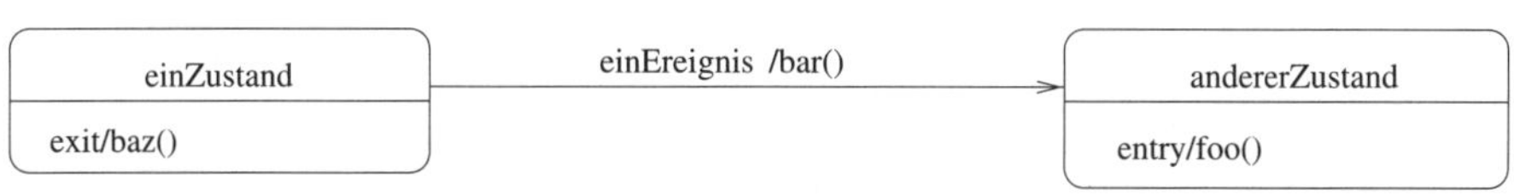

Abbildung 11.6 Das Zustandsdiagramm für die Klasse `Buch`.

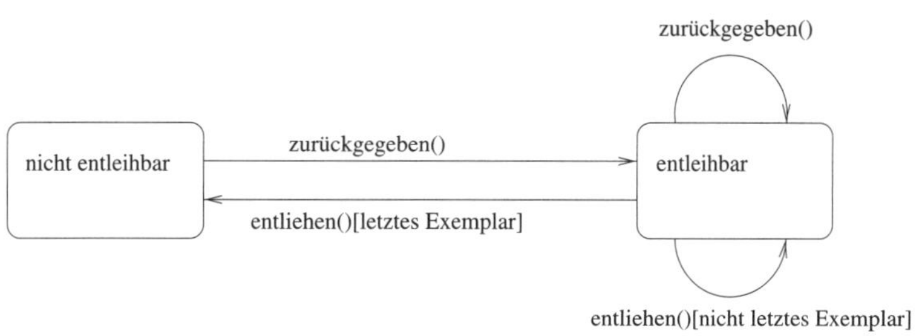

Da der umgekehrte Zustandsübergang beim Empfangen der Nachricht `zurückgegeben()` im Zustand `nicht entleihbar` nicht durch Bedingungen eingeschränkt ist, wird ein solches Ereignis stets dazu führen, dass das Objekt `Buch` in den Zustand `entleihbar` wechselt, wie wir es erwarten würden.

Des Weiteren verdeutlicht Abbildung 11.6, dass ein Übergang aus einem Zustand wieder in denselben führen kann. Wir müssen solche Übergänge anzeigen können, wenn wir der bereits von uns erwähnten Übereinkunft folgen wollen, nach der die Abwesenheit eines die Ankunft einer beliebigen Nachricht anzeigenden Übergangs zu erkennen gibt, dass die Ankunft dieser Nachricht ein Fehler war. Wenn wir in unserem Beispiel die Übergangsschleife wegließen, würde unsere Übereinkunft beispielsweise besagen, dass es ein Fehler ist, wenn jemand ein Exemplar eines Buchs zurückgibt, wenn sich bereits ein Exemplar desselben Buchs auf Lager befindet!

? Warum gibt es keine Bedingungen für das Ereignis `zurückgegeben`?

Diskussionsfrage 83

Weshalb können wir nicht einfach einen weiteren Zustand hinzufügen, der anzeigt, dass lediglich ein Exemplar eines `Buch`-Objekts übrig ist, und so das Verwenden von Bedingungen vermeiden? Wenn Sie keinen Grund sehen, versuchen Sie, das sich ergebende Zustandsdiagramm zu zeichnen.

Im nächsten Kapitel werden wir weitere Beispiele für die Notation von Zustandsdiagrammen kennen lernen. Zum Beispiel kann man mit UML geschachtelte Zustandsdiagramme zeigen und solche, bei denen mehrere Dinge gleichzeitig geschehen.

EXKURS 11.1

Entwerfen von Klassen mit Zustandsdiagrammen

Das Zustandsdiagramm einer Klasse sollte so einfach wie möglich sein. Je mehr das Verhalten eines Objekts von seinem Zustand abhängt, desto schwieriger ist es zu verstehen. Klassen mit komplexen Zustandsdiagrammen verursachen mehrere damit in Zusammenhang stehende Probleme.

Erstens ist es schwieriger, den Code für solch eine Klasse korrekt zu schreiben, denn die Implementierungen der Methoden laufen auf eine Vielzahl bedingter Abschnitte hinaus.

Zweitens wird das Testen dieser Klasse erschwert. In Kapitel 19 werden wir auf dieses Thema zurückkommen. Zum jetzigen Zeitpunkt könnten Sie sich Gedanken darüber machen, wie Sie die Klasse `Buch` erproben würden und in welchem Zusammenhang die erforderlichen Tests mit dem Zustandsdiagramm stehen. (Es lohnt sich, daran zu denken, dass Sie häufig die Wahl haben, wie viele Einzelheiten Sie in einem Zustandsdiagramm zeigen wollen. Selbstverständlich verringert es nicht wirklich die Anzahl der benötigten Tests, wenn Sie eine Klasse mit weniger Einzelheiten zeigen, jedoch kann dies die Anzahl der Tests verkleinern, von denen Sie bereits wissen, dass Sie sie brauchen.)

Drittens, und das ist der wichtigste Punkt, wird externem Code das richtige Verwenden einer Klasse bedeutend erschwert, wenn das Verhalten der Klasse auf komplexe Art und Weise von ihrem Zustand abhängt. Beispielsweise muss der Client sicherstellen, dass er keine Nachricht an ein Objekt sendet, wenn es sich in einem Zustand befindet, in dem diese Nachricht einen Fehler verursachen würde. Entweder muss der externe Client auf irgendeine Weise die an dem Objekt vorgenommenen Handlungen verfolgen, so dass er herausfinden kann, in welchem Zustand es sich befindet, oder er muss den Zustand des Objekt vor dem Senden der Nachricht abfragen. Im ersten Fall müssen Sie sich, um Vertrauen in die Korrektheit des gesamten Systems zu gewinnen, selbst überzeugen, dass der Client bei seinen Annahmen über den Zustand des Objekts immer richtig liegt. Der zweite Fall mag zwar sicherer sein, bringt jedoch das Versenden zusätzlicher Abfragenachrichten mit sich, was einen zusätzlichen Punkt darstellt, der verstanden und richtig gemacht werden muss und ebenfalls Zeit erfordert.

? Welche Beziehung besteht zwischen dem Zustand eines `Buch`-Objekts und dem der assoziierten `Exemplar`-Objekte?

Wenn Sie also eine Klasse mit vielen Zuständen haben, sollten Sie erwägen, ob es bessere Entwürfe gibt. In manchen Fällen kann es hilfreich sein, eine Klasse mit vielen Zuständen in zwei oder mehr Klassen mit einem einfachen Verhalten zu unterteilen. Zum Beispiel könnten wir statt einer einzigen Klasse `Exemplar` mit zwei Zuständen zwei Klassen mit den Bezeichnungen `ExemplarAufLager` und `ExemplarVerliehen` anlegen. An die Stelle von Zustandsänderungen würde dann das Erstellen und Löschen von Objekten dieser neuen Klassen treten. Ob dies eine Verbesserung darstellt, hängt von den Umständen und insbesondere davon ab, ob die kleineren Klassen ebenso gute Klassen sind. Wenn es Ihnen natürlich vorkommt, sich den Zustandswechsel so vorzustellen, dass ein Objekt einer der neuen vermutlichen Kandidatenklassen in ein Objekt einer anderen neuen Kandidatenklassen *umgewandelt* wird, ist die Aufspaltung vom Entwurfsstandpunkt her wahrscheinlich gut. Wenn dies unnatürlich erscheint, ist die Aufspaltung wahrscheinlich nicht sehr hilfreich.

DISKUSSIONSFRAGE 84

Betrachten Sie die Änderungen, die erforderlich werden, wenn wir die Klasse `Exemplar` wie oben beschrieben unterteilen, im Einzelnen. Wäre dies Ihrer Meinung nach eine Verbesserung oder nicht?

DISKUSSIONSFRAGE 85

Ein weiterer wichtiger Faktor einer solchen Entscheidung besteht darin, wie oft ein Wechsel des Zustands oder der Klasse erforderlich wird. Warum ist dies wichtig?

DISKUSSIONSFRAGE 86

Betrachten Sie das in Kapitel 15 beschriebene CS4-Verwaltungssystem. An Stelle der beiden Klassen `Dozent` und `Tutor` hätten wir eine einzige Klasse mit der Bezeichnung `Dozent` und einem Attribut `istTutor` verwenden können. Überlegen Sie, welchen Unterschied dies machen würde und ob Sie dies als Verbesserung ansehen.

DISKUSSIONSFRAGE 87

Viele (beispielsweise Clemens Szyperski in [45]) behaupten, dass eine Komponente keinen persistenten Zustand aufweisen sollte, so dass insbesondere ihr Zustandsdiagramm lediglich einen Zustand zeigen sollte. Warum?

11.2 Aktivitätsdiagramme

Aktivitätsdiagramme beschreiben, wie Aktivitäten koordiniert werden. Beispielsweise kann mit ihrer Hilfe (wie mit einem Interaktionsdiagramm) gezeigt werden, wie sich eine Operation implementieren ließe. Ein Aktivitätsdiagramm ist besonders hilfreich, wenn Sie wissen, dass eine Operation eine Anzahl unterschiedlicher Dinge bewerkstelligen soll, und Sie die wesentlichen Abhängigkeiten zwischen ihnen modellieren wollen, bevor Sie entscheiden, in welcher Reihenfolge Sie sie abarbeiten. Aktivitätsdiagramme sind weitaus besser als Interaktionsdiagramme dazu geeignet, dieses deutlich zu zeigen.

Außerdem sind Aktivitätsdiagramme nützlich, um zu beschreiben, wie sich einzelne Anwendungsfälle entwickeln und möglicherweise von anderen abhängen. Häufig ereignen sich die von Ihnen ausgearbeiteten Anwendungsfälle nicht in einer willkürlichen Reihenfolge, sondern als Teil des gesamten *Arbeitsflusses* in einem Bereich der Aktivitäten des Kunden. Beispielsweise muss zuweilen das Aktualisieren von Daten in einem Anwendungsfall abgeschlossen sein, bevor ein anderer Anwendungsfall, der diese Daten liest, begonnen werden kann. Diese beiden können unterschiedliche Aufgaben darstellen, so dass es sinnvoll ist, sie als getrennte, jedoch nicht unabhängige, Anwendungsfälle anzusehen.

In beiden Fällen zeichnen Aktivitätsdiagramme die Abhängigkeiten zwischen Aktivitäten auf, wie beispielsweise Informationen darüber, welche Vorgänge parallel erfolgen können und welche abgeschlossen sein müssen, bevor ein anderer beginnen kann. Wie dies andeutet, ist eine *Aktivität* der grundlegende Teil eines Aktivitätsdiagramms, und ein Übergang aus einer Aktivität heraus bedeutet in der Regel, dass diese beendet wurde.

Technische Anmerkung zu UML

Auf der semantischen Ebene von UML sind Aktivitätsdiagramme Zustandsdiagramme, die aus Gründen der Bequemlichkeit mit zusätzlichen Notationsmerkmalen erweitert wurden, obwohl dies zur Folge hat, dass sie vollkommen anders aussehen können.

Wir merken an, dass das Modellieren eines Unternehmens wesentlich mehr umfassen kann als Aktivitätsdiagramme, obwohl diese für die Darstellung des Arbeitsflusses hilfreich sein können. UML enthält einige Ergänzungen für die Unternehmensmodellierung, wurde jedoch dafür kritisiert, auf diesem Gebiet Schwächen aufzuweisen.

Elemente von Aktivitätsdiagrammen

- Eine **Aktivität** wird als benanntes Rechteck mit gerader Ober- und Unterseite und runden Seitenlinien gezeigt. Technisch gesehen handelt es sich bei diesem Element um eine Art von Zustand, der jedoch nicht als Reaktion auf ein von außen kommendes Ereignis verlassen wird, sondern wenn die von ihm wiedergegebene Aktivität abgeschlossen ist. Diese Aktivität kann viele Schritte einschließen, darunter das Warten auf Ereignisse, obwohl diese Einzelheiten normalerweise nicht gezeigt werden.

- Ein **Übergang** wird wie in einem Zustandsdiagramm als Pfeil dargestellt. In einem Aktivitätsdiagramm werden Übergänge üblicherweise nicht beschriftet, da sie vom Abschluss der vorherigen Aktivität ausgelöst werden (und nicht von einer anderen Art von Ereignis), und in der Regel ist es praktischer, Aktionen in den Aktivitäten einzuschließen, als sie getrennt davon auf den Übergängen zu platzieren. Jedoch kann es mehrere nach außen gehende Übergänge geben, von denen jeder eine Bedingung aufweist, falls die nächste Aktivität von der Situation abhängig ist.
- Bei einem **Synchronisationsbalken** handelt es sich um einen dicken horizontalen Balken, der die Koordination von Aktivitäten beschreibt. Sobald *alle* Aktivitäten abgeschlossen sind, die Übergänge in den Balken aufweisen, kann er passiert werden. Zu diesem Zeitpunkt werden alle aus dem Balken herausführenden Übergänge ausgelöst, so dass die Aktivitäten, zu denen diese Übergänge führen, parallel gestartet werden. Auf diese Weise stellt der Synchronisationsbalken eine Möglichkeit bereit, um unterschiedliche Arten von Vorgängen auszudrücken, wie beispielsweise zu warten, bis alle untergeordnete Aufgaben beendet sind, bevor man weitergeht (*Verknüpfung*), oder mehrere untergeordnete Aufgaben gleichzeitig zu starten (*Gabelung*).
- Die **Entscheidungsraute** wird zum Darstellen von Entscheidungen eingesetzt, die als Alternative zu Bedingungen für unterschiedliche Übergänge dienen, die denselben Zustand verlassen.
- **Anfangs- und Endmarkierungen** werden wie in Zustandsdiagrammen eingesetzt.

Die wichtigsten Unterschiede zwischen Aktivitäts- und Zustandsdiagrammen bestehen neben der eben beschriebenen zusätzlichen Notation darin, dass

- Aktivitätsdiagramme im Normalfall keine Ereignisse einschließen, da es sich bei den einzigen Ereignissen, die von Interesse sind, um die Bedingungen der untergeordneten Aktivitäten handelt, die nicht explizit gezeigt werden müssen.
- eine Aktivität in Übereinstimmung mit dem durch das Diagramm beschriebenen Fluss ohne Unterbrechung fortgesetzt werden soll. Wenn es beispielsweise Bedingungen für die aus einer Aktivität herausführenden Übergänge gibt, sollte in der Regel genau eine von ihnen erfüllt werden. Dies ist nicht allgemein gültig: In manchen Fällen ist es möglich, dass Sie unter bestimmten Umständen einen letzten Schritt einer Aktivität benötigen, während dies unter anderen Umständen nicht der Fall ist, so dass es in einer solchen Situation richtig sein kann, sich nicht erschöpfende Bedingungen zu verwenden, d.h. dass es manchmal geschehen kann, dass keine Bedingung erfüllt wird. Wenn Sie jedoch anstelle von Bedingungen eine Entscheidungsraute einsetzen, schreibt UML vor, dass die Optionen erschöpfend sein müssen.

  Dies ist ein wesentlicher Unterschied zu Zustandsdiagrammen, bei denen es häufig vollkommen akzeptabel ist, dass ein Objekt niemals einen seiner möglichen Zustände erreicht: Es gibt keine implizite „korrekte Folge" von Zuständen.

Abbildung 11.7 zeigt den Arbeitsfluss der Bibliothek aus Kapitel 3 in Form eines Aktivitätsdiagramms. Es beschreibt nicht, wie das Informationssystem der Bibliothek funktioniert, sondern die menschlichen Interaktionen, denen sich das System anpassen muss. Das Verständnis dieser Art von Unternehmenskontext sollte Ihnen dabei helfen, ein wirklich nützliches und praktikables System zu entwickeln. In manchen Fällen werden Sie es möglicherweise hilfreich finden, Diagramme wie dieses zu entwickeln, um Ihr Verständnis zu verbessern. Mit Hilfe des Synchronisationsbalkens zeigen wir den Anfang und das Ende einer parallel verlaufenden Aktivität, bei der der Bibliothekar dem System einen Rückgabebericht sendet und das Buch in das Regal zurückstellt[2]. Wir sehen, wie die Aktivitäten eines Kunden mit denen des Bibliothekars zusammengeführt werden sowie das Ende dieser Phase, wenn der Kunde seine Tätigkeit abschließt und der Bibliothekar zurückkehrt, um den Nächsten zu bedienen. Weiterhin verdeutlicht das Diagramm die Verwendung von Entscheidungen, um die Verzweigung des Verhaltens zu zeigen.

Abbildung 11.7 Ein Aktivitätsdiagramm der Betriebsebene der Bibliothek.

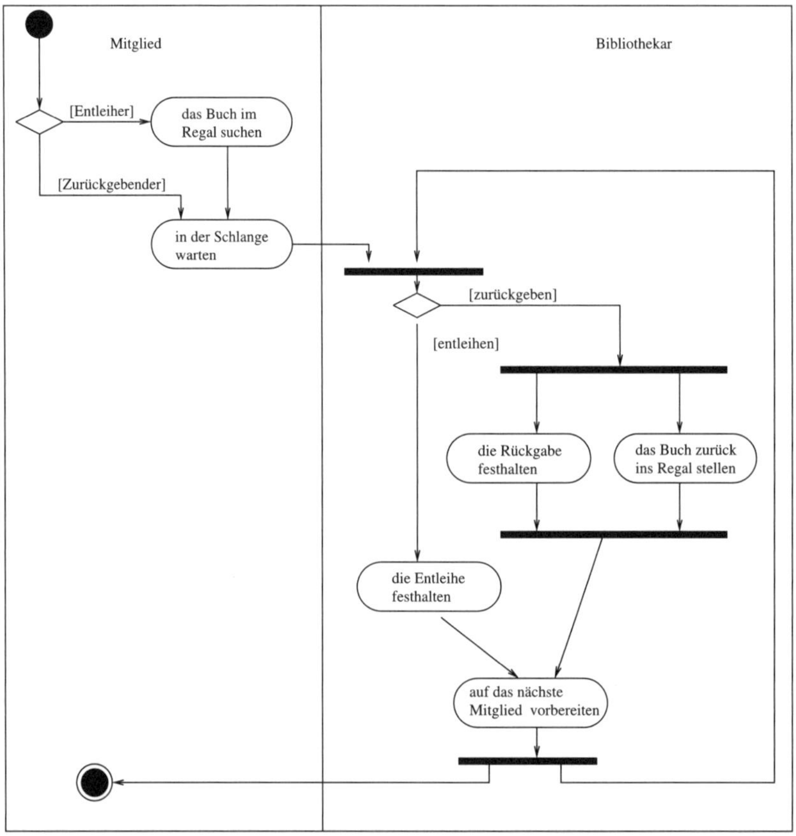

? Zeichnen Sie Abbildung 11.7 neu, so dass sie eine Aktivität zeigt, wenn der Bibliothekar ein entliehenes Buch stempelt. Sollte diese Aktivität parallel zur einer bestehenden erfolgen?

? Zeichnen Sie Abbildung 11.7 neu, so dass sie die Aktivitäten innerhalb des Bibliothek-systems selbst mit allen Einzelheiten anzeigt.

Partitionen und Verantwortungsbereiche

Ein Aktivitätsdiagramm kann unterschiedliche Gruppen von miteinander in Beziehung stehenden Aktivitäten zeigen. Sie können hinsichtlich der sie durchführenden Objekte oder

[2] Tatsächlich ist dies eine weit gefasste, jedoch in UML häufig anzutreffende Verwendung des Begriffs „parallel". Bestimmt kann der Bibliothekar diese beiden Aktivitäten nicht zur selben Zeit durchführen: Was wir meinen ist, dass es keine Rolle spielt, in welcher Reihenfolge diese Aktivitäten erfolgen.

Akteure, hinsichtlich der Anwendungsfälle, zu denen sie gehören, oder auf jeder anderen hilfreich erscheinenden Grundlage miteinander in Verbindung stehen. Dies kann man verdeutlichen, indem man das Diagramm in Partitionen aufteilt, die als *Verantwortungsbereiche* (oder „Schwimmbahnen") bezeichnet werden, in denen die Aktivitäten entsprechend gruppiert sind.

In Abbildung 11.7 wurde die Bibliothek unterteilt in Aktionen, die allein von den Kunden durchgeführt werden, und solchen, an denen der Bibliothekar beteiligt ist.

? Zeichnen Sie Abbildung 11.7 neu, so dass sie die Aktivitäten anzeigt, die in Übereinstimmung mit den Anwendungsfällen aus Kapitel 3 unterteilt wurden.

? Zeichnen Sie ein Aktivitätsdiagramm, das die Operation `entleihen` mit einem `Bibliotheksmitglied`-Objekt (dies wird in Abbildung 3.6 durch ein Sequenzdiagramm beschrieben) zeigt. Zeigen Sie die Abläufe nur dann in einer bestimmten Reihenfolge, wenn es zwingend erforderlich ist.

ZUSAMMENFASSUNG

Wir haben beschrieben, wie man mit Hilfe von Zustandsdiagrammen die Art und Weise modelliert, nach der sich wesentliche Änderungen der Attribute eines Objekts darauf auswirken, wie es auf Ereignisse, beispielsweise Nachrichten, reagiert. Wir haben hervorgehoben, dass es besser ist, nach Möglichkeit keine Klassen mit einem komplizierten auf Zuständen beruhenden Verhalten zu entwerfen, obwohl es hilfreich sein kann, ein Objekt mit einem solch komplexen Verhalten in einem Zustandsdiagramm zu zeigen. Des Weiteren haben wir Aktivitätsdiagramme erörtert, welche die Abhängigkeiten zwischen Aktivitäten modellieren, wie beispielsweise die an der Durchführung eines Anwendungsfalls beteiligten Operationen oder die Anwendungsfälle eines Systems.

KAPITEL 12

Weiteres zu Zustands- und Aktivitätsdiagrammen

In diesem Kapitel werden einige weniger gebräuchliche, jedoch in manchen Fällen hilfreiche Leistungsmerkmale der Zustands- und Aktivitätsdiagramme von UML berücksichtigt. Wir erläutern Folgendes:

- wie man mit Zustandsdiagrammen Ereignisse und andere Aktionen als das Übergeben von Nachrichten zeigt;
- zusammengesetzte Zustände, bei denen ein einzelner Zustand eines Diagramms eine feine Struktur aufweist, die wir zeigen möchten;
- parallele zusammengesetzte Zustände, bei denen mehrere Zustandsmaschinen unabhängig voneinander ausgeführt werden. Dies ist hilfreich für das Modellieren paralleler Systeme.

12.1 Andere Arten von Ereignissen

UML klassifiziert die Ereignisse, die möglicherweise einen Zustandsübergang auslösen, wie folgt:

- **Aufruf-Ereignis** Dies ist der Erhalt einer Nachricht, die das Durchführen einer Operation erfordert. Dies ist der am weitesten verbreitete Fall, den wir in Kapitel 11 untersucht haben. Wie wir gesehen haben, schließt das Ereignis sowohl die Parameter der Nachricht als auch ihren Selektor ein.
- **Wechsel-Ereignis** Dies tritt ein, wenn der Wert einer Bedingung von `false` nach `true` wechselt. Ein Wechsel-Ereignis wird geschrieben, indem auf das Schlüsselwort `when` ein die Bedingung beschreibender und in Klammern eingeschlossener Ausdruck folgt, wie beispielsweise `when(X=10)`. Ein Wechsel-Ereignis ist beim Beschreiben einer Situation hilfreich, in der ein Objekt seinen Zustand aus dem Grund ändert, dass es nach dem Erhalt einer *Antwort* auf eine von ihm ausgeschickte Nachricht den Wert seiner Attribute ändert, und nicht als unmittelbare Folge davon, dass es eine Nachricht erhalten hat. In Kapitel 16 finden Sie dafür ein Beispiel, bei dem ein Objekt mit der Bezeichnung `AktuellePosition` eine Nachricht an ein `Spiel`-Objekt sendet, nämlich die Antwort auf die Frage nach dem neuen Wert des Attributs `amZug` des Objekts `AktuellePosition`, das angibt, welcher Spieler als Nächster am Zug ist. In Abhängigkeit von diesem neuen Wert kann das Objekt `AktuellePosition` einen Zustandsübergang vornehmen. Wir modellieren dies mit dem Ereignis `when(amZug=A)`.

- **Signal-Ereignis** Hierbei handelt es sich um den Erhalt eines *Signals*. Wie bei einem Aufruf-Ereignis können bei einem Signal-Ereignis die Parameter in Klammern eingeschlossen sein. Ein Signal muss als eine besondere Art von Klasse definiert sein, vor deren Namen das Schlüsselwort `<<signal>>` angeführt wird und wo der Bereich mit den Attributen keine Operationen, dafür aber die Signal-Parameter enthält. Signale können untereinander durch Verallgemeinerung in Beziehung stehen, dürfen jedoch nicht mit normalen Klassen verbunden sein.
- **Zeit-Ereignis** Im Allgemeinen handelt es sich dabei um einen Ausdruck, der eine Zeitperiode angibt, die nach einem benannten Ereignis verstreichen muss, die jedoch meistens mit Hilfe des Schlüsselworts `after` relativ zu dem Zeitpunkt angegeben wird, an dem der aktuelle Zustand angenommen wurde, wie beispielsweise `after(0,5 Sekunden)`.

12.2 Andere Arten von Aktionen

Wir haben gesehen, dass Zustandsdiagramme Nachrichten zeigen können, die ein Objekt als Reaktion auf ein Ereignis gesendet hat. Tatsächlich lässt UML ein wesentlich allgemeineres Konzept von Aktionen zu. Abbildung 12.1 zeigt ein denkbares Zustandsdiagramm für die Klasse `Durchschnitt` des in Kapitel 17 beschriebenen Simulationssystems. Ein `Durchschnitt`-Objekt wartet auf Aktualisierungsnachrichten von den Simulationsobjekten des Modells. Solch eine Nachricht enthält einen neuen Wert, der dem aktuellen Gesamtwert im Attribut `Summe` hinzugefügt werden muss. Die Anzahl der bis zu diesem Zeitpunkt erhaltenen Aktualisierungen ist im Attribut `Beobachtungen` enthalten und muss ebenfalls erhöht werden. Verschiedene Punkte sind zu beachten:

1. Wie üblich schreibt UML die Syntax der Aktionen nicht vor. Es wird Ihnen vermutlich praktisch erscheinen, sie auf Deutsch, mit Pseudocode oder in der Ziel-Programmiersprache zu schreiben. Selbstverständlich dürfen die Aktionen nicht auf etwas verweisen, von dem man nicht begründet annehmen kann, dass es dem Objekt bekannt ist. Sinnvoll ist es, wenn Sie auf Attribute, Operationen und Verknüpfungen des Objekts verweisen sowie auf Parameter der Nachricht, die den Übergang ausgelöst hat.
2. Eine *Aktionsfolge* wird durch Trennen der Aktionen mit Schrägstrichen angezeigt. Die Aktionen werden von links nach rechts ausgeführt (obwohl das in diesem Fall keine Rolle spielt).
3. Wir haben `aktualisieren(wert: Real)` als *internes Ereignis* dargestellt, indem wir es in das Rechteck geschrieben haben (wie wir es in Kapitel 11 auch mit den besonderen Ereignissen `entry` und `exit` gemacht haben). Der Unterschied zwischen einem internen Ereignis und einer Selbst-Transition, die als Pfeil von einem Zustand auf sich selbst dargestellt wird, besteht darin, dass die `entry`- und `exit`-Ereignisse des Zustands nicht von außen ausgelöst werden. Dahinter steht der Gedanke, dass ein Pfeil von einem Zustand auf sich selbst dem Vorgang entspricht, bei dem das Objekt zunächst den Zustand verlässt (so dass das `exit`-Ereignis stattfindet), und im Anschluss daran wieder in denselben Zustand eintritt (so dass das `entry`-Ereignis erfolgt). Durch das Anzeigen des Ereignisses innerhalb des Zustands wird vermieden, dass `entry`- und `exit`-Ereignisse ausgelöst werden.
4. Gelegentlich sind Diagramme wie dieses mit nur einem Zustand eine bequeme Möglichkeit, um zu zeigen, wie das Objekt auf Ereignisse reagiert. Selbst der Bereich mit dem Namen eines Zustands ist optional: Da es nur einen Zustand gibt, haben wir ihn in diesem Fall nicht benannt.

? Geben Sie in einem Diagramm dieselben Informationen wieder, dass unter dem Gesichtspunkt der Deutlichkeit entworfen wurde und nicht unter dem Gesichtspunkt, so viele Punkte über UML wie möglich zu zeigen!

Diskussionsfrage 88

Betrachten Sie erneut die Klasse Buch im Bibliotheksbeispiel. Wie könnte diese eine größere Anzahl von Informationen anzeigen? Sind Sie der Meinung, dass dies hilfreich wäre?

? Zeichnen Sie ein Zustandsdiagramm für ein Exemplar in der Bibliothek, das überfällig wird, wenn es nicht innerhalb von drei Wochen zurückgegeben wird. (Sie müssen entsprechende Änderungen an den Klassendefinitionen vornehmen.)

Abbildung 12.1 Ein Zustandsdiagramm für die Klasse Durchschnitt: kein guter Stil!

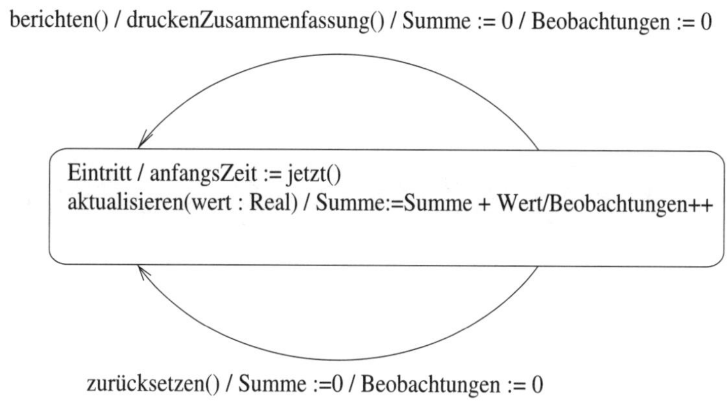

Abbildung 12.2 Das Zustandsdiagramm für die Klasse Kunde.

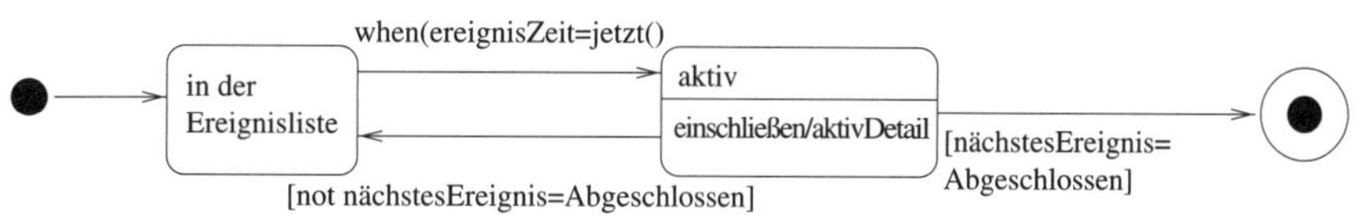

12.3 Das Innere der Zustände

Bis zu diesem Zeitpunkt haben wir Zustände als einzelne Entitäten ohne eine innere Struktur angesehen. Gelegentlich ist es hilfreich, einen Zustand so zu betrachten, als weise er ein internes Verhalten auf, das sich in einem Zustandsdiagramm darstellen lässt. Solche Zustände werden als *zusammengesetzt* bezeichnet.

Streng genommen haben wir solche zusammengesetzten Zustände bereits bei der Erläuterung des Verfahrens zum Umgang mit internen Ereignissen untersucht. Bei einem internen Ereignis und der sich aus ihm ergebenden Aktionsfolge handelt es sich implizit um einen einzigen Übergang innerhalb einer internen (geschachtelten) Zustandsmaschine.

Abbildung 12.2 zeigt das auf einer hohen Ebene angesiedelte Zustandsdiagramm eines Kunde-Objekts, das unter Verwendung des in Kapitel 17 beschriebenen Pakets für die Simulation diskreter Ereignisse als eine AktiveEntität im Simulationsmodell einer einfachen Warteschlange für einen Dienst modelliert wird. Das Objekt Kunde ist entweder aktiv oder auf der Ereignisliste, wo es auf seine nächste Gelegenheit wartet, aktiv zu werden. Die Zeile include/aktivDetail im Zustand aktiv zeigt, dass es sich bei aktiv um einen zusammengesetzten Zustand handelt: Es gibt innerhalb von aktiv ein geschachteltes detailliertes Zustandsdiagramm mit der Bezeichnung aktivDetail. Dieses geschachtelte Zustandsdiagramm wird in Abbildung 12.3 gezeigt. Bei zusammengesetzten Zuständen sind die Anfangs- und Endmarkierungen zwingend erforderlich, obwohl sie bei einfachen Zuständen optional sind. Der Grund hierfür ist, dass wir wissen müssen, wann die interne Zustandsmaschine gestartet werden muss und wann sie beendet wurde. Wenn der zusammengesetzte Zustand von einem von außen kommenden Übergang erreicht wird, nimmt er seinen Startzustand an. Falls in seinem internen Zustandsdiagramm sein Endzustand erreicht wird, gibt es ein implizites „Abschluss"-Ereignis. Es besitzt keinen Namen, so dass Übergänge aus einem Zustand bei einer geschachtelten Zustandsmaschine unbeschriftet sein können, wie es in Aktivitätsdiagrammen bei Übergängen aus Aktivitäten heraus der Fall ist. Wie bei Aktivitätsdiagrammen kann es mehrere Übergänge mit jeweils einer Bedingung geben; zumindest eine dieser Bedingungen sollte den Wert true aufweisen.

Abbildung 12.3 Das geschachtelte Zustandsdiagramm aktivDetail für den Zustand aktiv der Klasse Kunde.

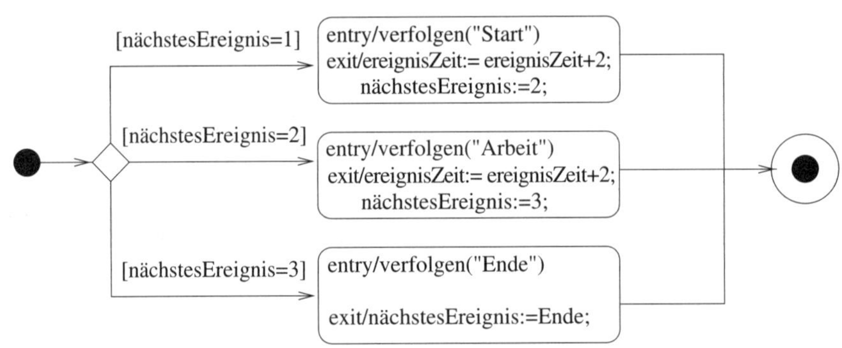

Abbildung 12.3 zeigt, dass das Objekt Kunde unabhängig von dem aktuellen Wert des Attributs nächstesEreignis einen von drei internen Zuständen annehmen kann. Diese Unterzustände geben Folgendes wieder:

1. die Wartezeit bis zum Anschluss an die Warteschlange
2. die Wartezeit auf einen Dienst innerhalb der Warteschlange
3. die Wartezeit darauf, dass der Dienst seine Arbeit beendet, nachdem er den Server erreicht hat

In allen Fällen bedeutet dies einfach, für ereignisZeit einen die Dauer der Aktivität angebenden Wert sowie einen angemessenen Wert für nächstesEreignis zu setzen.

Diskussionsfrage 89

Tatsächlich zeigt Abbildung 12.3 ein recht degeneriertes Zustandsdiagramm. Warum? Wie könnten Sie dieses Verhalten anders modellieren?

12.4 Parallelität innerhalb der Zustände

In Kapitel 11 haben wir gesehen, dass Aktivitätsdiagramme mit Hilfe von Synchronisationsbalken, die das Verzweigen und Zusammenführen von untergeordneten Aufgaben darstellen, mehrere gleichzeitig stattfindende Aktivitäten ausdrücken können. Tatsächlich können auch Zustandsdiagramme mit Hilfe dieser Notation das Verzweigen und Zusammenführen paralleler Untermaschinen zeigen. Außerdem ist das Zeichnen eines geschachtelten Zustands möglich, in dem sich das interne Verhalten aus voneinander unabhängig ausgeführten Bereichen zusammensetzt. Diese Bereiche werden wie in Abbildung 12.4 durch gestrichelte Linien getrennt. Jeder von ihnen besitzt seinen eigenen Anfangs- und Endzustand.

Abbildung 12.4 Zustandsdiagramme mit Parallelität.

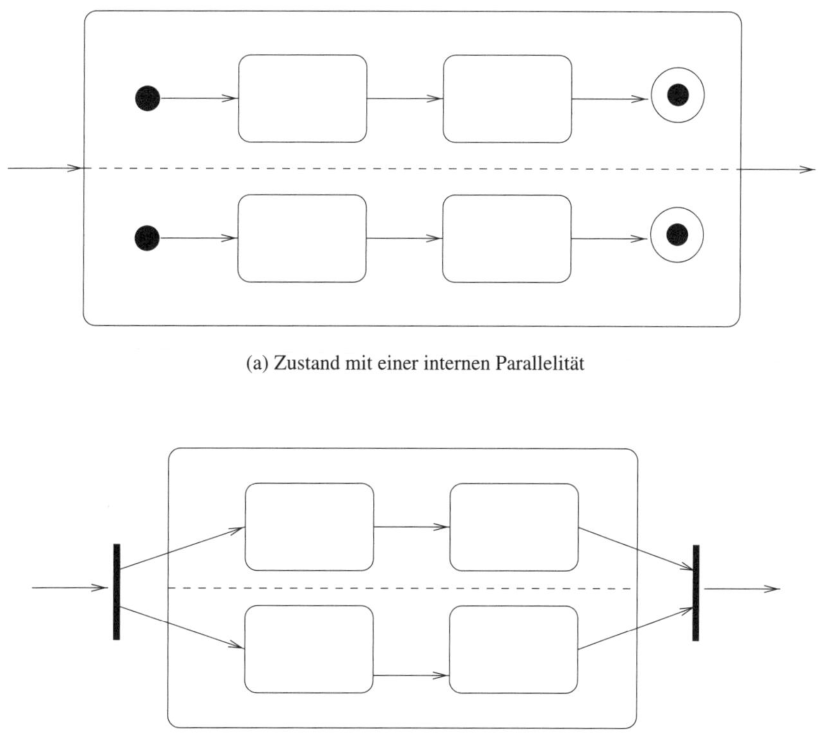

(a) Zustand mit einer internen Parallelität

(b) Ein gleichwertiger Zustand mit externer Synchronisation

? In unserem Beispiel gibt es keine Übergänge von einem Zustand in einem Parallelbereich zu einem Zustand in einem anderen Parallelbereich. Können Sie sich einen Fall vorstellen, in dem ein solcher Übergang sinnvoll wäre? Wenn ja, entwickeln Sie ein Beispiel und überlegen Sie, was es bedeutet.

Die beiden Zustandsdiagramme dieses Beispiels sind gleichwertig und zeigen, wie beim Eintreten in einen Zustand mit einer internen Parallelität gleichzeitig der Anfangszustand aller seiner Bereiche erreicht wird und wie Übergänge, die den Zustand verlassen, lediglich dann etwas auslösen, wenn alle Bereiche an ihrem Endzustand angelangt sind.

ZUSAMMENFASSUNG

In diesem Kapitel haben wir einige zusätzliche Merkmale der Zustands- und Aktivitätsdiagramme von UML betrachtet. Wir haben Ereignisse und Aktionen von einem allgemeineren Standpunkt als bei den Beispielen zur Nachrichtenübergabe in Kapitel 11 untersucht und im Anschluss daran Zustandsdiagramme mit zusammengesetzten Zuständen mit und ohne Parallelität erläutert.

KAPITEL 13

Implementierungsdiagramme

Der größte Teil der Erläuterungen in diesem Buch konzentriert sich auf die Frage, wie man mit Hilfe objektorientierter Verfahren Probleme analysiert und Lösungen entwirft. Wir haben die Detailfragen hinsichtlich der Umwandlung des Entwurfs in Code kurz angesprochen, jedoch nicht die gesamte Architektur der zu erstellenden Anwendung untersucht, obwohl wir im ersten Teil gesagt haben, dass solche Entscheidungen wichtig seien. In diesem Kapitel beginnen wir damit, diesem Mangel abzuhelfen.

? Sind Sie der Überzeugung, dass wir alle interessanten Aspekte der Detailfragen abgedeckt haben?

Mit Hilfe eines geeigneten CASE-Tools ist es möglich, Code direkt aus detaillierten UML-Modellen zu entwickeln. Das Tool erzeugt Code-Skelett – zum Beispiel Klassendefinitionen, jedoch in der Regel nicht die Implementierungen der Methoden – und Sie fügen die Einzelheiten ein.

Das implementierte System muss auf einer Hardware laufen, welche die nicht funktionellen Anforderungen erfüllt, wie beispielsweise hinsichtlich der Leistung und Skalierbarkeit. UML definiert zwei Modelle, die beschreiben, wie Ihr System implementiert wird. Das *Komponentenmodell* zeigt die Abhängigkeiten zwischen den Teilen des Codes: Es ist in erster Linie für die Designer und Administratoren des Systems von Interesse und bildet einen Teil der *Entwicklungssicht*. Das *Verteilungsmodell* zeigt die Strukturen des Laufzeitsystems: welcher Teil auf welchen Prozessoren läuft und wie die Hardware konfiguriert wird, um die erforderlichen Ressourcen bereitzustellen. Es ergänzt sowohl die *physische Sicht* als auch die *Prozess-Sicht*.

13.1 Das Komponentenmodell

An dieser Stelle lautet das Schlüsselwort *Implementierung*. Bis zu diesem Zeitpunkt hat es sich bei allen von uns betrachteten Modellelementen um Designkonstrukte gehandelt, obwohl dies durch die Tatsache verdeckt wird, dass wir im Normalfall während der Entwicklung Begriffe wie „Objekt“ und „Klasse“ verwenden, gleichgültig ob wir nun über das Design oder die Implementierung sprechen. Das Designkonstrukt, das normalerweise einer Komponente in der in diesem Kapitel verwendeten Bedeutung entspricht, ist ein *Subsystem*. Ein Subsystem liefert eine Spezifikation (beispielsweise in Form von Anwendungsfällen) und eine Klassenstruktur, welche die Spezifikation umsetzt. Eine Komponente kann man sich sinnvollerweise als die Implementierung eines Subsystems vorstellen. Subsysteme werden wir im nächsten Kapitel erläutern. Tatsächlich erzwingt UML nicht, dass sich Komponenten und Subsysteme dergestalt entsprechen, jedoch hat sich dies bewährt.

Warnung

Wie wir im ersten Kapitel angemerkt haben, besitzt das Wort „Komponente“ viele Bedeutungen. Die UML-Dokumentation erklärt die Bedeutung einer Komponente (streng genommen des Komponententyps) im Kontext eines Komponentendiagramms: „Ein verteilbarer Teil der Implementierung eines Systems, der in einem menschlichen System neben dem Softwarecode (Quell-, Binär- oder ausführbarer Code) auch Geschäftsdokumente etc. einschließt“ [49]. Wir werden diese Definition ausschließlich in diesem Kapitel verwenden. Bitte beachten Sie, dass in dieser Definition nicht erwähnt wird, ob eine Komponente ersetzbar oder wiederverwendbar ist.
In Exkurs 18.1 werden die unterschiedlichen Definitionen des Begriffs „Komponente“ erläutert, jedoch besteht der wichtigste Punkt darin, dass Sie wissen, welche Definition jemand verwendet.

Komponenten werden, wie in Abbildung 13.1 zu sehen ist, als Rechtecke gezeigt, aus denen zwei kleinere Rechtecke herausragen. Sie können voneinander abhängen. Diese Abhängigkeiten zwischen den Komponenten werden in Form von gestrichelten Pfeilen dargestellt, die wir bereits gesehen haben, als sie in Kapitel 6 für die Verbindungen zwischen Klassen verwendet wurden.

Es gibt verschiedene häufig verwendete Arten von Komponenten, von denen jede einer üblichen Art von Abhängigkeit entspricht. Wenn man sie beispielsweise in Verbindung mit dem Kompilierungsprozess klassifiziert, kann es sich bei einer Komponente um Folgendes handeln:

- Quellcode (zum Beispiel eine Datei, die den Code einer Klasse enthält), der von beliebigen Komponenten (bei denen es sich nicht notwendigerweise um Quellcode handeln muss) abhängig ist, die zum Zeitpunkt seiner *Kompilierung* vorliegen müssen.
- Binärer Objektcode (zum Beispiel eine Klassenbibliothek), der von jedem Objektcode abhängig ist, mit dem er zur Bildung eines ausführbaren Programms *gebunden* (oder *verbunden*) werden muss.
- Eine ausführbare Anwendung (zum Beispiel der Client oder Server in einer Client/Server-Anwendung, eine hinzugekaufte Tabellenkalkulation oder ein Datenbankmanager), die möglicherweise davon abhängig ist, dass andere ausführbare Programme während der Laufzeit mit ihr interagieren.

Abbildung 13.1 Ein Komponentendiagramm, das die Abhängigkeiten zum Zeitpunkt der Kompilierung zeigt.

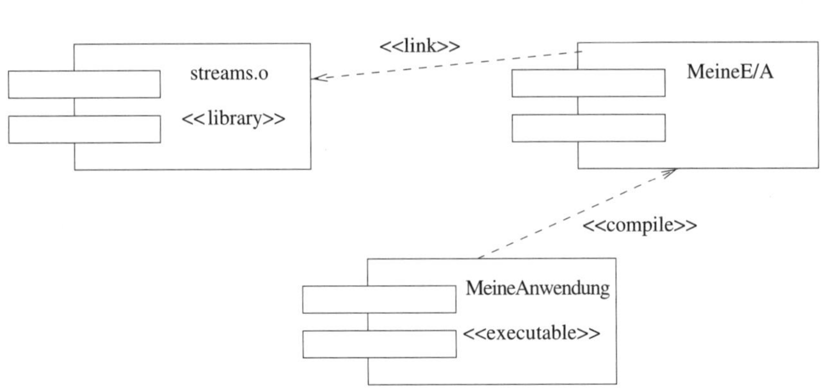

Die Einzelheiten sind von der verwendeten Programmiersprache abhängig. Sie können Stereotypen wie `<<compile>>` und `<<link>>` definieren, um zwischen Pfeilen zu unterscheiden, die verschiedene Arten von Abhängigkeiten verkörpern. Gleichermaßen können Sie beliebige Ihnen sinnvoll erscheinende Stereotypen festlegen, um zwischen den Arten von Komponenten zu unterscheiden. In UML sind einige wenige vordefiniert: `<<file>>`, `<<executable>>`, `<<table>>` (für eine Datenbanktabelle) und `<<document>>`.

? Überlegen Sie, wie eine Make-Datei die Abhängigkeiten zwischen Dateien ausdrückt: Welche Arten von Abhängigkeiten gibt es dort? (Die Antwort ist von der Programmiersprache abhängig.)

Diskussionsfrage 90

In UML wurden keine Vorkehrungen getroffen, um eine gegenseitige Abhängigkeit – zum Beispiel zwischen zwei Komponenten, die beide jeweils voneinander abhängen – zu verhindern. Kann dies in der Praxis bei den unterschiedlichen Arten der von Ihnen betrachteten Abhängigkeiten vorkommen? Welche Auswirkungen bringt dies mit sich, beispielsweise für die Wiederverwendung?

Diskussionsfrage 91

Wie würden Sie ein Shell-Skript klassifizieren? Spielt das eine Rolle?

Diskussionsfrage 92

Unter welchen Umständen, wenn überhaupt, würden Sie in einem Komponentendiagramm ein Dokument als Komponente zeigen wollen?

Eine Komponente kann wie eine Klasse eine Schnittstelle umsetzen. Dies bedeutet, dass sie in der Lage ist, bestimmte Operationen bereitzustellen (siehe Abschnitt 6.2.1). Wir können anzeigen, dass eine Komponente eine Schnittstelle realisiert, indem wir dem Komponentensymbol einen kleinen beschrifteten Kreis beifügen. Tatsächlich ist dies das allgemeine UML-Symbol für eine Schnittstelle, das sich auch bei den im nächsten Kapitel erörterten Subsystemen verwenden lässt. In allen Fällen kann ein Abhängigkeitspfeil statt auf den Körper des Modellelements auf einen die Schnittstelle darstellenden Kreis weisen, um anzuzeigen, dass man sich ausschließlich auf die Operationen der Schnittstelle verlässt (wie in Abbildung 6.14 in Kapitel 6).

Diskussionsfrage 93

Wünschen Sie ein allgemeineres Schnittstellenkonzept als lediglich eine Sammlung von Operationen zur Verwendung mit Komponenten? Wenn dies zutrifft, erwägen Sie einige Situationen, die unter Umständen allgemeinere Schnittstellen erfordern, und überlegen Sie, wie Sie diese in UML modellieren könnten.

Komponententypen, Komponenteninstanzen Um die Verwirrung noch zu vergrößern, wird das Wort „Komponente" so eingesetzt, dass es sowohl die Bedeutung Komponententyp als auch Instanz eines Komponententyps hat. Komponentendiagramme zeigen Komponententypen und keine Instanzen von Komponenten. Ein Komponententyp verhält sich zu der Instanz einer Komponente wie eine Klasse zu einem Objekt. Jedoch kann die Unterscheidung in diesem Kontext schwieriger verständlich sein, da es häufig lediglich eine Instanz eines gegebenen Komponententyps (zu einem beliebigen Zeitpunkt) gibt. Bei der Instanz einer Komponente handelt es sich um eine Laufzeiteinheit. Zum Beispiel kann die ausführbare Datei, die eine Anwendung enthält, als Komponententyp beispielsweise mit der Bezeichnung `MeineAnwendung` wiedergegeben werden. Bei den entsprechenden Komponenteninstanzen handelt es sich um ausgeführte Instanzen der Anwendung. Es wäre sinnvoll, gleichzeitig mehrere Kopien auszuführen, wie beispielsweise a: `MeineAnwendung`, b: `MeineAnwendung` etc. Ein Komponentendiagramm, in dem die Struktur des Systems als Produkt betrachtet wird, berücksichtigt ausschließlich die Abhängigkeiten zwischen Implementierungseinheiten: Was muss möglicherweise geändert werden, wenn ich dieses Bit verändere? Auf der anderen Seite geht es in einem Verteilungsdiagramm nicht um die Wartung, sondern um bestimmte ausgeführte Programme, ihre Orte und ihre Abhängigkeiten während der Laufzeit. Aus diesem Grund spricht man in einem Verteilungsdiagramm von Komponenteninstanzen. Wie immer wird der Name eines Modellelements, bei dem es sich um eine Instanz handelt, unterstrichen: Im nachfolgenden Exkurs finden Sie eine Zusammenfassung der Unterschiede zwischen den Klassifizierern und Instanzen, die wir kennen gelernt haben.

EXKURS 13.1

Zusammenfassung: Klassifizierer und Instanzen

In UML beschreiben Klassifizierer Sammlungen von Instanzen. Die Tabelle definiert die Klassifizierer/Instanz-Paare, die wir bereits kennen (und noch kennen lernen werden).

Klassifizierer	Instanz
Klasse	Objekt
Anwendungsfall	Szenario
Akteur	Akteur
Komponente	Komponente
Subsystem	Subsystem

Seien Sie in den Fällen vorsichtig, in denen dasselbe Wort sowohl für einen Klassifizierer als auch seine Instanz verwendet wird! Dort sind Verwechslungen möglich. Wenn Sie Zweifel haben, verwenden Sie zur Unterscheidung die Begriffe „X Typ" und „X Instanz".

UML behandelt alle Paare konsistent. In jedem Fall werden der Klassifizierer und die Instanz mit Hilfe desselben Symbols gezeigt: Zum Beispiel steht ein Rechteck sowohl für eine Klasse als auch für ein Objekt, ein Strichmännchen für sowohl den Typ als auch die Instanz eines Akteurs. Wenn ein Symbol eine Instanz verkörpert, wird sie mit einer unterstrichenen Zeichenfolge, wie beispielsweise `instanzName:klassifiziererName` beschriftet (wahlweise kann man `instanzName` weglassen, wobei der Doppelpunkt stehen bleibt). Wenn ein Symbol einen Klassifizierer verkörpert, wird es nur mit seinem Namen beschriftet, der nicht unterstrichen wird.

Das Beispiel in Abbildung 13.1 zeigt einige Abhängigkeiten zum Zeitpunkt der Kompilierung und der Verlinkung bei einem C++-Programm, das eine Komponente mit der Bezeichnung `MeineE/A` verwendet, die speziell für die Ein- und Ausgabe geschriebene Funktionen enthält. Diese wiederum verwenden die standardmäßige Eingabe/Ausgabe-Bibliothek der Sprache (in diesem Fall gehen wir davon aus, dass es sich um das Paket `streams` von C++ handelt).

Abbildung 13.2 Ein Komponentendiagramm, das Abhängigkeiten während der Laufzeit zeigt.

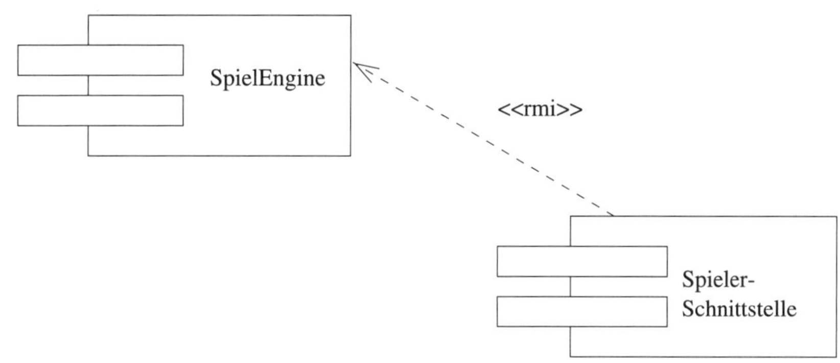

Abbildung 13.2 verdeutlicht die während der Laufzeit zwischen den Komponenten bestehenden Abhängigkeiten. Sie verwendet das Beispiel mit den einfachen Spielpaketen aus Kapitel 16. In diesem Fall gehen wir davon aus, dass das Spiel als Client/Server-Anwendung implementiert wurde, wobei der Server die `SpielEngine` (die alle von uns in Kapitel 16 besprochenen Klassen einschließt) und der Client die Schnittstelle des Spieles darstellt (die als Benutzerschnittstelle dienende Anwendung, die wir nicht erläutert haben). Bei der Abhängigkeit haben wir einen benutzerdefinierten Stereotyp angezeigt.

? Welche Mechanismen bietet Ihre Programmiersprache, mit deren Hilfe eine ausführbare Komponente die von einer anderen bereitgestellten Dienste verwenden kann?

13.2 Verteilungsmodelle

Das Verteilungsmodell zeigt

- die physischen Kommunikationsverbindungen zwischen Hardware-Elementen (Computern und anderen Ressourcen, wie beispielsweise Druckern),
- die Beziehungen zwischen physischen Geräten und Prozessen: was wo ausgeführt wird.

13.2.1 Die physische Schicht

Wir beginnen mit einer Betrachtung des physischen Systems, das aus *Knoten* mit dazwischenliegenden Assoziationen besteht. Bei einem Knoten kann es sich um einen Prozessor handeln, der Softwarekomponenten ausführen kann, oder um ein anderes Gerät, das Dienste bereitstellt,[1] wie beispielsweise ein Drucker. Wie immer können Sie Stereotypen definieren, um zwischen verschiedenen Arten von Knoten zu unterscheiden, wenn dies hilfreich sein sollte (siehe den Exkurs in Kapitel 6). Knoten, die einzelne physische Gegenstände verkörpern, weisen Knotentypen auf. Zum Beispiel zeigt Abbildung 13.3, dass der Knoten `shillay` den Typ `Arbeitsstation` besitzt.

[1] UML legt fest, dass ein Knoten zumindest über ein Memory = Speicher verfügt, jedoch verwenden manche Autoren Knoten gern zum Modellieren wesentlich einfacherer Geräte.

Abbildung 13.3 Ein Verteilungsdiagramm ohne die Software.

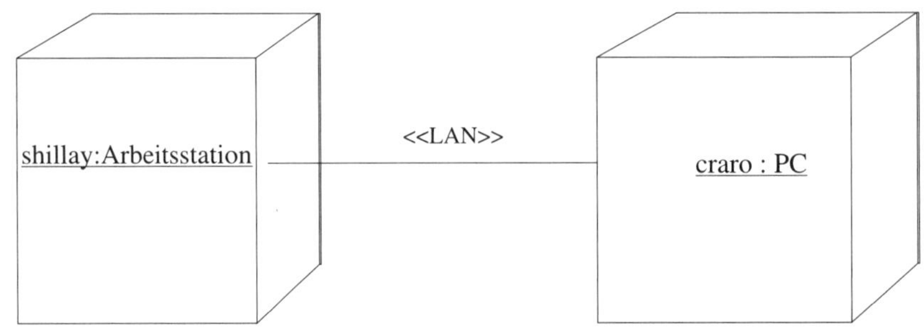

Diskussionsfrage 94

Spielt es eine Rolle, ob Sie zum Beschreiben eines Knotens ein Stereotyp oder einen Knotentyp verwenden?

Durchgezogene Linien zwischen Knoten geben physische Verbindungen zwischen verschiedenen Geräten wieder. (Streng genommen sind dies Assoziationen wie in Klassendiagrammen, jedoch muss es sich bei Assoziationen zwischen Knoten um physische Verbindungen handeln.) Dies können Kabel, lokale Netzwerke, Modems und Telefonleitungen oder Ähnliches sein. Eine Verknüpfung kann mit einem Stereotyp versehen werden, so dass im Diagramm deutlich wird, welche Art von Verknüpfung vorliegt.

Weitere Einzelheiten können innerhalb einer schriftlichen Spezifikation der Verknüpfung oder des Knotens in Form von Eigenschaften angegeben werden. Dies kann einen Zahlenwert für die Leistungsfähigkeit des Prozessors oder die Bandbreite einer Verbindung einschließen. Solche Angaben sind oftmals ebenso wichtig wie die Topologie.

13.2.2 Verteilen der Software auf der Hardware

Beim Hinzufügen der Softwarekomponenten (Abbildung 13.4) zeigen wir, wie das System während der Laufzeit ausgeführt werden soll. Da wir nun ein bestimmtes System betrachten, handelt es sich bei den Komponenten eines Verteilungsdiagramms um *Instanzen* von Komponenten: zum Beispiel um eine bestimmte gestartete Instanz einer ausführbaren Anwendung. Wir zeigen eine Laufzeitkomponente innerhalb eines Knoten, um darzustellen, dass die Komponente innerhalb des Knotens ausgeführt wird. Wir können auch einzelne Objekte entweder innerhalb von Komponenten oder gesondert wiedergeben. Wie üblich wird der Name einer Komponenteninstanz oder eines Objekts unterstrichen, um anzuzeigen, dass das Symbol eine Instanz und keinen Typ verkörpert.

In unserem Beispiel werden den beiden im vorigen Diagramm gezeigten Rechnern eine `SpielEngine`- und zwei `SpielerSchnittstelle`-Komponenten zugewiesen. Die `SpielEngine`- und eine `SpielerSchnittstelle`-Komponente werden auf dem Sun-Rechner ausgeführt, während die andere `SpielerSchnittstelle` auf dem PC läuft.

Selbstverständlich muss eine physische Verknüpfung zwischen unterschiedlichen Knoten bestehen, wenn ihnen zwei Komponenten zugewiesen werden, zwischen denen zur Laufzeit eine Abhängigkeit besteht!

EXKURS 13.2

Das Verteilungsmodell im Verlauf des Projekts

Obwohl wir Implementierungsmodelle in diesem Buch spät angesprochen haben, werden bei einem Projekt Entscheidungen über die Struktur des Systems auf dieser Ebene in der Regel frühzeitig getroffen.

1. Möglicherweise besitzt Ihr Kunde bereits Hardware, die vom System verwendet werden muss, oder Ihre Entwicklung betrifft ein bestimmtes Marktsegment. Unter Umständen muss Ihr System mit bereits vorhandenen kommunizieren, so dass Sie hinsichtlich der in Betracht kommenden Möglichkeiten eingeschränkt sind.
2. Die nicht funktionellen Anforderungen an das System können Ihre Entscheidungen bezüglich der Hardware oder der auf einer niedrigen Ebene arbeitenden Software, wie beispielsweise des Betriebssystems, festlegen oder beeinflussen. Zum Beispiel wird ein komplizierteres Echtzeitsystem in der Regel auf einem besonderen Echtzeitbetriebssystem ausgeführt werden müssen und ein System, das den Zugriff auf Daten bereitstellt, die für die Ausführung der Aufgabe unbedingt erforderlich sind, auf einer fehlertoleranten Hardware mit einer duplizierten Datenbank.

   Die Verteilung wird sich wesentlich auf die Systemleistung auswirken und Sie müssen bei der Entwicklungdie Einschränkungen der ausgewählten Topologie berücksichtigen. Bei einer Client/Server-Anwendung beispielsweise werden Ihre Entscheidungen über den Entwurf der Kommunikation zwischen Client und Server durch die verfügbare Bandbreite beeinflusst.
3. Entscheidungen über Hardware und Betriebssystem sind mit der Auswahl der Programmiersprachen, Komponentenbibliotheken etc. verbunden: Sie müssen in der Lage sein, den Code für die von Ihnen gewählte Umgebung zu kompilieren.
4. Bei einem kleinen (oder kurzfristigen) Projekt, insbesondere bei einem, bei dem spezialisierte Hardware zum Einsatz kommt, müssen Sie diese möglicherweise frühzeitig bestellen, um die Auslieferung des Systems nicht zu verzögern, während Sie auf die Hardware warten.

Abbildung 13.4 Ein Verteilungsdiagramm mit der Software.

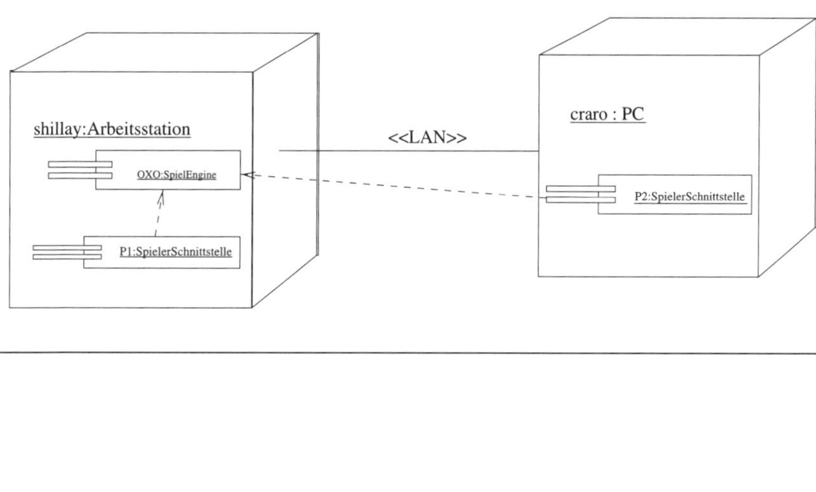

ZUSAMMENFASSUNG

Wir haben die beiden Arten der Implementierungsdiagramme von UML, Komponentendiagramme und Verteilungsdiagramme, sowie ihre Verwendung untersucht.

Komponentendiagramme drücken die Strukturen des implementierten Systems aus und helfen bei der Verfolgung von Abhängigkeiten, um die Wartung zu vereinfachen und die Wiederverwendung von Komponenten festzuhalten. Verteilungsdiagramme zeigen, wie das System bei einer bestimmten Hardwarekonfiguration verteilt wird. Im nächsten Kapitel untersuchen wir Pakete und Subsysteme, die hilfreich sind, um aufzuzeichnen, wie Komponenten implementiert werden.

KAPITEL 14

Pakete, Subsysteme und Modelle

Im letzten Kapitel haben wir das System unter dem Gesichtspunkt betrachtet, dass es sich aus *Komponenten* zusammensetzt, zwischen denen Abhängigkeiten bestehen können und die sich auf der Hardware verteilen lassen. In diesem Kapitel untersuchen wir, wie Komponenten in Form von Subsystemen spezifiziert und entworfen werden können. Bei einem *Subsystem* handelt es sich um eine bestimmte Art von Paket, doch wir werden auch die anderen Verwendungsmöglichkeiten von Paketen überprüfen.

Die Art und Weise, wie unter UML Pakete behandelt werden, hat sich zwischen den Versionen 1.1 und 1.3 geändert, und wir weisen darauf hin, dass einige der in diesem Kapitel beschriebenen Aspekte von UML noch kontrovers sind und möglicherweise in späteren Versionen geändert werden.

Bedenken Sie, dass ein *Modellelement* bei UML ein allgemeiner Begriff für mehr oder weniger alles ist, was sich in einem Diagrammelement wiedergeben lässt. Beispielsweise sind Klassen, Anwendungsfälle, Akteure, Assoziationen, Generalisierungen, Operationen, Pakete, Methoden etc. alles Modellelemente.

14.1 Pakete

Ein *Paket* ist eine Sammlung von Modellelementen. Es gibt verschiedene Gründe, aus denen man einige Modellelemente in Paketen zusammenfassen möchte.

- Sie können dies einfach aus Gründen der Bequemlichkeit tun, um einige unwichtige Einzelheiten in einem Diagramm zu verstecken. In Kapitel 11, in dem wir das Zusammenfassen einer Unterkollaboration in einem Paket untersucht haben, um ein Interaktionsdiagramm durch das Verbergen unwichtiger Einzelheiten zu vereinfachen, haben wir ein auf diese Weise eingesetztes Paket kennen gelernt.
- Auf diese Weise können Sie die Teile eines Systems definieren, die von verschiedenen Teams implementiert werden sollen. Die Mitglieder eines Teams können sich dafür entscheiden, den von einem anderen Team implementierten Teil eines Systems in Form eines Pakets wiederzugeben, wodurch es ihnen ermöglicht wird, die Interaktion ihres Anteils mit dem Rest des Systems zu definieren, ohne in Einzelheiten darüber zu ersticken, wie der übrige Teil des Systems arbeitet. Wie wir sehen werden, ist die Tatsache hilfreich, dass Pakete eine Steuerung des Namensraums ermöglichen.

- Wenn Sie eine *Komponente* spezifizieren und entwerfen, möchten Sie sicherstellen, dass Sie die Interaktionen zwischen ihr und dem Kontext, in dem sie verwendet wird, verstehen.

(In den beiden letzten Fällen werden Sie wahrscheinlich eine besondere als *Subsystem* bezeichnete Art von Paket verwenden, die wir später beschreiben werden.)

Abbildung 14.1 Ein Beispiel für Pakete und ihre Sichtbarkeit.

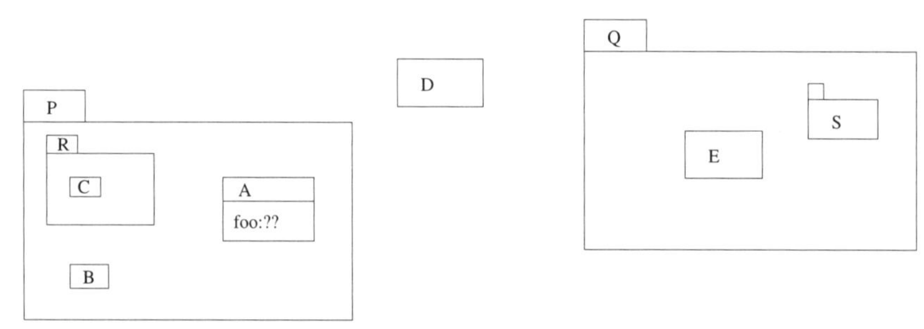

In einem Diagramm (jeglicher Art) wird ein Paket als Rechteck mit einem „Karteireiter" am oberen Rand gezeigt. Die in einem Paket enthaltenen Elemente können, müssen jedoch nicht innerhalb des Paketsymbols gezeichnet werden. In der Regel wird dies nicht gemacht, da es aufgrund des zum Zeigen des gesamten Paketinhalts erforderlichen Grades an Detailgenauigkeit unpraktisch ist: Tatsächlich besteht der wichtigste Zweck der Verwendung eines Pakets in der Regel darin, diese Einzelheiten zu verbergen. Stattdessen wird der Inhalt eines Pakets normalerweise in einem eigenen Diagramm gezeigt. Bei einem CASE-Tool ließe sich dieses Diagramm über einen Hyperlink mit dem Paketsymbol verknüpfen. Wenn der Inhalt eines Pakets gezeigt wird, ist es praktisch, den Paketnamen auf den Karteireiter zu schreiben, der andernfalls im Paketsymbol selbst angegeben wird. Die gesamte Notation wird in Abbildung 14.1 veranschaulicht.

Paketsymbole können Sie in allen Arten von Diagrammen verwenden. Sie haben die Möglichkeit, Abhängigkeiten, Assoziationen und andere Beziehungen zwischen Objekten zu zeigen, wenn Sie darstellen möchten, dass *einige Elemente* des Pakets an der Beziehung beteiligt sind, es jedoch vorziehen, durch Abstraktion genaue Informationen über die daran beteiligten Elemente zu verbergen.

Technische Anmerkung zu UML

Ein gewöhnliches Paket kann nicht an einer Interaktion teilnehmen, da es sich bei ihm nicht um einen Klassifizierer handelt: Beispielsweise ist es nicht vorgesehen, dass ein einfaches Paket Instanzen aufweist oder Nachrichten versteht. Als wir in Kapitel 11 ein Paket gezeigt haben, das eine Unterkollaboration wiedergibt, haben wir die praktische, jedoch einzig die Notation betreffende UML-Regel verwendet, nach der Sie eine Beziehung zu einem Paket zeichnen können, wenn Sie damit ausdrücken wollen, dass irgendein Element dieses Pakets an der Beziehung beteiligt ist. Eine Alternative hätte darin bestanden, die Unterkollaboration in Form eines Subsystems zu modellieren, bei dem es sich, wie wir sehen werden, um eine besondere Art von Paket handelt, das ebenfalls ein Klassifizierer ist.

Pakete können fast alle Modellelemente enthalten, die Sie in einer Gruppe zusammenfassen wollen. Wie Abbildung 14.1 zeigt, kann ein Paket sogar ein anderes einschließen. Bei großen Systemen kann die sich ergebende hierarchische Sicht des Systems hilfreich sein. Als Alternative zum Darstellen der Hierarchie durch Einschließen eines Paketsymbols in ein anderes können Sie eine Baumstruktur verwenden (siehe Abbildung 14.2).

Abbildung 14.2 Eine Pakethierarchie.

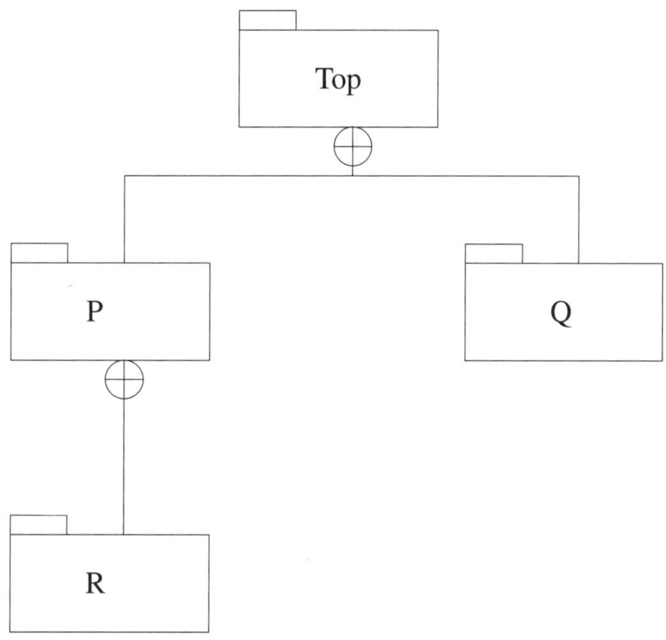

14.1.1 Steuerung des Namensraums

Ein Paket hat keine wirklich eigene Bedeutung. Sein gesamtes Verhalten wird durch die in ihm enthaltenen Modellelemente bestimmt und es weist keine Schnittstelle auf. Ein Paket kann nur den Namensraum der in ihm enthaltenen Elemente definieren. Der Grundgedanke eines Namensraums besteht lediglich darin, dass innerhalb eines gegebenen Namensraums zwei unterschiedliche Dinge nicht denselben Namen aufweisen können. Beispielsweise können Sie in demselben Namensraum nicht zwei unterschiedliche Klassen mit der Bezeichnung `Foo` oder einen Anwendungsfall mit dem Namen `Foo` und darüber hinaus eine gleichnamige Klasse haben. In einem anderen Namensraum jedoch kann ein anderes Element die Bezeichnung `Foo` aufweisen, ohne dass es zu Verwirrung kommt. Wir können zwischen den unterschiedlichen Dingen mit der Bezeichnung `Foo` unterscheiden, indem wir angeben, in welchem Namensraum sie enthalten sind. Beispielsweise wäre `P::A` eine genauere Bezeichnung für die in Abbildung 14.1 gezeigte Klasse `A` und `P::R::C` ein exakterer Name für die Klasse `C`.

Eine Klasse ist das bekannteste Beispiel für einen Namensraum. Sie würden nicht erwarten, eine Operation und ein Attribut mit derselben Bezeichnung belegen zu können, und tatsächlich ist dies nicht möglich. Operationen aus unterschiedlichen Klassen können jedoch dieselbe

Bezeichnung aufweisen, ohne dass dies zu Verwirrungen führt: Wenn wir angeben müssen, welche Operationen wir meinen, müssen wir zum Auflösen der Mehrdeutigkeit einfach den Klassennamen angeben. Bei der Steuerung von Namensräumen durch Pakete handelt es sich um eine Verallgemeinerung dieses Grundgedankens.

Dies ist hilfreich, wenn unterschiedliche Teams verschiedene Teile eines Systems entwickeln. Es ist sehr gut möglich, dass zwei Arbeitsgruppen zufällig denselben Namen für unterschiedliche Zwecke verwenden. Wir wollen vermeiden, dass sich das durch das Zusammenfügen dieser Teile ergebende UML-Modell als unzulässig erweist. Wenn Sie unterschiedliche Pakete entwickeln, arbeiten Sie in verschiedenen Namensräumen, weshalb das Modell durch solche Konflikte nicht ungültig wird. Implizit weist jedes Modellelement einen vollständigen Namen auf, wobei es sich um seinen Namen innerhalb seines Namensraums (z.B. innerhalb seines Pakets) sowie um Informationen über den Namensraum handelt, in dem es sich befindet (z. B. den vollständigen Namen des kleinsten Pakets, in dem es enthalten ist).

Diskussionsfrage 95

Wenn Ihnen eine Programmiersprache mit der Möglichkeit zum Überladen bekannt ist, machen Sie sich möglicherweise Gedanken über eine Klasse, die zwei Methoden mit demselben Selektor, aber unterschiedlichen Parametern definiert. Was könnte geschehen?

Ein Paket importieren oder darauf zugreifen Jedes Modellelement befindet sich in höchstens einem[1] (äußerst spezifischen) Namensraum. Im Allgemeinen kann ein Element andere Elemente benennen (kennen), die sich in seinem eigenen Paket befinden, sowie Elemente, die in den übergeordneten Paketen enthalten sind. Es ist jedoch nicht in der Lage, Elemente aus Paketen zu benennen, in denen sein eigenes nicht enthalten ist. Um zu erkennen, was dies bedeutet, betrachten Sie die für das Attribut `foo` der Klasse `A` in Abbildung 14.1 denkbaren Möglichkeiten. Es wäre zulässig, dass das Attribut zu Klasse `B` gehört, da sich die Klassen `A` und `B` im selben Paket befinden. `D` ist auch eine zulässige Möglichkeit, da es sich in dem Paket befindet, in dem das Paket der Klasse `A` enthalten ist (es gibt immer ein implizites Paket der obersten Ebene, das in diesem Fall die Pakete `P` und `Q` sowie die Klasse `D` enthält). In UML ist weder `C` noch `E` eine zulässige Auswahl, da diese Klassen im Namensraum von `A` nicht verfügbar sind. Um es zusammenzufassen:

Die Dinge außerhalb eines Pakets können nicht in das Paket hineinsehen.

Wenn ein Element innerhalb des Pakets `P` etwas in einem Paket (nennen wir es `Q`) benennen muss, das `P` nicht enthält, so muss es das Paket `Q` *importieren* oder auf `Q` zugreifen, um dessen Elemente innerhalb von `P` sichtbar zu machen. Wenn wir beispielsweise beschließen, dass wir das Attribut `foo` der Klasse `V` zuweisen, müssen wir einen Abhängigkeitspfeil (--->) von `P` nach `Q` mit dem Stereotyp `<<import>>` oder `<<access>>` hinzufügen. Der Unterschied zwischen dem Importieren eines Pakets und dem Zugriff darauf liegt in dem Verfahren, nach dem auf seine Elemente verwiesen werden kann. Wenn `P` das Paket `Q` importiert, können Elemente aus `P` auf Elemente aus `Q` genauso verweisen, als ob sie sich im Paket `P` befänden; zum Beispiel könnte die Klasse des Attributs `foo` einfach mit `E` angegeben werden. Falls `P` lediglich auf `Q` zugreift, müssen die Elemente von `P` neben dem Paket- auch den Elementnamen angeben. Beispielsweise würde die Klasse des Attributs `foo` mit `Q::E` bezeichnet.

[1] Üblicherweise in genau einem, jedoch befinden sich einige Modellelemente, wie beispielsweise Operationen, technisch gesehen nicht in einem UML-Namensraum (!).

Dies mag mühsam erscheinen, ist aber ein hilfreicher Weg zum Steuern von Abhängigkeiten. Die Benennung einer Sache ist immer abhängig davon – wenn sich der Name eines Elements ändert, müssen diese Namen überall geändert werden – und wenn ein Teil eines Systems von einem anderen abhängt, möchten wir, dass diese Abhängigkeit explizit ist, so dass Änderungen an einer Stelle nicht zu unerwarteten Problemen an einer anderen führen. Das Importieren von Paketen und der Zugriff darauf ermöglicht uns das Aufzeichnen von Abhängigkeiten hoher Ebene zwischen den Teilen eines Systems und denen eines anderen, ohne dass wir durch Einzelheiten davon überwältigt werden, was genau in einem Paket von genau welchem Teil eines anderen abhängt. Weiterhin können wir dies durchführen, ohne das Verhalten eines Pakets angeben zu müssen: Dies ist ein Grund, weshalb wir in manchen Fällen Pakete anstelle von Subsystemen verwenden wollen, die wir später untersuchen werden.

? Welche Paket- und Namensraummechanismen gibt es in den Ihnen bekannten Programmiersprachen? Wie lässt sich die Steuerung des Namensraums auf der Ebene der Programmiersprache mit der Namensraumsteuerung bei UML vergleichen? Wie implementieren Sie eine `<<import>>`-Abhängigkeit zwischen Paketen? Wie steht es mit dem Stereotyp `<<access>>`?

Diskussionsfrage 96

Überlegen Sie, in welchem Fall Sie auf ein Paket zugreifen und wann Sie es importieren würden. Ihr Hauptanliegen ist die Modellpflege.

Sichtbarkeit Bis jetzt können wir nicht vermeiden, dass etwas in einem Paket jede Einzelheit in dem Paket sieht, auf das es verweisen muss. Wenn wir zur Analogie der Klassen zurückkehren, erwarten wir eine bessere Steuerung als dies. Eine Klasse macht einige ihrer Attribute und Operationen `public`, so dass alles, was diese Klasse überhaupt referenzieren darf, auf sie verweisen kann, während andere `private` bleiben. Dies bedeutet, dass eine Klasse ihren Elementen Einschränkungen hinsichtlich ihrer *Sichtbarkeit* auferlegen kann. Pakete können dasselbe machen. Einige Elemente eines Pakets können mit dem Sichtbarkeitskennzeichen `public` und andere mit `private` versehen werden.

Dinge, die auf Pakete zugreifen oder sie importieren, können in den Paketen mit dem Sichtbarkeitskennzeichen `public` ausgestattete Elemente sehen, jedoch keine mit dem Sichtbarkeitskennzeichen `private`.

Wie bei den Attributen und Operationen von Klassen können Sie zeigen, ob ein Element `public` oder `private` ist, indem Sie seinem Namen ein + oder – voranstellen.

Technische Anmerkung zu UML

Tatsächlich gibt es ein drittes Sichtbarkeitskennzeichen, `protected`, das sich wie bei C++-Klassen verhält. Ein `protected`-Element ist nur innerhalb des Pakets sowie für beliebige Spezialisierungen des Pakets verfügbar. Jedoch wurde das UML-Konzept der Spezialisierung von Paketen häufig kritisiert. Wir werden die Generalisierung zwischen gewöhnlichen Paketen weder erläutern noch ihre Verwendung empfehlen.

14.2 Subsysteme

Pakete sind ein hilfreicher Schritt auf dem Weg zur Verwaltung der Entwicklung umfangreicher Systeme, ermöglichen uns jedoch nicht, die Aufgaben der Teile eines Systems anzugeben. Wir benötigen ein Verfahren, um Pakete wirksam für die verteilte Entwicklung und das Implementieren von Komponenten einzusetzen. Dafür sorgt ein *Subsystem*. Dabei handelt es sich um eine Art von Paket, das einen Spezifikations- und einen Umsetzungsteil aufweist und sich in einem Diagramm als ein Paket mit dem Stereotyp `<<subsystem>>` oder alternativ mit einem „Gabelungs"-Symbol bei seinem Namen darstellen lässt (siehe Abbildung 14.3).

Der Spezifikationsteil, der Anwendungsfälle einschließen kann, beschreibt die mit einem Subsystem durchführbaren Operationen, ohne Angaben über die Struktur des Systems preiszugeben. Ein Subsystem kann mit Schnittstellen übereinstimmen, was in einem Diagramm wie bei Klassen und Komponenten angezeigt wird. Der Umsetzungsteil kann Klassen und andere Subsysteme enthalten. Das Verfahren, nach dem die Klassen die in den Anwendungsfällen versprochene Funktionalität bereitstellen, wird durch einige Kollaborationen beschrieben, genau wie wir es auf der Ebene des Gesamtdesigns geschildert haben. All diese Informationen lassen sich im Subsystemsymbol auf unterschiedliche Weise zeigen. Wie Sie sich vorstellen können, wird das Diagramm schnell kompliziert, und es ist wenig wahrscheinlich, dass Sie diese Notation ohne ein CASE-Tool einsetzen, das Sie unterstützt. Abbildung 14.3 zeigt ein einfaches Beispiel mit zwei Klassen, wobei `Klasse1` die Implementierung der Subsystemoperation `foo` liefert und `Klasse2` mit ihr zusammenarbeitet, um einen anderen, möglicherweise komplexeren Teil eines im Anwendungsfall `Bar` angegebenen Subsystemverhaltens bereitzustellen. Bei der gestrichelten Ellipse `EineKollaboration` handelt es sich um die abgekürzte Notation für eine Kollaboration, die an anderer Stelle vollständig in einem Kollaborationsdiagramm beschrieben wurde; wir werden diese Schreibweise in Kapitel 18 genauer besprechen.

Abbildung 14.3 Ein Subsystem.

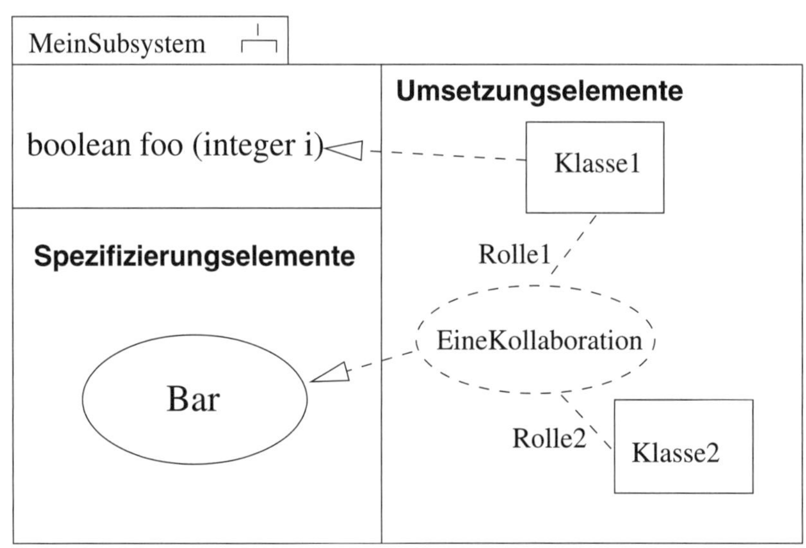

Von einem Subsystem können *Instanzen* gebildet werden oder nicht. Wenn dies möglich ist, ist eine Instanz eines Subsystems eine Sammlung von Instanzen der Klassen (und wiederum aller kleineren Subsysteme), die den Umsetzungsteil bilden. Dies bedeutet, dass eine Instanz eine Sammlung von Objekten ist, die in Übereinstimmung mit den definierten Beziehungen zwischen ihren Klassen in Verbindung stehen und die Anwendungsfälle aus dem Spezifikationsteil des Subsystems realisieren können. Subsysteme können über die Generalisierung verbunden sein, obwohl noch diskutiert wird, was genau dies bedeuten soll.

Wie in Kapitel 13 erwähnt, gibt es in der Regel eine enge Übereinstimmung zwischen Komponenten und Subsystemen. Bei einer Komponente handelt es sich um eine Implementierung, die dem durch den Umsetzungsteil eines Subsystems vorgegebenen Design folgt; sie erfüllt die durch den Spezifikationsteil eines Subsystems angegebene Spezifikation.

14.3 Modelle

In Kapitel 4 haben wir die 4+1-Sicht eines Systems erläutert, und nun haben wir gesehen, wie die Sichten durch die unterschiedlichen UML-Modelle beschrieben werden. Sie bilden die 4+1-Sichten nicht genau ab, enthalten jedoch die erforderlichen Aspekte. Zur Wiederholung:

- Die Anwendungsfall-Sicht (der Teil +1) wird durch das Anwendungsfallmodell übernommen.
- Die logische Sicht wird durch das Klassenmodell und von Interaktions- und Zustandsdiagrammen insoweit übernommen, als sie zur Angabe des logischen Systemverhaltens verwendet werden.
- Die Prozesssicht wird durch Interaktions-, Zustands- und Aktivitätsdiagramme so weit umgesetzt, wie sie zum Bestimmen der Abläufe für die Steuerung des Objekts dient, sowie durch die Verteilungsdiagramme.
- Die Entwicklungssicht wird durch Komponentendiagramme und, wo immer sie auftauchen, von Paketen und Subsystemen übernommen.
- Die physische Sicht wird durch Verteilungsdiagramme übernommen.

In jedem Fall schließt das Modell einige Modellelemente ein, andere jedoch nicht. Zum Beispiel enthält das Anwendungsfalldiagramm Anwendungsfälle, Akteure und die Beziehungen zwischen ihnen, jedoch nicht die Klassen und ihre Assoziationen.

Formal definiert UML ein *Modell* als ein Paket, das die Modellelemente enthält, aus denen sich eine bestimmte Sicht des modellierten Systems zusammensetzt. Ein Subsystem kann eigene Modelle aufweisen. Ein Modell eines Systems oder eines Subsystems muss das System oder Subsystem *vollständig* wiedergeben, wie es von dem gewählten Gesichtspunkt aus gesehen wird. Ein Modell, das lediglich einen Teil eines Systems beschreibt, gehört in ein Subsystempaket.

Diskussionsfrage 97

Warum können Ihrer Meinung nach in einem Modell nicht beliebige Teile des Systems weggelassen werden?

ZUSAMMENFASSUNG

In diesem Kapitel haben wir die UML-Mechanismen zum Strukturieren der Systementwicklung erörtert. Der allgemeinste Mechanismus ist das Paket, das jede sinnvolle Sammlung von Modellelementen enthalten kann. Es gibt zwei spezialisierte Arten von Paketen. Ein Subsystem besitzt einen Spezifikations- und einen Umsetzungsteil und kann instanziiert werden. In der Regel beschreibt ein Subsystem eine Komponente. Das UML-Konzept eines Modells formalisiert die informelle und von uns bis jetzt verwendete Vorstellung von einem Modell: Ein Modell schließt die Modellelemente ein, die eine besondere Ansicht eines Systems auf einer bestimmten Abstraktionsebene bilden. Ein Modell wird durch ein oder mehrere Diagramme verkörpert.

Damit ist unsere Untersuchung von UML als Sprache abgeschlossen. Wir haben nicht jedes Detail erläutert. Um mehr über sie zu erfahren, können Sie zur offiziellen Dokumentation [49] und [50] oder zu umfangreicheren Büchern wie denen von Booch, Rumbaugh und Jacobson greifen. In Teil III werden wir drei Fallstudien erläutern.

TEIL III

Fallstudien

KAPITEL 15

CS4-Verwaltung

In diesem Kapitel werden wir eine Fallstudie erörtern, die ein wenig komplexer als die aus Kapitel 3 ist. Wir werden nicht den gesamten Sachverhalt mit allen Einzelheiten besprechen und auch nicht den Schritt vom detaillierten Design zum Code erörtern, da dies von der Programmiersprache abhängig ist, jedoch steht der Java-Code für die Fallstudie auf der Webseite zu diesem Buch bereit.

15.1 Die Fallstudie

Sie wollen sich um einen Vertrag über die Entwicklung eines Systems bewerben, das der Informatikabteilung einer Universität bei der Verwaltung der Abschlusskurse (der „Prüfungsvorbereitung") des letzten Studienjahrs helfen soll. Als Teil der Informationen, auf deren Grundlage Sie ein Angebot vorlegen, haben Sie die folgende Beschreibung der aktuellen Abläufe innerhalb der Abteilung erhalten.

Lesen Sie sie sorgfältig durch und überlegen Sie, welche Fragen Sie stellen und an wen Sie sie richten müssen, um die Anforderungen zu verdeutlichen.

Die aktuelle Situation

Gegen Ende eines jeden Studienjahres legt der Ausschuss für den Lehrplan der Informatikabteilung fest, welche Unterrichtseinheiten den CS4-Studenten im darauf folgenden Jahr angeboten werden. (Ein CS4-Student ist jeder Student, der sich, unabhängig davon, ob er sich für einen Informatikabschluss eingetragen hat, für eine Unterrichtseinheit des vierten Studienjahres innerhalb der Informatikabteilung einschreibt.)

Am Ende eines jeden Studienjahres weist der Dekan den Mitgliedern des Lehrkörpers und anderen Personen Aufgaben zu. Insbesondere wird eine Person damit beauftragt, jede der Unterrichtseinheiten (Modules) zu leiten, die im folgenden Jahr angeboten werden sollen. (Der Einfachheit halber bezeichnen wir diese Personen als Dozenten (Lecturer).)

Jeder Dozent aktualisiert den Eintrag im Kurshandbuch (Course Handbook) für seine Unterrichtseinheiten. Der CS4-Koordinator bringt andere Teile eines jeden Handbuchs auf den neuesten Stand und überprüft die von den Dozenten vorgenommenen Eintragungen. Die Eintragungen für die Unterrichtseinheiten werden mit Hilfe der Formatierungssprache LaTeX geschrieben.

Eine Person aus dem Vordiplomssekretariat (Undergraduate Teaching Office – UTO, von nun an bezeichnen wir jede dieser Personen als „UTO") erstellt die gedruckte Version von jedem Kurshandbuch. Der CS4-Koordinator liefert die HTML-Versionen, indem er die Konvertierungsanwendung `latex2html` auf das LaTeX-Quellmaterial anwendet.

Vom CS3-Koordinator wird erwartet, dass er sowohl dem CS4-Koordinator als auch dem UTO eine Liste der Studenten gibt, die aus CS3 zu CS4 kommen. Der CS4-Koordinator informiert den UTO über Studenten, die nicht aus CS3 zu CS4 gehen, wie es zum Beispiel bei Gasthörern der Fall ist. Der UTO führt die Hauptliste mit allen CS4-Studenten und aktualisiert die unter der E-Mail-Adresse `cs4class` bekannte Adressenliste der Studenten, die die CS4-Unterrichtseinheiten besuchen.

Jeder Student wird von dem als Tutor fungierenden Mitarbeiter beraten. Den Studenten wird im ersten Studienjahr ein Tutor (Director of Studies) zugewiesen, der diese Rolle beibehält, bis der Student die Universität verlässt.

Die Studenten melden sich vorläufig für die Unterrichtseinheiten an (Register for modules), indem sie Formulare ausfüllen und im Vordiplomssekretariat abgeben. Der UTO überprüft, dass jeder eingeschriebene Student auch als CS4-Student geführt wird und sich für einen sinnvollen Satz von Unterrichtseinheiten angemeldet hat. Im Zweifelsfall wird der Tutor zu Rate gezogen, der dies mit dem Studenten besprechen kann.

Anschließend erstellt der UTO für die Dozenten Listen mit den Studenten, die ihre Unterrichtseinheiten ausgewählt haben. Es kann nicht garantiert werden, dass diese Listen die Dozenten innerhalb von drei Wochen erreichen. Dies ist leider zu spät, um den Dozenten mitzuteilen, wie viele Kopien sie von ihren Unterlagen machen sollen …

Fragen

Nachstehend werden einige mögliche Fragen aufgeführt. Sie finden unter Umständen weitere: Wir, die Verfasser, sind mit dem beschriebenen Aufbau der Universität vertraut, und es ist durchaus möglich, dass wir von Kenntnissen ausgehen, die Sie als Leser nicht besitzen. Das Vorhandensein solcher Annahmen ist selbstverständlich einer der Faktoren, welche die Bedarfsanalyse so schwierig machen.

1. Welche Studenten werden von uns berücksichtigt, und bleibt diese Menge stets gleich? Der Text verweist zuweilen auf „CS4-Studenten“ und manchmal auf „Studenten“.
2. Was ist die CS4-Adressenliste und wie wird sie aktualisiert?
3. Gibt es etwas anderes, das aktualisiert werden muss? Zum Beispiel Webseiten?
4. Was sind Kurshandbücher und wie viele gibt es davon?

? Teilen Sie Ihre Fragen danach ein, ob Sie die Antwort jetzt kennen müssen, bevor Sie ein Angebot machen, oder ob Sie sie lediglich einholen müssen, bevor Sie das System vervollständigen können.

Wir gehen davon aus, dass wir mit Hilfe weiterer Nachfragen (unter anderem) herausgefunden haben, dass es für jeden Prüfungsvorbereitungskurs (Honours Course) ein Kurshandbuch gibt. Die Begriffe „Prüfungsvorbereitung“ und „Abschluss“ (Degree) sind für den Zweck dieser Anwendung Synonyme. Bei den für das System relevanten Prüfungsvorbereitungskursen handelt es sich um Informatik, Informatik und Künstliche Intelligenz, Informatik und Elektrotechnik etc. Die Einzelheiten über die Einstufung und die Vorschriften über die möglichen Kombinationen von Unterrichtseinheiten unterscheiden sich bei allen diesen Abschlüssen, so dass es für jeden ein eigenes Handbuch gibt. Jedoch sind viele Unterrichtseinheiten in mehreren unterschiedlichen Prüfungsvorbereitungen zulässig, wobei in einem solchen Fall die Beschreibung der Unterrichtseinheit in jedem Handbuch dieselbe ist. Jeder Student (mit Ausnahme der Gasthörer, welche die Universität lediglich für ein Jahr besuchen, keinen Abschluss erhalten und beliebige Kombinationen von Unterrichtseinheiten auswählen können) ist für einen Prüfungsvorbereitungskurs angemeldet und erhält das entsprechende Kurshandbuch. Der CS4-Koordinator ist für die Herstellung aller Kurshandbücher verantwortlich. (Bei Abschlüssen in mehreren Fächern ist es üblich, dass die andere

Abteilung darüber hinaus ihr eigenes Kurshandbuch erstellt, so dass Studenten bei mehreren Abschlüssen in der Regel zwei Handbücher erhalten, in denen manche Informationen doppelt vorhanden sind. Aufgrund der Struktur der Universität wird es jedoch nicht als sinnvoll erachtet, zum gegenwärtigen Zeitpunkt zu versuchen, diese Duplikation zu verhindern.)

Die Untersuchung

Die Abteilung hat Sie gebeten, die Möglichkeit zu untersuchen, ein System zur Automatisierung von Teilen dieses Prozesses zu entwickeln, da man hofft, dass es möglich ist,

- die auf allen Mitarbeitern, insbesondere dem CS4-Koordinator, ruhende Last der Routinearbeiten zu verringern,
- den Studenten zu gestatten, sich online für Unterrichtseinheiten einzuschreiben,
- den Vorgang zu erleichtern, (vom UTO) aktuelle, verlässliche Informationen zu erhalten,
- die Nachvollziehbarkeit solcher Informationen zu verbessern,
- Informationen, wie beispielsweise die Kurshandbücher und Listen mit den Unterrichtseinheiten belegenden Studenten, früher bereitzustellen, indem ihre Erstellung automatisiert wird.

Das CS4-Verwaltungssystem sollte in der Lage sein, über jeden Student Berichte zu erstellen: beispielsweise darüber, ob der Student Absolvent (Graduating Student) ist oder Gasthörer (Non-Graduating Student) welche Unterrichtseinheiten er belegt, für welche Prüfungsvorbereitungskurse sich ein Absolvent eingeschrieben hat oder welcher Mitarbeiter der Tutor eines Studenten ist.

Des weiteren dient das System als Aufbewahrungsort für Informationen über Unterrichtseinheiten: wer sie hält, zu welchem Abschlusskurs sie gehören und welche Studenten sie belegt haben.

Diskussionsfrage 98

Sind Sie der Meinung, dass die Erwartungen der Abteilung vernünftig sind? Glauben Sie, dass in diesem Fall ein objektorientierter Ansatz sinnvoll ist?

In diesem Kapitel werden wir das Implementieren von Abfragemechanismen nicht erörtern; sie lassen sich sinnvollerweise mit einer kommerziellen Datenbank in Kombination mit den standardmäßigen Verfahren bereitstellen, die dazu dienen, Objekte dauerhaft zu machen und die wir in Kapitel 3 im Exkurs über Persistenz angesprochen haben.

? Wenn Ihnen eine Datenbank-Abfragesprache wie beispielsweise SQL bekannt ist, entwerfen Sie die Abfragen, die, wie wir wissen, erforderlich sind. Welche Annahmen haben Sie getroffen?

Nach dem Entfernen der Anwendungsfälle, die Abfragen enthalten, verbleiben die folgenden, die wir bereitstellen müssen:

- `Erstelle Kurshandbücher`
- `Erstelle CS4-Liste`
- `Anmeldung Unterrichtseinheiten`

Abbildung 15.1 zeigt das allgemeine Anwendungsfallmodell. An dieser Stelle finden Sie eine eingehende Beschreibung des Anwendungsfalls `Erstelle Kurshandbuch`. Sie zeigt eine konservative Sicht der vom System zu übernehmenden Arbeit und ist vermutlich für die erste Iteration des Systems angemessen (betrachten Sie jedoch die nachfolgende Diskussionsfrage).

Abbildung 15.1 Ein Anwendungsfallmodell.

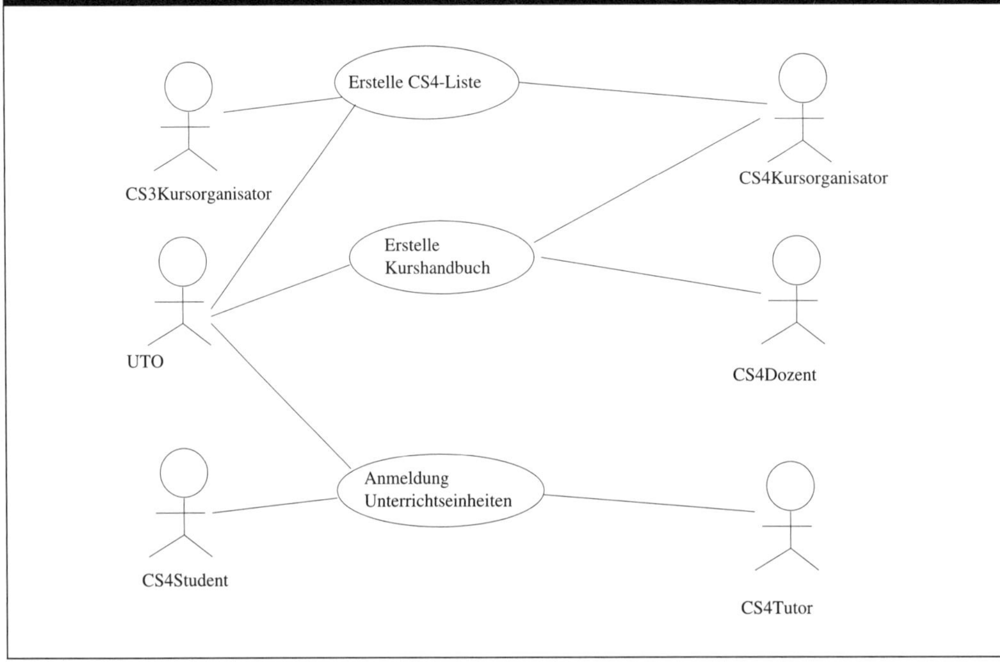

Kurshandbuch erstellen Dieser Anwendungsfall kann erst verwendet werden, nachdem der Lehrplanausschuss die Gesamtheit der angebotenen Unterrichtseinheiten verabschiedet und der Dekan den Dozenten ihre Aufgaben zugewiesen hat.

Der CS4-Kursorganisator aktualisiert die Kernabschnitte eines jeden Kurshandbuchs (die nicht von Unterrichtseinheiten abhängig sind), indem er den aktuellen Text abruft, ihn ändert und die modifizierte Version an das System zurückgibt.

Gleichermaßen aktualisiert der Dozent einer jeden Unterrichtseinheit deren Beschreibung, indem er den Text abruft, ihn auf den neuesten Stand bringt und an das System zurückgibt.

Diese Aktualisierungen können in einer beliebigen Reihenfolge erfolgen. Das System verfolgt, welche Aktualisierungen vorgenommen wurden. Sobald die Aktualisierung des Handbuchs vollständig abgeschlossen ist, sendet das System den gesamten Text des Handbuchs per E-Mail an das Vordiplomssekretariat, wo es ausgedruckt wird und auf seiner Grundlage die Webseiten aktualisiert werden.

Diskussionsfrage 99

Bietet dieses Verfahren für irgendeine Person einen ausreichenden Wert, so dass es sich lohnt, es in der ersten ausgelieferten Iteration als Funktion vorzuschlagen? Oder sollte es lediglich als interne Iteration behandelt werden? Falls das letztere zutrifft, welche Funktionen wären Ihrer Meinung nach erforderlich, bevor es sinnvoll ist, dieses System mit den Benutzern zu erproben? Wie würden Sie dies verdeutlichen?

? Entwickeln Sie Beschreibungen für die anderen Anwendungsfälle. Wenn Fragen auftauchen, die bei einem echten Projekt mit den Benutzern erörtert werden müssten, halten Sie die Themen sowie die von Ihnen im Rahmen dieser Übung ausgewählte Lösung fest.

15.1.1 Das Klassenmodell

? Zeichnen Sie ein Klassenmodell auf der konzeptionellen Ebene. Schließen Sie Multiplizitäten ein, aber machen Sie sich noch keine Gedanken über Attribute und Operationen.

In Abbildung 15.2 sehen Sie ein mögliches Klassenmodell.

Abbildung 15.2 Ein Klassenmodell.

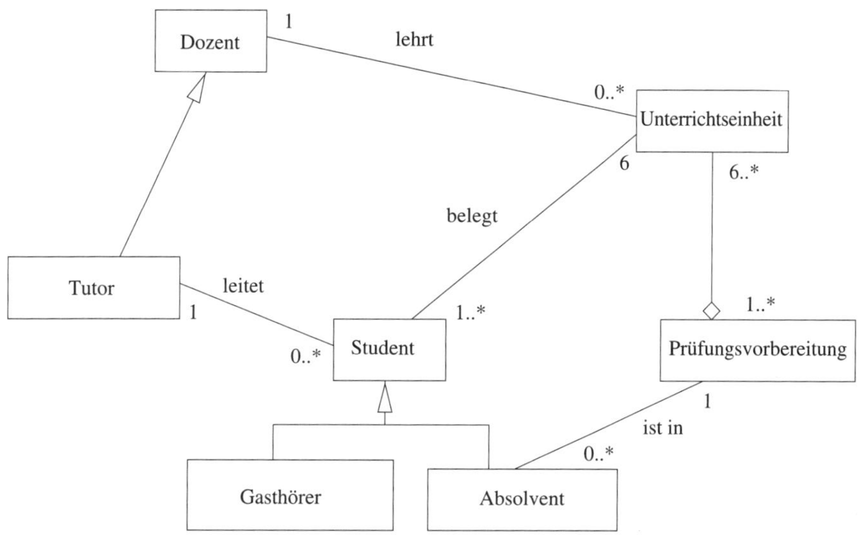

Diskussionsfrage 100

Abbildung 15.3 enthält ein weiteres Klassenmodell. Was halten Sie davon?

? In der Praxis werden nicht alle Dozenten CS4-Unterrichtseinheiten lehren. Insbesondere wird nicht jeder Tutor notwendigerweise ein CS4-Dozent sein. Wird das in diesem Diagramm ermöglicht?

15.1.2 Die Dynamik

Abbildung 15.4 zeigt die CRC-Karten, die wir uns für die am Anwendungsfall `Erstelle Kurshandbuch` beteiligten Klassen ausgedacht haben. Mit ihrer Hilfe können wir untersuchen, wie die Klassen interagieren müssen, um den Anwendungsfall zu erfüllen. Wir haben die Zuständigkeiten der Klassen lediglich im Hinblick auf diesen Anwendungsfall berücksichtigt. Obwohl es sinnvoll wäre, den Klassen weitere Zuständigkeiten zuzuweisen – wenn wir weitere Anwendungsfälle betrachten, wird dies vermutlich von wesentlicher Bedeutung sein –, wäre das Hinzufügen dieser Zuständigkeit zu einem Zeitpunkt, bevor wir eine klare Notwendigkeit für sie festgestellt haben, ein Fall von „Erfinden von Anforderungen“, was wir in Kapitel 3 verboten haben.

? Bezeichnen Sie mit Hilfe dieser CRC-Karten die erforderlichen Operationen der an diesem Anwendungsfall beteiligten Klassen.

? Entwickeln Sie die CRC-Karten für die anderen Anwendungsfälle und geben Sie die mit diesen Klassen assoziierten Operationen an.

Abbildung 15.3 Ein weiteres Klassenmodell.

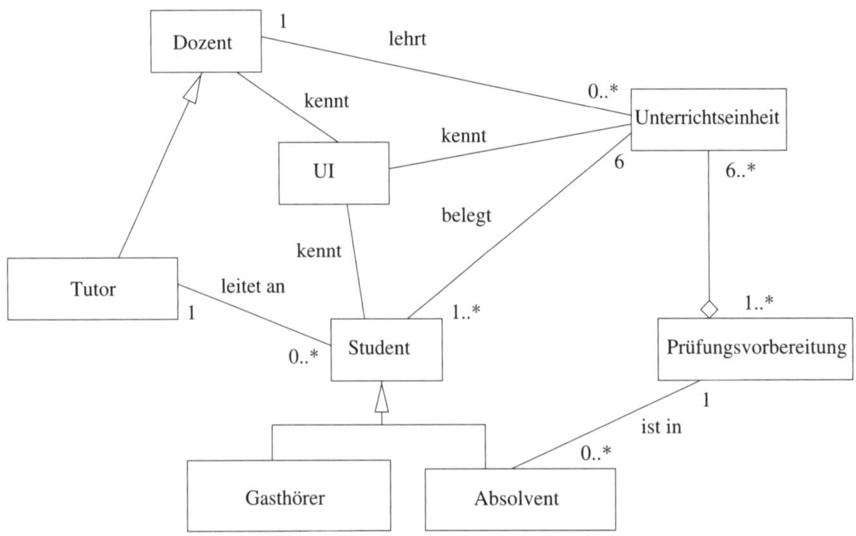

15.1.3 Zustandsdiagramme

Es gibt keine Klassen mit Zustandsänderungen, die von Interesse wären.

15.1.4 Aktivitätsdiagramme

In Kapitel 11 haben wir gesagt, dass Aktivitätsdiagramme hilfreich für die Modellierung auf der Unternehmensebene sein können, um besser zu verstehen, wie die Organisation arbeitet, zu der das System passen muss. Die Bestimmung, welche Kurse es gibt und wer sie lehrt und das anschließende Erstellen der Kurshandbücher ist ein nicht trivialer Arbeitsfluss mit Synchronisationen und Abhängigkeiten zwischen den Aufgaben, welche die Entwickler verstehen müssen, insbesondere wenn das System weiterentwickelt werden soll, um zur Automatisierung des Ablaufs beizutragen. Abbildung 15.5 zeigt den Arbeitsfluss dieser Aufgabe.

15.2 Erörterung

Ein System mit einem sehr hohen Datenaufkommen Der größte Teil der Aufgaben aller unserer Klassen besteht darin, Daten zu kapseln. Dies sollte uns nicht überraschen, da der wichtigste Zweck des Systems in der Pflege von Daten über CS4 liegt. Dies ist jedoch nicht wirklich typisch für objektorientierte Systeme. Häufig, jedoch nicht immer, sind Klassen, die nichts anderes tun als Daten zu kapseln ein Zeichen dafür, dass sich das gesamte Verhalten an einer anderen Stelle, möglicherweise in einer einzigen Steuerungsklasse, befindet. Dies ist schlechtes Design, da es häufig bedeutet, dass die besondere gegenwärtige Verwendung des Systems (die aktuelle Menge der Anwendungsfälle) im Code fest vorgegeben ist. Wenn Ihr System solche Klassen aufweist, sollten Sie aus diesem Grund überprüfen, dass ihnen kein mit den gekapselten Daten verbundenes Verhalten fehlt. In diesem Fall sind wir der Meinung, dass unser System sinnvoll ist: Es *hat* einfach nicht sehr viel, was sich als Verhalten bezeichnen ließe.

Abbildung 15.4 CRC-Karten für den Anwendungsfall `Erstelle Kurshandbuch`.

Prüfungsvorbereitung	
Zuständigkeiten	Kollaboratoren
Vorhalten einer Sammlung von Unterrichtseinheiten Erstellen des Textes für das Kurshandbuch	Unterrichtseinheit

Tutor	
Zuständigkeiten	Kollaboratoren
Bereitstellen einer Schnittstelle zwischen den menschlichen Tutoren und dem System	

Unterrichtseinheit	
Zuständigkeiten	Kollaboratoren
Vorhalten einer Kursbeschreibung Vorhalten eines Dozenten für den Kurs	

Abbildung 15.5 Ein Aktivitätsdiagramm für die Vorbereitung des Kurshandbuchs.

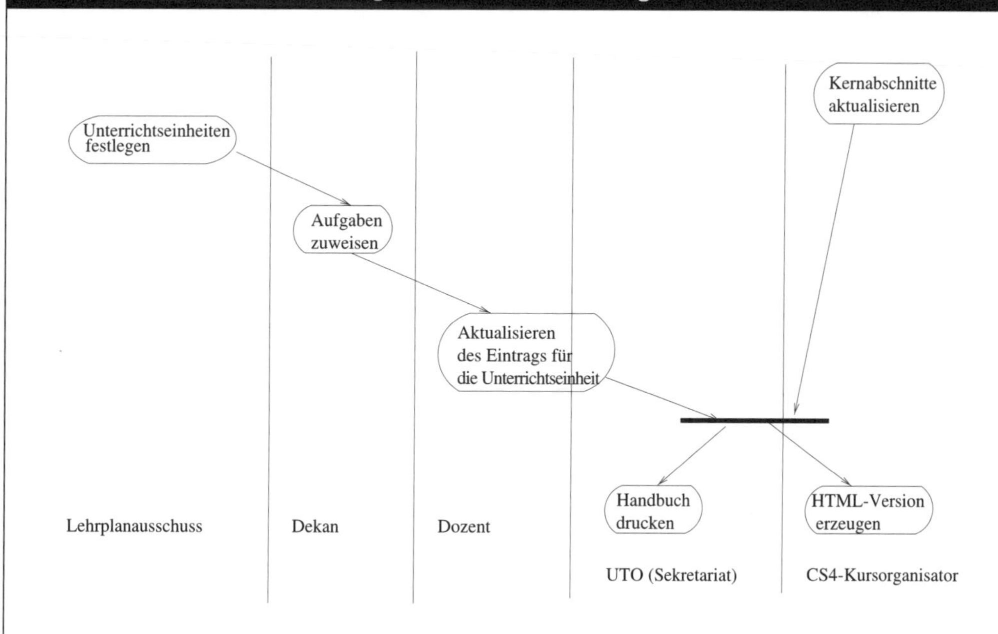

Die Benutzerschnittstelle Wir haben die Benutzerschnittstelle(n) nicht gezeigt, d.h. wie die Akteure diese Möglichkeiten nutzen können. Wenn man darüber nachdenkt, wird klar, dass ein einziges Benutzerschnittstellenobjekt nicht ausreicht: Unterschiedliche Akteure benötigen den Zugriff auf unterschiedliche Teile der Systemfunktionalität.

Vermutlich hätten wir letztendlich etwas wie eine Modell-Sicht-Controller-Schnittstelle, bei der jedem Akteur eine unterschiedliche (jedoch konsistente) Sicht auf das System bereitgestellt wird. Weitere Designarbeit ist erforderlich, um diese Aspekte zu behandeln, jedoch belassen wir es in diesem Beispiel dabei.

KAPITEL 16

Brettspiele

Wir wurden gebeten, das folgende Problem zu behandeln.

> Ein neues Unternehmen möchte am Markt für Computer-Brettspiele teilhaben. Es beabsichtigt, eine Reihe von Bildschirmversionen von beliebten Spielen für zwei Personen zu erstellen, wobei mit Käsekästchen (auch bekannt als Tic-Tac-Toe) und Schach begonnen werden soll.
>
> Zwei Benutzer verwenden gemeinsam einen Bildschirm und ziehen abwechselnd. Das Programm stellt sicher, dass lediglich zulässige Züge möglich sind, und gibt den Gewinner bekannt.
>
> Um die Implementierung neuer Spiele und die Pflege vieler unterschiedlicher Spiele zu erleichtern, möchte das Unternehmen ein Spiel-Framework gestalten, das sich so einfach wie möglich wiederverwenden lässt.

Diskussionsfrage 101

Welche Fragen sollten Sie dem möglichen Kunden stellen?

Eine offensichtliche Frage lautet: „Aus welchem Grund erwarten Sie, dass irgendjemand gutes Geld dafür ausgibt?" Es liegt nicht auf der Hand, dass das Computerspiel Vorteile gegenüber einem physischen Brettspiel aufweist, und es ist erkennbar, dass es einige Nachteile mit sich bringt.

? Führen Sie einige Nachteile dieses Produkts im Vergleich mit einem physischen Brettspiel auf. Können Sie sich tatsächlich einige Vorteile vorstellen?

Diskussionsfrage 102

Nehmen Sie an, Sie würden die Softwareentwicklung für dieses Unternehmen leisten. Wäre es Ihre Aufgabe (d.h. fiele es in Ihre berufliche Verantwortung), in Frage zu stellen, ob das Produkt Erfolg haben wird? Bis zu welchem Ausmaß? Warum? Ist dies abhängig davon, wer Sie sind oder welche Art von Unternehmen Sie haben?

Diskussionsfrage 103

Nehmen wir an, dass die Firma tatsächlich hofft, dass dieses grundlegende Framework später ausgebaut werden kann. Welche zukünftigen Erweiterungen können Sie sehen?

16.1 Umfang und vorbereitende Analyse

Nehmen wir einmal an, dass es gerechtfertigt ist, mit dem einfachen oben vorgeschlagenen Framework fortzufahren.

Ein wesentlicher Teil der bei der Entwicklung eines Spiels anfallenden Arbeit entfällt auf die Benutzerschnittstelle; tatsächlich könnte dies allein ein ausreichender Grund für die Auswahl einer objektorientierten Sprache sein. Die Benutzerschnittstelle wird sich auch auf die Auswahl der Sprache auswirken, da Sie möchten, dass ein geeignetes Paket mit einer grafischen Benutzerschnittstelle verfügbar ist. Für den Zweck dieses Kapitels gehen wir davon aus, dass es sich bei der Sprache um Java handelt und dass das Spiel in Form eines Applets implementiert werden soll.

Dieses Beispiel ist abstrakter als alle vorherigen Fallstudien. Wir wurden gebeten, ein Framework für eine Spielfamilie und nicht ein bestimmtes Spiel zu entwickeln. Was ist ein Framework? In diesem Fall meinen wir damit eine geeignete *Architektur* für diese Klasse von Systemen zusammen mit allen *gemeinsamen Funktionen*, die wir finden können. (In Kapitel 18 werden wir kurz auf allgemeine Frameworks eingehen.) Unser Ziel besteht darin, das Implementieren von Systemen für bestimmte Spiele einfach (schnell, billig) zu machen. Wir werden einige abstrakte grundlegende Klassen gestalten und darauf abzielen, lediglich die für ein Spiel charakteristischen Einzelheiten übrig zu lassen, die später von einem Entwickler wahrscheinlich durch die Bildung von Unterklassen hinzugefügt werden.

Das Entwickeln guter Frameworks (d.h. von solchen, welche die Produktivität von Entwicklern und der mit der Pflege befassten Personen wirklich steigern) ist bekanntermaßen schwierig und es ist wichtig, sich nicht in der Abstraktion zu verlieren. In der Praxis würden Sie nicht erwarten, ein Framework für dieses System ohne die Implementierung mehrerer Beispiele entwickeln zu können. (Die Studie von James Newkirk und Robert Martin [39] – auf der Homepage zu diesem Buch finden Sie einen Link darauf – erzählt die Geschichte der Entwicklung eines richtigen Frameworks.) An dieser Stelle versuchen wir, die wichtigsten Punkte dieses Prozesses anzugeben, jedoch ließe sich das hier vorgestellte Framework zweifellos verbessern. Sie sollten sich dies vor Augen halten, insbesondere wenn Sie dieses Framework zum Entwickeln eines hier nicht berücksichtigten Spiels verwenden wollen.

Diskussionsfrage 104

Wo liegen die Gefahren bei der Entwicklung von Frameworks?

Im Web sind viele Java-Implementierungen dieser Spiele verfügbar, einige davon sogar mit ihrem Quellcode. Vielleicht ist es für Sie von Interesse, einige von ihnen miteinander und mit den an dieser Stelle von uns vorgestellten zu vergleichen.

16.1.1 Käsekästchen (Tic-Tac-Toe)

Dieses Spiel wird von zwei Personen auf einem Brett mit drei mal drei Feldern gespielt. Der erste Spieler („Spieler X") wählt ein Feld aus und platziert ein Kreuz darauf. Der andere Spieler („Spieler O") wählt ein leeres Feld aus und legt ein O darauf. Danach ziehen die beiden abwechselnd und platzieren ihre Spielsteine auf den leeren Feldern. Gewonnen hat derjenige, der mit drei seiner eigenen Spielsteine als Erster eine vollständige gerade Linie (horizontal, vertikal oder diagonal) bildet. Falls das Spielbrett voll ist, ohne dass einer der Spieler das Ziel erreicht hat, ist das Spiel unentschieden. Abbildung 16.1 zeigt ein Beispiel, bei dem Spieler X gewonnen hat.

Abbildung 16.1 Käsekästchen (Tic-Tac-Toe).

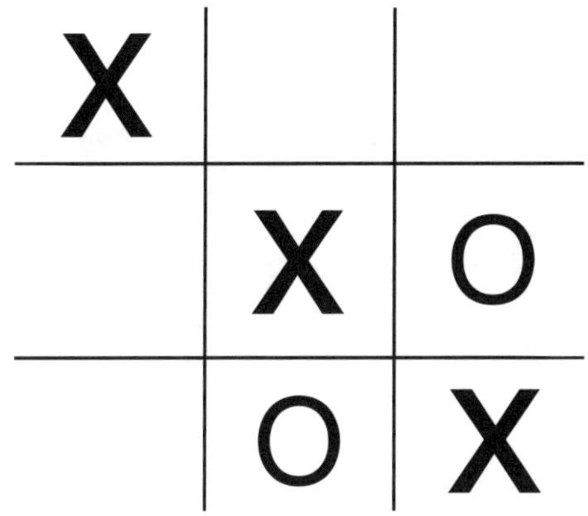

16.1.2 Schach

Schach ist ein wesentlich komplizierteres Spiel und wir können unabhängig von der Güte des bereitgestellten Frameworks den Entwickler, der es implementieren soll, nur bedauern. Es sollte ausreichen, die nachfolgende abgekürzte Beschreibung im Kopf zu behalten:

> Das Spiel wird auf einem Brett mit acht mal acht Feldern und unterschiedlichen Figuren gespielt: Bauern, Türmen, Springern, Läufern, Damen und Königen, wobei jede dieser Figuren in zwei Farben, Weiß und Schwarz, vorhanden ist. Es gibt zwei Spieler, nämlich „Spieler Weiß“, der die weißen Figuren führt, und „Spieler Schwarz“, dem die schwarzen gehören. Die Anfangskonfiguration entspricht der in Abbildung 16.2 gezeigten. Die Spieler ziehen abwechselnd, wobei sie in der Regel eine ihrer eigenen Figuren aufnehmen, um einen Zug zu machen. Welche Züge zulässig sind, hängt von der gezogenen Spielfigur und möglicherweise darüber hinaus auch von der Konfiguration der anderen sowie vom bisherigen Spielverlauf ab. Figuren können geschlagen werden. In bestimmten Situationen befindet sich ein König im Schach. Wenn dem König eines Spielers Schach geboten wird, muss dieser Spieler wenn möglich zu einer Konfiguration wechseln, bei der sich der König nicht im Schach befindet. Sollte dies nicht möglich sein, ist der König schachmatt und der andere Spieler gewinnt. Wenn das Spiel dreimal dieselbe Konfiguration aufweist, endet es remis.

Um ein Framework zu entwickeln, müssen wir bedenken, was diesen Spielen und allen anderen aus der Familie der zu berücksichtigenden Brettspiele gemein ist. In beiden Fällen treffen folgende Punkte zu:

1. Das Spiel wird von zwei Spielern gespielt.
2. Das Spiel wird auf einem quadratischen und in Felder aufgeteilten Brett gespielt.
3. Die Spieler ziehen abwechselnd.
4. Um einen Zug durchzuführen, wird der Zustand des Spielbretts verändert, indem einige Zeichen, bei denen es sich um die Gegenstände auf dem Spielbrett (Markierungen oder Figuren) handelt, hinzugefügt, entfernt und/oder bewegt werden.
5. Jedes Zeichen auf dem Spielbrett gehört dem einem oder dem anderen Spieler.

6. Alle wichtigen Informationen stehen beiden Spielern zur Verfügung.
7. Welche Züge zulässig sind, hängt vom Zustand des Spielbretts ab – welche Zeichen sich an welcher Stelle befinden – sowie möglicherweise von anderen Faktoren, wie beispielsweise dem bisherigen Spielverlauf.
8. Von denselben Faktoren hängt ab, wer gewinnt.

Abbildung 16.2 Schach.

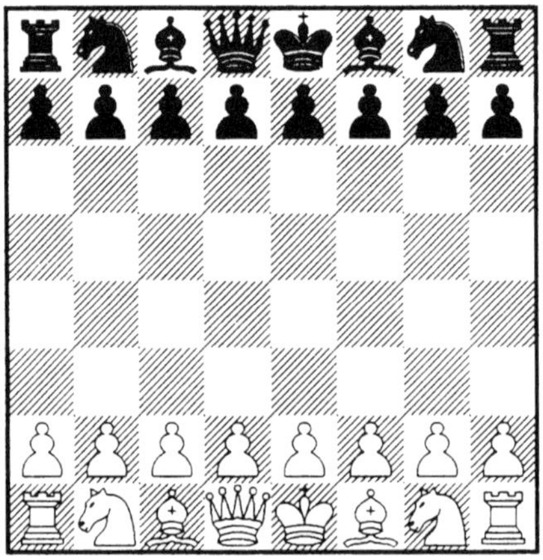

Nehmen wir an, dass sich bei einer weitergehenden Besprechung mit Ihrem Kunden herausstellt, dass von den Merkmalen 1, 4, 6, 7 und 8 im Allgemeinen erwartet wird, dass sie zutreffen, während dies bei den Merkmalen 2, 3 und 5 möglicherweise nicht der Fall ist. Wir erstellen eine Zusammenfassung mit den vom Kunden als Beispiel angegebenen Spielen (wir gehen jedoch nicht näher auf andere Beispiele ein und es spielt keine Rolle, ob Ihnen die fraglichen Spiele bekannt sind). Das Spielbrett mag eine beliebige Form aufweisen (wie beispielsweise beim Spiel Hex, bei dem wir nicht überrascht sind, dass das Brett sechseckig ist). Der Zustand wird durch die Position der Zeichen bestimmt, die jedoch nicht unbedingt zu bestimmten Spielern gehören müssen. Ein Zug (wie er unter Punkt 4 beschrieben wird) kann für einen oder beide Spieler zulässig sein: Beispielsweise könnte es Zeichen geben, die von beiden Spielern bewegt werden dürfen (wie zum Beispiel bei Kalaha). Möglicherweise ziehen die Spieler nicht immer abwechselnd (wie beispielsweise bei Dame); wer am Zuge ist, wird unter Umständen durch den bisherigen Spielverlauf und den Zustand des Spielbretts bestimmt.

? Nennen Sie ein Beispiel aus einem Ihnen bekannten Spiel, bei dem die Zulässigkeit eines Zugs vom bisherigen Spielverlauf und nicht lediglich von der Position des Zeichens vor und nach dem Zug abhängig ist.

Bei der Entwicklung des Frameworks scheint eine Anwendungsfall-Analyse nicht von Nutzen zu sein, so dass wir auf das Anwendungsfall-Diagramm verzichten.

? Zeichnen Sie das Anwendungsfall-Diagramm und entscheiden Sie, ob dies hilfreich war.

Lassen Sie uns nun weitermachen und die Klassen und Beziehungen identifizieren (herausfinden). In diesem Fall ist dies eine wesentlich größere Herausforderung als bei den vorherigen Beispielen und das Verfahren der Hauptwortidentifizierung allein reicht nicht aus. Die von uns verwendete und recht schwierig zu beschreibende Technik bestand darin, mit einigen wenigen vermutlichen Klassen zu beginnen und ein vorläufiges Klassenmodell zu erstellen. Im Anschluss daran haben wir unter Berücksichtigung von tatsächlichen Spielen einige der wichtigsten Interaktionen durchdacht und dabei als Denkhilfe mit dem Zeichnen von CRC-Karten begonnen. Wir haben verschiedene Iterationen dieses Prozesses durchlaufen, bevor wir schließlich ein anscheinend funktionierendes Klassenmodell besaßen. Wir versuchen nun, einen Eindruck der Prozedur zu vermitteln und dann einige der von uns in Betracht gezogenen Alternativen zu erwähnen.

Bei den Klassen unseres Frameworks handelt es sich um folgende:

- `Spieler`
- `AktuellePosition`
- `Zeichen`
- `Zug`
- `Spiel`

Obwohl wir die Namen so aussagefähig wie möglich gewählt haben, reichen sie nicht aus, um zu beschreiben, was gemeint ist. Lassen Sie uns damit beginnen, zum Aufzeichnen der Zuständigkeiten jeder Klasse CRC-Karten zu erstellen, wobei wir das Bezeichnen der Kollaborateure, die von den Objekten jeder Klasse zum Ausführen ihrer Aufgaben benötigt werden, auf einen späteren Zeitpunkt verschieben. Einige fragliche Zuständigkeiten haben wir mit Fragezeichen und Bemerkungen in eckigen Klammern versehen, was bei CRC-Karten häufig sinnvoll ist, wenn Sie wissen, dass Sie hinsichtlich eines Punkts unsicher sind, ihn jedoch vorläufig festhalten wollen.

`Spieler`

Zuständigkeiten	**Kollaborateure**
Pflegen der erforderlichen Benutzerdaten.	
Bezeichnen eines Spielers.	
Bereitstellen eines visuellen Symbols für den Spieler.	

`AktuellePosition`

Zuständigkeiten	**Kollaborateure**
Pflegen der vom Benutzer gesehenen Daten; der Position; der Information, wer am Zug ist; möglicherweise des Gewinners.	
Annehmen eines Zugs von einem Benutzer und Verpacken für die Validierung.	

`Zeichen`

Zuständigkeiten	Kollaborateure
Verkörpern einer Spielfigur. Festhalten der Position einer Spielfigur? [Oder ist dies die Aufgabe der Klasse `AktuellePosition`?] Bereitstellen eines visuellen Symbols für die Spielfigur.	

`Zug`

Zuständigkeiten	Kollaborateure
Kapseln der durch den Zug eines Spielers verursachten Veränderungen. Sich selbst bestätigen können?	

`Spiel`

Zuständigkeiten	Kollaborateure
Verstehen der Regeln des Spiels: • Validieren von Zügen • Bestimmen des Gewinners • Speichern der erforderlichen Informationen aus früheren Zügen	

Lassen Sie uns als Nächstes den besonderen Fall des Spiels Käsekästchen (Tic-Tac-Toe) untersuchen. Wir werden Klassen implementieren müssen, welche die von uns bezeichneten Zuständigkeiten erfüllen. Für einige oder alle der Klassen des Frameworks erstellen wir eine spezialisierte Unterklasse, die bei dem bestimmten von uns untersuchten Spiel die dieser Framework-Klasse zugewiesenen Zuständigkeiten ausführt. Dies bedeutet, dass ein Framework des Typs vorliegt, der manchmal als *architekturgesteuert* bezeichnet wird. Dahinter steht die Absicht, dass eine mit Hilfe des Frameworks entwickelte Anwendung „kostenlos" eine sinnvolle Architektur von ihm übernimmt. Dies ist ein nennenswerter Vorteil, selbst wenn wie bei dem hier vorgestellten unvollständigen Beispiel die sich aus der erneuten Verwendung der Framework-Klassen ergebende Menge des wiederverwendeten Codes sehr gering ist. Ein Framework reift bei seiner Verwendung zum Entwickeln mehrerer Anwendungen heran. Eine gemeinsame Funktionalität, die das Framework bereitstellen sollte, lässt sich bezeichnen, wenn sie in verschiedenen Anwendungen dieses Frameworks auftaucht. Sie kann dann herausgearbeitet und dem Framework übertragen werden; die vorhandenen Anwendungen können *überarbeitet* werden, so dass sie das neue Framework ausnutzen. Auf diese Weise wird das Framework schrittweise leistungsfähiger. Dennoch sind praktische Erfahrungen mit seiner Anwendung wichtig: Zunächst einmal ist es schwierig anzugeben, welche Funktionalität von mehreren Anwendungen gemeinsam genutzt wird.

Als einfache Übereinkunft nennen wir die spezialisierte Klasse, die der Klasse `Zeichen` entspricht, `OXOZeichen` usw. In manchen Fällen müssen wir möglicherweise Objekte von mehr als einer Klasse verwenden, um die Zuständigkeiten zu erfüllen, die einem Objekt einer einzigen Framework-Klasse zugewiesen wurden. Der am klarsten auf der Hand liegende Fall ist die Klasse `AktuellePosition`. Wie wir in Kapitel 6 erwähnt haben, gibt es die offensichtlichen Objekte `Spielbrett` und `Feld` des Problembereichs, die zusammenarbeiten können, um den Spielstand aus Benutzersicht zu pflegen. Also können wir zwei Klassen einführen und ihre unterschiedlichen Zuständigkeiten wie folgt beschreiben:

`Spielbrett`

Zuständigkeiten	**Kollaborateure**
Pflegen der vom Benutzer gesehenen Daten; der Position; der Information, wer am Zug ist; möglicherweise des Gewinners. Annehmen eines Zugs von einem Benutzer und Verpacken für die Validierung.	`Feld`

`Feld`

Zuständigkeiten	**Kollaborateure**
Pflegen der zur einem einzelnen Feld des Spielbretts gehörenden Daten; der Position des Felds; der Information, ob es eine Spielfigur enthält und wenn ja, welche. Angeben, ob ein Punkt sich innerhalb des Felds befindet.	`Zeichen`

Die (vermutlich abstrakte) Klasse `AktuellePosition` wird durch eine Klasse mit der Bezeichnung `Spielbrett` realisiert, die neun `Feld`-Objekte enthält. (Dies bedeutet, dass `Spielbrett` eine Unterklasse von `AktuellePosition` ist, die ein nicht geerbtes Attribut aufweist, nämlich die Sammlung der `Feld`-Objekte.)

16.2 Interaktionen

Die CRC-Karten geben uns einen Ansatzpunkt zum Verstehen der Interaktionen. Als Beispiel beschreiben wir eine Interaktion der Anwendung Käsekästchen im Hinblick auf die spezialisierten Klassen.

Der menschliche Spieler interagiert mit einer Bildschirmdarstellung des Käsekästchen-Spielbretts, die von der Klasse `Spielbrett` gesteuert wird. Er klickt einen beliebigen Punkt des `Spielbretts` an, wodurch (über Java-Standardmechanismen) eine Nachricht an das `Spielbrett` gesendet wird, die Informationen darüber enthält, welche Stelle angeklickt wurde. Das `Spielbrett` stellt mit Hilfe seiner `Feld`-Objekte anhand der Koordinaten fest, welches `Feld` des `Spielbretts` angeklickt wurde. Es weiß, dass Spieler X am Zug ist, so dass der Klick bedeutet, dass Spieler X einen Spielstein auf dem Feld platzieren möchte. Es erstellt ein neues `OXOZug`-Objekt, dem bekannt ist, um welches `Feld` und um welchen Spieler es sich handelt, und übergibt `OXOSpiel` das `OXOZug`-Objekt zur Validierung. `OXOSpiel` überprüft, ob sich nicht bereits ein OXOZeichen auf dem Feld befindet. Dies ist nicht der Fall, so dass dieser Zug gültig ist. Anschließend muss OXOSpiel überprüfen, ob das Spiel durch diesen Zug beendet wird. Dies trifft nicht zu. Die Antwort von OXOSpiel auf die Nachricht validieren besagt, dass der Zug in Ordnung ist und nun Spieler O am Zug ist. Spielbrett fordert OXOZug auf, die dem Benutzer angezeigte Position zu aktualisieren – dadurch erstellt OXOZug ein neues OXOZeichen mit der Kennzeichnung X auf dem Feld, auf das verwiesen wird, vergisst Spielbrett das nicht mehr benötigte OXOZug-Objekt (so dass es durch die Speicherbereinigung gelöscht wird), zeichnet auf, dass der nächste Zug von Spieler O gemacht wird, und wartet auf den nächsten Mausklick, der einen Zug durch Spieler O darstellt.

Abbildung 16.3 Ein Kollaborationsdiagramm für einen Zug des Spielers X in Käsekästchen.

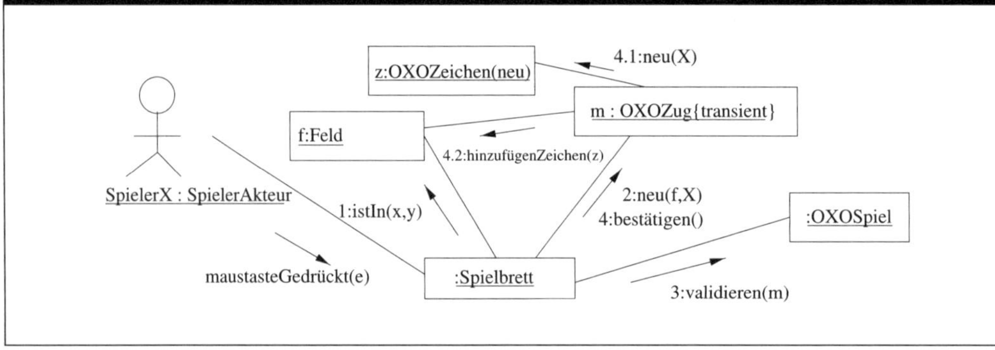

Beachten Sie, dass wir im Verlauf dieses Prozesses, zumindest in diesem besonderen Fall, einige der Fragen gelöst haben, bei denen wir in unserem anfänglichen Satz von CRC-Karten Zweifel hatten. Beispielsweise haben wir beschlossen, dass es nicht die Aufgabe von OXOZeichen ist, seine Position zu kennen, sondern dass einem Feld neben seiner eigenen Position bekannt ist, welches OXOZeichen sich auf ihm befindet.

Wenn wir dies in die übergebenen Nachrichten umsetzen, erhalten wir das Kollaborationsdiagramm aus Abbildung 16.3 für einen korrekten Käsekästchen-Zug von Spieler X. Der Abwechslung halber haben wir uns entschlossen, anstelle eines Sequenzdiagramms ein Kollaborationsdiagramm zu zeigen. Vielleicht sollten Sie das entsprechende Sequenzdiagramm zeichnen, um zu sehen, was Ihrer Meinung nach besser lesbar ist.

? Wir haben keine Einzelheiten darüber aufgezeichnet, wie OXOSpiel seine Aufgaben durchführt. Überlegen Sie, wie man dies machen könnte. Entwickeln Sie das Interaktionsdiagramm weiter.

? Betrachten Sie unterschiedliche Szenarien und zeichnen Sie Kollaborationsdiagramme dafür. In welchen Fällen, sofern es solche gibt, wäre es Ihrer Meinung nach sinnvoll, ein gesondertes Diagramm zu entwickeln? Zum Beispiel:

1. ein zulässiger Zug von Spieler O, der das Spiel nicht beendet
2. ein zum Sieg führender Zug des Spielers X
3. ein unzulässiger Zug von Spieler O, bei dem er versucht, einen Spielstein mit einem O darauf statt auf ein leeres Feld auf eines mit einem X darauf zu platzieren

Abbildung 16.4 Klassendiagramm für das Spiel Käsekästchen.

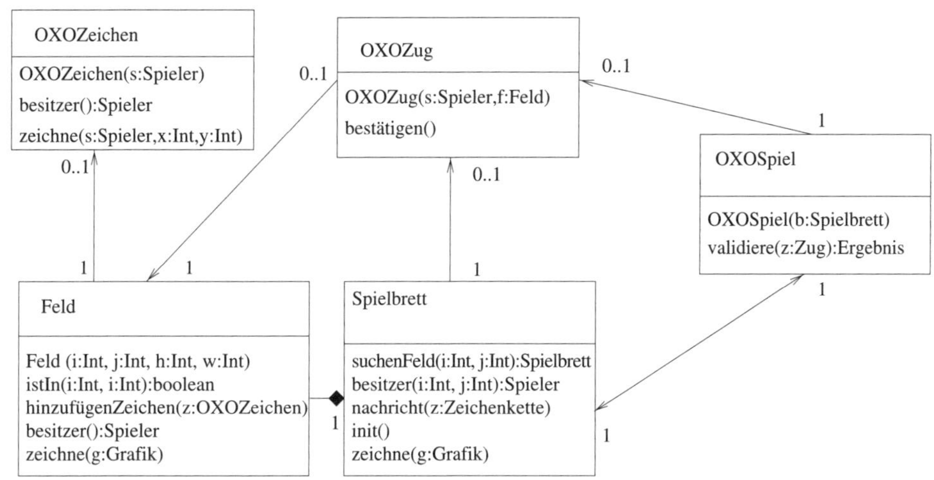

Diskussionsfrage 105

(Insbesondere wenn Sie über HCI-Erfahrungen verfügen.) Wie sollte das System mit der Aufgabe umgehen, die Spielregeln durchzusetzen? Ermöglicht dieses Framework eine sinnvolle Vorgehensweise? Welche Verantwortung liegt wo?

Indem wir untersuchen, wie Objekte auf diese Weise zusammenarbeiten, können wir Entscheidungen über die Assoziationen zwischen den Klassen, die Käsekästchen implementieren, ihre Navigierbarkeit und die Operationen treffen, die jede Klasse bereitstellen muss. Abbildung 16.4 zeigt ein mögliches Klassenmodell für Käsekästchen. Wir haben das Diagramm (jedoch nicht das Modell!) vereinfacht, indem wir die Basisklassen der von uns aufgezeichneten Spezialisierungen sowie den `Spieler` weggelassen haben. Letzteres ist aus zwei Gründen gerechtfertigt: Erstens stellt sich heraus, dass kein Bedarf für eine spezialisierte Unterklasse `Spieler` besteht, und zweitens handelt es sich in diesem Stadium bei einem `Spieler`-Objekt im Wesentlichen um ein boolsches Datenelement, von dem jede Klasse (auf unschädliche Weise) abhängt, so dass das Diagramm unnötig überfüllt würde, wenn wir es einschlössen. Außerdem haben wir einige `private` Operationen weggelassen, die bei der echten Implementierung stattfinden. Wenn Ihnen Java bekannt ist, werden Ihnen einige dieser Sprache eigene Aspekte auffallen, wie beispielsweise die Tatsache, dass `Spielbrett` statt eines Konstruktors eine `init()`-Operation aufweist, da wir uns entschieden haben, das Spielbrett als Applet zu gestalten.

? Gehen Sie einen ähnlichen Prozess durch, der statt auf dem Spiel Käsekästchen auf Schach basiert. Wo liegen die Unterschiede?

Wie Sie vermutlich gesehen haben, gibt es bei den unterschiedlichen Instanzen des Frameworks Unterschiede hinsichtlich der Einzelheiten der bei einem Spielzug auftretenden Interaktionen. Jedoch ist eine allgemeine Kollaboration vorhanden, innerhalb der diese Interaktionen erfolgen. Beachten Sie, dass die Rolle von `AktuellePosition` im besonderen Fall von Käsekästchen von `Spielbrett` und einigen `Feld`-Objekten gespielt wurde.

Abbildung 16.5 Klassendiagramm für das Spiel-Framework.

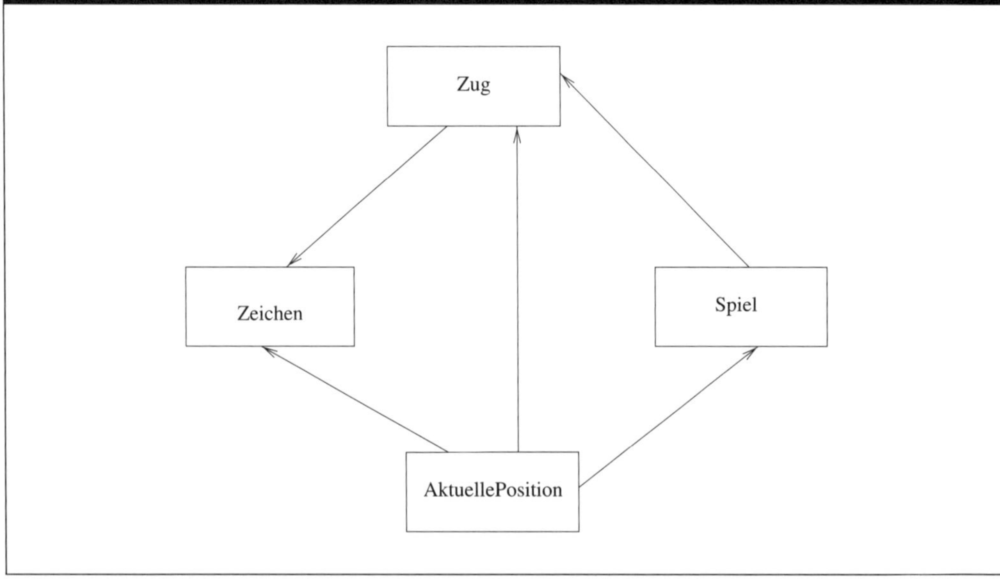

? Zeichnen Sie diese allgemeine Kollaboration. Benötigen Sie eine Notation, die von uns noch nicht erörtert wurde?

16.3 Zurück zum Framework

Da wir nun ein ausreichendes Verständnis davon haben, wie sich ein Spiel in unsere anfänglichen Gedanken über das Aussehen eines Frameworks einpasst, können wir einen ersten Versuch unternehmen, das Framework selbst eingehender zu beschreiben. Es wäre sinnvoll, zu dokumentieren, wie die Klassen des Frameworks zusammenarbeiten, um den Anwendungsentwicklern, die vorhaben, es zu verwenden, und/oder denjenigen zu helfen, die es weiterentwickeln. Es mag jedoch nicht offensichtlich sein, dass wir einige Entscheidungen darüber treffen müssen, auf welche Weise dies sinnvoll geschieht. Wenn wir uns beispielsweise vor Augen führen, dass die meisten der von uns implementierten Klassen abstrakt sind – es können Objekte erstellt werden, die zu spezialisierten Unterklassen gehören, jedoch keine Objekte der Framework-Klassen selbst –, stellt sich die Frage nach den Assoziationen zwischen den Klassen des Frameworks. Sie könnten argumentieren, dass in den Fällen, in denen Objekte der spezialisierten Unterklassen assoziiert sein *müssen* oder *können*, eine Assoziation zwischen zwei Framework-Klassen bestehen sollte. Bei einem ausgearbeiteten Framework möchten Sie vielleicht sicherstellen, dass es alle Assoziationen bestimmt, so dass diese Optionen einander entsprechen. Eine ähnliche Frage stellt sich bei Multiplizitäten. Wichtig ist, dass Sie zweideutige Situationen vermeiden, in denen die Person, die das Diagramm verwendet, etwas anderes versteht als vom Ersteller des Diagramms beabsichtigt. Im Entwurf für das Klassendiagramm des Frameworks in Abbildung 16.5 zeigen wir lediglich die unbedingt erforderlichen Assoziationen und lassen Multiplizitäten vollkommen weg. Da das Framework beispielsweise angibt, dass `Spiel` die Operation `validieren` bereitstellt, die einen `Zug` als Argument annimmt und von `AktuellePosition` aufgerufen wird, dokumentieren wir die entsprechenden Assoziationen. Wie zuvor lassen wir die `Spieler` im Diagramm weg.

? Wir haben die Assoziationen in keinem Klassendiagramm benannt. Fügen Sie, je nachdem, was Ihnen sinnvoll erscheint, Namen oder Rollennamen hinzu.

Diskussionsfrage 106

Was können Sie darüber sagen, welche Operationen vom Framework spezifiziert werden sollten? Fügen Sie sie zum Klassendiagramm des Frameworks hinzu.

Diskussionsfrage 107

Durch die Verwendung eines allgemeinen Frameworks entwickeln Sie möglicherweise ein komplexeres Design, als für diese besondere Anwendung erforderlich wäre. Beispielsweise würden Sie für das Design von Käsekästchen vermutlich nicht die gesonderten Klassen `Feld`, `OXOZeichen` und `OXOZug` einführen, da `OXOZug` und `OXOZeichen` sehr eng miteinander verbunden sind. Überlegen Sie, wie Sie vorgegangen wären und was die Unterschiede bedeuten. Wie können Ihrer Meinung nach solche Denkfallen vermieden werden?

Es folgen einige Leitfragen, die Ihnen Gelegenheit geben sollen, (unter anderem) einige der von uns zurückgewiesenen Optionen zu überdenken.

Diskussionsfrage 108

Warum sprechen wir überhaupt über Zeichen, anstatt die Generalisierung weiterzuführen und lediglich über den Zustand des Spielbretts zu reden? Wenn wir über Zeichen sprechen müssen, stellt sich die Frage, warum es sich bei einem Zeichen um ein Objekt handelt. Verfügt ein Zeichen über eine Identität? In allen Spielen?

Diskussionsfrage 109

Wir haben die Klasse `Zug` unserer Klassenliste erst recht spät hinzugefügt. Anfänglich haben wir sie als mögliche Klasse zurückgewiesen, da es sich bei ihr um ein Ereignis handelt. Später haben wir sie teilweise deshalb wieder hinzugefügt, da Spiele in Form von Zügen beschrieben werden und es umständlich erschien, in unserem Modell eine entsprechende Klasse mit Gewalt zu vermeiden. Überlegen Sie, wie Sie die (realen) Züge eines Spielers ohne eine explizite Klasse `Zug` validieren. Entwickeln Sie ein Klassenmodell ohne eine solche Klasse und erörtern Sie seine Vorteile im Hinblick auf das hier gezeigte Modell.

Diskussionsfrage 110

Zu einem Zeitpunkt hatten wir statt der einen Klasse `Spiel` zwei Klassen:

- Die Klasse `Spiel`, welche die erforderlichen Informationen über die gemachten Züge aufgezeichnet hat, wenn die Klasse `AktuellePosition` solche Angaben an sie weitergeleitet hat.
- Die Klasse `Regeln`, die auf Aufforderung durch die Klasse `AktuellePosition` und gegebenenfalls mit Hilfe von Informationen der Klassen `Spiel`, `AktuellePosition` und `Zug` die Züge validiert hat.

Bedenken Sie die Konsequenzen. Welcher Lösung geben Sie den Vorzug?

Diskussionsfrage 111

Nach unserem Konzept besteht das Objekt `Spieler` im Wesentlichen aus Daten; es verfügt über so wenig Verhalten, dass wir uns unter Umständen dazu entschließen könnten, es als einfachen Typ, möglicherweise in Form von Attributen der Zeichen und Züge, zu implementieren (zum Beispiel mit Hilfe von boolschen Werten). Vergleichen Sie dies mit der Situation in der vorherigen Fallstudie, in der wir als Mechanismus für die Zugriffssteuerung Klassen verwendet haben, die Akteuren entsprechen: Beispielsweise hat die Klasse `Dozent` den Zugriff auf die von Dozenten benötigten Einrichtungen bereitgestellt. Überlegen Sie, aus welchem Grund wir beschlossen haben, diesen Ansatz hier nicht zu verfolgen.

Diskussionsfrage 112

Zwischen den beiden Klassen `AktuellePosition` und `Spiel` besteht eine in beide Richtungen verlaufende Assoziation, so dass diese Klassen eng miteinander verbunden sind und eine Wiederverwendung der einen ohne die andere nicht möglich wäre. Betrachten Sie alternative Designs und stellen Sie fest, ob sich diese Situation Ihrer Meinung nach verbessern ließe.

16.4 Zustände

Zum Abschluss werden wir ein Zustandsdiagramm untersuchen, das möglicherweise bei der Implementierung der von uns bezeichneten Operationen von Nutzen ist. Die Klasse mit dem offensichtlich interessantesten Zustandsdiagramm – d.h. diejenige, deren Verhalten sich am deutlichsten in Abhängigkeit von dem ändert, was bis jetzt mit dem Objekt geschah – ist die Klasse `AktuellePosition` (Abbildung16.6), da sie unter anderem die Aufgabe hat, dem Benutzer zu zeigen, wer am Zug ist und wer schließlich gewonnen hat. Dies ergibt sofort drei Zustände:

1. `A am Zug`
2. `B am Zug`
3. `Spielende`

Wir müssen angeben, welche Ereignisse Übergänge zwischen diesen Zuständen verursachen und welche Tätigkeiten das Objekt `AktuellePosition` durchführen muss. Wann geht es vom Zustand `A am Zug` in den Zustand `B am Zug` über? Wenn `A` seinen Zug durchgeführt hat, `Spiel` diesen validiert und uns mitgeteilt hat, dass als nächstes `B` am Zug ist. Um dies zu zeigen, müssen wir die `when`-Form des Ereignisses (beschrieben in Kapitel 12) verwenden, da es sich bei dem Ereignis, das die Zustandsänderung auslöst, tatsächlich um die *von* `AktuellePosition` ausgesandte Antwort auf eine Nachricht (`validieren`) und nicht um den Erhalt einer *an* `AktuellePosition` gesendeten Nachricht handelt.

Abbildung 16.6 Das Zustandsdiagramm für `AktuellePosition`.

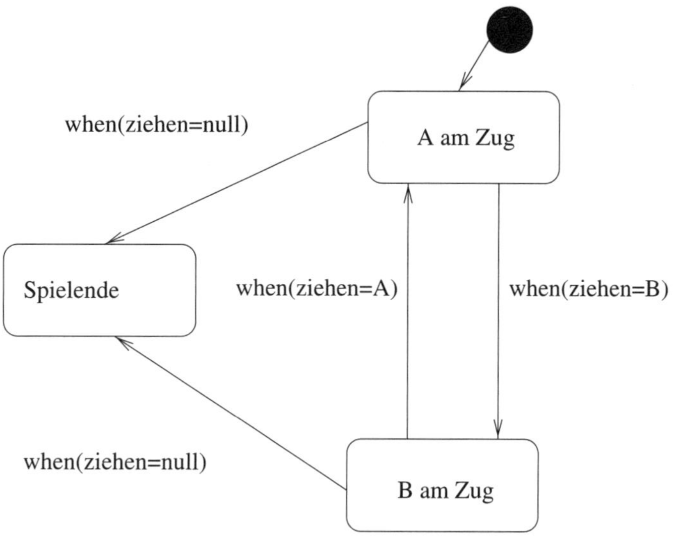

Diskussionsfrage 113

Erinnern Sie sich an die Erörterung aus Kapitel 11 über die Auswahl der Abstraktionsebene, auf der das Zustandsdiagramm gezeichnet werden soll. Bedenken Sie alternative Versionen dieses Diagramms und erörtern Sie ihre Vorteile. Zum Beispiel (es gibt noch andere Möglichkeiten) haben wir uns entschlossen, einen einzelnen Zustand `Spielende` zu zeigen, anstatt zwischen `A hat gewonnen`, `B hat gewonnen` und `Unentschieden` zu unterscheiden, jedoch wäre es möglich gewesen, dies auf die andere Weise zu machen. Was denken Sie?

DISKUSSIONSFRAGEN

16.1 Wählen Sie Ihre drei Lieblingsbrettspiele und überlegen Sie, ob sie zu der hier betrachteten Klasse von Spielen passen. Wenn dies der Fall ist, analysieren Sie, inwiefern dies zutrifft, und entwerfen Sie eine Framework-Anwendung für das Spiel. Entwickeln Sie den Code in einer dafür geeigneten Sprache.

16.2 Untersuchen Sie die Fragen, die beim Erstellen einer verteilten Version auftauchen.

16.3 Das Unternehmen ist der Meinung, dass die Benutzer gegen den Computer und nicht einfach gegeneinander spielen möchten. Was folgt daraus? Insbesondere, welches Objekt (einer bereits vorhandenen oder neuen Klasse) sollte für die Auswahl des Computerzugs verantwortlich sein?

16.4 Untersuchen Sie die Interaktionen zwischen den Objekten des Designs aus diesem Kapitel eingehend und überlegen Sie, ob die Implementierung der Operationen dem Gesetz von Demeter (siehe Kapitel 9) folgt. Wenn dies nicht der Fall ist, können Sie bessere Lösungen finden, bei denen dies zutrifft?

16.5 Wenn Sie das Framework und die Anwendung Käsekästchen implementieren, werden Sie vermutlich durch die Notwendigkeit zum Verwenden von „Downcasts" irritiert sein, da das Framework beispielsweise angibt, dass ein `Spiel` eine Operation `validieren` bereitstellt, die einen `Zug` als Argument annimmt, während ein `OXO-Spiel` erwartet, lediglich mit einem `OXOZug` umgehen zu müssen: Das heißt, die Spezialisierung einer Klasse geht davon aus, mit kompatiblen Spezialisierungen der anderen Klassen umzugehen. Betrachten Sie die grundsätzlichen Ursachen und Folgen dieses Problems und wie es sich auf das Design und die Verwendung Ihres Frameworks auswirken könnte.

KAPITEL 17

Simulation von diskreten Ereignissen

In diesem Kapitel untersuchen wir ein bedeutendes Anwendungspaket, das einen Teil eines objektorientierten *Integrated Modeling Support Environment* (IMSE) bildet und die *Simulation diskreter Ereignisse* im *Prozess-Stil* unterstützt.

Ein IMSE unterstützt die Entwicklung spezialisierter Anwendungen, so genannter Simulationsmodelle, die anschließend von ebenfalls durch das Tool unterstützten Experimentatoren verwendet werden. Wir werden erörtern, wie das IMSE die Entwicklung von Anwendungen unterstützt, indem es den Entwicklern ein Framework zur Verfügung stellt. Nicht beschreiben werden wir die Funktionsweise der Interaktion zwischen den Benutzern und dem Tool.

Anders als bei dem im vorigen Kapitel betrachteten Fall gibt es eine reichhaltige Literatur über die Klassen, die zur Unterstützung der Simulation diskreter Ereignisse im Prozess-Stil erforderlich sind. Ein Entwickler, der ein IMSE aufbaut, würde diese Quellen selbstverständlich nutzen, so dass wir das Bezeichnen der Klassen in diesem Kapitel nur kurz ansprechen. Wir konzentrieren uns auf die Verwendung von UML zum Beschreiben und Dokumentieren aller Einzelheiten des Verhaltens eines aus Klassen bestehenden Systems. Eine solche Dokumentation ist besonders in diesem Fall von Bedeutung, da ein möglicherweise nicht mit den Konventionen dieses Gebiets vertrauter Entwickler verstehen muss, wie man die vom IMSE bereitgestellten Klassen wirksam einsetzt. Die Interaktionen zwischen den Objekten sind notgedrungen recht subtil und es gibt Klassen mit komplexen (geschachtelten) Zustandsdiagrammen, so dass eine detaillierte UML-Dokumentation für einen Entwickler wahrscheinlich von Nutzen ist. Am Ende des Kapitels werden wir ein einfaches Beispiel für ein Simulationsmodell erläutern, das ein Entwickler mit Hilfe des IMSE erstellen kann.

17.1 Anforderungen

Bei einem *Modell zur Simulation diskreter Ereignisse* handelt es sich um eine Anwendung, die das Verhalten eines Systems der realen Welt nachahmt, indem es dem innerhalb dieses Systems bestehenden Muster von Ereignissen und Interaktionen folgt. Gemäß der Übereinkunft für die *Prozess-Sicht* einer Simulation enthalten die Modelle aktive Entitäten, die den aktiven Teilen des modellierten Systems entsprechen, und passive Entitäten, die für Ressourcen, Warteschlangen und andere nicht aktive Teile des Systems stehen. Ein Simulationsmodell muss die Reihenfolge beibehalten, in der die Ereignisse eintreten; die simulierten Ereignisse innerhalb des Modells müssen in derselben Reihenfolge wie die von ihnen nachgestellten Ereignisse der Wirklichkeit stattfinden.

Wie gesagt, muss das IMSE sowohl die Entwicklung von Modellen zur Simulation diskreter Ereignisse als auch ihre Verwendung in Experimenten unterstützen.

Vom Entwicklerstandpunkt aus kann man das IMSE als spezialisiertes CASE-Tool für die Entwicklung von Simulationsmodellen ansehen. Ein gutes IMSE sollte die von einem Entwickler zum Aufbau eines Simulationsmodells aufzuwendende Arbeit verringern. Obwohl ein Modell zum Beispiel abhängig von dem von ihm verkörperten System unterschiedliche Entitäten enthält, haben sie doch einen Gutteil ihres Verhaltens gemein. Aus diesem Grund sollte das IMSE Klassen aufweisen, die möglichst viel von der Funktionalität der aktiven und passiven Entitäten zur Verfügung stellen. Außerdem sollte es Möglichkeiten zum Zusammenstellen häufig verwendeter Statistiken bieten und die Zeitplanung der Ereignisse sowie der zwischen den Entitäten erfolgenden Interaktionen so allgemein wie möglich übernehmen.

Darüber hinaus muss das IMSE einen Editor anbieten, der auf der Grundlage dieses Frameworks das Erstellen ausführbarer Modelle unterstützt, was wir jedoch an dieser Stelle nicht erörtern.

Vom Standpunkt des Experimentators aus gesehen, muss das Tool die Ausführung eines Modells zur Simulation diskreter Ereignisse unterstützen, das aus diesen wiederverwendbaren Merkmalen aufgebaut wurde, sowie das Sammeln von Informationen über die Geschehnisse während seiner Ausführung. Diese Informationen müssen eine als Ablaufverfolgung bekannte Aufzeichnung der innerhalb des Modells auftretenden Ereignisse und eine statistische Zusammenfassung der während der Ausführung beobachteten wichtigen Werte einschließen.

17.1.1 Eine detailliertere Beschreibung

In der folgenden Beschreibung werden Hauptwörter als Vorbereitung auf die Bezeichnung von vermutlichen Objekten unterstrichen. Es wurde eine gewisse Vorauswahl getroffen, um beispielsweise zu vermeiden, offensichtliche Akteure einzuschließen. Die Einzelheiten über die Ausführung eines Modells beruhen auf Standardmechanismen der Simulation diskreter Ereignisse.

Benutzer Es gibt zwei Arten von Benutzern.

- **Entwickler** sind Personen, die Simulationsmodelle erstellen und prüfen, ob diese fehlerfrei laufen.
- **Experimentatoren** haben folgende Ziele:
  1. stets die Entwicklung der Ereignisse eines Modells unter kontrollierten Bedingungen zu beobachten
  2. in manchen Fällen Statistiken über die Geschehnisse zu sammeln

Beide Ziele schließen die Ausführung des Simulationsmodells ein.

Simulationsmodelle Die Prozess-Sicht unterteilt ein modelliertes System in aktive Entitäten und passive Entitäten.

Die *aktiven Entitäten* verkörpern Dinge in dem modellierten System, die Tätigkeiten durchführen wie beispielsweise die Arbeiter in einer Fabrik. Wenn ein Arbeiter in der Wirklichkeit etwas Wesentliches vornimmt, das sich auf andere reale Dinge auswirkt, löst die aktive Entität, die diesen Arbeiter modelliert, ein simuliertes Ereignis aus, das Auswirkungen auf andere (aktive oder passive) Entitäten hat, die diese Dinge der realen Welt modellieren.

Typische *passive Entitäten* sind Ressourcen, Semaphoren und Puffer. Sie verkörpern im modellierten System Dinge, die das Verhalten aktiver Entitäten wesentlich beeinflussen können, obwohl sie selbst nicht aktiv sind. Des Weiteren beachten und melden sie Statistiken über ihren Zustand im Laufe der Zeit.

Zum Beispiel ist die Fähigkeit einer aktiven Entität zum Ausführen einer Tätigkeit häufig davon abhängig, ob gegenwärtig eine gewisse Menge einer bestimmten Ressource vorhanden ist. Wenn die aktive Entität eine verfügbare Menge anfordert, wechselt sie in einen Zustand über, der anzeigt, dass sie die Tätigkeit ausführt, während die Ressource einen Zustand annimmt, in dem für nachfolgende Anforderungen weniger von ihr verfügbar ist. Wenn die angeforderte Menge nicht vorhanden ist, muss die aktive Entität warten, bis eine andere aktive Entität ihre Tätigkeit beendet hat und genug von der Ressource übrig ist, um ihr ein Fortfahren zu ermöglichen; d.h. dass die aktive Entität durch den Zustand der Ressource *blockiert* wird. Die durchschnittlich benötigte Menge einer Ressource ist in der Regel eine wichtige Statistik.

Das Verhalten eines Typs von aktiven Entitäten wird durch eine Folge von zu simulierenden Ereignissen definiert, die häufig als sein Lebenszyklus bezeichnet wird. Diese Folge kann bedingte Wahlmöglichkeiten und Wiederholungen einschließen.

Eine aktive Entität befindet sich zu jedem Zeitpunkt einer Simulation in einem von drei Zuständen:

1. aktiv, wobei sie auf ein Ereignis in ihrem Lebenszyklus reagiert. Zu jedem beliebigen Zeitpunkt kann sich nur eine aktive Entität in diesem Zustand befinden, und ihre Ereigniszeit definiert die aktuelle simulierte Zeit.
2. blockiert; in diesem Zustand wartet sie darauf, dass eine Anforderung von einer passiven Entität erfüllt wird.
3. auf das nächste Ereignis wartend, und zwar darauf, dass die simulierte Zeit bis zum Eintreten des nächsten Ereignisses dieses Objekts verstreicht; in diesem Zustand ist ihr stets bekannt, zu welchem Zeitpunkt der Simulation das nächste simulierte Ereignis geplant ist und um welches Ereignis es sich dabei handelt.

Simulierte Ereignisse treten in Form von Nachrichten auf, die entweder von einem Scheduler ausgehen, der das Verstreichen der Simulationszeit steuert, oder von einer passiven Entität, deren Zustand sich aufgrund eines Vorgangs ändert, wie beispielsweise der Freigabe einer Ressource durch eine andere aktive Entität.

Jedes simulierte Ereignis sollte bewirken, dass eine Nachricht an eine Ablaufverfolgungsdatei gesendet wird, so dass ein Experimentator das interne Verhalten eines Modells in allen Einzelheiten nachvollziehen kann.

Wir müssen Statistiken erstellen, indem wir Angaben über passive Entitäten und andere Werte aktualisieren, über die Informationen benötigt werden. Beispiele für überwachte Werte und die von ihnen abgeleiteten Statistiken sind Zählungen, die angeben, wie oft etwas geschieht, und der Durchschnittswert über einen Zeitraum von Dingen wie beispielsweise der Länge einer Warteschlange.

Ein Modell wird unter wechselnden Bedingungen ausgeführt, um zu beobachten, wie das System reagiert. Um diesen Vorgang flexibler zu gestalten, werden die zu verändernden Werte aus einem externen Datensatz gelesen, der vor der Ausführung des Modells angelegt wird.

17.2 Skizzieren des Klassenmodells

Wenn Sie das Paket ohne Vorkenntnisse entwerfen müssten, würde der nächste Schritt in der Suche nach möglichen Klassen bestehen, wobei Sie möglicherweise mit den in der Problembeschreibung unterstrichenen Hauptwörtern beginnen würden. Wie üblich würden Sie zum Bewerten Ihrer Auswahl CRC-Karten und/oder Anwendungsfallbeschreibungen einsetzen. Tatsächlich wird das Auswählen der Klassen für diese Art von Anwendung in der

Praxis gut verstanden, so dass wir nicht dabei verweilen wollen. Das Klassenmodell werden wir jedoch später eingehender untersuchen. Das Klassendiagramm einer hohen Ebene wird in Abbildung 17.1 gezeigt.

? Wie würden Sie diesem Modell, wenn Ihnen die Simulation diskreter Ereignisse bekannt ist, Ströme mit Zufallszahlen hinzufügen?

? Handelt es sich bei der Assoziation `PassiveEntität aktualisiert Statistik` in Wirklichkeit um eine Aggregation oder um eine Komposition? Begründen Sie Ihre Antwort.

Diskussionsfrage 114

Eine frühere Version des Klassenmodells zeigte `Statistik` und `PassiveEntität` als unterschiedliche Klassen, die dadurch in Verbindung standen, dass beide die von `Bericht` benötigte Schnittstelle bereitstellten. In einer anderen Version handelte es sich bei `Statistik` um eine Generalisierung der Klasse `PassiveEntität`. Wir haben uns entschieden, eine Assoziation `aktualisiert` zu zeigen, bei der jede `PassiveEntität` ein `Statistik`-Objekt verwendet. Die beiden älteren Varianten des Klassenmodells werden in Abbildung 17.2 gezeigt. Welche Argumente sprechen für und gegen diese unterschiedlichen Verfahren zum Modellieren der Klassen?

Diskussionsfrage 115

Versuchen Sie, das für `Bericht`, `Statistik` und `PassiveEntität` erforderliche Verhalten in Übereinstimmung mit den drei vorgestellten Alternativen zu implementieren. Welche Form des Designs unterstützt die von Ihnen zu diesem Zweck verwendete Sprache am besten?

17.3 Anwendungsfälle

Entwickler erstellen Modelle und führen sie aus, um sie auf Laufzeitfehler zu überprüfen.

Experimentatoren möchten Informationen gewinnen. Sie führen die Modelle aus, um das Verhalten im Einzelnen zu beobachten und wahlweise statistische Daten zu sammeln. Vor dem Ausführen eines Modells richten sie stets Werte in einem externen Datensatz ein, um die modellierten Bedingungen anzugeben.

Dadurch ergibt sich das in Abbildung 17.3 gezeigte Anwendungsfall-Diagramm.

Bei den drei wichtigsten Anwendungsfällen handelt es sich um `Erstelle Modell`, `Beobachte Verhalten` und `Sammle Statistik`. Sie sind alle von dem für `Führe Modell aus` definierten Verhalten abhängig, so dass das natürliche Verfahren zu ihrer Modellierung darin besteht, aus `Führe Modell aus` einen gesonderten internen Anwendungsfall zu machen, der sowohl in `Erstelle Modell` als auch in `Beobachte Verhalten` eingeschlossen ist.

Da es sich bei `Sammle Statistik` um eine Variante von `Beobachte Verhalten` handelt, erweitert der erstere Fall den letzteren.

17.3.1 Zusammenfassung von Erstelle Modell

Der Akteur `Entwickler` erstellt durch Interaktion mit den Bearbeitungsfunktionen des Tools ein ausführbares anfängliches Modell in der vom Anwendungsfall `Führe Modell aus` benötigten Form. Dann erstellt er einen Datensatz, der es ermöglicht, das Modell auf kontrollierte

Weise auszuführen, und überprüft es, indem er dem im Anwendungsfall `Führe Modell aus` definierten Verhalten folgt. Falls beim Ausführen des Modells Fehler auftreten, verändert der `Entwickler` es und führt es erneut aus. Sobald es keine Fehler mehr gibt, ist der Anwendungsfall abgeschlossen.

Abbildung 17.1 Das Klassendiagramm für ein System zur Simulation diskreter Ereignisse.

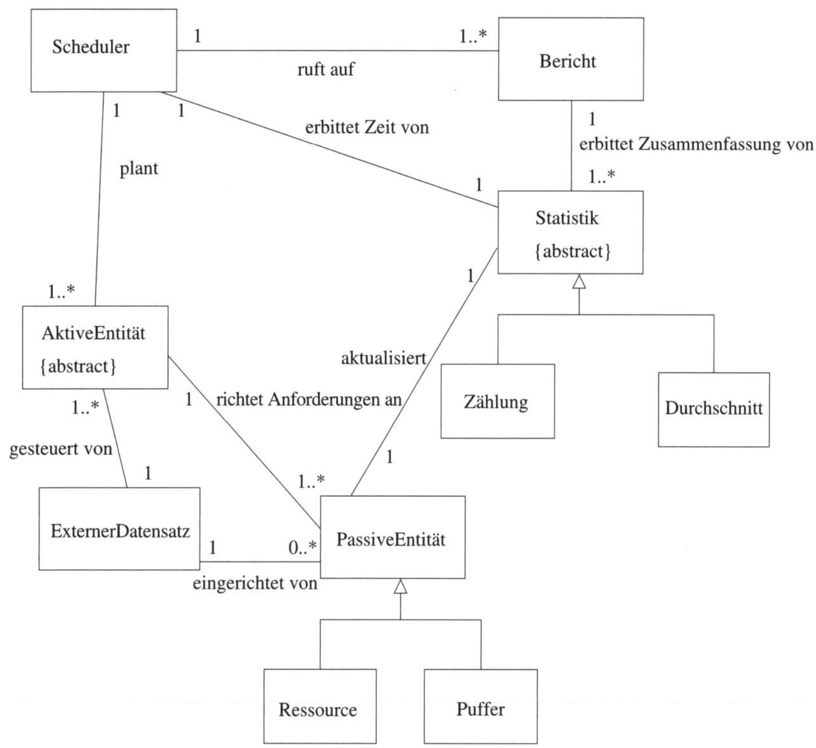

17.3.2 Zusammenfassung von Beobachte Verhalten

Zuerst wählt der Akteur `Experimentator` ein Modell aus, das bereits als Ausgabe einer früheren Instanz des Anwendungsfalls `Erstelle Modell` vorhanden sein soll. Der `Experimentator` wählt oder erstellt einen externen Datensatz mit Werten, welche die Bedingungen für diese besondere Ausführung des Modells beschreiben, wie beispielsweise die Ressourcenmenge und die Dauer von möglicherweise im Modell vorhandenen Verzögerungen.

17.3.3 Zusammenfassung von Sammle Statistik

Hierbei handelt es sich um eine Variante des Anwendungsfalls `Beobachte Verhalten`. Vor der Verwendung des Anwendungsfalls `Führe Modell aus` setzt der Experimentator ein Flag, das das Modell bei seiner Ausführung lesen kann, um anzugeben, dass Statistiken gesammelt und am Ende der Ausführung gemeldet werden sollen, indem sie in eine Datei geschrieben werden.

Abbildung 17.2 Einige Alternativen für die Klassen, die zum Erstellen von Berichten über das Verhalten dienen.

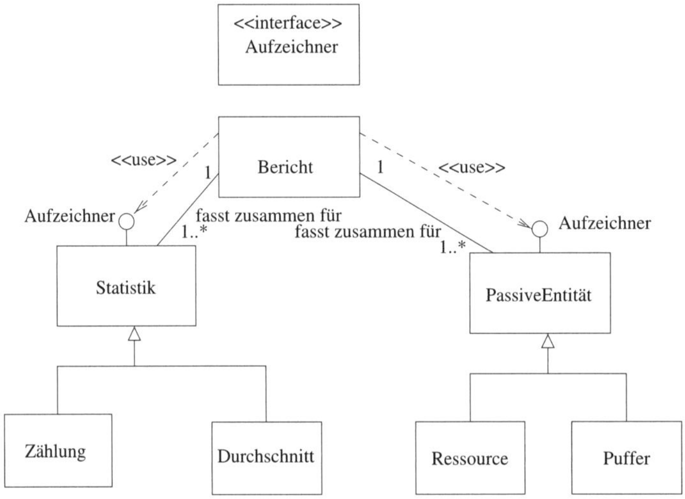

(a) Darstellung von gemeinsamem Verhalten mit der Hilfe eines Interface.

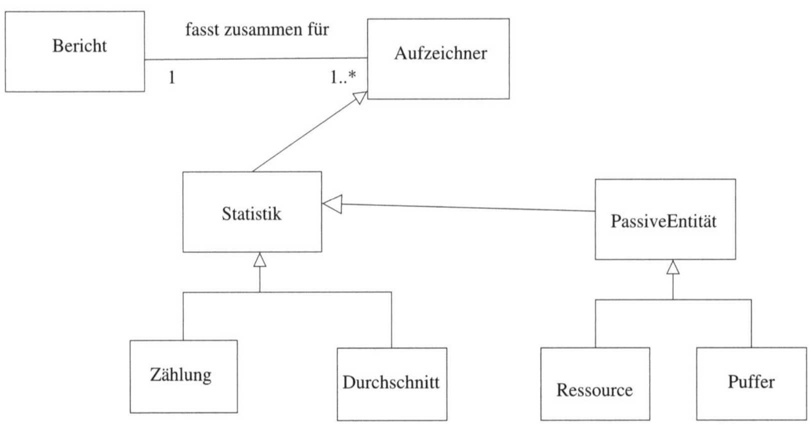

(b) Eine Möglichkeit, um mit Hilfe der Generalisierung das gemeinsame Verhalten zu zeigen.

Abbildung 17.3 Ein Anwendungsfalldiagramm eines Systems für die Simulation diskreter Ereignisse.

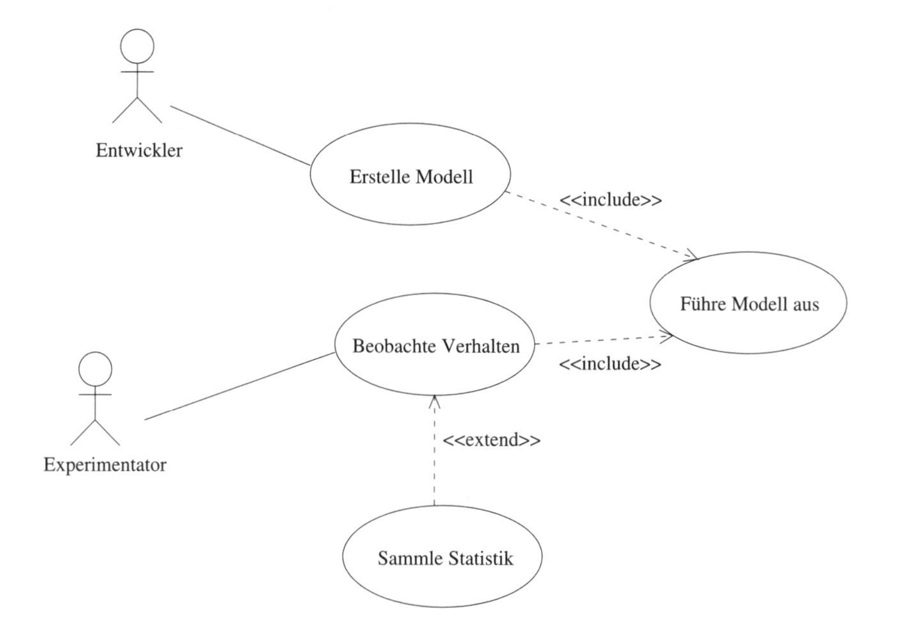

17.3.4 Zusammenfassung von Führe Modell aus

Bei diesem Anwendungsfall wird davon ausgegangen, dass der Akteur, der ihn auslöst, bereits das auszuführende Modell bestimmt sowie einen entsprechenden Datensatz erstellt und ausgewählt hat, der die Bedingungen angibt, unter denen das Modell ausgeführt werden soll.

Nun startet der Akteur das ausführbare Modell, das aus Instanzen der Objekte besteht, mit deren Hilfe das System modelliert und beobachtet wird. Jede aktive Entität setzt sich selbst auf eine anfängliche simulierte Ereigniszeit sowie auf ein anfängliches als Nächstes zu simulierendes Ereignis, das es aus dem externen Datensatz liest. Jede passive Entität liest ihre Anfangseinstellungen aus demselben externen Datensatz.

Die Entitäten führen das in der Beschreibung des Lebenszyklus jeder aktiven Entität angegebene Verhalten in allen Einzelheiten aus und werden vom Scheduler gesteuert, der sicherstellt, dass die Ereignisse in der zeitlichen Reihenfolge der Simulation eintreten. Passive Entitäten stellen sicher, dass die Einschränkungen zur Fortsetzung der Arbeit von aktiven Entitäten eingehalten werden.

Das Eintreten simulierter Ereignisse führt zur Ausgabe von Ablaufverfolgungsnachrichten.

Wenn ein Ereignis einen Wert verändert, für den ein Bericht erforderlich ist, und das Flag für das Sammeln von Statistiken gesetzt wurde, werden den Informationen für die Berichtsmechanismen entsprechende Angaben hinzugefügt.

Wenn das Modell nicht korrekt ist, kann jederzeit ein Laufzeitfehler auftreten. Dies wird im Anwendungsfall `Erstelle Modell` überprüft und gehandhabt. Der Einfachheit halber gehen wir davon aus, dass ein `Experimentator` niemals auf solche Fehler stößt.

? Erstellen Sie ein Aktivitätsdiagramm, das die Interaktionen und Abhängigkeiten zwischen allen denkbaren Benutzern des vollständigen Systems zeigt.

? Wie würde sich das Anwendungsfallmodell ändern, wenn wir entdecken sollten, dass alle `Experimentator`-Objekte jedes Mal, wenn sie einen der aktuellen Anwendungsfälle ausführen wollen, stets ihre eigenen Modelle aufbauen?

17.4 Standardmechanismen für die prozessbasierte Simulation

Um ein detailliertes Design unserer Klassen zu unterstützen, beschreiben wir eingehend den zum Simulieren diskreter Ereignisse verwendeten Mechanismus. Dabei handelt es sich um einen Standardmechanismus aus der Literatur zu diesem Thema wie beispielsweise [22].

Das Modell wird in Form einer Sammlung von aktiven und passiven Entitäten, einem der Steuerung dienenden Scheduler und geeigneten Objekten für das Sammeln von statistischen Daten erstellt. Die aktiven Entitäten lesen die Anfangswerte aus dem externen Datensatz, wie beispielsweise die Verzögerungszeiten für diese Ausführung, und gehen in ihren Wartezustand über. Die Eingabe aus dem externen Datensatz wird außerdem von den passiven Entitäten zum Setzen ihrer Anfangswerte benutzt – zum Beispiel gibt sie die Ausgangswerte für jede Ressource an.

Die aktive Entität mit der niedrigsten simulierten Ereigniszeit erhält eine Nachricht vom Scheduler und geht in den aktiven Zustand über und zeichnet in der Ablaufverfolgung für diese Ausführung des Modells das aktivierte Ereignis zusammen mit seiner Ereigniszeit auf. Die Ereigniszeit der momentan aktivierten Entität legt immer die aktuelle Simulationszeit fest.

Falls das aktuelle Ereignis eine Interaktion mit einer passiven Entität einschließt – zum Beispiel die Verwendung einer Ressource – sendet die aktive Entität der passiven eine entsprechende Nachricht. Wenn diese Nachricht in Abhängigkeit vom aktuellen Zustand der passiven Entität zu einer Blockierung der aktiven Entität führen könnte, tritt einer der folgenden Fälle ein:

1. Die passive Entität wird so aktualisiert, dass sie die Erfüllung der Anforderung anzeigt – zum Beispiel, indem die Menge der von ihr dargestellten Ressource verringert wird –, und die aktive Entität fährt fort.
2. Die aktive Entität wartet auf die Erfüllung der Bedingung und geht in einen blockierten Zustand über, bis die Planung für sie von der passiven Entität geändert wird.

Das Ereignis kann außerdem bewirken, dass eine passive Entität aktualisiert werden muss, ohne dass die Möglichkeit zum Blockieren der momentan aktiven Entität besteht – beispielsweise wenn eine Ressource freigegeben wird. Wenn eine passive Entität auf diese Weise aktualisiert wird, muss sie die Zeitplanung für alle aktiven Entitäten übernehmen, die auf eine solche Änderung warten und nun fortfahren können, indem sie bei ihnen die Zeitpunkte für das nächste Ereignis auf die gegenwärtige Simulationszeit setzt.

Wenn eine aktive Entität den aktiven Zustand verlässt, ohne blockiert zu sein, aktualisiert sie entweder den Zeitpunkt für das nächste Ereignis sowie ihr nächstes Ereignis und kehrt in den Wartezustand zurück oder bricht ab.

Die aktive Entität mit der nun niedrigsten Ereigniszeit wird durch eine Nachricht vom Scheduler in ihren aktiven Zustand versetzt.

Dieses Muster wird so lange wiederholt, bis entweder keine nicht beendeten aktiven Entitäten vorhanden sind oder die Simulationszeit den vorgesehenen Ausführungszeitraum überschreitet.

Falls vor der Ausführung des Modells das Bericht-Flag gesetzt wurde, sendet der `Scheduler` nun eine Nachricht an die verschiedenen Objekte, die ihre Beobachtungen gesammelt haben, und fordert sie auf, entweder nach Verstreichen eines bestimmten Simulationszeitraums oder am Ende der Ausführung des Modells einen Bericht mit ihren Statistiken zu erstellen. Für die Darstellung können diese Objekte in miteinander in Beziehung stehenden Unterberichten zusammengefasst und die endgültige Ausgabe dementsprechend formatiert werden.

17.5 Assoziationen und Navigierbarkeit

Welche Objekte müssen welche anderen kennen oder, anders ausgedrückt, welche Assoziationen gibt es und wie steht es mit ihrer Navigierbarkeit innerhalb unseres Klassenmodells? Wir haben begonnen, indem wir alle Assoziationen ohne Kommentar gezeigt haben, jedoch müssen wir, wenn wir zu einem detaillierteren und implementierungstauglichen Design übergehen, ihre Bedeutung und Richtung definieren und rechtfertigen. Gleichzeitig müssen wir sicherstellen, dass ihre Attribute und Operationen die Möglichkeit einschließen, dass sich Objekte untereinander kennen. Wie wir in Kapitel 6 erläutert haben, verlaufen die meisten Assoziationen in eine Richtung. Wenn eine Assoziation in zwei Richtungen vorgeschlagen wird, muss sie begründet werden.

Abbildung 17.4 zeigt ein detaillierteres Klassendiagramm, das Attribute und Operationen zur Unterstützung von Assoziationen und ihrer Navigierbarkeit einschließt. Beachten Sie, dass wir durch das Darstellen von Attributen, deren Zweck in der Implementierung von Assoziationen besteht, die von uns in Kapitel 5 aufgestellte und bis jetzt eingehaltene Regel brechen. Wir entschließen uns dazu, obwohl das Diagramm dadurch unter Umständen komplexer wird, da die Mechanismen zum Implementieren der Assoziationen recht schwierig sind und wir sie hinsichtlich der Klassenattribute erörtern möchten.

`Scheduler` **ruft auf** `Bericht`

- **Richtung** In eine Richtung, von `Scheduler` zu `Bericht`.
- **Bedeutung** Dem `Scheduler` wird die Verantwortung übertragen, am Ende der Ausführung von den `Bericht`-Objekten Zusammenfassungen ihrer Beobachtungen anzufordern.
- **Implementierung** Ein `Sammlung`-Attribut – `berichtet` – in `Scheduler` und eine Operation – `berichten()` – in `Bericht`.

`Scheduler` **plant** `AktiveEntität`

- **Richtung** In beide Richtungen, da der `Scheduler` in der Lage sein muss, jede `AktiveEntität` zu aktivieren, wenn sie an der Reihe ist, während es für eine `AktiveEntität` möglich sein muss, den `Scheduler` zu finden, wenn sie, wie wir später sehen werden, wieder zur Ereignisliste zurückkehren muss.
- **Bedeutung** Der `Scheduler` steuert die Reihenfolge, in der eine `AktiveEntität nach der anderen` ausgeführt wird, um sicherzustellen, dass sie immer im Zeitplan der Simulation ablaufen.
- **Implementierung** Eine auf besondere Weise geordnete Sammlung aktiver Entitäten, `ereignisListe : ZeitlichGeordneteListe`, innerhalb von `Scheduler` und der Operation `agieren()` in `AktiveEntität`. Ein Attribut `s : Scheduler` innerhalb von `AktiveEntität` und eine Operation – `warten()` – in `Scheduler`. Weitere Einzelheiten finden Sie unten.

`AktiveEntität` **gesteuert von** `ExternerDatensatz`

- **Richtung** Eine Richtung, von `AktiveEntität` zu `ExternerDatensatz`.
- **Bedeutung** Jede `AktiveEntität` liest ihre anfängliche Ereigniszeit und das nächste Ereignis aus einem einzigen `ExternerDatensatz`-Objekt.
- **Implementierung** Das Attribut `eingabe:ExternerDatensatz` in `AktiveEntität` und die Operation `abrufenWert(): real` in `ExternerDatensatz`.

Abbildung 17.4 Ein Klassendiagramm für ein Simulationsexperiment mit allen Einzelheiten.

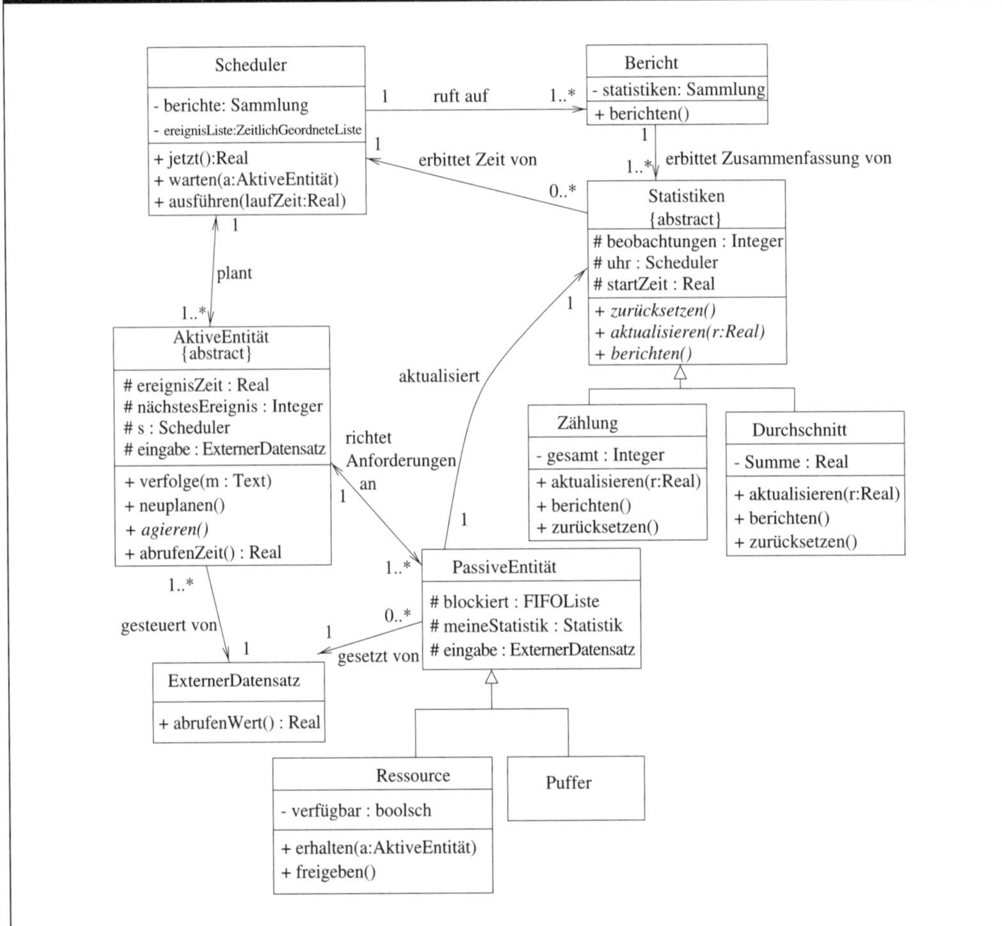

`PassiveEntität` **gesetzt von** `ExternerDatensatz`

- **Richtung** Eine Richtung, von `PassiveEntität` zu `ExternerDatensatz`.
- **Bedeutung** Jede `PassiveEntität` liest ihre anfänglichen Einstellungen aus dem einzigen `ExternerDatensatz`-Objekt.
- **Implementierung** Das Attribut `eingabe:ExternerDatensatz` in `PassiveEntität` und die Operation `abrufenWert(): Real` in `ExternerDatensatz`.

`PassiveEntität` **aktualisiert** `Statistik`

- **Richtung** Eine Richtung, von `PassiveEntität` zu `Statistik`.
- **Bedeutung** Wann immer eine Anforderung an eine `PassiveEntität` gerichtet wird, kann diese dem mit ihr assoziierten `Statistik`-Objekt eine Aktualisierung senden.
- **Implementierung** Das Attribut `meineStatistik:Statistik` in `PassiveEntität` und die Operation `akualisieren(r:Real)` in `Statistik`.

`AktiveEntität` **richtet Anforderung an** `PassiveEntität`

- **Richtung** Zwei Richtungen, da die `AktiveEntität` eine Anforderung an die `PassiveEntität` richten muss, während die `PassiveEntität` eine Nachricht zurücksenden muss, wenn die Anforderung erfüllt wurde.
- **Bedeutung** Die genaue Bedeutung einer solchen Anforderung ist von der Spezialisierung von `PassiveEntität` abhängig, an die sie gesandt wurde.
- **Implementierung** Die Richtung von `AktiveEntität` zu `PassiveEntität` wird durch Attribute implementiert, die wie erforderlich in den Spezialisierungen von `AktiveEntität` (die auf `PassiveEntität`-Objekte verweisen können) deklariert werden, sowie durch besondere Anforderungsoperationen in den Spezialisierungen von `PassiveEntität`. Die andere Richtung wird durch das Attribut `blockiert` von `PassiveEntität` implementiert (die alle `AktiveEntität`-Objekte aufführt, die während des Wartens auf diese `PassiveEntität` blockiert sind), indem es allen Anforderungsnachrichten den Parameter `selbst` übergibt, sowie durch die Operation `neuplanen()` in `AktiveEntität`. Beispiele finden Sie weiter unten.

`Bericht` **erbittet Zusammenfassung von** `Statistik`

- **Richtung** Eine Richtung, von `Bericht` zu `Statistik`.
- **Bedeutung** Wenn vom `Scheduler` ein Bericht angefordert wird, überträgt jedes `Bericht`-Objekt die Aufgabe der Erstellung einzelner Zusammenfassungen an geeignete Objekte, bei denen es sich um Spezialisierungen von `Statistik` handelt.
- **Implementierung** Das Attribut `statistiken:Sammlung` innerhalb von `Bericht` und die Operation `berichten()` in `Statistik`.

`Statistik` **erbittet Zeit von** `Scheduler`

- **Richtung** Eine Richtung, von `Statistik` zu `Scheduler`.
- **Bedeutung** Beobachtungen müssen zusammen mit der Zeit, zu der sie gemacht werden, aufgezeichnet werden.
- **Implementierung** Das Attribut `uhr:Scheduler` innerhalb von `Statistik`, das es ermöglicht, eine `jetzt()`-Nachricht zu senden.

Diskussionsfrage 116

Wir haben nicht erörtert, wie Sammlungsklassen erhalten oder implementiert werden. Beispielsweise haben wir die Klasse des Attributs `berichte` von `Scheduler` ohne Kommentar mit `Sammlung` angegeben. Nehmen wir an, dass Sie dieses System in einer beliebigen Sprache implementieren und die Verfügbarkeit von wiederverwendbaren Klassen untersuchen, die Ihnen das Schreiben ihrer eigenen Sammlungsklassen ersparen. Wie lassen sich solche Klassen sinnvollerweise in der von Ihnen verwendeten Sprache implementieren, und welche Unterschiede ergeben sich für den Benutzer in Abhängigkeit von dem verwendeten Verfahren? Können Sie zum Beispiel das in Kapitel 6 erörterte parametrisierte Klassenkonstrukt einsetzen?

Diskussionsfrage 117

In dem in Abbildung 17.4 gezeigten Klassendiagramm gibt es mehrere zyklische Abhängigkeiten. Geben Sie sie an und überprüfen Sie, durch welche einfachen Designänderungen sie beseitigt werden könnten.

17.6 Die Klassen im Einzelnen

Wir haben nun die statische Struktur des Pakets für die Simulation diskreter Ereignisse dokumentiert und die geplanten Interaktionen zwischen den Objekten auf einer hohen Ebene erörtert. Als Nächstes sollten wir die wichtigsten Klassen ausführlich genug dokumentieren, so dass ein `Entwickler` in der Lage ist, mit ihrer Hilfe ein Modell zu erstellen.

Wir werden feststellen, dass insbesondere Zustandsdiagramme dafür geeignet sind, das recht komplexe Verhalten dieses Designs festzuhalten. Auch Kollaborationsdiagramme sind sehr hilfreich, da das Verhalten der Objekte häufig umfangreiche Interaktionen einschließt.

Ein `Entwickler` muss eine spezialisierte Unterklasse der abstrakten Klasse `AktiveEntität` erstellen, indem er eine Methode zur Implementierung der Operation `agieren()` hinzufügt. Diese Methode definiert das Verhalten dieser bestimmten aktiven Entität, die der `Entwickler` modellieren möchte.

Auf ähnliche Weise kann ein `Entwickler` eine spezialisierte Unterklasse der abstrakten Klasse `PassiveEntität` anlegen. An dieser Stelle sind zwei Spezialisierungen jedoch so häufig anzutreffen, dass sie im Paket bereitgestellt werden. Beispielsweise kann ein `Entwickler`, wenn er eine passive Entität mit dem Verhalten einer einzelnen diskreten Ressource modellieren muss, die zu einem bestimmten Zeitpunkt von einer aktiven Entität verwendet werden kann, die Klasse `Ressource` direkt verwenden und muss keinen zusätzlichen Code schreiben.

Wir werden ein auf diese Weise erstelltes Beispiel für ein Simulationsmodell zeigen, dass eine Spezialisierung von `AktiveEntität` sowie einige Instanzen von `Ressource` einschließt.

17.6.1 Die Klasse Scheduler

In einem Simulationsmodell gibt es eine einzige Instanz von `Scheduler`. Dies ist das erste Objekt, das eine Nachricht erhält – `ausführen(ausführungsDauer:Real)` – und die dadurch aufgerufene Operation steuert die Ausführung des Modells.

`Scheduler` weist folgende Attribute auf:

- `berichte` – die `Sammlung` von Gruppen mit Objekten, über die Berichte erstellt werden können
- `ereignisListe` – die `ZeitlichGeordneteListe`, die `AktiveEntität`-Objekte nach ihrer `ereignisZeit` geordnet enthält

Außerdem unterstützt er die folgenden Operationen:

- `ausführen(ausführungsDauer:Real)` – Diese Funktion steuert die gesamte Simulation. Sie nimmt das erste Element der `ereignisListe` und sendet ihm eine Nachricht `agieren()`. Dies wiederholt sie, bis die Simulation eine `AktiveEntität` erreicht, deren Wert der `ereignisZeit` den der `ausführungsDauer` der Simulation überschreitet oder bis keine nicht beendete `AktiveEntität` mehr übrig ist. Nun sendet sie `berichten()`-Nachrichten an alle `Bericht`-Objekte ihrer `berichte`-Sammlung, in denen Sie diese auffordert, Berichte über die in ihnen enthaltenen `Statistik`-Objekte zu erstellen.

- `jetzt():Real` – Hierbei handelt es sich um eine Abfragefunktion, welche die `ereignisZeit` der aktuellen ersten `aktiven Entität` zurückgibt, wodurch die aktuelle Simulationszeit definiert ist. Dies ermöglicht den Zugriff auf diese wichtige Information, ohne dass der direkte Zugriff auf die Liste selbst gestattet wird.
- `warten(a:AktiveEntität)`, die einer `aktiven Entität` die Rückkehr zur `ereignisListe` ermöglicht, sobald sie ihren aktiven Zustand verlassen hat. Diese Operation nimmt den Wert `a` und fügt ihn an der der `ereignisZeit` von `a` entsprechenden Position in die `ereignisListe` ein.

Abbildung 17.5 Das Zustandsdiagramm für die allgemeine Klasse `AktiveEntität`.

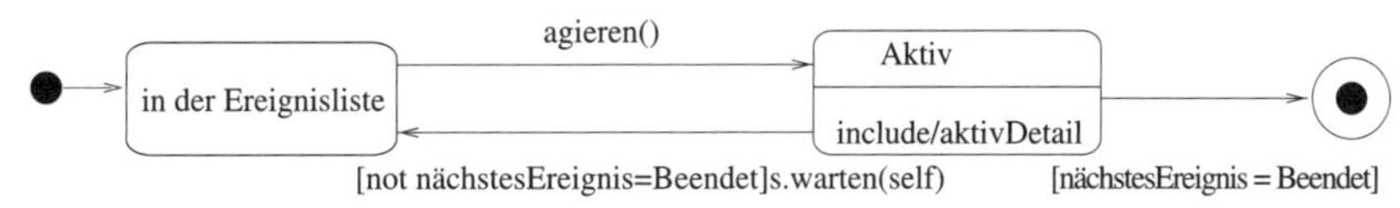

17.6.2 Die Klasse AktiveEntität

Die Klasse `AktiveEntität` besitzt die Eigenschaft `abstract`, da sie eine Operation – `agieren()` – aufweist, für die keine Implementierung (keine Methode) bereitgestellt wird, so dass wir sie in Kursivschrift zeigen. Von `AktiveEntität` können keine Instanzen gebildet werden. Sie kann lediglich als Generalisierung eingesetzt werden, und das endgültige Simulationsmodell wird an den Stellen, an denen für `agieren()` eine Methode geliefert wird, Spezialisierungen verwenden.

Sie enthält folgende Attribute:

- `s` – der `Scheduler`
- `eingabe` – `ExternerDatensatz`
- `ereignisZeit` – die simulierte Zeit des nächsten simulierten Ereignisses
- `nächstesEreignis` – ein Code, der ihr nächstes simuliertes Ereignis verkörpert

Sie werden alle mit dem Kennzeichen # für `protected` gezeigt. In C++ können Methoden dieser Klasse oder einer beliebigen Unterklasse auf die `protected`-Attribute und Operationen einer Klasse zugreifen. Bei `protected` handelt es sich um eine in manchen Fällen praktische Zugriffsbeschränkung, die freizügiger als `private`, jedoch weniger freizügig als `public` ist. Wenn Sie aber keine solche Sprache verwenden, können Sie alle `protected`-Attribute und Operationen betrachten, als ob sie einen `public`-Zugriff ermöglichen, der mit einem +-Zeichen angezeigt wird.

Die Klasse `AktiveEntität` weist folgende Operationen auf:

- `abrufenZeit():Real` – Dies ist eine Abfragefunktion, die den Wert von `ereignisZeit` zurückgibt.
- `neuplanen()` – Diese Operation platziert die `AktiveEntität` in der Ereignisliste, wobei die aktuelle Simulationszeit als ihre `ereignisZeit` angegeben wird.
- `agieren()` – Die Methode dieser Operation muss in jeder Spezialisierung angegeben werden und definiert das Simulationsverhalten der aktiven Komponenten des simulierten Systems. Die Form dieses Verhaltens wird später beschrieben.

Die Zustände einer aktiven Entität Im Allgemeinen folgt eine `AktiveEntität` dem einfachen in Abbildung 17.5 gezeigten Verhalten. Diese Abbildung verdeutlicht das Planungsverhalten aller Instanzen von `AktiveEntität`, die auf dieser Abstraktionsebene auf die gleiche Weise auf `agieren()`-Nachrichten vom `Scheduler` reagieren.

Anfänglich befindet sich eine `AktiveEntität` im Zustand `in der Ereignisliste`, der besagt, dass sie in der `ereignisListe` vom `Scheduler` wartet. Wenn sie eine `agieren()`-Nachricht erhält, geht sie in den Zustand `aktiv` über. Am Ende ihres aktiven Zustands wird sie entweder beendet oder sendet sich selbst mit Hilfe einer `warten(self)`-Nachricht an den `Scheduler` s. Dadurch wird sie wieder an der entsprechenden Stelle in die Ereignisliste aufgenommen.

Eine `AktiveEntität` besitzt eine interne Zustandsmaschine, bei der es sich definitionsgemäß um diejenige mit der Bezeichnung `aktivDetail` handelt. Diese Zustandsmaschine ist innerhalb des Zustands `aktiv` eines `AktiveEntität`-Objekts geschachtelt, da ihr Name innerhalb dieses Zustands auf das Schlüsselwort `do` folgt. Sie verkörpert das spezialisierte Detail von `agieren()` und muss vom Entwickler in jeder Spezialisierung von `AktiveEntität`, von der im Simulationsmodell Instanzen gebildet werden sollen, definiert werden.

Später in diesem Kapitel finden Sie in Abbildung 17.7 ein typisches Beispiel. Eine `AktiveEntität` kennt stets den Wert ihres Attributs `nächstesEreignis` und entscheidet auf dieser Grundlage jedes Mal, wenn sie den Zustand `aktivDetail` annimmt, welcher Verzweigung sie folgen soll. Jede Verzweigung erzeugt eine entsprechende Ablaufverfolgungsnachricht. Danach hängt das Verhalten von dem Typ des Ereignisses ab, das dem Attribut `nächstesEreignis` entspricht.

Simulierte Zeitverzögerungen Einige der Übergänge erstrecken sich lediglich vom Start- zum Endzustand, wobei sie Aktionen aufrufen und Nachrichten an andere Objekte senden. Sie implementieren simulierte Zeitverzögerungen, indem sie sowohl die nächste `ereignisZeit` als auch das zu diesem Zeitpunkt stattfindende Ereignis (`nächstesEreignis`) aktualisieren.

Simulierte Anforderungen an passive Entitäten Andere Übergänge senden Anforderungen an `PassiveEntität`-Objekte. Um die Implementierung der Blockierung zu ermöglichen, müssen alle Anforderungen die aktuelle `AktiveEntität` als Parameter enthalten. Diese Übergänge führen alle zum Zustand `blockiert`, der verlassen wird, wenn von dem `PassiveEntität`-Objekt eine `neuplanen()`-Nachricht eintrifft, die angibt, dass die Anforderung erfüllt werden kann.

Bei dem Beispiel in Abbildung 17.7 handelt es sich um eine `Ressource`, deren Verhalten später erklärt wird.

? Verwenden Sie ein Kollaborationsdiagramm, um die Interaktionen zweier `AktiveEntität`-Objekte durchzugehen, deren Verhalten mit dem des gezeigten übereinstimmt, die aber unterschiedliche Steigerungsintervalle bei ihren Ereigniszeiten aufweisen. Wie viele unterschiedliche Folgen von Ablaufverfolgungsnachrichten können auf der Grundlage dieser Kombination von Ereigniszeiten ausgegeben werden?

17.6.3 Die Klasse PassiveEntität

`PassiveEntität` ist eine Klasse ohne Operationen und soll als Generalisierung aller passiven Komponenten eines Simulationsmodells dienen.

Sie weist folgende Attribute auf:

- `blockiert` – eine First-in-first-out-Liste mit den blockierten `AktiveEntität`-Objekten
- `meineStatistik` – ein Verweis auf eine geeignete Spezialisierung von `Statistik`, die aktualisiert werden kann, so dass sie Zustandsänderungen dieses Objekts aufzeichnet
- `eingabe` – der `externe Datensatz`, der zum Setzen der anfänglichen Werte dieser Entität verwendet wird, wie beispielsweise der Menge, die zu Anfang in einer Ressource verfügbar ist

Auch hier werden die Attribute mit dem Schlüsselwort `protected` angegeben, was anzeigt, dass sie ausschließlich den Spezialisierungen dieser Klasse zur Verfügung stehen.

Diskussionsfrage 118

Warum ist es nicht angebracht, `PassiveEntität` mit der Eigenschaft `abstract` zu definieren? Ist dies sinnvoll?

Abbildung 17.6 Das Zustandsdiagramm von `Ressource`.

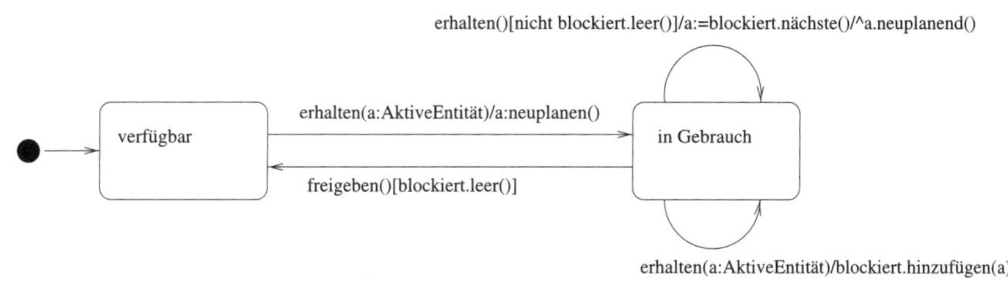

17.6.4 Die Klasse Ressource

Bei `Ressource` handelt es sich um eine Unterklasse von `PassiveEntität`. Ein Objekt der Klasse `Ressource` steht für etwas, das sich zu einem Zeitpunkt von lediglich einer aktiven Entität als Ganzes verwenden lässt. Es erbt die Attribute von `PassiveEntität` und fügt ein weiteres hinzu:

- `verfügbar` – ein boolscher Wert, der `true` ist, wenn die Ressource verwendet werden kann, und andernfalls den Wert `false` aufweist

Des Weiteren versteht sie die folgenden Nachrichten:

- `erhalten(a:AktiveEntität)` – die Anforderung der alleinigen Nutzung dieser Ressource
- `freigeben()` – die Nachricht, dass die Ressource wieder frei ist

Wenn eine `AktiveEntität` eine `Ressource` verwenden will, die bereits von einer anderen `aktiven Entität` eingesetzt wird, trifft die Nachricht `erhalten(a:AktiveEntität) ein`, während `verfügbar` den Wert `false` aufweist. In diesem Fall fügt `Ressource` die aktive

Entität `a` ihrer (geerbten) Liste mit der Bezeichnung `blockiert` hinzu. Wenn die `Ressouce` frei wird – d.h. wenn sie eine `freigeben()`-Nachricht erhält – überprüft sie, ob sich in ihrer `blockiert`-Liste `AktiveEntität`-Objekte befinden, ob also eine aktive Entität darauf wartet, diese Ressource zu verwenden. Wenn dies der Fall ist, nimmt sie die erste aktive Entität dieser Liste und sendet ihr die Nachricht `neuplanen()`, um sie davon in Kenntnis zu setzen, dass sie jetzt frei ist.

Ein Nebeneffekt der Notwendigkeit, eine Sammlung von `AktiveEntität`-Objekten, die alle auf dieselbe `Ressource` warten, gerecht zu behandeln, besteht darin, dass die Vorgänge komplexer als erwartet sind, wenn eine `AktiveEntität` eine *tatsächlich verfügbare* `Ressource` benötigt. Wenn eine `Ressource` die Nachricht `erhalten(a:AktiveEntität)` empfängt und `verfügbar` den Wert `true` hat, reagiert sie, indem sie `verfügbar` auf `false` setzt und an die `AktiveEntität` die Nachricht `neuplanen()` sendet. Wenn sie eine Antwort auf `neuplanen()` empfängt, antwortet sie auf die ursprüngliche Nachricht mit `erhalten(self)`. Der Punkt ist, dass das Signal an die `AktiveEntität`, dass die `Ressource` verfügbar ist, *nicht* darin besteht, dass sie die Antwort auf die Nachricht `erhalten(selbst)` empfängt – dies geschieht schnell, egal ob die `Ressource` frei ist oder nicht –, sondern dass sie die Nachricht `neuplanen()` empfängt.

Wir können dieses Verhalten einer `Ressource` mit Hilfe des in Abbildung 17.6 gezeigten Zustandsdiagramms modellieren.

Lassen Sie uns ein einfaches Beispiel für die Interaktion zwischen einer aktiven und einer passiven Entität betrachten. Nehmen wir an, ein `Entwickler` modelliert zwei Arbeiter, die gemeinsam einen Schraubenschlüssel verwenden müssen, der auf der Werkbank zwischen ihnen liegt. Der `Entwickler` definiert eine spezialisierte Unterklasse `Arbeiter` von `AktiveEntität` und schreibt (möglicherweise mit Hilfe von Teilen des von uns nicht erörterten CASE-Tools) die Methode `agieren()`. Da ein `Arbeiter` einen Schraubenschlüssel verwenden muss, enthält die Klasse `Arbeiter` ein neues Attribut `schraubenschlüssel`. Das auf einer hohen Ebene angesiedelte Zustandsdiagramm der Klasse `Arbeiter` ist identisch mit dem für die ihr übergeordnete Klasse `AktiveEntität` aus Abbildung 17.5, jedoch ist das detaillierte Verhalten im geschachtelten Zustandsdiagramm `aktivDetail` spezifisch für die Klasse `Arbeiter`. In Abbildung 17.7 zeigen wir ein mögliches Diagramm für `aktivDetail`.

Abbildung 17.7 Das `aktivDetail`-Zustandsdiagramm für die Klasse `Arbeiter`.

Da der Schraubenschlüssel kein eigenes besonderes Verhalten aufweist, kann er mit Hilfe einer Instanz der Klasse `Ressource` modelliert werden, deren Zustandsdiagramm in Abbildung 17.6 gezeigt wurde.

Lassen Sie uns nun verfolgen, was geschieht, wenn ein Objekt `ruth` der Klasse `Arbeiter` das Objekt `schraubenschlüssel` der Klasse `Ressource` benutzen möchte, das jedoch bereits von `jo` verwendet wird. Wir haben noch nicht alle Einzelheiten der Klasse `Arbeiter` angegeben, gehen aber davon aus, dass Ruths Wunsch, den Schraubenschlüssel zu verwenden, dadurch modelliert wird, dass das Attribut nächstesEreignis von ruth den Wert 2 aufweist, wenn es die Nachricht agieren() vom Scheduler erhält. In Übereinstimmung mit dem Zustandsdiagramm wird das Attribut nächstesEreignis von ruth auf den Wert 3 gesetzt, dann sendet ruth die Nachricht schraubenschlüssel.erhalten(ruth) an den schraubenschlüssel, der in den Zustand blockiert übergeht. Wir gehen davon aus, dass jo den Schraubenschlüssel verwendet, so dass sich schraubenschlüssel im Zustand in Gebrauch befindet. Gemäß dem Zustandsdiagramm besteht seine Reaktion auf den Erhalt der Nachricht darin, dass er ruth seiner blockiert-Liste hinzufügt. Nachdem sie die Antwort auf ihre schraubenschlüssel.erhalten(ruth)-Nachricht erhält, antwortet ruth auf die vom Scheduler ausgehende Nachricht agieren(), so dass der Scheduler eine agieren()-Nachricht an die nächste AktiveEntität sendet.

Schließlich (so hoffen wir) benötigt jo den Schraubenschlüssel nicht mehr und sendet als Teil seiner Reaktion auf den Erhalt einer agieren()-Nachricht die Nachricht freigeben() an den schraubenschlüssel. An diesem Punkt muss der schraubenschlüssel in Übereinstimmung mit dem Zustandsdiagramm für Ressource die nächste AktiveEntität aus seiner blockiert-Liste holen und die Nachricht neuplanen() an sie senden. Wenn wir davon ausgehen, dass ruth die einzige blockierte AktiveEntität war, ergibt sich daraus, das ruth die Nachricht neuplanen() erhält. In Übereinstimmung mit dem Zustandsdiagramm für die Klasse Arbeiter setzt ruth ihre ereignisZeit auf s.jetzt(), die aktuelle Simulationszeit, und erreicht anschließend den Endzustand von aktivDetail. Wie immer, wenn das Attribut nächstesEreignis beim Verlassen von aktivDetail einen anderen Wert als Beendet aufweist, sendet aktivDetail eine war en(ruth)-Nachricht an Scheduler, um anzuzeigen, dass sie sich wieder der ereignisListe anschließt.

? Zeichnen Sie ein Sequenzdiagramm, um dieses Szenario zu verdeutlichen. Sie werden es vermutlich hilfreich finden, Pfeile für zurückgegebene Nachrichten zu zeigen und die Notation für geschachtelte Aktivierungen zu verwenden.

? Gehen Sie die etwas einfachere Interaktion durch, in der ruth den schraubenschlüssel verwenden möchte und er verfügbar ist.

? Zeichnen Sie das Sequenzdiagramm, das die Interaktion zweier Arbeiter-Objekte zeigt, die sich zwar ebenfalls einen Schraubenschlüssel teilen, deren Zeitintervalle aber unterschiedliche Muster aufweisen. Wie viele verschiedene Folgen von Ablaufverfolgungsnachrichten können in diesem Beispiel erzeugt werden?

Diskussionsfrage 119

Wir sind davon ausgegangen, dass eine Ressource ein einzelnes Element modelliert. Wie ließe sich unser Design erweitern, um mit Ressourcen zurechtzukommen, bei denen Mengen erhalten oder freigegeben werden, die größer als 1 sind?

Diskussionsfrage 120

Können Sie systematisch beschreiben, wie man in einem Beispiel wie diesem die Konsistenz zwischen Zustands- und Interaktionsdiagrammen überprüft? Inwiefern könnte ein CASE-Tool prinzipiell von Nutzen sein?

17.7 Die Klasse Bericht

`Bericht` wird verwendet, um eine Gruppierung einzelner statistischer Berichte bereitzustellen. Jede Instanz sammelt einige Instanzen der Klasse `Statistik`.

Diese Klasse weist das folgende Attribut auf:

- `statistiken` – eine `Sammlung` von `Statistik`-Objekten

Sie verfügt über folgende Operation:

- `berichten()` – Diese Operation gibt zunächst eine Überschrift für diese Gruppe von Zusammenfassungen aus und fordert anschließend eine Zusammenfassung von jedem der `Statistik`-Objekte in `statistiken` an, indem sie allen nacheinander eine Nachricht `berichten()` sendet.

17.8 Die Klasse Statistik

`Statistik` weist die Eigenschaft `abstract` auf, da sie über Operationen verfügt, denen sie keine Methode bereitstellt. Die Methoden müssen in den jeweiligen Spezialisierungen implementiert werden.

Sie bietet drei Attribute für die Verwendung in Spezialisierungen:

- `beobachtungen` – Hierbei handelt es sich um einen `Integer`-Wert, der aufzeichnet, wie oft der von diesem Objekt beobachtete Wert aktualisiert wird.
- `startZeit` – Dies ist ein `Real`-Wert, der in Einheiten der Simulationszeit festhält, wann mit der Sammlung der aktuellen Menge von Beobachtungen begonnen wurde.
- `uhr` – Dies ist ein Verweis auf den `Scheduler`, der diesem Objekt das Abfragen der aktuellen Simulationszeit durch Senden einer `uhr.jetzt()`-Nachricht ermöglicht.

Wie bei einigen unserer anderen Klassen werden diese Attribute mit dem Schlüsselwort `protected` angegeben, da sie lediglich für die Verwendung in Spezialisierungen dieser Klasse bereitgestellt werden.

Die Klasse `Statistik` enthält drei Operationen, die alle keine Implementierung besitzen und deshalb in Kursivschrift gezeigt werden:

- `zurücksetzen()` – Diese Operation ermöglicht es, die Objektattribute zu jedem beliebigen Zeitpunkt auf Null zurückzusetzen. Mit ihrer Hilfe kann der Zeitraum, in dem Statistiken gesammelt werden, begrenzt werden.
- `berichten()` – Mit Hilfe dieser Operation kann das `Bericht`-Objekt das in seiner Sammlung eingeschlossene `Statistik`-Objekt zum Ausdrucken einer Zusammenfassung seiner Beobachtungen auffordern.
- `aktualisieren(r:Real)` – Diese Operation ermöglicht es, dass der Wert einer Beobachtung an dieses Objekt gesendet wird, damit es in seinen Bericht eingeschlossen wird.

17.8.1 Die Klasse Durchschnitt

`Durchschnitt` ist ein Beispiel für eine Spezialisierung von `Statistik`, die wir in Kapitel 12 als Beispiel verwendet haben. Sie implementiert die Operationen `zurücksetzen()`, `berichten()` und `aktualisieren (r:Real)`, die von ihrer Generalisierung `Statistik` benötigt werden. Des Weiteren fügt sie die folgenden Attribute hinzu:

Abbildung 17.8 Das Zustandsdiagramm von `Durchschnitt`.

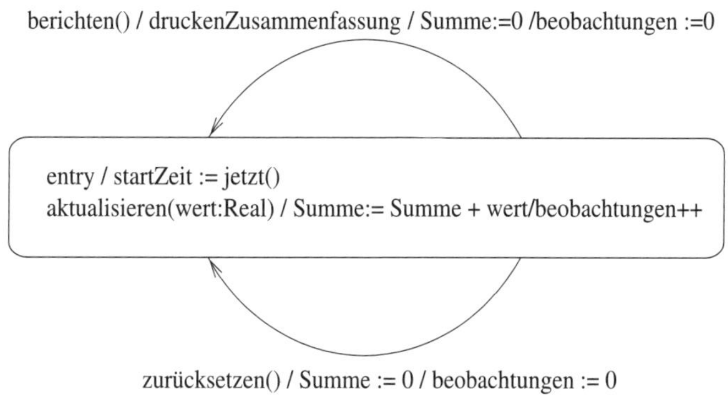

- `summe` – Hierbei handelt es sich um einen `Real`-Wert, der verwendet wird, um die Summe aus den Werten der Beobachtungen zu bilden.

Nachfolgend finden Sie ihre Antworten auf die drei Nachrichten, die sie erhalten kann:

- Eine `zurücksetzen()`-Nachricht bewirkt, dass sie ihre Aufzeichnungswerte, `summe` und `beobachtungen`, wieder auf Null und die `startZeit` auf die aktuelle Simulationszeit `uhr.jetzt()` setzt.
- Durch eine `berichten()`-Nachricht wird sie veranlasst, den Durchschnitt seit der letzten `berichten()`- oder `zurücksetzen()`-Nachricht auszugeben und sich dann so zu verhalten, als ob sie eine `zurücksetzen()`-Nachricht erhalten hätte.
- Durch eine `aktualisieren(r:Real)`-Nachricht wird eine neue Beobachtung in Form eines neuen Wertes im Durchschnitt eingeschlossen. Die Attribute `summe` und `beobachtungen` müssen entsprechend aktualisiert werden, aber die `startZeit` wird nicht beeinflusst.

Ein Zustandsdiagramm für dieses Verhalten, das wir in Kapitel 12 gezeigt haben, wird in Abbildung 17.8[1] wiederholt.

Diskussionsfrage 121

Wie könnten Sie diese Informationen außer mit einem Zustandsdiagramm für einen einzigen Zustand noch darstellen?

17.9 Aufbau eines vollständigen Simulationsmodells

Ein vollständiges und mit Hilfe unseres Pakets erstelltes Modell für die Simulation diskreter Ereignisse bildet eine Kollaboration einer Anzahl von Objekten. Es muss einen einzelnen `Scheduler` und eine oder mehrere Instanzen von Spezialisierungen der Klasse `Aktive-`

[1] Wir gestehen, dass wir es auf diese Weise gezeichnet haben, da wir in Kapitel 12 über Übergangspfeilen erscheinende Aktionsfolgen veranschaulichen wollten – es wäre vermutlich deutlicher, das Zurücksetzen von `summe` und `beobachtungen` stattdessen in der Entry-Aktion zu platzieren.

Entität umfassen. Jede der letzteren erfordert ein vollständig definiertes Verhalten für die Zustandsmaschine aktivDetail, wobei sie dem im obigen Beispiel gezeigten Muster folgen.

Wenn wir davon ausgehen, dass ein Bericht erstellt werden soll, müssen wir ein Bericht-Objekt haben. Die meisten interessanten Modelle weisen außerdem eine oder mehrere Instanzen von Spezialisierungen der Klasse PassiveEntität und vermutlich von Statistik auf.

17.10 Die speisenden Philosophen

Wir beenden diese Fallstudie mit einem Beispiel, das auf dem Modell der speisenden Philosophen aufbaut. Dieses berühmte Beispiel handelt von einem Kreis mehrerer Philosophen, die ihre Zeit damit verbringen, zuerst großartige Gedanken zu wälzen und dann, in unterschiedlichen Abständen, aus einer gemeinsamen Schüssel mit Spaghetti zu essen, die sich in der Mitte ihres Kreises befindet. Um zu essen, muss jeder Philosoph zwei Gabeln aufnehmen, von denen sich eine zu seiner Rechten und eine zu seiner Linken befindet. Ein Philosoph versucht immer, zuerst die rechte und dann die linke Gabel aufzunehmen. Wenn er erfolgreich beide Gabeln erhalten hat, verbringt er einige Zeit mit Essen, bevor er sie wieder ablegt.

Diese Situation wurde von dem berühmten Computerwissenschaftler Edsger Dijkstra als Beispiel für ein System eingeführt, das sich selbst unendlich lange blockieren kann. Dies kann mit Hilfe eines Modells zur Simulation diskreter Ereignisse beschrieben werden, indem man eine neue Unterklasse Philosoph von AktiveEntität definiert und jede Gabel als Instanz von Ressource modelliert.

Das Kollaborationsdiagramm in Abbildung 17.9 zeigt ein Szenario, in dem plato seine beiden Gabeln erfolgreich erhält und freigibt und weder sartre noch hegel während dieses Zeitraums Hunger haben. Wir verwenden die in Kapitel 8 beschriebene Instanzform des Kollaborationsdiagramms, so dass lediglich ein Szenario gezeigt wird, und lassen außerdem der Deutlichkeit wegen die für Berichte notwendigen Objekte weg. (Letztere lassen sich einfach hinzufügen: Sie können sich überlegen, wie.)

? Zeichnen Sie das entsprechende Sequenzdiagramm zu Abbildung 17.9.

? Zeichnen Sie das erweiterte Modell, wenn marx sich entschließt, dem Kreis beizutreten. Was muss er mitbringen?

Das aktivDetail-Zustandsdiagramm eines Philosoph-Objekts wird in Abbildung 17.10 gezeigt.

Diskussionsfrage 122

Da die Aktionen in unseren Modellen alle in Folge stattfinden – zwei Aktionen können niemals gleichzeitig geschehen –, kommt Ihnen möglicherweise der Gedanke, dass sich die speisenden Philosophen niemals gegenseitig blockieren können. Eine solche Blockade würde erfordern, dass jeder Philosoph erfolgreich die Gabel zu seiner Rechten aufgenommen hätte und darauf wartete, dass die zu seiner Linken von dem dort sitzenden Philosophen freigegeben würde. Tatsächlich kann dies hier geschehen. Wie ist das möglich und wie kann man dieses Problem beheben?

Diskussionsfrage 123

Könnte man dieses Simulationssystem erweitern, so dass es dasselbe Modell mehrmals unter wechselnden Bedingungen ausführen und die Statistiken für aufeinander folgende Ausführungen in Form von Zahlen in einer Berichtstabelle sammeln kann? Versuchen Sie, ein solches System zu erstellen und das bisherige Design dabei so wenig wie möglich zu ändern.

Abbildung 17.9 Das Kollaborationsdiagramm für die speisenden Philosophen.

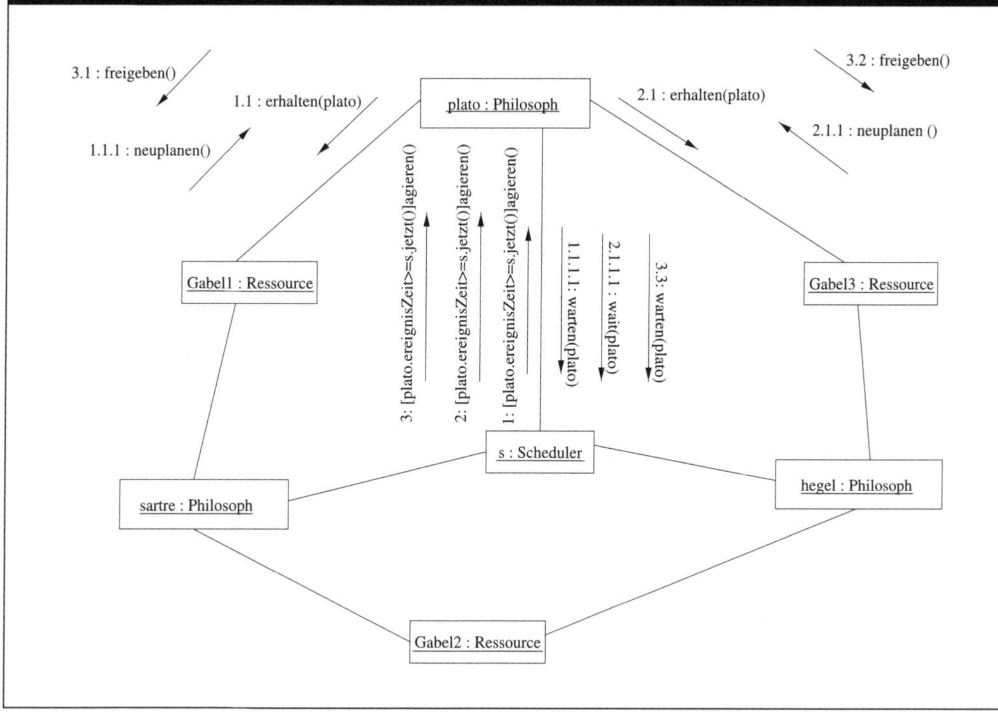

Abbildung 17.10 Das `aktivDetail`-Zustandsdiagramm der Klasse `Philosoph`.

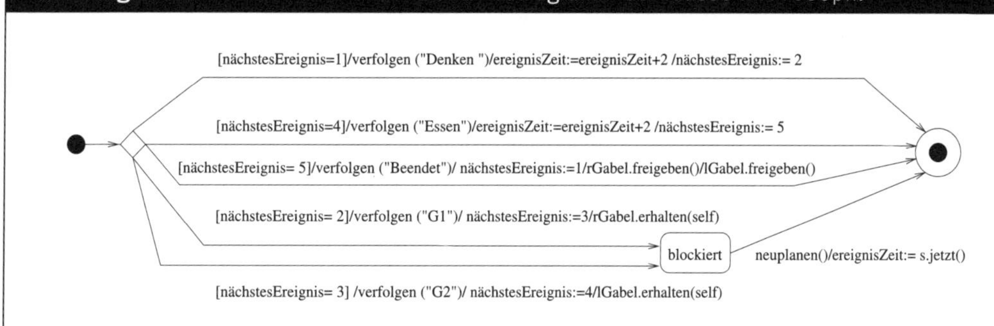

TEIL IV

Praxis

KAPITEL 18

Wiederverwendung: Komponenten und Muster

In diesem Kapitel fassen wir die in diesem Buch besprochenen Kriterien für *Wiederverwendung* zusammen, wiederholen das in Kapitel 1 zu Komponenten, Frameworks und Architektur Gesagte im Zusammenhang mit weiteren Aspekten und befassen uns mit einigen nichttechnischen Fragen, die bisher ignoriert wurden. Bislang haben wir die Wiederverwendung von Komponenten hervorgehoben, es gibt jedoch auch verschiedene andere Arten der Wiederverwendung, die wir hier betrachten wollen. Insbesondere werden wir uns mit der Verwendung von *Mustern* beschäftigen, die als Wiederverwendung von guten Ideen, wie zum Beispiel erfolgreichen Entwürfen, betrachtet werden kann.

18.1 Praktische Fragen zur Wiederverwendung

Im weitesten Sinne deckt der Begriff *Wiederverwendung* alle Situationen ab, in denen die für ein Softwareprojekt geleistete Arbeit für ein anderes eingesetzt wird.

Wir werden uns mit folgenden Fragen beschäftigen (einige davon haben wir bereits in Kapitel 1 in Angriff genommen):

1. Was kann wiederverwendet werden und wie?
2. Wozu Wiederverwendung?
3. Warum ist die Wiederverwendung schwierig?
4. Welche Komponenten sind wirklich wiederverwendbar?
5. Kann ich meine eigenen Komponenten erstellen?
6. Welche Unterschiede gibt es bei der Objektorientierung?

Eine unserer Schlussfolgerungen wird darin bestehen, dass eine Organisation, die eine hohe Ebene der Wiederverwendung erreichen möchte, dieses Ziel unterstützen muss, indem sie die Qualität ihrer Produkte und Prozesse, die Verifikation, die Validierung und die Tests ernst nimmt und die entsprechenden organisatorischen und verfahrensmäßigen Strukturen umsetzt. Mit diesen Themen werden wir uns in den letzten beiden Kapiteln beschäftigen.

18.1.1 Was kann wiederverwendet werden und wie?

- Architektur, die wir in Kapitel 1 betrachtet haben, einschließlich Frameworks
- Code: die offensichtlichsten Komponenten, die wir bereits erwähnt haben
- Entwürfe, sogar Analyseabschnitte (siehe unter Muster)
- Dokumentationen: Teile von Benutzerhandbüchern und Entwicklungsdokumenten sind in der Regel Textbausteine
- Tests: Viele sind Standardtests, zum Beispiel eine Überprüfung darauf, was geschieht, wenn die Speicher- oder Festplattenkapazität nicht ausreicht

Verschiedene andere arbeitssparende Techniken gelten in der Regel nicht als Wiederverwendung. Handelt es sich zum Beispiel um Wiederverwendung, wenn ein Entwickler für ein Projekt eine neue Programmiersprache lernt, die dann auch im nächsten Projekt eingesetzt wird? Dies ist zumindest einer der vorteilhaften Aspekte der Wiederverwendung erfolgreicher *Architektur*. Denken Sie daran, dass die Entscheidung für die Verwendung einer Sprache als eine architektonische betrachtet werden kann.

Ein weiteres Beispiel bieten Tools. Dies ist Code, der kein direkter Bestandteil des errichteten Systems ist, aber für verschiedene Projekte verwendet werden kann. Tests stellen ein allgemeines Beispiel dar.

Diskussionsfrage 124

Wie verhält es sich mit Tools wie Entwicklungsumgebungen oder Systeme für die Erkennung von Programmfehlern? Welche anderen Beispiele für die Wiederverwendung gibt es?

Die Wiederverwendung kann auf unterschiedlichste Weise erreicht werden. Am einfachsten ist das *Ausschneiden und Einfügen*, also das Kopieren des ursprünglichen Produkts. Wir sparen uns dabei die Mühe, das wiederverwendete Erzeugnis neu zu schreiben, Änderungen im Original werden jedoch nicht automatisch an die Kopie übertragen und umgekehrt. Dies kann mitunter praktisch sein, in vielen Situationen jedoch auch zu Problemen führen.

Diskussionsfrage 125

Betrachten Sie die oben genannten Bereiche der Wiederverwendung. Ist es empfehlenswert, die beiden Versionen synchron zu halten? Begründen Sie Ihre Antwort!

Die Wiederverwendung von Komponenten ist gegenwärtig der einzige Bereich, in dem etwas anderes als Ausschneiden und Einfügen erfolgt. Doch auch dieses Gebiet der Wiederverwendung steckt noch in den Kinderschuhen. Komponenten, die größer als einzelne Klassen sind, werden kaum wiederverwendet. Klassenbibliotheken werden hingegen häufig benutzt. Obwohl sich die Wiederverwendung einer Komponente, die größer als eine Klasse ist, als vorteilhafter erweist, stellt eine gute Klassenbibliothek eine wichtige Hilfe dar. Sammlungen unterschiedlichster Art sind zum Beispiel zweckmäßig in Form einzelner Klassen implementiert, und es gibt keinen vernünftigen Grund, warum Entwickler ihre eigenen schreiben sollten. Smalltalk und Java verfügen über Standardbibliotheken, was den Nutzen weiter erhöht. Die Bibliothek kann ein kommerzielles Produkt oder eine organisationsinterne Ressource sein.

EXKURS 18.1

Was ist eine Komponente? – Eine kontroverse Diskussion

„Komponente" (und eigentlich auch „Architektur") sind Begriffe, die je nachdem, wer sie verwendet, erheblich in ihrer Bedeutung variieren.

Betrachten wir den Begriff „Komponente". In Kapitel 1 haben Sie bereits eine weiter gefasste Definition erhalten. Wir haben ein Modul als Komponente betrachtet, wenn es wiederverwendbar und ersetzbar ist, was eine gut definierte Schnittstelle und eine geschlossene Abstraktion mit geringer Kopplung an das restliche System erfordert.

Es gibt jedoch noch weitaus weiter gefasste Definitionen. Mitunter wird jedes Objekt oder jede Klasse als Komponente betrachtet. Dies scheint jedoch eine reine Begriffsverschwendung zu sein – warum sagt man nicht einfach „Objekt" oder „Klasse", wenn es sich um eine solche handelt? Eine interessantere Version ist die von Grady Booch zitierte Definition [6]:

> Eine Komponente ist ein physischer und ersetzbarer Bestandteil eines Systems, der der Realisierung einer Menge von Schnittstellen entspricht und diese bereitstellt.

Booch erläutert, dass sich „ersetzbar" auf die Laufzeit bezieht, was zugleich den Hauptunterschied zu der in diesem Buch verwendeten Definition darstellt. UMLs eigene Definition lautet: „Ein ausführbares Softwaremodul mit eigener Identität und einer gut definierten Schnittstelle."

Nach ausführlicher Überlegung wollen wir auch Module in unsere Definition einbeziehen, die während der Wartungszeit ersetzt werden können und keine Veränderungen am Rest des Systems erfordern. Beide Definitionen setzen voraus, dass sich eine Komponente einfügen lässt – die Frage ist nur, wann.

Wichtig ist, daran zu denken, dass eine Komponente (in jeder Definition) nicht isoliert funktioniert. Die Ersetzbarkeit hängt von der Architektur und nicht nur von der Komponente ab. (Architektur ist ein weiterer umstrittener Begriff, der mitunter auch in Architektur und architektonischen Stil unterteilt wird [42].)

Es folgen einige weitere Definitionen für Komponenten:

1. Ein hochwertiger Typ, eine Klasse oder ein anderes UML-Arbeitsprodukt, das für die Wiederverwendbarkeit entwickelt, dokumentiert und hergestellt wurde. Eine Komponente ist in sich geschlossen und weist eine stabile Schnittstelle auf. Komponenten umfassen Schnittstellen und Subsysteme, verwenden Anwendungsfälle, Typen, Akteure oder Klassen sowie Attributtypen. Weitere Arbeitsprodukte von Komponenten sind Schablonen und Spezifizierungen für Testanwendungsfälle [30].
2. Ein verkapselter Bestandteil eines Softwaresystems. Eine Komponente verfügt über eine Schnittstelle, die den Zugang zu ihren Diensten ermöglicht. Komponenten dienen als Bausteine für die Struktur eines Systems. Auf der Ebene einer Programmiersprache können Komponenten als Module, Klassen, Objekte oder als eine Menge miteinander in Zusammenhang stehender Funktionen dargestellt werden [11].
3. Eine Komponente ist ein in der binären Welt angesiedeltes Objekt. [5] als Erklärung der oben genannten Definition von Booch.

Diskussionsfrage 126

Überdenken Sie die Definitionen und erläutern Sie anhand von Beispielen die bestehenden Unterschiede.

Diskussionsfrage 127

Kann eine nicht ersetzbare Komponente wiederverwendbar sein oder umgekehrt? Begründen Sie Ihre Antwort.

Diskussionsfrage 128

Ist eine Komponente etwas, das Sie instanziieren können, oder etwas, das Sie erhalten, nachdem Sie etwas anderes instanziiert haben? Was ist dieses „andere"? Ziehen Sie die Aussage von Booch zu Rate.

Weitere Informationen zu Komponenten und komponentenbasierter Entwicklung (für vergleichsweise erfahrene Profis) finden Sie unter [45] und [17], nähere Informationen zur Architektur unter [42].

18.1.2 Wozu Wiederverwendung?

Der Hauptaspekt ist natürlich finanzieller Natur. Einige Möglichkeiten zum Erreichen eines hohen Grades der Wiederverwendung können einem Unternehmen auf folgende Weise Kosten ersparen:

- Bei der Entwicklung der Komponente wird offensichtlich Arbeitszeit des Entwicklers eingespart. Für die Codierung wird nur ein kleiner Teil dieser Zeit benötigt. Analyse, Entwurf, Überprüfungen, Dokumentation und Tests sind insgesamt weitaus bedeutender. Eine gute Lösung muss außerdem nur einmal entwickelt werden und kann dann selbst von Personen verwendet werden, die nicht die Erfahrung gemacht haben, sie selbst zu entwickeln.
- Produkte können aufgrund der „kumulativen Fehlerbehebung" wiederverwendeter Komponenten zuverlässiger sein. Die Probleme hat bereits jemand anders für Sie beseitigt. Dies spart Kosten durch die Reduzierung von Tests, Fehlerbehebung und Wartungsarbeiten und kann zu einer höheren Zuverlässigkeit für den Kunden führen, was das Ansehen der Organisation und somit den Absatz steigern kann.
- Verkürzter Marktzyklus. Eine schnellere Produktentwicklung spart nicht nur die Zeit des Entwicklers, sondern kann die Organisation auch in die Lage versetzen, bestimmte Absatzmöglichkeiten als erste auszuschöpfen und die Gewinne zu erhöhen.
- Die Zuwendung zu einem komponentenbasierten Entwurfsstil zum Erreichen eines hohen Grades der Wiederverwendung kann die Konzentration des Entwicklers auf Entwürfe nach dem Baukastensystem lenken. Auch wenn in einem bestimmten Produkt jedes Modul neu ist, kann es immer noch einfacher und preiswerter zu warten sein.
- Entwickler benötigen weniger Zeit für Routinearbeiten und können sich mehr auf die interessanteren und wichtigen Aufgaben konzentrieren, um die Bedürfnisse der Kunden zu befriedigen. Die Arbeitskräftefluktuation könnte geringer sein, was Kosten einspart,

die Qualität hingegen höher, was den Absatz steigert. (Dieser Punkt ist reine Spekulation. Er geht davon aus, dass die Entwickler die Änderung als Verbesserung betrachten, was sich angesichts der Geschichte der Softwareentwicklung als falsch erweisen könnte. Bedeutung erlangt dieser Punkt wahrscheinlich auch erst bei höheren Graden der Wiederverwendung, die bislang kaum von Organisationen erzielt werden.)

Diese Vorteile zu erreichen, ist natürlich nicht einfach, anderenfalls würden wir uns nicht mehr in einer Softwarekrise befinden ....

18.1.3 Warum ist die Wiederverwendung schwierig?

In diesem Unterabschnitt wollen wir die Frage aus der Sicht des *Benutzers* einer Komponente betrachten, die die wichtigste Perspektive darstellt, wie Sie sehen werden. Auch wenn ein Projekt Zugriff auf eine Komponentenbibliothek hat, erfolgt die Wiederverwendung nicht automatisch. Um die Ursachen dafür zu erkennen, versetzen Sie sich in die Position des Entwicklers, der nach einer Komponente sucht, um eine bestimmte Aufgabe auszuführen, und setzen sich mit den folgenden Fragen auseinander.

- Auch wenn eine geeignete Komponente vorhanden ist, können Sie sie finden und ihre Bedeutung erkennen? Haben Komponentenbibliotheken erst einmal die Größe von einigen Hundert Elementen überschritten, weitet sich die Suche zu einem ernsthaften Problem aus.

Diskussionsfrage 129

Wie sollte eine Komponentenbibliothek aufgebaut und indiziert und welche Suchmöglichkeiten sollten verfügbar sein?

Nachdem Sie eine mögliche Komponente gefunden haben, stellen sich weitere Fragen:

- Tut die Komponente, was Sie möchten? Wenn Sie nach einer Komponente suchen, die eine bestimmte Aufgabe erfüllt, und sich der Entwurf, mit dem sie verwendet werden soll, bereits in Arbeit befindet, lautet die Antwort mit großer Wahrscheinlichkeit Nein. Idealerweise müssten Sie das Problem mit einem angemessenen Verständnis dafür angehen, welche Komponenten zur Verfügung stehen, und zudem darauf vorbereitet sein, die Anforderungen an die verfügbaren Komponenten anzupassen. Dies widerspricht mehreren Jahrzehnten Software-Engineering-Praxis und kann sowohl bei den Kunden als auch bei den Entwicklern Unzufriedenheit hervorrufen. Außerdem bringt es den letzten Punkt zur Sprache: Wie analysieren Sie die Anforderungen mit einem Verständnis der verfügbaren Komponenten, wenn zahlreiche Komponenten vorhanden sind?
- Vertrauen Sie der Komponente? Über die Abneigung, etwas zu verwenden, das nicht persönlich oder von einem Kollegen entwickelt wurde, lässt sich leicht lachen – wer trägt jedoch die Verantwortung, wenn Sie eine Komponente wiederverwenden, anstatt ein neues Modul zu entwickeln, und sie nicht funktioniert?

Es kann tatsächlich vorkommen, dass es nicht funktioniert. Auch wenn die Quelle bekannt ist, kann sich das Debugging einer nicht von Ihnen entwickelten Komponente als schwieriger erweisen als ihre Erstellung. Oder (was nicht wesentlich anders ist) die Komponente arbeitet zwar, ist aber nicht richtig dokumentiert und wird von Ihnen missverstanden.

Diskussionsfrage 130

Welche Faktoren sollten Sie bei der Entscheidung beachten, ob Sie einer Komponente trauen?

- Ein vergleichsweise weniger schwerwiegender Punkt: Möglicherweise müssen Sie im Zusammenhang mit der wiederverwendeten Funktionalität Dinge importieren, die Sie nicht brauchen, was Ihre Software unnötig aufbläht.

Bedenken Sie, dass alle diese Probleme (vielleicht abgesehen vom ersten) schwerwiegender sind, je größer die Komponente ist – die größten Vorteile ergeben sich jedoch bei der Wiederverwendung großer Komponenten.

? Warum ist es vorteilhafter, für eine Aufgabe eine große Komponente anstelle von mehreren kleinen wiederzuverwenden?

Diskussionsfrage 131

Zählen Sie die Eigenschaften guter Komponenten auf, die zur Lösung dieser Probleme beitragen. Gibt es Eigenschaften, die für die Organisationen, die die Komponente verwenden oder erstellen, relevant sind?

18.1.4 Welche Komponenten sind wirklich wiederverwendbar?

- Eine Komponente muss in brauchbarer Weise ausreichend allgemein sein. Tatsächlich tritt häufiger der Fehler auf, dass eine Komponente zu allgemein ist und zu große und komplexe Schnittstellen aufweist, als dass sie nicht allgemein genug ist. Dies richtig zu machen, ist schwierig, und Fehler haben zur Folge, dass die Komponente nicht wiederverwendet wird. Wenn Sie kein zusätzliches Merkmal eingebaut haben und die Komponente nicht wiederverwendet wird, haben Sie wenigstens nicht die Zeit für das Hinzufügen dieses Merkmals verschwendet ... Im Zweifelsfall lassen Sie es weg.
- Eine Komponente muss richtig dokumentiert sein. Welche Form sollte die Dokumentation haben? Komponenten realisieren laut Definition Schnittstellen und sind kontextabhängig. Beide Aspekte sollten offensichtlich dokumentiert sein. In einer UML-Umgebung kann die Dokumentation zum Beispiel ein Anwendungsfalldiagramm enthalten, das die Aufgaben anzeigt, die die Komponente unterstützt. Die Frage, wie Einzelheiten zu dem Anwendungsfall erfasst sein sollten, ist schwieriger zu beantworten, insbesondere wenn mehrere Akteure daran beteiligt sind, die sich in einer bestimmten Weise verhalten müssen, damit die Komponente richtig funktioniert. Diagramme zu Wechselwirkungen können ebenso hilfreich sein wie Zustandsdiagramme oder englische Beschreibungen.

Dies ist im Grunde wie beim Testen ein Blackbox-Aspekt. Genau genommen sollten Benutzer nicht wissen müssen – oder vielleicht sogar dürfen –, wie die Komponente implementiert ist. Sie sollten sich nur darauf verlassen, dass es eine Realisierung der Schnittstelle gibt, vorausgesetzt, die Kontextabhängigkeiten werden erfüllt. Dies impliziert zum Beispiel, dass in der Dokumentation verwendete Interaktionsdiagramme die Komponente als Blackbox, als Zusammenwirken mit externen Akteuren zeigen sollten. Andererseits finden es Softwareingenieure mit ihrem Verständnis von Softwaredesign oft einfacher, eine Komponente über eine Beschreibung der Funktionsweise als über eine Spezifikation dessen zu verstehen, wie sie sich verhält. Unter der Voraussetzung, dass die Komponente ausreichend verkapselt ist, so dass sich der Benutzer unmöglich auf eine bestimmte Implementierung verlassen kann, dürfte eine Beschreibung der Implementierung in der Dokumentation kaum Schaden anrichten.

Diskussionsfrage 132

Müsste die Beschreibung der Implementierung in diesem Fall wahrheitsgetreu sein? Müsste die Beschreibung bei einer späteren Veränderung der Komponente zum Beispiel aktualisiert werden, wenn die Schnittstelle nicht verändert wird?

- Eine Komponente muss gründlich getestet werden. Die Folgen eines Fehlers in einem Modul sind viel schwerwiegender, wenn der Entwickler nicht zu seiner Behebung beitragen kann und das Modul an mehreren Stellen verwendet wird. Daher ist es wichtig, dass Komponenten gründlicher getestet werden als zweckgebundene Module für nur ein System.

18.1.5 Kann ich meine eigenen Komponenten erstellen?

Es gibt einige weitere Risiken (wie auch einige weitere Möglichkeiten), wenn eine Organisation auch eigene Komponenten entwickelt. Dies trifft insbesondere auf Organisationen zu, die ein Wiederverwendungsprogramm beginnen und kaum über Erfahrung verfügen.

Wie wir gesehen haben, verfügen wirklich wiederverwendbare Komponenten über Eigenschaften, die nicht zufällig entstehen. Im Vergleich zu dem Aufwand, der bei der Erstellung einer Komponente für die einmalige Verwendung erforderlich ist, können bei einer solchen Komponente zusätzliche Bemühungen notwendig sein. Sie muss zum Beispiel in einer Weise dokumentiert und getestet werden, die nicht davon ausgeht, dass der Leser oder Benutzer mit den Gegebenheiten des Systems vertraut ist, in dem die Komponente entwickelt wurde. Wenn wiederverwendbare Komponenten aus einem beliebigen Grund nicht wiederverwendet werden, waren die zusätzlichen Bemühungen für ihre Erstellung verschwendet, was die Vorteile einer erfolgreichen Wiederverwendung zunichte macht.

Die am einfachsten zu erstellenden und daher oft am Anfang in Angriff genommenen wiederverwendbaren Komponenten sind nutzlos, da man ihre Funktionalität viel preiswerter käuflich erwerben kann. Einer der Autoren arbeitete zum Beispiel in einer Organisation, in der ein Mitarbeiter beachtliche Bemühungen in die Entwicklung einer „wiederverwendbaren" Klasse für verknüpfte Listen in C++ investiert hatte. Eine bessere Funktionalität bot eine kommerzielle C++-Klassenbibliothek, die die Organisation einige Monate später kaufte.

Die Lehre besteht darin, dass sich ein Wiederverwendungsprogramm vor dem Erstellen auf die Verwendung der Komponenten konzentrieren sollte. Das Erstellen von Komponenten ist nicht nur schwieriger, es gibt auch keinen Grund, sie zu erstellen, wenn sie nicht verwendet werden.

> Die Verwendung von Komponenten ist wichtiger, nutzbringender und einfacher als ihre Erstellung.

Die meisten akademischen und industriellen Interessen in der komponentenbasierten Entwicklung konzentrieren sich auf die Erstellung und nicht auf die Verwendung. Dies ist nicht überraschend: Die Entwicklung von etwas Neuem hat in der Software eine lange Tradition. Die Vorteile der komponentenbasierten Entwicklung ergeben sich jedoch aus der Verwendung der Komponenten, während die meisten Kosten durch ihre Erstellung entstehen.

Da die Entwicklung wiederverwendbarer Produkte zusätzliche Arbeit erfordert, stellt sich die Frage, wann sie erledigt werden kann. Der Hauptgrund für das Fehlschlagen von Wiederverwendungsbemühungen besteht darin, dass die Antwort darauf häufig „gar nicht" lautet – zumindest nicht, ohne erhebliche Veränderungen an der Organisation vorzunehmen. Es folgen einige Optionen (die aus [23] übernommen wurden, wo wiederum [28] zitiert wird):

- Am Ende des Projekts: doch mit welchen Ressourcen?
- Während des Projekts. Der Kunde zahlt also für die Entwicklung von Komponenten, die im nächsten Projekt verwendet werden sollen (und profitiert vermutlich von der Entwicklung von Komponenten aus vorangegangenen Projekten). Dies mag funktionieren, bis das Projekt hinter dem Zeitplan liegt. Da dies bei den meisten Projekten der Fall ist ...
- Wenn es die Zeit erlaubt, durch Nutzung von zwei Komponentenbibliotheken, von denen die eine „fertige" Komponenten und die andere „Prototyp"-Komponenten enthält, die dann schrittweise verschoben werden.
- Parallel zur eigentlichen Entwicklung durch ein Team, das ständig Wiederverwendungsarbeiten ausführt. Dies setzt die Bereitschaft der Organisation voraus, ein solches Team zu finanzieren. Werden die Mitglieder dieses Teams in der Lage sein, die Arbeiten auszuführen, obwohl sie nicht die ursprünglichen Entwickler der betreffenden Komponenten sind?

18.1.6 Welche Unterschiede gibt es bei der Objektorientierung?

- Die Objektorientierung fördert den Aspekt der hohen Bindung/niedrigen Kopplung, der ohnehin eine gute Praxis darstellt. Dieser Aspekt wurde zwar zu sehr angepriesen, ist aber nicht falsch.
- Die objektorientierte Analyse konzentriert sich auf Problembereichsobjekte, die beständiger sind als die Funktionalität einer bestimmten Anwendung.
- Ein verwandter, aber nicht identischer Aspekt besteht darin, dass Objekte des Problembereichs naturgemäß in unterschiedlichen Zusammenhängen wiederkehren und sich daher gut für die Wiederverwendung eignen. Ein Unternehmen kann eine Sammlung von *Geschäftsobjekten* entwickeln, die seine gebräuchlichen Entitäten widerspiegeln.
- In der Objektorientierung bedeutet die Wiederverwendung einer Klasse nicht, dass man sich mit der gegebenen Funktionalität abfinden muss. Eine Klasse kann auch als Basisklasse einer spezialisierteren Klasse verwendet werden. Dies ermöglicht Entwicklern, der *Offen-Geschlossen*-Regel zu folgen, das heißt, Klassen zu entwickeln, die sowohl geschlossen (stabil und verwendbar) als auch offen (später erweiterbar) sind. Wenn eine Vererbung von einer Komponente auf eine andere zulässig ist, kann dieser Vorteil auf allgemeine Komponenten ausgedehnt werden, auch wenn die Komponente aus mehreren Klassen besteht. Leider ist diese Form der Wiederverwendung nicht so vorteilhaft, wie sie zu sein scheint. Außerdem ist es zweifelhaft (und umstritten), ob diese Art der Wiederverwendung von Komponenten im Allgemeinen wünschenswert ist. Das ursprüngliche Problem besteht darin, dass das Vererben eine feste Kopplung erzeugt. Wie wir im nächsten Kapitel sehen werden, müssen zum Beispiel alle Fähigkeiten einer Unterklasse einschließlich der von einer Oberklasse geerbten getestet werden. Derzeit gibt es keine zuverlässigen Möglichkeiten, um die Tatsache, dass die Oberklasse sorgfältig getestet wurde, zu unserem Vorteil zu nutzen. Daher ist es oft vorteilhafter, eine Komponente durch Komposition als durch Vererbung zu verwenden.

Einer der angeführten Gründe für die Objektorientierung besteht darin, dass sie einen höheren Grad der Wiederverwendung ermöglicht als herkömmliche Softwareentwicklungsmethoden. Die Wiederverwendung wird mitunter mit bis zu 70 Prozent angegeben, was jedoch ohne eine genaue Definition dessen, was gemessen wird, praktisch keine Bedeutung hat.

18.2 Entwurfsmuster

Die Verwendung von Mustern stellt im Grunde die Wiederverwendung bewährter Ideen dar. Ein *Muster* ist eine benannte, verstandene gute Lösung für ein allgemeines Problem in einem Zusammenhang.

Ursprünglich stammt die Idee vom Architekten Christopher Alexander, der allgemeine architektonische Probleme beschrieb und bezeichnete und Lösungen erörterte. So stellte er zum Beispiel im Muster **Teenager's Cottage** dar, wie die Architektur einer Familie mit einem jugendlichen Mitglied helfen kann. Das Problem besteht darin, dass sich ein Jugendlicher und seine Familie gegenseitig unterstützen müssen, während der Jugendliche gleichzeitig unabhängiger wird. Eine statische Architektur, die dazu führt, dass er immer noch in einem Kinderzimmer schläft, untergräbt diese Veränderung. Die vorgeschlagene Lösung, das Häuschen für den Jugendlichen, ist ein Ort, der als eigenes Zuhause fungiert. Es hat einen eigenen Eingang, ist aber eng mit dem Haupthaus verbunden, indem es als Bestandteil beispielsweise dazu gehört oder als kleines Gebäude durch einen überdachten Laufsteg damit verbunden ist. Alexanders Beschreibung führt auch (mit Diagrammen) mögliche Varianten der Idee an. Er diskutiert die Einwände, die mitunter angeführt werden – zum Beispiel, dass das Häuschen nur für ein paar Jahre genutzt und dann leer stehen wird – und zeigt mögliche Auswege auf, etwa die Planung so vorzunehmen, dass es später als Arbeitszimmer genutzt werden kann. Schließlich führt er auch andere bedeutsame Muster an, die zum Beispiel der Planung des Häuschens im Einzelnen dienen. Die vollständige vier Seiten umfassende Beschreibung finden Sie unter [18].

Ebenso treten beim Softwaredesign zahlreiche technische Probleme auf. Erfahrene Entwickler erkennen sie und wissen, wie sie zu lösen sind. Wenn keine Muster vorhanden sind, müssen Anfänger Lösungen aus den Grundlagen erstellen.

> Mit Hilfe von Mustern können Anfänger aus Beispielen lernen und so das Wissen von Experten erlangen.

Wenn Muster vorliegen, können Sie Ihre Bemühungen auf das Finden der *besten* Lösung konzentrieren. Wenn Sie hingegen bei null anfangen, benötigen Sie möglicherweise viel Zeit, um überhaupt eine Lösung zu finden, und erkennen Nachteile vielleicht erst, wenn sie Auswirkungen zeigen. Muster lassen Sie auf einer sicheren Grundlage stehen.

Muster sind definitionsgemäß nicht neu. Sie dokumentieren auf einer geeigneten Abstraktionsebene bereits getestete und bewährte Entwürfe. Ein Muster stellt für einen erfahrenen Designer kaum eine Offenbarung dar. Eine gute abstrahierte Beschreibung einer Lösung im Zusammenhang – eines Musters – kann jedoch auch für Experten nützlich sein, die das Muster im Grunde ohnehin verwendet hätten. Zum einen werden auf diese Weise Verbesserungen und Varianten leichter erkannt, zum anderen lassen sich Entwürfe einfacher erörtern, wenn ein Name für das Muster und eine allgemein anerkannte Bedeutung vorliegen.

Anstatt allgemeine Anweisungen dafür zu geben, was einen guten Entwurf ausmacht, dokumentiert ein *Musterkatalog* Entwürfe, die in bestimmten Zusammenhängen nützlich sind. Eine der größten Herausforderungen beim Erstellen von Mustern besteht darin, die richtige Abstraktionsebene zu finden, auf der das Muster beschrieben wird. Sie muss abstrakt genug sein, um auf eine möglichst große Spanne von Situationen anwendbar zu sein, jedoch nicht so abstrakt, dass sie banal ist.

Der Verweis auf Musterkataloge muss einfach und schnell erfolgen können, wobei ein allgemeines Format für die Beschreibung von Mustern hilfreich ist. Ein Musterkatalog kann zum Beispiel alle Muster darstellen, indem er die folgenden Elemente verwendet:

- **Name** und vielleicht Alias. Wie bei Klassen sollte der Name kurz sein, aber eine bestmögliche Beschreibung liefern.
- **Kurzbeschreibung** Ein sehr kurzer Überblick über das Muster, der nicht mehr als ungefähr drei Sätze umfasst.
- **Kontext** Eine sehr kurze Beschreibung der Situation, in der das Problem auftreten kann.
- **Problem** Wie lautet das Problem, das in diesem Zusammenhang auftritt? Dies kann in der Regel mit Hilfe von (häufig widersprüchlichen) Kräften erklärt werden – Dingen, die berücksichtigt werden müssen, wie Anforderungen und Einschränkungen.
- **Lösung** einschließlich erklärendem Text, Modellen, CRC-Karten und/oder Beispielcode.
- **Konsequenzen** – erwünschte und unerwünschte Folgen, die bei der Verwendung des Musters auftreten, Varianten des Musters, Verweise auf andere möglicherweise relevante Muster.

Die Elemente sind nicht immer in dieser Weise bezeichnet; [24] fasst zum Beispiel Kontext und Probleme zusammen, während [11] keinen separaten Abschnitt für die Konsequenzen hat. Hinsichtlich des Einfügens von Beispielen gehen die Meinungen weit auseinander. Alexanders ursprüngliche Muster sind vergleichsweise frei geschrieben (was nicht heißen soll, dass sie nachlässig verfasst sind). Sie umfassen einen Namen, eine sehr kurze Beschreibung des Problems in Fettdruck und eine ausführlichere Erörterung des Kontexts, des Problems, der Lösung und der Konsequenzen, der das Schlüsselwort **Daher:** und eine sehr kurze fettgedruckte Beschreibung der Lösung folgen. Die Beschreibung des Zusammenhangs mit anderen Mustern ist unterteilt in einen kurzen Abschnitt am Anfang, der aussagt, welche anderen Muster unter Verwendung dieses Musters implementiert werden können, und einen kurzen Abschnitt am Ende, der angibt, welche anderen Muster bei der Implementierung dieses Musters hilfreich sein können.

Muster arbeiten in unterschiedlichem Ausmaß zusammen. Wie der Name andeutet, kann ein Musterkatalog lediglich eine Sammlung von Mustern sein. Im Idealfall ist eine *Mustersprache* vorhanden, die beschreibt, wie die Muster miteinander verwendet werden können (die Syntax und Grammatik der Sprache), und nicht nur, was sie sind (die Wörter).[1]

Im Grunde ist der Musteransatz nicht auf das Design beschränkt. Mittlerweile verfügt fast jeder Bereich des Software Engineering über eigene Muster. Um ein vergleichsweise schwer verständliches Beispiel anzuführen: Die Autoren interessieren sich für Muster zur Neuentwicklung von älteren Systemen. Viele Muster beschreiben den Vorgang, durch den etwas erreicht werden kann, anstelle des erzeugten Produkts.

Darüber hinaus existieren Muster auf zahlreichen Ebenen: [11] unterscheidet zwischen:

- *architektonischen Mustern* (wie zum Beispiel der Stufenarchitektur, die auch ein häufig zitiertes Beispiel für den *architektonischen Stil* darstellt; tatsächlich sind architektonisches Muster und architektonischer Stil zumindest fast synonym) auf höchster Ebene
- *Entwurfsmuster* auf mittlerer Ebene – siehe dazu das folgende Beispiel Fassade
- *Idiomen* auf der Programmierebene

Verwirrenderweise sind alle drei Ebenen in dem enthalten, was ein großer Teil der Mustergemeinde als *Entwurfsmuster* bezeichnet. Auf diese Weise soll eine Unterscheidung zu den anderen großen Musterfamilien wie *Prozessmustern* und *Analysemustern* ermöglicht werden.

Es gibt zahlreiche Bücher zu verschiedenen Arten von Mustern. Am bekanntesten ist ohne Zweifel das Buch der „Viererbande" [24], gefolgt vom „Siemensbuch" [11] und [21]. Das Web ist ebenfalls eine gute Quelle, und wie immer enthält auch die Homepage zu diesem Buch verschiedene Links.

---

1 Die Interaktionen zwischen Mustern zu verstehen, ist jedoch nicht einfach. Vorsicht: Einige so genannte Mustersprachen sind in Wirklichkeit lediglich Musterkataloge mit eingeschränkten Querverweisen.

Diskussionsfrage 133

Wählen Sie aus Büchern oder aus dem Web zwei Muster aus. Welche Gemeinsamkeiten und Unterschiede stellen Sie fest?

18.2.1 Ein Beispiel: Fassade

Die vollständige Beschreibung des Beispiels Fassade finden Sie unter [24]. An dieser Stelle geben wir Ihnen eine Zusammenfassung.

- **Name** Fassade.
- **Kurzbeschreibung** Fassade definiert eine saubere Schnittstelle auf hoher Ebene für ein Subsystem und verbirgt die Struktur, um die Verwendung zu vereinfachen.
- **Kontext** Konstruktion von einfach zu verwendenden Subsystemen.
- **Problem** Wenn ein Subsystem aus vielen miteinander verbundenen Klassen besteht, die jeweils einen Teil seiner Funktionalität ausmachen, müssen Klienten des Subsystems die Struktur verstehen, um es effektiv nutzen zu können. Dies erhöht die Belastung für Entwickler von Klienten sowie die Kopplung im System: Änderungen an der Struktur des Subsystems können Änderungen an den Klienten erfordern.
- **Lösung** Fügen Sie eine neue Klasse `Fassade` hinzu, die eine einzelne vereinheitlichte Schnittstelle für das Subsystem bietet. Ein Objekt dieser Klasse (die Fassade) empfängt Nachrichten, die nach der Funktionalität des Subsystems fragen. Es kennt die Struktur des Subsystems und leitet die Nachrichten an die entsprechenden Objekte weiter. Die Klassen im Subsystem sind nicht von der Fassade abhängig; keines der Objekte innerhalb des Subsystems verweist zum Beispiel darauf.
- **Konsequenzen** Klienten können eine Abhängigkeit von der Struktur des Subsystems vermeiden und dennoch direkten Zugang zu seinen Klassen haben, falls dies erforderlich ist. Als eine Variante kann die Klasse `Fassade` die einzige öffentlich zugängliche Klasse im Subsystem sein. In diesem Fall *können* Klienten gar nicht von der Struktur des Subsystems abhängig sein. Das Subsystem lässt sich für Klienten einfacher verwenden und kann mit geringeren Auswirkungen auf die Klienten gewartet werden. Dies ist besonders nützlich, wenn Subsysteme Schichten aufweisen: Jede Schicht kann eine Fassade haben, die Zugang zu ihrer Funktionalität bietet.

Diskussionsfrage 134

Was ist die Bedeutung von Fassade für Komponenten?

18.2.2 UML und Muster

UML erweist sich in Verbindung mit Mustern auf zweifache Weise als nützlich. Erstens kann es für die Übermittlung der Muster hilfreich sein. Die vorhandenen Musterbücher verwenden jeweils eigene Notationen, in der Regel eine Form eines OMT-ähnlichen Klassendiagramms und ein Sequenzdiagramm wie das von UML. Für die Zukunft können wir erwarten, dass Musterkataloge ihre Muster mit Hilfe von UML beschreiben und die Sprachbarriere entfernen, die durch die Notwendigkeit auferlegt wird, verschiedene Notationen in unterschiedlichen Büchern zu verstehen.

Zweitens erleichtert UML das Aufzeichnen der Verwendung von Mustern in einem Entwurf. Unter der Voraussetzung, dass der Leser mit dem Muster vertraut ist, lässt sich ein UML-Diagramm auf diese Weise einfacher lesen und verstehen. Außerdem wird so die Wahrscheinlichkeit verringert, dass jemand, der den Entwurf verändert, versehentlich auch den Entwurf außerhalb des Musters ändert, ohne dies zu erkennen.

In einem objektorientierten System hat ein Entwurf, der ein Muster verwendet, eine Familie von Objekten, die jeweils eine im Muster beschriebene Rolle spielen, das heißt, die Objekte interagieren auf eine im Muster beschriebene Weise. Ein Entwurf, der Fassade verwendet, hat zum Beispiel ein Subsystem[2] mit einem Objekt, das für das Subsystem als Fassade fungiert, das heißt, es empfängt Nachrichten für das Subsystem und leitet sie an die richtigen Objekte weiter. Seine Klasse hat eine Schnittstelle, die Operationen für die Funktionalität des Subsystems umfasst. Zwischen der Klasse des Fassadenobjekts und der Klasse jedes relevanten Subsystemobjekts bestehen Verbindungen, die von der Fassadenklasse zur Subsystemklasse navigierbar sind, aber nicht umgekehrt.

Dies klingt nach einer *Kollaboration*, wie der UML-Begriff für eine Familie verwandter Objektrollen lautet, den Sie in Kapitel 9 kennen gelernt haben. Tatsächlich definieren die Objektrollen in einer Kollaboration die genaue Klasse aller beteiligten Objekte, was für die Beschreibung von Mustern zu speziell ist. Wir wissen, dass es in jedem Entwurf, der das Muster Fassade verwendet, eine Klasse gibt, die als Fassade fungiert. Was diese Klasse ist, variiert aber natürlich von System zu System. Die Struktur eines Musters wird also in Wirklichkeit durch eine *parametrisierte Kollaboration* beschrieben. Dies ist eine Schablone mit Slots für Klassen. Wenn Sie bestimmte Klassen einfügen, erhalten Sie eine Kollaboration. (Dahinter steht dieselbe Idee wie bei den in Kapitel 6 erwähnten parametrisierten Klassen.)[3]

Abbildung 18.1 Das Muster Fassade, angewendet auf die Bibliothek.

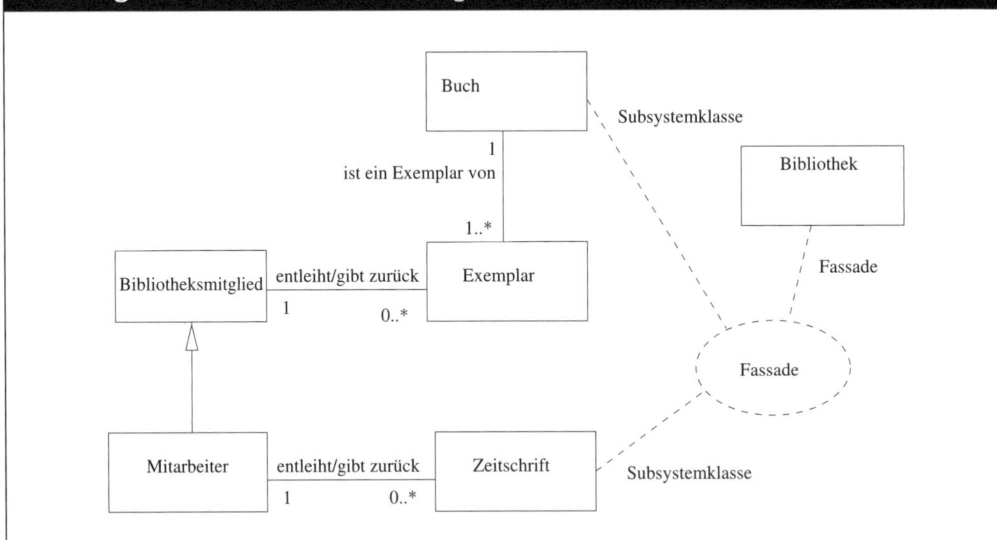

Die parametrisierte Kollaboration, die die Struktur eines Musters darstellt, kann in einem Klassendiagramm als gepunktetes Oval dargestellt werden, wobei es durch gepunktete Linien mit den Rechtecken der Klassen verbunden wird, die die Parameter sind. Die Linien sind mit Rollennamen bezeichnet. Nehmen wir zum Beispiel an, dass es sich bei einem späteren Durchlauf der Bibliotheksfallstudie aus Kapitel 3 als notwendig erweist, weiteren Bibliothekssystemen den Zugriff auf Informationen zum Bücher- und Zeitschriftenbestand zu

2 im Sinne von UML genau genommen eine Subsystem-Instanz

3 Da ein Muster eine unbestimmte Anzahl von Klassen umfassen kann – wie im Fall von Fassade, das eine beliebige Anzahl von Subsystemklassen enthalten kann –, ist nicht sofort offensichtlich, wie diese Idee genau dargestellt werden kann.

gewähren. Wir möchten externen Systemen den Zugriff auf das Bibliothekssystem über eine saubere Schnittstelle ermöglichen, die ihnen den Zugang zu benötigten Informationen über Bücher und Zeitschriften gestattet, aber nicht zu Informationen, die für sie nicht von Interesse sind. Wenn wir uns für die Verwendung des Musters Fassade entscheiden, können wir es wie in Abbildung 18.1 darstellen. Achten Sie darauf, dass wir die Verbindungen zwischen der Fassadenklasse `Bibliothek` und den Subsystemklassen `Buch` und `Zeitschrift` weggelassen haben, da sie aus dem Muster abgeleitet werden können und das Diagramm unübersichtlich gemacht hätten.

? Was wäre in der Schnittstelle der Klasse `Bibliothek`?

Wenn Sie Muster mit ihrem Namen als Bestandteil Ihres Entwurfs verwenden, ohne sie zu erklären, ist natürlich ein vereinbartes „Vokabular" von Mustern wichtig, die auf diese Weise verwendet werden können. Die Vereinbarung kann zum Beispiel auf der Ebene des Teams oder der Organisation erfolgen. Wahrscheinlich werden Sie ein oder zwei Kataloge benennen, deren Muster ohne Beschreibung eingesetzt werden können. Einer davon wird mit hoher Wahrscheinlichkeit [24] sein, der bereits auf diese Weise verwendet wird. Eine Organisation könnte ebenso gut eine eigene Mustersammlung erstellen wie auch eine Standardsammlung verwenden. Wir haben jedoch den Verdacht, dass diese Notwendigkeit ein Zeichen dafür sein mag, dass die Muster auf einer zu niedrigen Abstraktionsebene beschrieben werden. Wir bezweifeln, dass wirklich häufig auftretende Schwierigkeiten bei Entwürfen problembereichsspezifisch sind. Man sollte nicht vergessen, dass die Verwendung von Mustern in Software noch am Anfang steht.

18.3 Frameworks

In Kapitel 4 haben wir ein *Framework* als „wiederverwendbares Stück Architektur" beschrieben. Wir wollen nun etwas genauer vorgehen, allerdings – Sie haben es bereits erraten – ist die genaue Bedeutung des Begriffs noch immer recht unklar.

Ein Framework ist abgesehen davon, dass es größer ist, mit dem strukturellen Teil eines Musters zu vergleichen. Es beschreibt, wie eine Sammlung von Objekten zusammenarbeitet, was in der Regel durch die Definition von Klassen geschieht, die dann bei der Anwendung des Frameworks in Unterklassen aufgeteilt werden, sowie Kollaborationen zwischen den Objekten. Um ein Framework zu verwenden, implementieren Sie seine variablen Bestandteile, indem Sie zum Beispiel eine Aufteilung in Unterklassen vornehmen. Einige Klassen in einem Framework sind normalerweise abstrakt, das heißt, Sie müssen eine Unterklasse erstellen, bevor Sie das Framework verwenden können.

Das Spiele-Framework in Kapitel 16 ist ein kleines Beispiel. Das Entwickeln von Frameworks ist sehr schwierig, und wir möchten nicht behaupten, Experten auf diesem Gebiet zu sein. Schicken Sie uns Ihre Verbesserungsvorschläge für dieses Framework! Die Argumente, ein Framework zu kaufen anstatt es zu entwickeln, sind noch viel überzeugender als die für den Kauf von Komponenten.

Es wurde überzeugend dargelegt (zum Beispiel durch den Framework-Experten Don Roberts, siehe dazu die Links auf der Homepage zu diesem Buch), dass die Wiederverwendung von Frameworks der Schlüssel für die Etablierung der Wiederverwendung in objektorientierten Systemen ist.

ZUSAMMENFASSUNG

Wir haben uns mit der Wiederverwendung beschäftigt und besprochen, was wiederverwendet werden kann, sowie uns mit den praktischen Problemen bei der Erstellung eines wiederverwendbaren Programms auseinandergesetzt. Als speziellen Anwendungsfall haben wir Muster betrachtet, die als Wiederverwendung von Erfahrungen betrachtet werden können. Viele der Schwierigkeiten, die mit dem Erreichen eines hohen Grades der Wiederverwendung insbesondere durch das interne Erstellen von Komponenten verbunden sind, haben ihre Ursache darin, dass ein wiederverwendbares Erzeugnis hohe Qualität haben und die Organisation die mit der Erstellung und Verwendung verbundene Arbeit unterstützen muss. In den nächsten Kapiteln werden wir diese Punkte etwas allgemeiner betrachten.

Diskussionsfrage 135

Es ist häufig der Fall, dass ein oder mehrere Objekte von Zustandsänderungen eines anderen Objekts wissen müssen, so dass ihr Status übereinstimmt. Zum Beispiel müssen vielleicht ein oder mehrere Elemente einer Benutzerschnittstelle die richtige Version von Daten in einem Objekt oder verschiedene Client-Benutzerschnittstellen die aktuellen Versionen von Aktienkursen anzeigen. Überlegen Sie, wie dies erfolgen kann. Untersuchen Sie dann das Muster Beobachter (auch als Publisher-Subscriber-Muster bekannt), das beschreibt, wie die Aktualität einiger Objekte (Subscriber) bewahrt wird, wenn sich ein anderes Objekt (der Publisher) ändert. Sie finden es sowohl unter [24] und [11] als auch auf der Homepage zu diesem Buch im Web.

KAPITEL 19

Produktqualität: Verifikation, Validierung und Test

In diesem Kapitel kehren wir zu der Frage zurück, was ein qualitativ hochwertiges System ausmacht. Wir gehen davon aus, dass eine Organisation Techniken benötigt, die sich sowohl auf die Qualität des Produkts als auch auf die des Prozesses konzentrieren, um solche hochwertigen Systeme zu erzeugen.

Im weiteren Verlauf dieses Kapitels betrachten wir produktorientierte Techniken, die eine hohe Qualität des Softwaresystems gewährleisten. Verifikation, Validierung und Tests werden zwar häufig unter dem Begriff „VV&T“ zusammengefasst, gehören jedoch nicht in dieselbe Kategorie. Die Verifikation ist der Prozess, in dem festgestellt wird, *ob ein Produkt richtig erzeugt wurde* und den festgelegten Anforderungen gerecht wird. Während des Validierungsprozesses wird untersucht, *ob das richtige Produkt erzeugt wurde*, das heißt, ob es seinen Zweck erfüllt. Dabei werden auch Aspekte überprüft, die von den festgelegten Anforderungen nicht abgedeckt werden. Die Überprüfung dieser beiden Punkte erfolgt hauptsächlich durch einen Test des Systems und die Suche nach Problemen. In den nächsten Abschnitten werden wir uns damit beschäftigen, wie Tests und andere Techniken für die Verifikation und die Validierung verwendet werden können.

Wir werden versuchen, die Besonderheiten von VV&T für Projekte festzustellen, die einem iterativen, komponentenbasierten Prozess folgen und bei denen die Architektur im Mittelpunkt steht, wie es für die Verwendung mit UML empfohlen wird. Unsere Ausführungen sind dabei nicht an einen bestimmten Prozess gebunden.

19.1 Qualitätsüberprüfung

Diskussionsfrage 136

Was bedeutet „hohe Qualität“ in anderen Lebensbereichen?

Denken Sie noch einmal an die Definition für die Qualität von Software: Ein System hat eine hohe Qualität, wenn es den Anforderungen der Kunden gerecht wird. In Kapitel 1 haben wir kurz aufgelistet, was dies bedeutet.

? Schauen Sie sich noch einmal diese Liste an und überlegen Sie, was ihr hinzugefügt werden muss.

Um sicherzustellen, dass diese Anforderungen erfüllt werden, benötigen wir vielleicht einige Attribute, um die sich der Kunde zwar unmittelbar keine Gedanken macht, die aber Dinge betreffen, denen er durchaus Bedeutung beimisst. Das System soll zum Beispiel mit einer hohen Testfähigkeit ausgestattet sein, damit die Entwickler praktisch gewährleisten können, dass kaum Fehler auftreten. Außerdem soll es über gute Wartungseigenschaften verfügen, damit unverzüglich auf Fehlermeldungen und Änderungswünsche reagiert werden kann. Dies sind an sich keine Qualitätsaspekte. Wenn wir zum Beispiel mit Sicherheit wüssten, dass ein System nur einmal verwendet wird und wir niemals mit Fehlermeldungen und Änderungswünschen konfrontiert werden, würden wir uns um die Wartung vielleicht gar keine Gedanken machen.[1]

Terminologie In der Software hat sich wie auch in anderen Bereichen die Verwendung von „Qualität" als Synonym für „hohe Qualität" durchgesetzt.

19.2 Wie kann eine hohe Qualität erreicht werden?

Es gibt zwei orthogonale Möglichkeiten, diese Frage anzugehen: In der Praxis müssen die Ansätze miteinander kombiniert werden.

19.2.1 Das Produkt im Mittelpunkt

Untersuchen Sie das Produkt sowie seine Vorstufen in den Zwischenstadien des Entwicklungsprozesses, um festzustellen, ob die Qualitätsstandards erfüllt werden. Die Untersuchung kann die Form der Verifikation annehmen, bei der überprüft wird, ob das Produkt über die gewünschten Eigenschaften verfügt, oder die Form der Validierung, die feststellt, ob es den angestrebten Zweck erfüllt. Wir werden uns mit Techniken für beide Arten der Untersuchung beschäftigen, von denen die wichtigste das *Testen* ist.

19.2.2 Der Prozess im Mittelpunkt

Man kann die Ansicht vertreten, dass die Konzentration auf das Produkt allein nicht ausreicht. Wenn unsere Tests zum Beispiel wiederholt ähnliche Fehler in verschiedenen Produkten finden, möchten wir natürlich wissen, wie sie sich bei künftigen Produkten vermeiden lassen. Wir haben bereits in Kapitel 4 festgestellt, dass ein iterativer Prozess mit einer Evaluierung in jedem Stadium grundlegend ist. In Kapitel 20 werden wir uns damit beschäftigen, welchen Beitrag die *Qualitätssicherung* leisten kann, indem sie den Prozess sowohl regelt als auch verbessert.

19.2.3 Literatur

Zahlreiche Quellen im Web und anderswo beschäftigen sich mit der Qualität von Software. Einige Links finden Sie auch auf der Homepage zu diesem Buch. Vor allem die Website von SQM enthält eine Reihe von kurzen empfehlenswerten Artikeln zur Qualität von Software. Für dieses Kapitel ist vor allem [9] mit weiteren Einzelheiten zu wichtigen Faktoren von Bedeutung. Es sind zahlreiche Fachbücher zur Qualität von Software im Angebot, von denen vor allem [26] bekannt ist.

[1] Die Autoren haben jedoch die Erfahrung gemacht, dass man niemandem glauben sollte, der meint, Software sei kurzlebig. Erfolgreiche Software ist in der Regel langlebiger, als man erwartet – daher der Millennium-Fehler.

19.3 Verifikation

Die Verifikation umfasst immer das Testen einer expliziten Sache (des Produkts) im Vergleich zu einer anderen (der Spezifikation). Das Produkt und die Spezifikation können jedoch unterschiedlicher Art sein. Ein Beispiel dafür ist das Testen von Code (oder genauer des laufenden Systems) im Vergleich zur Spezifikation der Anforderungen, mit dem wir uns im Verlauf dieses Kapitels beschäftigen werden. Im Zusammenhang mit einer UML-Entwicklung können wir diese Überprüfung auch in Phasen aufteilen:

1. Überprüfen Sie, ob die im UML-Modell beschriebenen Anwendungsfälle die in der Spezifikation aufgeführten Anforderungen erfüllen (wenn die Spezifikation nicht nur eine Sammlung von Anwendungsfall-Beschreibungen darstellt).
2. Überprüfen Sie, ob die Klassen imstande sind, die Anwendungsfälle bereitzustellen.
3. Überprüfen Sie, ob der Code den Klassen im Design entspricht.

In einer iterativen Entwicklung werden diese Überprüfungen natürlich für jeden Durchlauf vorgenommen.

In der Regel werden auch einige „Sauberkeitstests“ als Bestandteil der Verifikation betrachtet. Wir gehen zum Beispiel davon aus, dass alle Projekte die Anforderung enthalten, dass der von ihnen erzeugte Code sauber kompiliert und ohne Fehler ausgeführt werden soll. (Mit „Fehler“ meinen wir ein unerwartetes Verhalten, das nicht dadurch erklärt werden kann, dass das Programm auf Ausnahmezustände oder Benutzerfehler richtig antwortet. Zugegebenermaßen ist dies ohne weitere Erklärungen ein verschwommener Begriff: Wir meinen damit, dass ein Programm keine Segmentierungsfehler, Probleme durch nicht verstandene Nachrichten oder andere „definitiv schlechte“ Eigenschaften aufweist.) Als Bestandteil eines Projekts erzeugte UML-Modelle sollten syntaktisch korrekt und konsistent in dem Sinne sein, dass stets ein vom Modell beschriebenes Programm vorhanden ist (anderenfalls werden spätere Verifikationsaufgaben scheitern). Die Verifikation umfasst die Aufgabe, solche Sauberkeitsbedingungen zu überprüfen.

Wie können solche Überprüfungen abgesehen vom Testen des Codes erfolgen? Die zwangloseste Möglichkeit besteht darin, dass ein Entwickler die beiden Modelle, Dokumente oder Quelldateien liest und im Kopf überprüft, ob eine Übereinstimmung vorliegt. Die formalste Methode besteht im Erstellen eines Beweises, dass die beiden Modelle, Dokumente oder Quelldateien übereinstimmen. In der Praxis wird diese Methode kaum angewendet, zumal sie auch nur dann sinnvoll ist, wenn es sich bei den zu vergleichenden Komponenten um formal gut verstandene Objekte mit einer gut definierten Semantik, also Bedeutung, handelt. UML verfügt (noch) nicht über eine formale Semantik, und eine vollständige formale Verifikation im Vergleich zu einem UML-Modell ist daher auch grundsätzlich (noch) nicht möglich. In der Praxis sind formale Verifikationen in der Regel sehr zeitaufwändig und somit sehr teuer und werden daher meistens nur für sicherheitskritische Systeme durchgeführt.

Lassen Sie uns einige Techniken betrachten, die zwischen diesen beiden Extremen liegen. Die am weitesten verbreitete Methode besteht in der Verwendung eines Compilers. Die Tatsache, dass sich der Code fehlerfrei kompilieren lässt, ist ihrerseits eine Verifikation eines der erwähnten Sauberkeitstests. In ähnlicher Weise versetzt ein UML-Modellierwerkzeug die Entwickler in die Lage, einige andere Routinefehler wie das Schreiben syntaktisch falscher UML-Modelle auszuschließen. Bei der Überprüfung der Konsistenz zwischen den unterschiedlichen UML-Modellen kann es hilfreich sein, das Auffinden von Problemen bereits in der Modellierungsphase zu ermöglichen, die anderenfalls vielleicht erst bei der Implementierung der relevanten Iteration offensichtlich werden. Einige Tools sind in der Lage, Code aus UML-Modellen zu erzeugen und umgekehrt. Dies macht es einfacher, die Konsistenz zwischen den UML-Modellen und dem Code zu erhalten, was den wahrscheinlichen Nutzen des Testens von UML-Modellen erhöht.

Am anderen Ende des Spektrums zwischen Mensch und Werkzeug können wir über Möglichkeiten nachdenken, die Sicht des Entwicklers auf die beiden Modelle zu verbessern, um Widersprüche und Fehler aufzudecken. Die einfachste Möglichkeit besteht darin, dass die Überprüfung auf Konsistenz von einer anderen Person durchgeführt wird. Eine Kontrollliste kann den Entwickler daran erinnern, die am häufigsten auftretenden Problembereiche zu untersuchen. Eine weitere Möglichkeit bieten Überprüfungen, die wie Tests sowohl zur Verifikation als auch zur Validierung beitragen. Wir werden uns mit diesem Thema in Kürze beschäftigen.

19.4 Validierung

Die Verifikation stellt den einfachen Teil der Aufgabe dar, nämlich zu gewährleisten, dass ein Produkt eine hohe Qualität aufweist, da sie eindeutig ist und Sie wissen, was Sie zu überprüfen versuchen. Die Validierung ist schwieriger, da Sie nicht genau wissen, wonach Sie suchen: Sie suchen nach allem, was das Produkt für den Kunden weniger nützlich machen könnte, als es sein soll. Eine wirkungsvolle Validierung erfordert die Beteiligung des Kunden. Es ist möglich, dass sie teilweise durchgeführt wird, indem sich ein Entwickler vorstellt, der Kunde zu sein. Die schwerwiegendsten Fehler entstehen jedoch aufgrund mangelnder Kommunikation zwischen dem Kunden und dem Entwickler.

Natürlich ist es erstrebenswert, Fehler und Missverständnisse möglichst früh aufzudecken. Dies ist, wie Sie bereits aus Kapitel 4 wissen, der Hauptgrund für einen iterativen Entwicklungsprozess. Für eine Beteiligung des Kunden bieten sich verschiedene Möglichkeiten an. Die einfachste besteht darin, dass der Kunde verschiedene Dokumente unterzeichnet, wie zum Beispiel die Spezifikationen über die Funktionalität, die bei den einzelnen Iterationen erreicht werden soll. Das Problem dieses Ansatzes besteht darin, dass es schwierig ist, ein System kritisch zu begutachten, das lediglich mit Worten beschrieben wird. Allzu oft stellt der Kunde erst dann fest, dass er das Gewünschte nicht bekommen hat, wenn er mit einem laufenden System konfrontiert wird. Je größer die Unsicherheit hinsichtlich der Anforderungen ist, desto bessere Gründe sprechen für kurze Iterationen, um so früh wie möglich eine Rückmeldung zu erhalten. Am Anfang eines Projekts oder einer risikoreichen Iteration mag die Erstellung eines Wegwerfprototyps lohnend sein, um zu überprüfen, ob eine Übereinstimmung hinsichtlich der Anforderungen besteht.

19.4.1 Verwendbarkeit

Ein qualitativ hochwertiges System muss nicht nur die richtige Funktionalität bieten, sondern sie auch in einer Weise bereitstellen, die die Benutzer wirkungsvoll verwenden können. Benutzer müssen zum Beispiel in der Lage sein, herauszufinden, wie eine Aufgabe ausgeführt wird, wie sie schnell und ohne viel Stress auszuführen ist und wie das System nach Fehlern wieder hergestellt werden kann. Dieser Aspekt der Software wird jedoch häufig vernachlässigt. Teilweise ist dies darauf zurückzuführen, dass sich Entwickler kaum vorstellen können, dass die Verwendbarkeit ihrer Software mit schweren Problemen für den Kunden verbunden ist, die seine Zufriedenheit mit dem System schmälern. Dafür gibt es zwei wesentliche Gründe:

1. Wenn Sie verstehen, wie etwas gemacht wird, ist es praktisch unmöglich, sich in die Lage von jemandem zu versetzen, der es nicht versteht. Die Benutzer machen Fehler, die einem Entwickler niemals unterlaufen würden, auch wenn sie sich mögliche Probleme sehr genau zu verdeutlichen wissen.
2. Softwareentwickler sind nur sehr selten typisch für die Benutzer eines Systems. Sie sind zum Beispiel weitaus kompetenter und selbstbewusster, was die Verwendung unbekannter Computerprogramme angeht, als die typischen Benutzer fast aller Systeme.

Sie können die Verwendbarkeit Ihres Systems also nicht selbst überprüfen, und auch Ihre Kollegen können höchstens einen geringen Beitrag dazu leisten. Zwei weitere möglicherweise verwendbare Ressourcen sind ein Experte für die Verwendbarkeit und ein wirklicher Benutzer. Im Idealfall setzen Sie beide in einem iterativen Zyklus ein, in dem Sie untersuchen, welche Änderungen die Verwendbarkeit des Systems erhöhen können (die Beteiligung eines Experten kann hier sehr hilfreich sein), diese Änderungen nehmen Sie dann vor und stellen fest, ob sie wirklich den gewünschten Effekt erzielen. Zum *Testen der Verwendbarkeit* kann zum Beispiel gehören, dass Sie einen Benutzer auffordern, eine bestimmte Aufgabe mit dem System auszuführen, und dabei die auftretenden Probleme beobachten.

Das sehr lesenswerte Buch *The Trouble with Computers* [33] von Thomas Landauer behandelt diese Frage ausführlich und schlägt *benutzerorientierte Designs* als Lösung vor. Teil seiner Idee ist ein Ansatz für das Erfassen der Anforderungen auf der Grundlage von Aufgaben, bei dem die unterschiedlichen Perspektiven der Benutzer berücksichtigt werden. Die Stärke des Erfassens von Anforderungen mit Hilfe von Anwendungsfällen besteht genau darin. Landauer betont auch, dass ein geringes Maß an gut geleiteter Arbeit große Vorteile mit sich bringen kann. Er schätzt zum Beispiel, dass ein einziger mit Verwendbarkeitstests verbrachter Tag bei einem typischen System zu einer Steigerung der Arbeitseffizienz von 25 Prozent führen kann (Grundlage ist die Menge an Arbeit, die Benutzer in einer bestimmten Zeit bewältigen).

Diskussionsfrage 137

Die einfachste Lösung besteht darin, sämtliche Eigenheiten von kaum benutzbarer Software im Handbuch zu dokumentieren. In welchem Maße ist dies eine Lösung?

19.5 Test

Tests leisten sowohl für die Verifikation als auch für die Validierung einen Beitrag, wobei der für die Verifikation wahrscheinlich größer ist. Mit den grundlegenden Ideen und Arten von Tests sind Sie wahrscheinlich vertraut. Wir werden sie kurz zusammenfassen und uns dann den besonderen Eigenschaften von objektorientierten Projekten zuwenden. Tests können mit vielen verschiedenen Produkten durchgeführt werden, zu denen nicht nur laufende Systeme, sondern auch Designs und Bestandteile von Systemen gehören. Sie verfolgen drei grundlegende Ziele:

- Programmfehler zu finden.[2]
- Kunden davon zu überzeugen, dass keine (wesentlichen) Programmfehler vorhanden sind.
- Informationen bereitzustellen, die zur Systementwicklung beitragen. Der Testvorgang kann zum Beispiel zum Gewinnen von Informationen zu künftigen Anforderungen und Prioritäten sowie über die aktuelle Leistungsfähigkeit beitragen, die zuvor vielleicht nur geschätzt wurde.

Das erste Ziel ist natürlich das entscheidendste und führt direkt zu der Schlussfolgerung:

Ein erfolgreicher Test ist einer, der einen Programmfehler findet.

Das System kann auf einfache Weise alle Tests bestehen – verwenden Sie einfach ein ungeeignetes Testprogramm. Es ist jedoch nicht einfach, alle Fehler zu beseitigen.

[2] „Programmfehler" umfassen hier sämtliche auftretende Fehler.

Für die Beseitigung der unterschiedlichen Fehler stehen Ihnen verschiedene Arten von Tests zur Verfügung:

- **Verwendbarkeitstests** prüfen, ob eine wirkungsvolle Verwendung des Systems gegeben ist. Dazu kann das ganze System, eines seiner Bestandteile oder die Dokumentation überprüft werden.
- **Modultests** überprüfen die einzelnen Module des Systems. In einer objektorientierten Entwicklung sind dies in der Regel die Klassen, wie wir sehen werden.
- **Integrationstests** prüfen, ob die Bestandteile des Systems auf einer bestimmten Ebene richtig zusammenarbeiten, zum Beispiel, ob die an einer Kollaboration beteiligten Objekte wie geplant zusammenwirken und ob Komponenten und Frameworks zusammenpassen.
- **Systemtests** überprüfen, ob das System sowohl die funktionalen als auch die nichtfunktionalen Anforderungen erfüllt.
- **Akzeptanztests** werden in der Regel vom Kunden oder einer unabhängigen Gruppe durchgeführt, die den Kunden vertritt, und stellen fest, ob sich das System für seinen Zweck eignet.
- **Leistungstests** können auf jeder Ebene (Modul, Integration oder System) durchgeführt werden, um zu überprüfen, ob die Leistungsfähigkeit des Systems zufriedenstellend ist oder sein wird.
- **Belastungstests** stellen eine Art Leistungstest dar, bei dem das System einer höheren Belastung als normalerweise erwartet ausgesetzt wird. Auf diese Weise soll überprüft werden, ob das System die zu erwartenden Aufgaben zuverlässig lösen wird, anstatt katastrophal zu versagen.
- **Regressionstests** überprüfen, ob die Eigenschaften eines Systems, die vor einer Änderung gegeben waren, auch danach noch funktionieren. Bei den vorgenommenen Tests handelt es sich um einige der bereits zuvor durchgeführten: die Einheitentests für alle betroffenen Einheiten, Integrationstests für alle Subsysteme, wozu auch die geänderten Einheiten gehören, und einige oder sämtliche Tests, die das ganze System betreffen (Verwendbarkeits-, System-, Akzeptanz-, Leistungsfähigkeits- und Belastungstests).

Diese Kategorien schließen sich nicht gegenseitig aus, und die Grenzen sind nicht immer klar. Vor allem der Umfang des Integrationstests ist sehr unterschiedlich. Sollten zum Beispiel alle Tests für ein Subsystem oder eine Mehrklassenkomponente durchgeführt oder muss nur überprüft werden, ob die Verwendung der Schnittstellen syntaktisch korrekt ist? Die Unterscheidung ist nicht wichtig, solange alle Tests unter irgendeiner Rubrik durchgeführt werden.

19.5.1 Auswählen und Durchführen von Tests

Tests können allgemein klassifiziert werden als

- Blackbox (die Tests werden ausgewählt, indem die *Spezifikation* der zu testenden Komponente herangezogen wird); oder
- Whitebox (die Tests werden ausgewählt, indem die *Struktur* der zu testenden Komponente betrachtet wird).

Welche Aspekte einer Komponente sollten vorrangig getestet werden? In [38] gibt N. H. Petschenik drei Kriterien für wichtige Testarten an, die gewährleisten, dass die Software für den Kunden von hoher Qualität ist:

- Das Testen des gesamten Systems ist wichtiger als das Testen der einzelnen Komponenten.

- Es ist wichtiger, zu prüfen, ob das System noch immer die Funktionen ausführen kann, zu denen es zuvor in der Lage war, als neue Eigenschaften zu testen.
- Das Testen von typischen Anwendungsfällen ist wichtiger als das Testen von Grenzfällen.

? Warum? Widersprechen diese Aussagen unserer Intuition?

Da ein erneutes Testen der Funktionalität nach Änderungen grundlegend ist und daher Regressionstests erforderlich sind, müssen die Tests

- wiederholbar,
- dokumentiert (sowohl die Tests als auch die Ergebnisse) und
- genau sein und
- auf konfigurationsgesteuerter Software erfolgen.

Insbesondere in iterativen Projekten muss dieselbe Funktionalität mitunter mehrmals getestet werden. Eine Automatisierung des Testprozesses stellt daher eine Notwendigkeit dar. Es gibt spezielle Testwerkzeuge, die auch zahlreiche Testanwendungsfälle automatisch erzeugen können. Ein einfaches Perl-Skript [51] (oder sogar einfachere Skripten wie DOS-Stapeldateien) kann jedoch überaus hilfreich sein, wenn Sie

- eine Reihe von Tests durchführen,
- aufzeichnen, welche Tests auf welcher Konfiguration und mit welchen Ergebnissen durchgeführt wurden,
- die Ergebnisse mit den Erwartungen vergleichen.

Denken Sie jedoch daran, dass die Automatisierung eine schlechte Testplanung nicht kompensieren kann.

Wann sollte für ein Produkt die Testspezifikation geschrieben werden, die angibt, welche Tests durchgeführt werden müssen und welche Ergebnisse annehmbar sind? Die kurze Antwort lautet: „So früh wie möglich, aber nicht früher." Die Testspezifikation kann zum gleichen Zeitpunkt und mit derselben Genauigkeit geschrieben werden wie die entsprechende Spezifikation zu den Anforderungen. Das Schreiben von Tests für etwas, von dem Sie noch nicht verstehen, was es eigentlich tun soll, ist jedoch zum Scheitern verurteilt.

Der Grund für das frühestmögliche Schreiben der Testspezifikation besteht darin, dass es zu einem klaren Verständnis und einer hohen Testbarkeit der Anforderungen beiträgt. Die Anforderungen können in Form von nummerierten Sätzen geschrieben werden, und eine Tabelle kann festhalten, welche Tests welche Anforderungen überprüfen. Darüber nachzudenken, wie eine Anforderung getestet werden kann, bietet oft eine gute Möglichkeit, zu erfassen, was die Anforderung wirklich bedeutet.

Mitunter wird empfohlen, dass Akzeptanztests und ihre Ergebnisse am Beginn eines Projekts genau definiert und die Entwickler vertraglich gebunden werden sollten, ein System zu erstellen, das diese Tests besteht. Dies soll sowohl dem Kunden, der ein falsches oder unvollständiges System nicht akzeptieren muss, als auch dem Entwickler zugute kommen, der die genauen Anforderungen von Anfang an kennt. Das Problem dieses Ansatzes besteht darin, dass die Voraussetzung „jedoch nicht früher" möglicherweise nicht eingehalten wird, wenn detaillierte Tests geschrieben werden, solange die Anforderungen lediglich umrissen sind. Das Erfassen der Anforderungen mit Hilfe von Anwendungsfällen kann dazu beitragen, dass die Tests auf der richtigen Ebene geschrieben werden, da die Szenarien in den Anwendungsfällen die Anforderungen beschreiben und außerdem als offensichtliche Quelle von Testfällen dienen. Eine gute Möglichkeit, von voreiligen Entwürfen Abstand zu nehmen, besteht darin, sich darauf zu konzentrieren, welche Änderungen zwischen dem Anfang und dem Ende eines Szenarios auftreten, zum Beispiel: Welchen Nutzen zieht der Akteur daraus?

In einer iterativen Entwicklung ist es oft nützlich, die Tests, die eine Iteration bestehen soll, an ihrem Beginn zu schreiben. Ein Vorteil des iterativen Ansatzes besteht darin, dass dies wahrscheinlich möglich ist, auch wenn die Anforderungen für spätere Iterationen noch nicht vollständig verstanden werden.

Dies ist jedoch nur ein Aspekt. Das Beschreiben komplexer Tests oder das Definieren der richtigen ist sehr schwierig – einige Fehler zeigen sich jedoch nur, wenn Sie eine komplexe Abfolge von Vorgängen ausführen. Wie können solche Fehler erkannt werden?

- Durch das Schreiben gut modularisierter und modulgetesteter Software, so dass dies weniger wahrscheinlich ist.
- Durch das Testen von Software mit dem Ziel, sie auf welche hinterlistige Weise auch immer zu beschädigen.

Genaue, kurze, dokumentierte Tests sind zwar grundlegend, aber nicht ausreichend.

DeMarco und Lister [14] beschreiben das Black Team von IBM, eine Gruppe von besonders teuflischen Testern, denen das Entdecken von Softwarefehlern Freude bereitete. Das Team war für IBM natürlich ein großer Erfolg – wenn es die Fehler aufspürte, die der Kunde nicht fand.

Diese Art des Testens ist insbesondere für grafische Benutzerschnittstellen sehr wichtig, die sich schwer systematisch testen lassen. Es ist praktisch unmöglich, das Testen einer grafischen Benutzerschnittstelle ohne ein spezielles Werkzeug zu automatisieren, und auch mit einem solchen Werkzeug ist es nicht einfach. Darüber hinaus besteht ein großer Anteil der Probleme mit Benutzerschnittstellen entweder in einem Versagen der Verwendbarkeit – und Verwendbarkeitstests können nicht automatisiert werden – oder des Verhaltens, das unabhängig vom zugrunde liegenden System für jede Benutzerschnittstelle erforderlich ist („Sauberkeitsbedingungen"). Zum Beispiel sollte jede Schaltfläche gekennzeichnet sein (oder eine andere visuelle Anzeige haben), um zu erkennen, welche Auswirkungen ihre Betätigung hat, und ein Anklicken sollte nicht zu einem Absturz der Anwendung führen.

Diskussionsfrage 138

Welche anderen Sauberkeitsbedingungen liegen vor? Sollte die Anforderung der Sauberkeit einer Benutzerschnittstelle in dem von Ihnen betrachteten Sinne in der Anforderungsspezifikation dokumentiert sein, und wenn ja, wie? Wie lässt sich die Schnittstelle am besten testen?

19.5.2 Besondere Probleme der Objektorientierung

Auf der Ebene der Einheitentests treten drei weitere Probleme auf.

Testeinheit Die Testeinheit muss (wenigstens[3]) die Klasse sein, und eine Klasse lässt sich schwieriger testen als eine Funktion. Der Grund dafür besteht darin, dass sich ein Objekt in einem Zustand befindet, von dem sein Verhalten abhängig sein kann. Durch das isolierte Testen einzelner Methoden können also Fehler übersehen werden, die dadurch hervorgerufen werden, dass eine Methode den Zustand eines Objekts so verändert, dass in einer anderen Methode ein Fehler auftaucht.

Zustandsdiagramme decken das Problem auf und bieten Lösungsmöglichkeiten. Wie Sie

[3] Am häufigsten wird die Klasse als Einheit des Tests betrachtet; einige Experten, wie zum Beispiel Martin Fowler [20] sagen jedoch, dass sie in der Regel das Testen eines Pakets bevorzugen, das eine im Zusammenhang stehende Familie von Klassen enthält.

aus Kapitel 11 wissen, bewegt sich ein Objekt zwischen zwei Zuständen des Diagramms, wenn sich sein Gesamtzustand, also die Werte aller seiner Attribute, in einer Weise verändert, die sein Verhalten qualitativ beeinflussen kann. Ein Objekt muss also mindestens in jedem Zustand getestet werden. Das Testen eines Objekts in einem Zustand sollte ein Überprüfen aller Möglichkeiten umfassen, mit deren Hilfe das Objekt den Zustand verlassen kann. Im Grunde sollte also jeder *Übergang* im Zustandsdiagramm getestet werden.

Diskussionsfrage 139

Ist dies ausreichend? Falls nicht, können Sie eine bessere Regel formulieren?

Klassen mit komplexen Zustandsdiagrammen sind schwer zu verstehen und zu testen – vermeiden Sie möglichst das Entwerfen solcher Klassen.

Kapselung In Kapitel 1 haben wir behauptet, dass die Kapselung wichtig ist, weil sie die Chance verringert, dass sich durch ein falsch verstandenes Zusammenwirken von Komponenten Fehler einschleichen. Dies ist richtig, es kann aber auch das Testen einer verkapselten Komponente erschweren. Um zum Beispiel zu testen, ob ein Objekt einen Übergang von einem Zustand in einen anderen durchgeführt hat, müssen Sie wissen, in welchem Zustand das Objekt sich befindet, was wahrscheinlich eine verkapselte Information sein wird, die nach außen nicht sichtbar ist. Eine Lösung bietet die Verwendung einer Methoden für jede Klasse, die *nur* während des Tests verwendet wird und die Zustände eines Objekts übermittelt.

Diskussionsfrage 140

Wie können Sie sicher sein, dass Meldungen, die den Zustand angeben, richtig sind?

Vererbung und Polymorphie Welche Tests einer neuen Unterklasse sind notwendig, wenn diese eine gründlich getestete Klasse erweitert, indem sie einige ihrer Methoden überschreibt? Sie hoffen vielleicht, dass es ausreichend ist, einige der überschriebenen Methoden zu testen. Aufgrund der dynamischen Bindung ist dies jedoch leider nicht der Fall. Nehmen wir an, die Unterklasse `D` überschreibt die Methode `foo()`, jedoch nicht die Methode `bar()` der Oberklasse `G`. Das Senden von `bar()` an ein Objekt der Klasse `D` kann dennoch zu einem anderen Ergebnis führen als das Senden an ein Objekt der Klasse `G`. Die Implementierung von `bar()` könnte zum Beispiel das Senden der Nachricht `foo()` an das Objekt selbst umfassen. Wenn das Objekt die Klasse `D` hat, wird ihre neue Implementierung von `foo()` verwendet. Wenn das Verhalten einen Unterschied zum `foo()` der Klasse `G` aufweist, kann eine mittelbare Auswirkung darin bestehen, dass sich die Methode `bar()` der Klasse `D` anders als die der Klasse `G` verhält – auch wenn der Code für die Methode `bar()` der beiden Klassen identisch ist. Um sicher zu gehen, müssen also alle Fähigkeiten einer Unterklasse einschließlich derjenigen getestet werden, die von der Oberklasse geerbt wurden.

? Schreiben Sie Klassen `D` und `G` mit den Methoden `foo()` und `bar()`, die sich wie oben beschrieben verhalten.

Diskussionsfrage 141

Tritt dieses Problem auch auf, wenn eine Unterklasse nur neue Operationen hinzufügt, ohne Methoden zu überschreiben?

Die auf der Vererbung beruhende Polymorphie fügt zusätzliche Komplikationen hinzu. Wenn ein Objekt der Klasse A mit einem Objekt der Klasse B interagiert, kann es tatsächlich mit einem Objekt einer beliebigen Unterklasse von B zusammenwirken, die vielleicht noch nicht einmal vorhanden war, als Klasse A getestet wurde.

Diskussionsfrage 142

Wie kann dieses Problem in der Praxis behandelt werden?

Eine Klasse ist eng an ihre Oberklasse gekoppelt, was Schwierigkeiten beim Testen hervorruft. Verwenden Sie die Vererbung nur, wenn die Vorteile die Nachteile überwiegen.

Da die Zustandsabhängigkeit mit den Objekten verbunden ist, die über gut definierte Schnittstellen verfügen, hoffen wir natürlich, bei der Integration und den Systemtests Aufwand zu sparen und im Ganzen zu gewinnen. In objektorientierten Programmen geschieht dies jedoch nicht automatisch. Die Architektur eines Systems hat grundlegende Auswirkungen auf die Testbarkeit.

Mit Hilfe von Tests sollen Mängel jeglicher Art an einem System aufgedeckt werden. Dennoch bestehen mangelhafte Systeme häufig die Tests und werden für den Kunden freigegeben. Warum?

19.5.3 Warum werden Tests oft so schlecht durchgeführt?

- Das Testen ist *ausgesprochen langweilig*, was insbesondere für die Dokumentation des Gesamtprozesses gilt. Hier kann eine Automatisierung helfen. Um zu dokumentieren, wie das System konfiguriert sein muss und welche Tests erforderlich sind, ist dennoch eine beachtliche Menge an Arbeit notwendig, um zu gewährleisten, dass die Tests wiederholbar sind. Dies ist ein Bereich, in dem ein schlankes Qualitätsmanagementsystem (siehe Kapitel 20) unentbehrlich ist. Langweilige Aufgaben sind erträglich, wenn ihre Bedeutung klar ist, können jedoch überaus demoralisierend wirken, wenn sie bürokratisch erscheinen.
- Tests sind sowohl in zeitlicher als auch in finanzieller Hinsicht sehr aufwändig. (Die Zeit für Tests kann 50% der Projektzeit überschreiten, der Durchschnitt liegt bei ungefähr 30%.) Die Alternative – nicht gründlich zu testen – kann schlimmere Auswirkungen haben. Die Kosten entstehen dann möglicherweise erst später, wenn die ersten Beschwerden eintreffen ...
- Häufig werden Tests hauptsächlich am Ende eines Projekts vorgesehen und dann unter Zeitdruck durchgeführt. Dies ist ein Argument zugunsten eines iterativen Prozesses, in dem eine ständige Integration erfolgt. Die Tests werden über den Entwicklungszyklus verteilt und müssen nicht unter zeitlichem Druck stattfinden.
- Die Kunden üben vielleicht Druck auf die Entwickler aus, lieber rechtzeitig und ungetestet als verspätet, aber getestet zu liefern.

Diskussionsfrage 143

Was sollten Sie tun?

Diskussionsfrage 144

Welche besonderen Probleme treten bei der Verifikation von Systemen auf, bei denen eine Parallelverarbeitung stattfindet? Wie können sie gelöst werden?

Im nächsten Abschnitt untersuchen wir eine weitere Gruppe von Techniken, die die Tests ergänzen.

19.6 Reviews und Inspektionen

Reviews und Inspektionen verschiedener Art können sowohl zur Verifikation als auch in erster Linie zur Validierung einen Beitrag leisten.

Eine Überprüfung, eine Inspektion oder ein Durchlauf ist im Grunde eine Besprechung, die darauf abzielt, Probleme an einem Produkt des Entwicklungsprozesses aufzudecken. Dies könnte zum Beispiel Code oder ein Design sein. Solche Besprechungen werden mitunter auch als formale technische Überprüfungen bezeichnet (Formal Technical Reviews – FTRs).[4] Am bekanntesten ist wahrscheinlich die *Fagan-Inspektion* [19].

Formale technische Überprüfungen unterscheiden sich erheblich in ihrem Prozess und Formalitätsgrad, weisen in der Regel aber folgende Merkmale auf:

1. Die Teilnehmer sind gleichgestellte Mitarbeiter (nicht Manager und Untergebene). Zu ihnen gehören der Hauptautor des zu überprüfenden Produkts, ein Moderator und ein Protokollführer, der die Ergebnisse der Besprechung aufzeichnet.
2. Das zu überprüfende Produkt wird den Teilnehmern vor der Besprechung zur Verfügung gestellt und von ihnen begutachtet. Die wichtigsten zu behandelnden Punkte werden vor der Besprechung festgelegt. In der Regel muss das Produkt einige Eingangskriterien erfüllen, bevor es zur Überprüfung zugelassen wird. Für Code kann zum Beispiel Voraussetzung sein, dass er sich ohne Fehler und Warnungen kompilieren lässt.
3. Die Besprechung folgt einer zuvor festgelegten Tagesordnung und bringt einen Bericht der gefundenen Fehler sowie deren Analyse hervor, die zum Beispiel aussagen kann, wie schwerwiegend der Fehler ist oder worin die ursprüngliche Ursache liegt.
4. In der Besprechung wird nicht diskutiert, wie die Fehler behoben werden können.
5. Es gibt ein zuvor festgelegtes Anschlussverfahren, das häufig nur zwischen dem Moderator und dem Autor stattfindet, um festzustellen, ob die Fehler überprüft wurden. (Nicht unbedingt ausgemerzt: Einige Fehler können als zu geringfügig betrachtet werden, als dass sich eine Korrektur lohnen würde.)

An einer relativ informellen *Entwurfsüberprüfung* eines UML-Klassenmodells für eine Iteration, die einige Anwendungsfälle liefern soll, können zum Beispiel vier bis sieben Personen für ein bis zwei Stunden beteiligt sein. Der Autor, der leitende Entwickler des UML-Modells, kann aufgefordert werden, zu erklären, wie das UML-Modell die Funktionalität der Anwendungsfälle bereitstellt. Die anderen Teilnehmer können dann Fragen stellen und versuchen, mögliche Probleme aufzudecken. Der Moderator stellt sicher, dass der für die Besprechung zuvor festgelegte Plan eingehalten und nicht von ihm abgewichen wird, um zum Beispiel Fehler zu beheben. Der Protokollant zeichnet die während der Besprechung entdeckten Probleme auf und und ob sie gering, moderat oder gravierend sind. Nach der Konferenz

[4] „Formal" steht hier im Gegensatz zu einem improvisierten Plausch beim Kaffee und hat nichts mit einer formalen Spezifikation zu tun.

erhält der Autor eine Kopie der Fehlerliste und überarbeitet dann den Entwurf mit seinen Kollegen. Kurze Zeit (in der Regel nicht mehr als eine Woche) später findet eine erneute Besprechung zwischen dem Autor und dem Moderator statt, um festzustellen, ob die Mängel berücksichtigt und gegebenenfalls beseitigt wurden.

Bei einer Codeüberprüfung wird, wie der Name andeutet, ein ähnlicher Prozess in Bezug auf den Code durchgeführt.

19.6.1 Probleme von formalen technischen Überprüfungen

Fagan-Inspektionen wurden bereits vor mehr als 20 Jahren erstmalig beschrieben und werden für die Suche nach Fehlern, insbesondere Designfehlern, oft als kostengünstig eingeschätzt. Dennoch sind formale technische Überprüfungen nicht annähernd so weit verbreitet wie Tests, und wenn überhaupt, sind sie bei Projekten, die einem modernen iterativen Prozess folgen, weniger üblich als bei solchen, die einem Wasserfallmodell folgen. Warum? Dazu empfiehlt sich eine von Bill Brykczynski zu diesem Thema geführte Newsgroup-Diskussion (Sie finden einen Link auf der Homepage zu diesem Buch). Grundsätzlich scheinen die Probleme zwei Kategorien anzugehören:

1. Eine formale technische Überprüfung, die letztendlich auf die Suche nach Fehlern in einem Produkt abzielt, kann leicht als Angriff auf den Entwickler ausgelegt werden.
2. Formale technische Überprüfungen sind sehr zeitaufwändig, insbesondere wenn mangelhaft dokumentierter Code überprüft wird. Mitunter erzeugen sie sogar lange Listen von belanglosen Fehlern und ignorieren grundlegendere Probleme des Produkts.

Diskussionsfrage 145

Wie können Sie als Moderator den Erfolg einer Inspektion beeinflussen?

Diskussionsfrage 146

Welche Vor- und Nachteile haben Codeüberprüfungen gegenüber Codetests?

Diskussionsfrage 147

Was könnten geeignete Eingangskriterien für ein Entwurfsdokument sein?

Diskussionsfrage 148

Einige Organisationen laden einen Kundenvertreter zu Entwurfsüberprüfungen ein. Mit welchen Vor- und Nachteilen ist dies verbunden? Welche Faktoren beeinflussen, ob es sich dabei um eine gute Idee handelt?

ZUSAMMENFASSUNG

Nach einer kurzen Wiederholung der Frage, was Softwarequalität bedeutet, hat sich dieses Kapitel mit produktorientierten Techniken für die Verbesserung der Qualität befasst. Die Aktivitäten zur Verbesserung der Produktqualität wurden in Verifikation (die Überprüfung, ob das Produkt richtig erzeugt wird) und Validierung (die Überprüfung, ob das richtige Produkt erzeugt wird) unterteilt. Wir haben Techniken für die Verifikation betrachtet, die von informellen Überprüfungen durch den Menschen, vielleicht unterstützt durch eine Liste von zu überprüfenden Kriterien, bis zum formalen Beweis reichen. Ein wichtiger Bestandteil der Validierung ist die Verwendbarkeitsanalyse, die die Beteiligung der Benutzer erfordert. Tests sind sowohl für die Verifikation als auch für die Validierung nützlich. Mit den besonderen Anforderungen für objektorientierte Systeme haben wir uns ebenfalls beschäftigt. Auch formale technische Überprüfungen sind in beiden Bereichen holfreich. Wir haben jedoch angedeutet, dass eine Konzentration auf das Produkt möglicherweise nicht ausreichend ist. Im nächsten Kapitel werden wir uns mit Ansätzen beschäftigen, die sich auf den Prozess konzentrieren, um eine hohe Qualität zu gewährleisten.

KAPITEL 20

Prozessqualität: Management, Teams, Qualitätssicherung

Im letzten Kapitel beschäftigen wir uns mit dem Beitrag, den die Hersteller zur Qualität von Systemen und ihrer Qualitätssicherung leisten. Wir beginnen mit dem Management, der Leitung und der Teamarbeit, da dies die wichtigsten Faktoren für den Erfolg oder das Scheitern sind. Anschließend beschäftigen wir uns damit, was mit *Qualitätssicherung* im Kontext der von uns betrachteten Projekte gemeint ist, und diskutieren die Rolle eines *Qualitätsmanagementsystems*.

20.1 Management

Es gibt zwei Arten von Management, die für Software von Bedeutung sind:

- Personalmanagement
- Projektmanagement

Beide können unter zwei Gesichtspunkten betrachtet werden, zwischen denen ein Spannungsverhältnis besteht.

Management als unterstützende Tätigkeit Die wichtigste Funktion des Managers einer Aufgabe besteht darin, den Beteiligten das Ausführen ihrer Arbeit zu ermöglichen. Der ideale Manager minimiert, beseitigt oder verhindert Hindernisse und Risiken – wie fehlende Informationen, eine unzureichende Einarbeitung oder eine ungeeignete Ausrüstung – sowie andere destruktive Einflüsse, wie zum Beispiel unrealistische Zeitpläne und sinnlose Bürokratie. Der Manager kann solche Hindernisse beseitigen, indem er die dazu notwendigen Argumente liefert oder die ungeliebte Arbeit gegebenenfalls selbst erledigt.[1]

Management als (finanzielle) Kontrolle Eine vielleicht üblichere Sicht besteht darin, dass das Management die Geschehnisse kontrolliert und als Hauptziel die Maximierung des finanziellen Erfolgs der Organisation verfolgt. Dieser Ansicht zufolge sind die Herstellung qualitativ hochwertiger Produkte, ein positiver sozialer Beitrag und die Gewährleistung der Zufriedenheit von Kunden und Mitarbeitern bestenfalls sekundäre Aspekte: Wenn sie überhaupt eine Rolle spielen, dann nur, weil sie indirekt das finanzielle Ziel fördern.

Diskussionsfrage 149

Finden Sie ein Argument dafür, dass die finanziellen Folgen des Versagens eines sicherheitskritischen Systems ausreichend sind, um einen solchen Fehler um jeden Preis vermeiden zu wollen, auch wenn als einziges großes Ziel finanzieller Erfolg angestrebt wird. Glauben Sie das?

[1] Siehe *Das Dilbert-Prinzip* [1]

20.1.1 Projektmanagement

Ein Projektmanager trägt die Gesamtverantwortung für den Erfolg des Projekts. Sein Verantwortungsbereich umfasst folgende Aufgaben:

- die Analyse und Kontrolle von Risiken
- die Zusammenarbeit mit dem Kunden und mit anderen Teilen der Organisation
- das Festlegen von Kommunikationswegen (zwischen den am Projekt arbeitenden Teams sowie zwischen Mitarbeitern und Kunden)
- die Auswahl geeigneter Mitarbeiter mit entsprechender Ausbildung für das Projekt.
- das Erstellen eines Plans für das Projekt, einschließlich eines Zeitplans, einer Kostenabschätzung und eines Qualitätsplans
- das Zuweisen von Aufgaben (bei großen Projekten zu Teams, bei kleinen zu einzelnen Mitarbeitern)
- das Beobachten des Projektfortschritts
- die Sorge dafür, dass geeignete Komponenten, Tools und Techniken verwendet werden
- das Einhalten des Projektplans und die Anwendung von Maßnahmen zur Schadensbegrenzung bei Abweichungen
- die Erfüllung von vertraglichen Verpflichtungen wie etwa das Einhalten von Standards
- die Gewährleistung, dass das Projekt Verbesserungen implementiert, die sich aus der Erfahrung vorangegangener Projekte ergaben, und dass die Erfahrungen dieses Projekts in andere einfließen

Natürlich bedeutet dies nicht, dass der Manager alle diese Aufgaben persönlich erledigt.

Diskussionsfrage 150

Haben wir etwas vergessen?

Diskussionsfrage 151

Eine Klassifizierung der Aufgaben eines Projektmanagers [46] sagt aus, dass er

- plant
- organisiert
- das Personal führt
- überwacht
- Vorgänge steuert
- Neuerungen einführt
- repräsentiert

Deckt diese Klassifizierung die aufgelisteten und die von Ihnen gefundenen Aufgaben ab? Fehlt etwas?

20.1.2 Abschätzen eines iterativen Projekts

Eine Organisation, die von einem herkömmlichen Wasserfallprozess auf einen iterativen Entwicklungsprozess umstellt, muss neue Sachkenntnisse für die Abschätzung, Planung und Zeiteinteilung erwerben. In einem iterativen Projekt gibt es zum Beispiel nicht automatisch Meilensteine wie „das Ende der Analyse“, um den Fortschritt eines Projekts zu messen. Ein geeigneter Meilenstein kann zum Beispiel die Übergabe einer Iteration sein, die über eine bestimmte Funktionalität verfügt. In Kapitel 7 haben wir das *Planungsspiel* von Kent Beck als eine Technik für die Abschätzung eines Projekts aus Anwendungsfällen verwendet: Bei den Einheiten, die im Zeitplan Eingang finden, handelt es sich jeweils um die für jeden Anwendungsfall veranschlagte Dauer (einschließlich Design-, Test- und Dokumentationszeit für den Anwendungsfall) anstelle der Projektphasen (das gesamte Design, die gesamte Dokumentation etc.). Auf diese Weise erhalten wir die Möglichkeit, einen Zeitplan aufzustellen, der aus verständlicheren und besser abzuschätzenden Teilen besteht, und vermeiden allzu optimistische (oder pessimistische!) Annahmen.

In Kapitel 1 haben wir gesagt, dass das *durchschnittliche* große Projekt seinen Zeitplan um 50% überschreitet. Auch wenn diese Statistik zahlreiche Projekte verbirgt, die rechtzeitig oder vorzeitig fertig gestellt werden, ist dies ein alarmierender Zustand. Warum ist es so schwierig, eine richtige Abschätzung durchzuführen? Der Hauptgrund dafür besteht natürlich in einem Mangel an Informationen, auf die die Abschätzung gestützt werden kann. Dies ist insbesondere bei großen einzeln angefertigten Systemen der Fall, die den kundenspezifischen Problemen gerecht werden müssen. Der Zeitplan für das Projekt wird in der Regel aufgestellt, lange bevor irgendjemand ein detailliertes Verständnis der Anforderungen erlangt hat. Die zeitliche Planung erfolgt also auf der Grundlage einer Schätzung der Anforderungen, und die wirklichen Anforderungen werden erst mit dem Fortschreiten des Projekts entdeckt. Darüber hinaus sind Anforderungen (selbst die „idealen", die wiederum nicht zwingend bekannt sein müssen) nicht statisch. Die Bedürfnisse des Kunden ändern sich. Wenn sich ein Projekt über mehrere Jahre hinzieht, kann sich die Natur des zu lösenden Problems zum Schluss erheblich von der am Anfang unterscheiden.

Doch halt! Wir haben erklärt, dass es sehr schwierig ist, eine Abschätzung vorzunehmen. Wenn dies jedoch das einzige Problem wäre, sollte man dann nicht erwarten, dass genauso viele Projekte vorzeitig wie verspätet geliefert werden? Dies ist jedoch nicht der Fall. Abschätzungen sind in der Regel (nicht immer) eher zu optimistisch als zu pessimistisch. Es ist ein enormer Druck damit verbunden, eine für den Kunden (oder für die Marketingabteilung oder einen anderen Teil der Organisation, der als Kunde auftritt) annehmbare Abschätzung zu liefern. Eine der schwierigsten Aufgaben eines Projektmanagers besteht darin, den Zeitplan zu verteidigen, auch wenn dies beim Kunden nicht auf Begeisterung stößt (siehe dazu [35]).

> Die Tatsache, dass Projekte oft vom Terminplan abweichen, ist keine Entschuldigung. Jedes Abweichen stellt ein Versagen dar.

Diskussionsfrage 152

Werfen Sie einen kritischen Blick auf die Statistiken, die das Messen des Erfolgs von Projektabschätzungen betreffen. Führen Sie einige Berechnungen durch, wie zum Beispiel „Wenn von 100 Projekten 50 in der Hälfte der geplanten Zeit geliefert werden ...", und schauen Sie sich an, was Sie als durchschnittliche Abweichung erhalten. Ist dies die Statistik, die betrachtet werden sollte? Versetzen Sie sich in die Lage eines Projektmanagers, der entscheiden muss, welche Statistiken die Organisation verwenden soll, um festzustellen, wie gut oder schlecht die Abschätzungspraktiken sind und ob Änderungen am Prozess Verbesserungen darstellen würden oder nicht. Welche Werte sollten Sie sammeln, und welche Statistiken werden am nützlichsten sein?

Diskussionsfrage 153

Untersuchen Sie ein oder mehrere Abschätzungsmodelle und Tools, wie zum Beispiel COCOMO. Welche Vorteile können mit der Verwendung eines solchen Modells oder Tools verbunden sein? (Betrachten Sie sowohl soziale als auch technische Auswirkungen.) Lässt es sich für einen iterativen Prozess verwenden? Welche Nachteile wären damit verbunden?

Diskussionsfrage 154

Welche Aspekte der menschlichen Psyche können die Abschätzung beeinflussen? In diesem Zusammenhang sind die Ausführungen von Mark Paulk [37] interessant.

20.1.3 Management einer komponentenbasierten Entwicklung

Zur Verantwortung des Projektmanagers gehört unter anderem, die Entwickler in die Lage zu versetzen, verfügbare Komponenten in bestmöglicher Weise zu verwenden. Dazu können die Erlaubnis zur Überprüfung und zum Kauf von Komponentenbibliotheken, die Zusammenarbeit mit anderen Teilen der Organisation hinsichtlich einer möglichen Wiederverwendung und (vielleicht der wichtigste Aspekt) die Gewährleistung gehören, dass das Projekt über Mechanismen verfügt, die eine effektive interne Wiederverwendung garantieren. Dies kann in anwendungsfallorientierten Projekten schwierig sein; bei unterschiedlichen Teams, die mit der Umsetzung verschiedener Anwendungsfälle beauftragt sind, geschieht es leicht, einen großen Teil der Funktionalität jeweils neu zu implementieren, da sie in verschiedenen Anwendungsfällen vorkommt und nicht als allgemein gekennzeichnet wurde. Zu den Lösungstechniken gehört ein Verständnis der von den Teams ausgeführten Tätigkeiten, damit ein Kontakt zwischen ihnen hergestellt werden kann, wenn Gemeinsamkeiten auftreten, und auf der technischen Ebene eine *angemessene* Verwendung der `<<include>>`-Beziehung, wenn das Anwendungsfallmodell entwickelt ist.

Wir haben festgestellt, dass der Entwicklungsprozess *architekturzentriert* sein muss. Jemand muss sich für die Architektur einsetzen: James Coplien schlägt in *Organizational Patterns* (siehe dazu die Webseite zu dem Buch) vor, sich auf einen Architekten zu beschränken, um die Kohärenz zu gewährleisten, die jedoch von anderen Personen überprüft werden sollte. Der Manager muss nicht der Architekt sein, was in der Regel auch nicht der Fall sein wird. Er muss jedoch sicherstellen, dass jemand die Verantwortung für die Architektur übernimmt und dies vom Team akzeptiert wird.

? Warum sollte die Architektur überprüft werden?

Der Projektmanager muss außerdem sicherstellen, dass das Projekt der Strategie der Organisation für die Komponentenerstellung folgt, zum Beispiel, dass potenzielle Komponenten ermittelt, dokumentiert, getestet und in die Komponentenbibliothek aufgenommen werden.

Diskussionsfrage 155

Unter welchen der in Abschnitt 20.1.1 genannten Punkte fallen diese Verantwortlichkeiten eines Projektmanagers?

20.1.4 Personalmanagement

Normalerweise hat jeder Mitarbeiter einen Personalmanager. Dies kann dieselbe Person wie der Projektmanager sein, was aber (insbesondere in großen Organisationen) nicht der Fall sein muss. Während Sie für jedes Projekt einen anderen Projektmanager haben können, bindet den Personalmanager (der mitunter auch als Linienmanager bezeichnet wird) eine langfristige Beteiligung. Seine Aufgabe besteht darin, sicherzustellen, dass Ihr berufliches Fortkommen gewährleistet ist, Sie eine geeignete Ausbildung erhalten, Ihre Leistungen zufrieden stellend sind und so weiter. Er spielt wahrscheinlich auch bei der Entscheidung eine Rolle, an welchen Projekten Sie mitarbeiten. Der Begriff *Matrixmanagement* wird mitunter für Situationen verwendet, in denen für das Projekt und für Sie selbst zwei verschiedene Manager zum Einsatz kommen. Dahinter steht die Idee, dass einer dieser Manager angibt, in welcher Reihe einer Matrix Sie sich befinden, und der andere die Spalte festlegt.

Das wichtigste Argument für zwei verschiedene Personen als Projekt- und Personalmanager besteht in dem Interessenkonflikt zwischen den Rollen, da der Projektmanager die unmittelbaren Interessen des Projekts und der Personalmanager die langfristigen Interessen des Unternehmens verfolgt, indem er die Mitarbeiter bestmöglich einzusetzen versucht und ihnen ermöglicht, ihre Fähigkeiten zu erweitern. Andererseits erfordert eine Struktur mit mehreren Managern und unterschiedlichen Verantwortungsbereichen eine sorgfältige Abgrenzung, um nicht in Verwirrung auszuarten. Außerdem wird keiner der beiden Manager die Arbeit eines Mitarbeiters so gut kennen, wie es ein einzelner könnte.

Diskussionsfrage 156

Muss sich ein Linienmanager unterschiedlich verhalten, je nachdem, ob die Organisation die hier betrachtete Art von Entwicklungsprozess oder eine herkömmliche Wasserfallmethode verwendet? Wenn ja, wie?

Diskussionsfrage 157

Welche Eigenschaften kennzeichnen einen guten Manager? Gibt es Unterschiede, die davon abhängen, ob es sich um Projekt- oder Personalmanagement handelt? Wenn ja, welche?

20.2 Teams

Diskussionsfrage 158

Betrachten Sie die Teams, in denen Sie gearbeitet haben. In welchem Maße waren es erfolgreiche Teams? Durch welche Faktoren wurde dies beeinflusst?

Was macht ein erfolgreiches Team aus? Die Mitglieder sollten

- ein ausgewogenes Verhältnis persönlicher Eigenschaften aufweisen. Das Team benötigt zum Beispiel Mitarbeiter (vielleicht verschiedene Personen), die
  - die Sichtweise des Kunden einnehmen,
  - Ideen einbringen,
  - Fehler in den Ideen erkennen,

– dafür Sorge tragen, dass sich das Team auf die jeweilige Aufgabe konzentriert,

– sicherstellen, dass jedermanns Stimme gehört wird.

- über ein ausgewogenes Verhältnis von Fähigkeiten für die Aufgabe verfügen.
- Menschen sein, die miteinander auskommen. Zumindest sollte zwischen ihnen eine angemessene Ebene des Vertrauens und gegenseitigen Respekts bestehen.
- Teil einer im Grunde zufriedenen und erfolgreichen größeren Organisation sein.

Erfolg baut auf Erfolg auf. Je erfolgreicher ein Team zum Beispiel ist, desto geringer wird die Fluktuation sein, was die Wahrscheinlichkeit weiterer Erfolge erhöht ...

Auf der niedrigsten Ebene setzen sich Teams normalerweise aus drei bis acht Mitarbeitern zusammen, was klein genug ist, um Kommunikationsprobleme unter Kontrolle zu halten, obwohl die Größe natürlich vom jeweiligen Projekt abhängt. Jedes Team sollte eine klar definierte Aufgabe haben, anderenfalls steigt die Belastung, sich mit anderen Teams abzusprechen, ins Unermessliche. In der Regel gibt es einen Teammanager, der entweder ein Mitglied des Teams sein kann, dem diese Aufgabe nur für das jeweilige Projekt zugewiesen wird, oder eine andere Person aus dem Management mit diesem Titel. Der Teammanager trägt die Hauptverantwortung für die Organisation der Zusammenarbeit mit anderen Teams. Bei großen Projekten gibt es mitunter Hierarchien aus Gruppen von Teams, die Unterprojekte unter der Leitung eines Unterprojektmanagers bilden und so weiter. Die Kommunikation bei einem solchen Projekt zu organisieren ist sehr schwierig, und dies ist einer der Hauptgründe für das Scheitern von Projekten. Es gibt verschiedene Lösungsansätze für dieses Problem. Bei einem großen Projekt kann auf extreme Weise versucht werden, die Zusammenarbeit zwischen Mitarbeitern verschiedener Teams ausschließlich auf organisierte Wege zu beschränken: Sie reden mit Ihrem Teammanager, der mit Ihrem Unterprojektmanager spricht, der sich dann an einen anderen Unterprojektmanager wendet, der wiederum mit einem Teammanager dieses Unterprojekts redet, der ... Das andere Extrem besteht darin, alle möglichen Kommunikationskanäle offen zu halten, indem zum Beispiel regelmäßig Besprechungen stattfinden, zu denen alle am Projekt beteiligten Mitarbeiter eingeladen werden. (Wenn wir wüssten, dass eine dieser Methoden besser funktioniert als die andere, hätten wir keine Softwarekrise.) Eine bekannte Struktur, die die Kommunikation ermöglicht, ist jedoch wichtiger als die Art dieser Struktur.

Abhängig davon, welche Vorgehensweise angewendet wird, können die einzelnen Rollen in einem Team genau festgelegt werden oder auch nicht.

Es gibt auch einen weiter gefassten Begriff von Teamarbeit, bei dem ein ganzes Unternehmen zusammenarbeitet, was verschwommener klingt, aber auf Faktoren beruht wie der Tatsache, dass sich der Entwickler von der Organisation ernst genommen fühlt und alle Mitarbeiter an einem gemeinsamen Ziel arbeiten.

20.3 Leitung

Leitung wird (nicht zuletzt durch Manager) oft mit Management verwechselt. Die Funktionen sind jedoch grundverschieden und müssen nicht von denselben Personen ausgeübt werden. Tatsächlich kann man die Ansicht vertreten, dass dies nicht der Fall sein sollte.[2]

Worin liegt also der Unterschied? Eine Charakterisierung ist schwierig, und die folgende Definition gefällt uns am besten:

---

[2] Die Autoren haben häufiger offensichtlich erfolgreiche Situationen beobachtet, in denen X der Leiter und sein Stellvertreter der Manager ist. Es wäre interessant zu wissen, wie häufig solche Fälle auftreten.

Ein Manager glättet die Wogen, und ein Leiter peitscht sie auf.

Ein Leiter weiß, wohin der Weg führt, und hat Ideen, wie man dorthin gelangt: Er ist ein Mensch mit Weitblick. Leiter können sich in solchem Ausmaß auf die wichtigsten Ziele konzentrieren, dass sie periphere Aspekte gänzlich aus dem Blick verlieren. Sie lassen sich nur schwer ablenken oder gar von ihrem Weg abbringen. Wie Sie sehen, kann jedes dieser Merkmale als Stärke oder als Schwäche ausgelegt werden, und als was es sich im Einzelfall entpuppt, kann stark davon abhängen, ob der Beobachter mit dem Leiter übereinstimmt oder nicht.

Diskussionsfrage 159

Eine alternative Charakterisierung des Unterschieds (den Stephen Covey in [12] gewandt erklärt, wo er ihn „Peter Drucker und Warren Bennis" zuweist) ist die, dass „das Management die Dinge richtig macht und die Leitung die richtigen Dinge macht". Strukturell ist dies der Standardcharakterisierung des Unterschieds zwischen der Verifikation und der Validierung ähnlich, mit der wir uns in Kapitel 19 beschäftigt haben. Können Sie zwischen diesen vier Themen Verbindungen herstellen?

Die Fähigkeiten eines Managers können (zumindest in einem bestimmten Ausmaß) erlernt werden, und ein guter Manager wird wahrscheinlich jede Aufgabe gut lösen, die er richtig versteht. Ob die Fähigkeiten eines Leiters ebenso erlernt werden können, ist nicht so klar. Es ist möglich, dass er eine Aufgabe gut leitet und eine andere nicht, da ein persönliches Engagement für die Aufgabe wichtig ist. Andererseits muss die Leitung nicht immer in den Händen derselben Person liegen, nicht einmal innerhalb einer Aufgabe. Da für ein gutes Management ein Verständnis der Kommunikationswege unabdingbar ist, glauben wir nicht, dass sich das Management auf die gleiche Weise unterteilen lässt. Man kann auch die Ansicht vertreten, dass man bei Ernennungen in einer Hierarchie vorrangig auf gute Managementfähigkeiten achten und Leitung dort entstehen lassen sollte, wo sie sich herausbildet. Dies ist eine der Rechtfertigungen für ein Matrixmanagement.

Diskussionsfrage 160

Kann jemand gleichzeitig Leiter und Manager sein?

Diskussionsfrage 161

Was macht einen guten Leiter aus?

Diskussionsfrage 162

Denken Sie, dass Sie eher ein guter Manager oder ein guter Leiter wären?

Diskussionsfrage 163

Denken Sie an einige Personen, denen Sie unterstellt sind. Handelt es sich bei ihnen um gute Manager oder gute Leiter? Wie sollte die ideale Person für diese Aufgabe sein?

Diskussionsfrage 164

Über welche persönlichen Qualitäten und Fähigkeiten muss der Architekt eines Projekts verfügen?

20.3.1 Verbesserung des Entwicklungsprozesses

Jede grundlegende Veränderung der Methoden einer Organisation einschließlich des Wechsels zu einer neuen Entwicklungskultur erfordert einen Vorkämpfer, der die Reform anführt. Beispiele dafür sind Änderungen wie der Wechsel zu einer iterativen Entwicklung, die Einführung eines Wiederverwendungsprogramms oder die Übernahme der Objektorientierung. Es ist gleichermaßen notwendig, dass die Reform von einem guten Management unterstützt wird. Wenn das Management oder die Leitung ihrer Aufgabe nicht gerecht wird, kann man davon ausgehen, dass die Reform scheitern wird.

20.4 Qualitätssicherung

Der Prozess der *Qualitätssicherung* umfasst folgende Aspekte:

- sich selbst und den Kunden davon zu überzeugen, dass die gelieferten Produkte von hoher Qualität sind
- eine Grundlage für ständige Verbesserungen zu schaffen

Dies erfolgt durch Überwachung und Verbesserung des *Prozesses* der Softwareentwicklung mit dem Ziel, die Chancen zu erhöhen, dass die Mitarbeiter, die diesem Prozess folgen, qualitativ hochwertige Software erzeugen.[3]

Eine Organisation wird in der Regel über ein *Qualitätsmanagementsystem* verfügen (QMS: Das Dokument wird mitunter auch als Qualitätshandbuch oder Ähnliches bezeichnet). Es legt fest, welche Strukturen und Prozesse die Organisation verwendet, um sicherzustellen, dass jedes Projekt einem geeigneten Qualitätsprozess folgt, der durch die Erfahrungen aus vorangegangenen Projekten ständig verbessert wird. Das Qualitätsmanagementsystem kann zum Beispiel festlegen, dass jedes Projekt einen *Qualitätsplan* haben muss, und angeben, was er enthalten soll. Der Qualitätsplan ist normalerweise Bestandteil des Gesamtprojektplans und schreibt bestimmte Aspekte vor, wie das Projekt ausgeführt werden muss, um eine hohe Qualität zu gewährleisten. Er kann zum Beispiel angeben, welche Entwurfsdokumente erstellt und wie sie überprüft werden. Das Qualitätsmanagementsystem legt auch fest, welche Qualitätskontrollen die Organisation ausführt, um sicherzustellen, dass der Qualitätsplan für das Projekt eingehalten wird, und gibt an, wie Verbesserungen geplant, validiert und vorgenommen werden.

Diskussionsfrage 165

Versuchen Sie Zugang zu einem realen Qualitätsmanagementsystem zu erhalten (zum Beispiel über die Homepage zu diesem Buch) und setzen Sie sich damit auseinander.

Eine Organisation kann ihr Vertrauen in ihre Qualitätskontrolle zum Beispiel erhöhen, indem sie ein Qualitätszertifikat wie ISO9001/BS5750 oder TickIt erwirbt. Vor der Verleihung werden in der Regel mehrere Projektprüfungen durch ein unabhängiges Gremium vorgenom-

[3] Der Begriff der Qualitätssicherung wird mitunter – zum Beispiel von CMM – in einem engeren Sinne verwendet, der nur den Überwachungsteil dieser Definition umfasst. In diesem Fall kann das Wort *Prozessverbesserung* für den Rest verwendet werden.

men. In einigen Gebieten, insbesondere bei Entwicklungen für das Verteidigungsministerium oder andere Regierungsorganisationen sowie bei sicherheitskritischen Systemen, müssen bestimmte gesetzliche oder vertraglich geregelte Standards eingehalten werden.

Diskussionsfrage 166

Vergleichen Sie zwei oder mehr Qualitätsstandards hinsichtlich ihrer Gemeinsamkeiten und Unterschiede.

Der wichtigste Aspekt der Qualitätssicherung besteht jedoch darin, dass durch das Dokumentieren und die Feststellung, was getan wird und wie gut es funktioniert, eine Grundlage für ständige Verbesserungen des Prozesses der Softwareerzeugung mit dem Ziel entsteht, den Qualitätsgrad des Produkts fortlaufend zu erhöhen. Wenn Sie sich darüber im Klaren sind, was in einem bestimmten erfolgreichen Projekt anders gemacht wurde, und die Möglichkeit haben, Änderungen auf die Organisation auszudehnen, können Sie Innovationen in der gesamten Firma hervorrufen. Leider arbeiten viele Qualitätssysteme gegen dieses Ziel, indem sie die Änderung von Prozessen schwierig und bürokratisch gestalten, auch wenn die Mitarbeiter diesen Änderungen zustimmen (siehe dazu den Exkurs 20.1 „Qualitätssicherung: Schlechte Beispiele" auf Seite 288).

Oft klassifizieren internationale und amerikanische Unternehmen den Prozess, dem sie folgen, indem sie behaupten, sich auf der „CMM-Ebene *n*" zu befinden, wobei *n* zwischen 1 und 5 liegt. Dies bezieht sich auf das am SEI entwickelte *Capability Maturity Model*, das auch ein Framework für die *Prozessverbesserung* bietet. Zusammengefasst besteht die Idee darin, die Qualität des Softwareentwicklungsprozesses durch folgende Faktoren zu verbessern:

- die Dokumentation der ausgeführten Arbeit
- das Messen der Leistungsfähigkeit
- das Verwenden von Daten für eine Kontrolle der Leistung
- eine auf den bisherigen Verlauf der Leistung basierende Planung
- die Ausbildung von Mitarbeitern

CMM weist fünf Ebenen auf, von der Ebene 1, dem Anfangsstadium, in der der Prozess *ad hoc* verläuft und die Projekte durch individuelle Anstrengungen zum Erfolg führen, bis zur Ebene 5, der Optimierung, auf der die Organisation quantitative Messungen der Projekte vornimmt und zu ihrer Verbesserung verwendet. Die Ebene 3, die Definition, entspricht ungefähr ISO9001; der Prozess der Organisation ist gut definiert, wird jedoch nicht unbedingt durch quantitative Messungen unterstützt.

Diskussionsfrage 167

Welche Arten von quantitiven Messungen sind von Bedeutung und in welcher Weise? Untersuchen Sie Mess-Systeme aus beliebigen Quellen (die Homepage zu diesem Buch bietet wie immer einen guten Ausgangspunkt). Welche Qualitäten muss ein Mess-System aufweisen, um nützlich zu sein?

Diskussionsfrage 168

Welche Unterschiede bestehen zwischen einem Qualitätsmanagementsystem für sicherheitskritische und einem für normale Projekte?

20.4.1 Qualitätssicherung für iterative Projekte

Iterative Projekte stellen für ein Qualitätssicherungssystem eine Herausforderung dar, da die erstellte Dokumentation zum Beispiel zu unterschiedlichen Zeitpunkten des Projekts in zahlreichen verschiedenen Versionen vorhanden ist. Das Überprüfen und Unterzeichnen eines Dokuments durch eine entsprechende Person mag als weniger bedeutsam betrachtet werden, wenn es eine Woche später ohnehin wieder geändert wird. Ein Qualitätsmanagementsystem für ein iteratives Projekt wird zum Beispiel wahrscheinlich eher festlegen, was getan werden muss, bevor eine Iteration an den Kunden übergeben werden kann, anstatt anzugeben, was vor dem Abschluss der Analysephase in einem Wasserfallprozess erfolgen muss.

20.4.2 Totales Qualitätsmanagement

Das totale Qualitätsmanagement beruht darauf, dass die Qualität eines Produkts stärker durch die Verpflichtung der an der Erzeugung des Produkts beteiligten Mitarbeiter zu einer hohen Qualität beeinflusst wird als durch die sorgfältige Übernahme eines bewährten Prozesses. Ken Croucher schreibt in [13], dass „Qualität durch eine unbegrenzte Anzahl trivialer Verbesserungen erreicht wird“. Die Idee des totalen Qualitätsmanagements besteht darin, dass es der Bestandteil der Arbeit eines jeden ist, Verbesserungen beizusteuern.

Zur Unterstützung dieser Ansicht umfasst das totale Qualitätsmanagement auch die Förderung menschlicher Qualitäten, um sie den Erfordernissen des jeweiligen Projekts anzupassen. Die Notwendigkeit von Schulungsmaßnahmen zu erkennen, stellt einen wichtigen Bestandteil des totalen Qualitätsmanagements dar.

Diskussionsfrage 169

Worin besteht der Zusammenhang zwischen dem totalen Qualitätsmanagement und einem formalen Qualitätssicherungssystem? Beeinträchtigen oder unterstützen sie sich gegenseitig? Wie?

EXKURS 20.1

Qualitätssicherung: Schlechte Beispiele

Aus Universitäten und einigen industriellen Bereichen kennen wir eine formalisierte Qualitätssicherung, wie zum Beispiel die ISO9001-Zertifizierung oder hohe CMM-Ebenen, die als eindeutig gute Sache verkauft werden.

Warum sind also nicht alle Organisationen ISO9001-zertifiziert? Sind ihre Manager einfach nur dumm?

Natürlich nicht. Es gibt durchaus Argumente gegen derartige Registrierungen:

- Die entstehenden Kosten wiegen schwerer als die Vorteile. Dies ist der Haken bei der Sache. Die Anzahl der erstellten Dokumentationen und der Besprechungen zu erhöhen, was die Einführung eines Qualitätsmanagementsystems fast immer mit sich bringt, ist mit hohen Kosten verbunden. Der Vorteil soll in einer höheren Qualität der Produkte liegen und daher einen entsprechenden finanziellen Nutzen nach sich ziehen, der die Kosten aufwiegt. Um sicherzustellen, dass sich jeder Aspekt des Qualitätssicherungsprozesses auch auszahlt, ist jedoch große Sorgfalt erforderlich.

- Den Prozess, dem gefolgt werden muss, genau zu dokumentieren, macht das Projekt unflexibel: Auf bestimmte Umstände kann nicht reagiert werden.
- Es hält die Mitarbeiter vom Denken ab. Wenn ein Qualitätsmanagementsystem den Prozess festlegt, der befolgt werden muss, um qualitativ hochwertige Produkte herzustellen, besteht die Versuchung, das unabhängige Denken aufzugeben und sich ausschließlich auf das Qualitätsmanagementsystem zu verlassen. Dies funktioniert jedoch nicht.
- Die besten Mitarbeiter werden demoralisiert. Dokumentationen zu schreiben und an Besprechungen teilzunehmen ist weniger interessant, als Software zu entwickeln. Die Einführung eines Qualitätsmanagementsystems beinhaltet jedoch häufig das Schreiben von Dokumentationen, die niemals verwendet werden, und die Teilnahme an sinnlosen Besprechungen.
- Festzuschreiben, was getan werden muss, unterdrückt Innovationen, da jede gewünschte Änderung in den Qualitätsplan eingearbeitet und genehmigt werden muss.

Es besteht lediglich die Hoffnung, dass dies die Kritik an einer schlechten Qualitätssicherung und nicht an der Qualitätssicherung an sich darstellt.

Diskussionsfrage 170

(Wie) kann ein Qualitätssicherungsverfahren die oben genannten Probleme vermeiden?

Die Qualitätssicherung dient der Gewährleistung einer hohen Qualität. Wenn eine Aktivität nicht zur Steigerung der Qualität beiträgt, warum sollte sie dann durchgeführt werden?

Natürlich lässt sich diese rhetorische Frage beantworten. Die häufigste Erwiderung lautet: „Weil unser Kunde nur mit ISO9001-zertifizierten Händlern Geschäfte macht." Doch auch in diesem Fall gibt es in der Regel keinen Grund, mit unnützen Praktiken fortzufahren. Standards sollten so flexibel sein, dass sie eine Hilfe und kein Hindernis darstellen.

Diskussionsfrage 171

Stimmt es, dass einige Arten von Organisationen oder Projekten (wie zum Beispiel sehr kleine oder solche mit sehr erfahrenen Mitarbeitern) nicht von der Einführung eines Qualitätsmanagementsystems profitieren würden? Welche Organisationen oder Projekte würden in diese Kategorie fallen?

Diskussionsfrage 172

Ist es angebracht, Systeme zur Verbesserung von Prozessen wie CMM in diesem Zusammenhang mit ISO9001 in einen Topf zu werfen? Oder treten diese Probleme nur auf, wenn Sie sich auf die Überwachung eines Prozesses konzentrieren, ohne ihn zu verbessern?

Diskussionsfrage 173

Worin bestehen die Wechselwirkungen zwischen Qualitätskultur und Wiederverwendung? Überprüfen Sie sowohl mögliche ungesunde als auch vorteilhafte Auswirkungen des Qualitätssicherungssystems einer Organisation auf ihr Wiederverwendungsprogramm. (Zu diesem Zweck können Sie die Ausführungen von Martin Griss [27] oder die Homepage zu diesem Buch konsultieren, die den Zusammenhang zwischen CMM und Wiederverwendung anspricht.)

20.5 Literatur

Zu den in diesem Kapitel besprochenen Themen steht eine umfangreiche Menge an Literatur zur Verfügung, unter anderem im Web. Einige Ausgangspunkte finden Sie wie immer auf der englischsprachigen Homepage zu diesem Buch.

ZUSAMMENFASSUNG

Im letzten Kapitel haben wir uns mit dem Beitrag der Hersteller für die Qualität von Systemen und ihre Qualitätssicherungsverfahren beschäftigt. Wir haben Management, Leitung, Teams, Organisationen und Qualitätssicherung betrachtet und unterstrichen, dass Qualität und Qualitätssicherung unterschiedliche, aber verwandte Dinge sind. Natürlich stehen sie mit allen anderen Merkmalen einer Organisation und der produzierten Software im Zusammenhang.

DISKUSSIONSFRAGEN

Anhand dieser abschließenden Fragen können Sie feststellen, welche persönliche Meinung Sie zu einigen besprochenen Aspekten haben. Natürlich gibt es hier keine richtigen oder falschen Antworten.

20.1 Würden Sie lieber in einer Umgebung mit weitreichender Selbstständigkeit und Verantwortung für den direkten Umgang mit Kunden arbeiten oder sich auf die Lösung eines gut definierten technischen Problems konzentrieren und den Kundenkontakt anderen überlassen?

20.2 Beförderung: In einigen Organisationen umfasst eine Beförderung zwangsläufig die Übernahme von Managementaufgaben. In anderen gibt es eine „technische Laufbahn“, so dass es möglich ist, zum „technischen Experten“ für Beratungen auf Ihrem Fachgebiet befördert zu werden, ohne ins Management zu wechseln.

20.3 Den meisten Strukturen im Management liegt die Idee zugrunde, dass einem Team ein „Leiter“ vorsteht. In einigen Fällen ist der Teamleiter jemand, der eine andere Berufsbezeichnung als der Rest des Teams und bestimmte Erfahrungen oder Sachkenntnisse im Management hat. Das heißt, Sie werden in einer formalen Beförderung zum Teamleiter ernannt und sollen das Team, in dem Sie arbeiten, von diesem Zeitpunkt an (fast) immer leiten. In anderen Organisationen kann jeder als Teamleiter für ein Projekt fungieren, auch wenn er gerade erst eingestellt wurde. Im zweiten Fall kann die Entscheidung auf der Grundlage von Faktoren wie der Erfahrung der Person im technischen oder unternehmerischen Feld erfolgen. Welche Variante würden Sie bevorzugen?

20.4 Würden Sie lieber an einem großen oder an einem kleinen Projekt arbeiten?

20.5 Würden Sie lieber an der Entwicklung neuer oder an der Pflege vorhandener Produkte beteiligt sein?

20.6 Sollte Ihr Unternehmen freie Mitarbeiter einsetzen, um unterschiedlich starke Auftragslagen auszugleichen? Wie verhält es sich mit spezialisierten Beratern? Sollten Teile der Arbeit an Subunternehmer vergeben werden? Welche Teile? Sollten zum Beispiel die langweiligen Routinearbeiten oder eher die schwierigen Teile an Spezialisten weitergegeben werden?

20.7 Würden Sie lieber an gut verstandenen Produkten arbeiten, bei denen die Herausforderung darin besteht, genau die richtige Version herzustellen, oder an technischen Innovationen, bei denen es darauf ankommt, dass das Produkt überhaupt funktioniert, was sich auch als unmöglich erweisen kann?

20.8 Würden Sie lieber in einer Organisation arbeiten, die über eine Zertifizierung wie BS5750/ISO9001 verfügt, oder in einer, bei der dies nicht der Fall ist?

20.9 Würden Sie gern in der IT-Abteilung einer großen Organisation arbeiten, die deren IT-Bedürfnisse erfüllt? Oder würden Sie lieber für ein spezialisiertes Softwareunternehmen tätig sein, das sich um Aufträge von außen bemüht?

Klassen – Kapitel 5 und 6

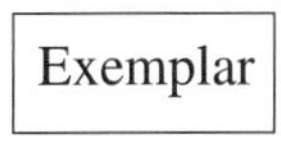

Einfache Klasse

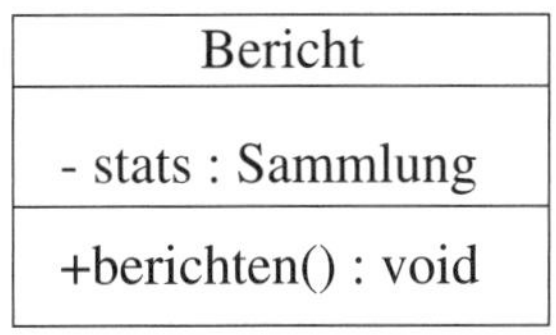

Klasse mit Attribut und Operation

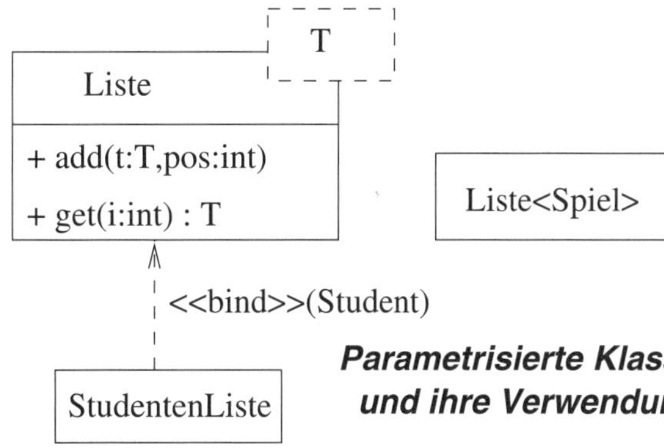

Parametrisierte Klassen und ihre Verwendung

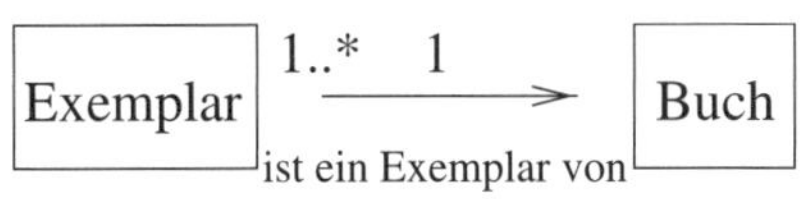

Assoziation mit Multiplizitäten und Navigierbarkeit

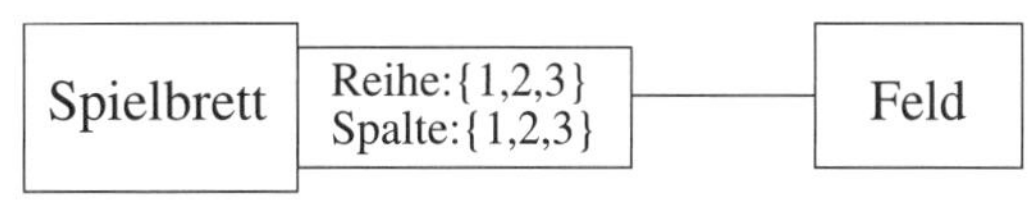

Qualifizierte Assoziation

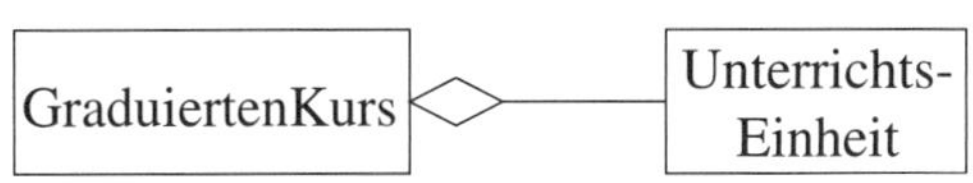

Aggregation

Komposition

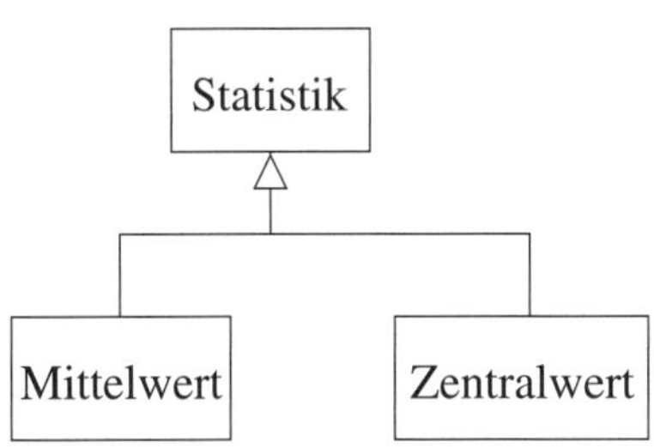

Generalisierung

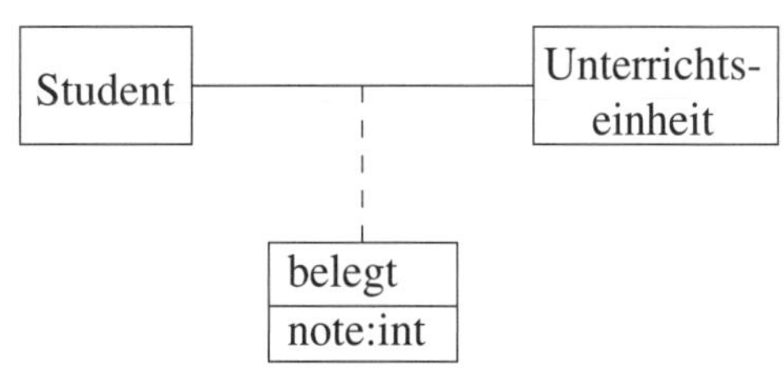

Assoziationsklasse

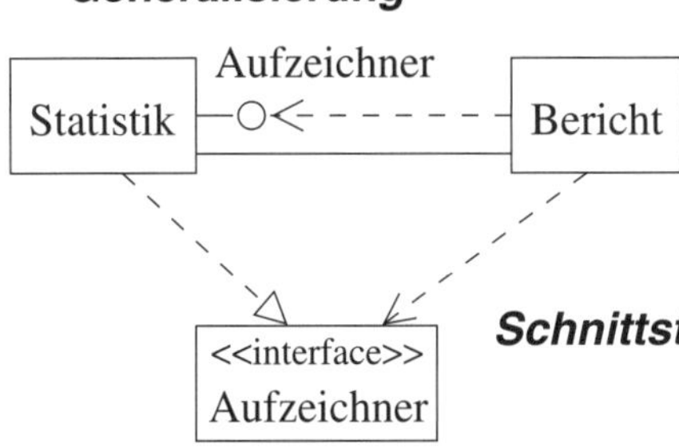

Schnittstellen

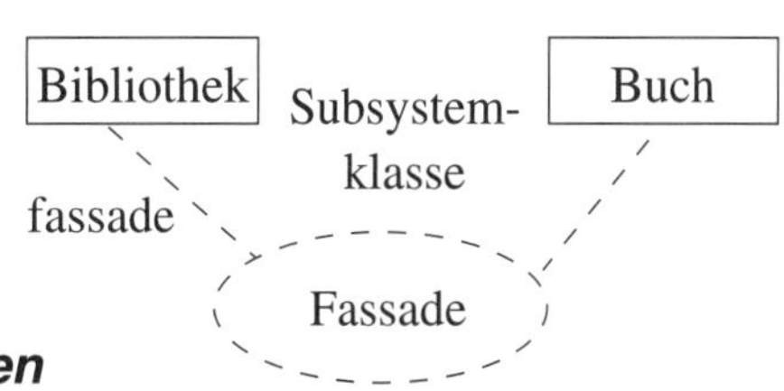

Muster – Kapitel 18

Anwendungsfälle – Kapitel 7 und 8

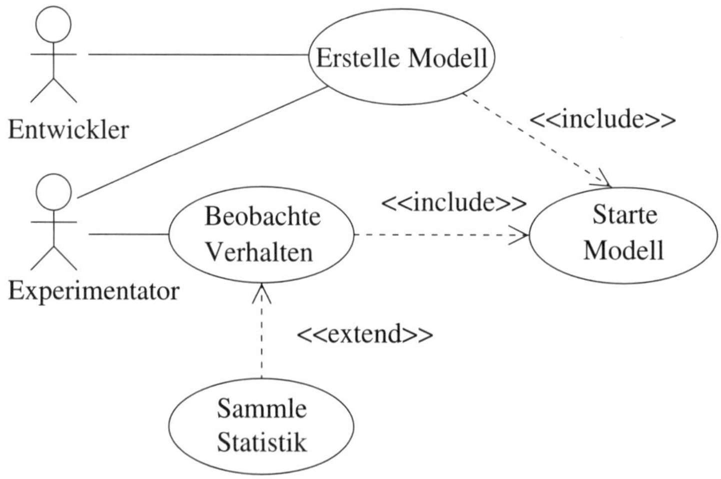

Aktivitätsdiagramme – Kapitel 11

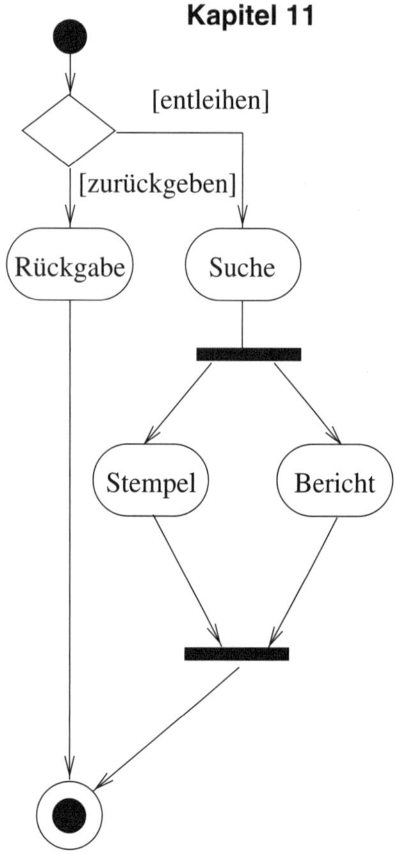

Sequenzdiagramme – Kapitel 9 und 10

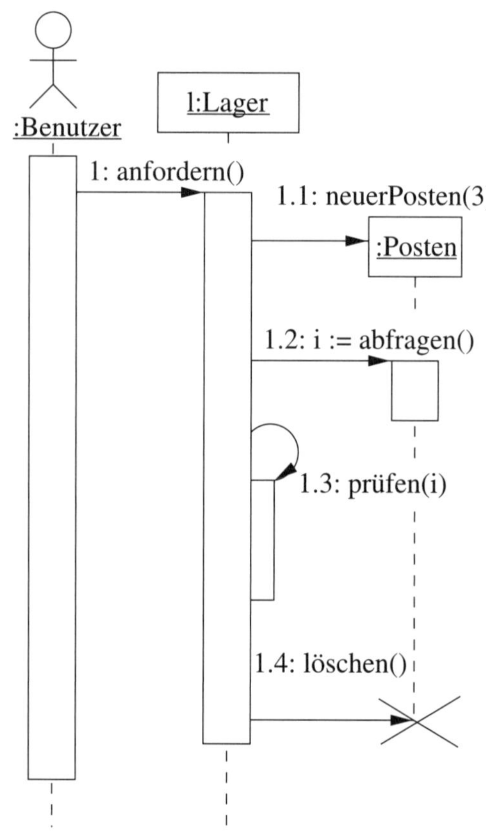

Anwendungsfälle – Kapitel 7 und 8

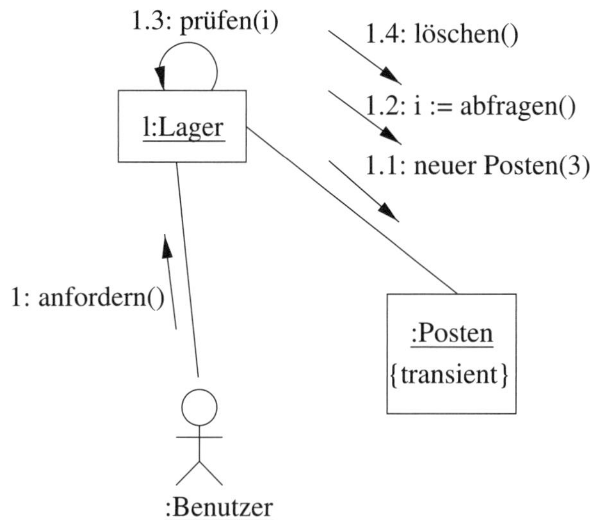

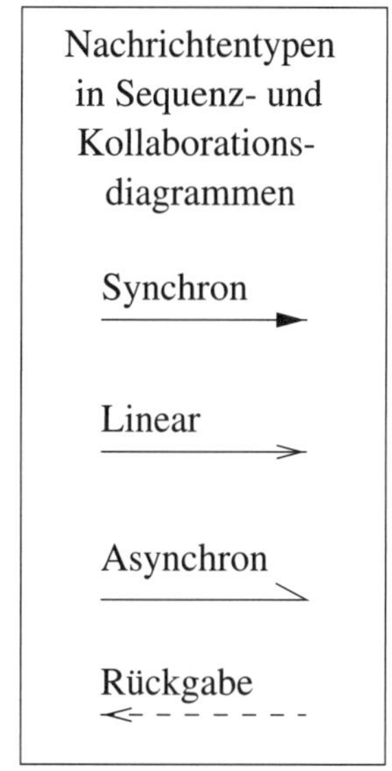

Zustandsdiagramme – Kapitel 11 und 12

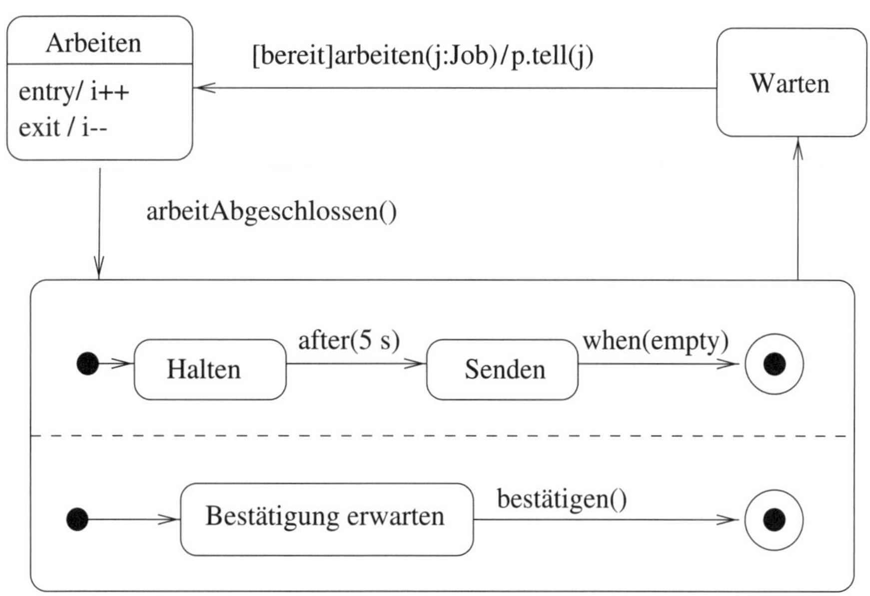

Geschachteltes, paralleles Zustandsdiagramm

Pakete – Kapitel 14

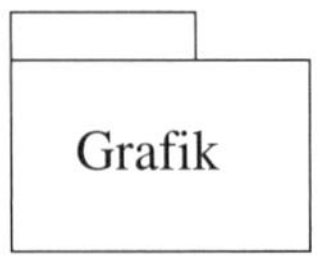

Inhalte verborgen

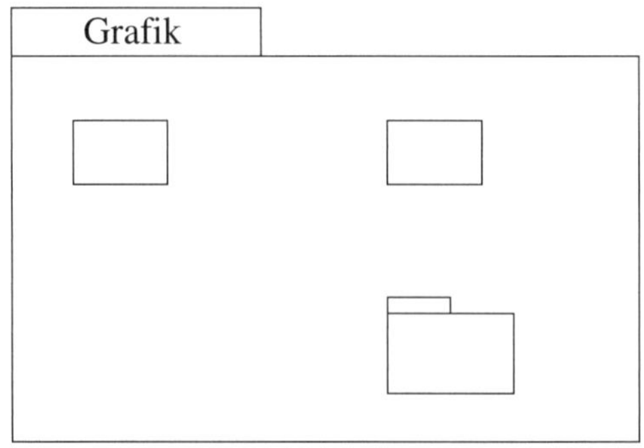

Inhalte sichtbar

Implementierungsdiagramme – Kapitel 13

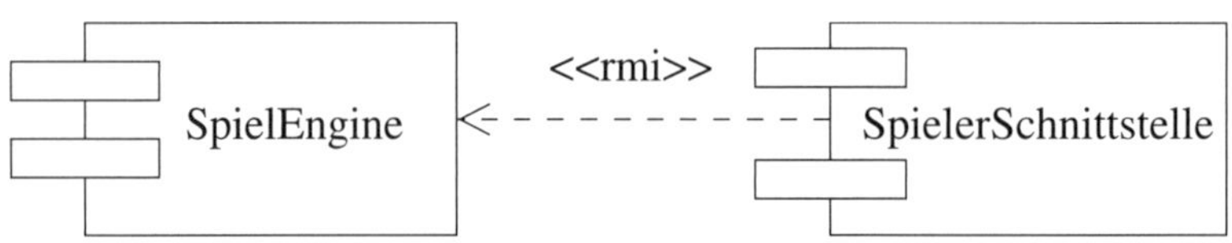

Abhängigkeit zwischen zwei Komponenten

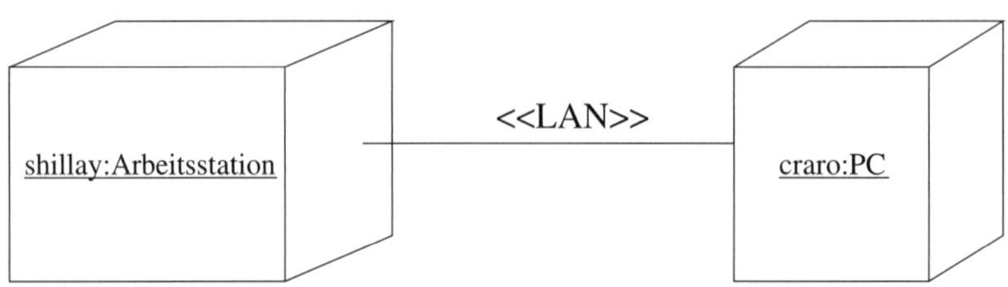

Physische Knoten ohne Software

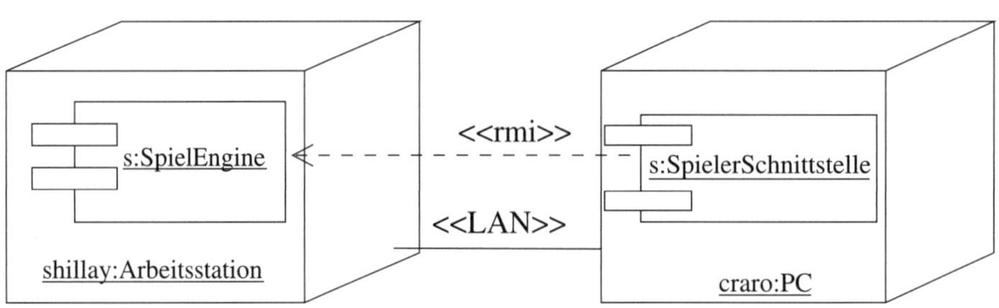

Auf die Knoten verteilte Software

Literaturverzeichnis

[1] Scott Adams. *The Dilbert Principle*. New York: Harper Collins, 1996. [Scott Adams. *Das Dilbert-Prinzip*. München: Heyne, 2000]

[2] K. Beck and W. Cunningham. 'A laboratory for teaching object oriented thinking'. *ACM SIGPLAN Notices*, 24(10): 1-6, October 1989.

[3] Kent Beck. *Smalltalk Best Practice Patterns.* Englewood Cliffs: Prentice Hall, 1996.

[4] Barry W. Boehm. A spiral model of software development and enhancement. *IEEE Computer*, 21(5): 61-72, 1988.

[5] Grady Booch. Dokumentierte Chats zum Thema Komponenten unter www.rational.com; in dieser Form nicht mehr vorhanden. Usergroups zum Thema finden Sie unter www.rational.com/support/usergroups/index.jsp.

[6] Grady Booch. Rational's definition of component. Posting to comp.object, 11. Mai 1998.

[7] Grady Booch. *Object Oriented Design with Applications*. Benjamin/Cummings series in Ada and software engineering. Menlo Park, CA: Benjamin/Cummings Pub. Co., 1991. [Grady Booch. *Objektorientierte Analyse und Design. Mit praktischen Anwendungsbeispielen.* München: Addison-Wesley, 1995.]

[8] Donald G. Firesmith, Biran Henderson-Sellers und Ian Graham. *The OPEN Modelling Language (OML) Reference Model.* Englewood Cliffs: Prentice Hall, 1998.

[9] John Brinkworth. What is a high quality software system? *SQM 27*, 1995.

[10] Frederick P. Brooks. *The Mythical Man-Month*. Reading: Addison-Wesley, 1975/1995.

[11] Frank Buschmann, Regine Meunier, Hans Rohnert, Peter Sommerlad, and Michael Stad. *Pattern-Oriented Software Architecture - A System of Patterns*. New York: John Wiley, 1996. [Frank Buschmann, Regine Meunier, Hans Rohnert, Peter Sommerlad und Michael Stad. *Pattern-orientierte Software-Architektur. Ein Pattern-System.* München: Addison-Wesley, 1998.]

[12] Stephen R. Covey. *The Seven Habits of Highly Effective People*. New York: Simon & Schuster, 1992. [Stephen R. Covey. *Die sieben Wege zur Effektivität.* München: Heyne, 2000.]

[13] Ken Croucher. Co-existence of TQM and quality management systems. *SQM*, 8, 1991.

[14] Tom DeMarco and Timothy Lister: *Peopleware: Productive Projects and Teams*. New York: Dorset House, 1987. [Tom DeMarco und Timothy Lister. *Wien wartet auf dich. Der Faktor Mensch im DV-Management.* Hanser, 1999.]

[15] E.W. Dijkstra. Goto statement considered harmful. *Communications of the ACM,* 11: 147-148, 1968.

[16] Alan Dix, Janet Finley, Gregory Abowd und Russell Beale. *Human-Computer Interaction.* Eaglewood Cliffs: Prentice Hall, 1993.

[17] Desmond D'Souza und Alan Cameron Wills. *Catalysis: Objects, Frameworks and Components in UML.* Reading: Addison-Wesley, 1998.

[18] Christopher Alexander et al. *A Pattern Language.* Oxford: OUP, 1977. [Christopher Alexander et. al. *Eine Muster-Sprache. Städte, Gebäude, Konstruktion.* Wien: Löcker, 2000.]

[19] M.E. Fagan. Design and code inspection to reduce errors in program development. *IBM Systems Journal,* S. 182-211, 1976.

[20] M. Fowler and K. Scott. *UML Distilled: Applying the Standard Object Modeling Language.* Reading, MA: Addison Wesley, 1997. [M. Fowler und K. Scott. *UML konzentriert. Strukturierte Einführung in die Standard-Objektmodellierungssprache.* München: Addison-Wesley, 2000.]

[21] Martin Fowler. *Analysis Patterns: Reusable Objects Models.* Reading: Addison-Wesley, 1997.

[22] W.R. Franta. *A Process View of Simulation.* Amsterdam: North-Holland, 1977.

[23] Bruce F. Webster. *Pitfalls of Object-Oriented Development.* Foster City: M&T Books, 1995.

[24] Erich Gamma, Richard Helm, Ralph Johnson, and John Vlissides. *Design Patterns.* Reading, MA: Addison Wesley, 1995. [Erich Gamma, Richard Helm, Ralph Johnson und John Vlissides. *Entwurfsmuster. Elemente wiederverwendbarer objektorientierter Software.* München: Addison-Wesley, 1996/2001.]

[25] W. Wayt Gibbs. Software's chronic crisis. *Scientific American (International Edition),* S. 72-81, September 1994.

[26] Alan Gillies. *Software Quality:Theory and Management.* Florence: International Thomson, 1997.

[27] Martin L. Griss. CMM as a framework for adopting systematic reuse. *Object Magazine,* 10, 1998.

[28] B. Henderson-Sellers und Y.R. Pant. Adopting the reuse mindset throughout the lifecyle. *Object Magazine* 3(4), Nov./Dez. 1993.

[29] I. Jacobson, M. Christenson, P. Jonsson und G. Oevergaard. *Object-Oriented Software Engineering: A Use Case Driven Approach.* Harlow: Addison-Wesley, 1992.

[30] I. Jacobson, M. Griss und P. Jonsson. *Software Reuse: Architecture, Process and Organization for Business Success.* Harlow: Addison-Wesley, 1997.

[31] Setrag Khoshafian. *Object-Oriented Databases.* Wiley, New York, 1993.

[32] Philippe B. Kruchten. The 4 + 1 view model of architecture. *IEEE Software,* 12(6): 42-50, November 1995.

[33] Thomas K. Landauer. *The Trouble with Computers: Usefulness, Usability and productivity.* Cambridge: MIT Press, 1996.

[34] Karl J. Lieberherr und Ian Holland. Formulations and benefits of the Law of Demeter. *ACM SIGPLAN Notices,* 24(3): 67-78, März 1989.

[35] Steve McConnell. Best practices: How to defend an unpopular schedule. *IEEE Software,* 13(3): 118-120, Mai 1996.

[36] B. Meyer. *Object-Oriented Software Construction.* New York: Prentice Hall, 1989.

[37] Mark C. Paulk. The rational planning of (software) projects. SEI Report 1995.

[38] Nathan H. Petschenik. Practical priorities in system testing. *IEEE Software,* 2(5): 18-23, September 1985.

[39] James Newkirk und Robert C. Martin. A case study of OOD and reuse in C++. *ROAD,* 1995.

[40] Robert Harper, Robin Milner, Mads Tofte und David MacQueen. *The Definition of Standard ML (Revised).* Cambridge: MIT Press, 1997.

[41] J. Rumbaugh, M. Blaha, W. Premerlani, F. Eddy, and W. Lorensen. *Object-Oriented Modelling and Design.* Englewood Cliff. NJ: Prentice-Hall, 1991. [J. Rumbaugh, M. Blaha, W. Premerlani, F. Eddy und W. Lorensen. *Objektorientiertes Modellieren und Entwerfen.* Hanser, 1993.]

[42] M. Shaw und D. Garlan. *Software Architecture. Perspectives on an Emerging Discipline.* Eaglewood Cliffs: Prentice Hall, 1996.

[43] S. Shlaer and S.J. Mellor. *Object-Oriented Systems Analysis - Modelling the World in Data.* Computing Series, Englewood Cliffs, NJ: Yourdon Press, 1988. [S. Shlaer und S. J. Mellor. *Objektorientierte Systemanalyse. Ein Modell der Welt in Daten.* Hanser, 1996.]

[44] I. Sommerville und P. Sawyer. *Requirements Engineering.* Chichester: Wiley, 1997.

[45] Clemens Szyperski. *Component Software.* Harlow: Addison-Wesley, 1997.

[46] The Course Team. *M355, Topics in Software Engineering.* The Open University, Milton Keynes, UK, 1995.

[47] The Course Team. *M868, Object Oriented Software Technology.* The Open University, Milton Keynes, UK, 1995.

[48] Harold Thimbleby. *User Interface Design.* Reading: Addison-Wesley (ACM Press), 1990.

[49] *UML Notation Guide version 1.3,* OMG aad/99-06-08 (Teil 3) 1999.

[50] *UML Semantics version 1.3,* OMG ad/99-06-08 (Teil 2) 1999.

[51] Larry Wall and Randal L. Schwartz. *Programming Perl.* O'Reilly & Associates, Inc., 1992. [Larry Wall und Randal L. Schwartz. *Programmieren mit Perl.* O'Reilly, 1997.]

[52] Jos Warmer und Anneke Kleppe. *The Object Constraint Language.* Addison-Wesley, 1999.

Register

A

B

J

K

L

M

N

O

P

Q

R

S